湖北省社科基金（2015069）成果

民国武汉日常生活
与大众娱乐

胡俊修　著

中国社会科学出版社

图书在版编目(CIP)数据

民国武汉日常生活与大众娱乐／胡俊修著 . —北京：
中国社会科学出版社，2016.7
ISBN 978 - 7 - 5161 - 8325 - 0

Ⅰ.①民… Ⅱ.①胡… Ⅲ.①社会生活—历史—
武汉市—民国 Ⅳ.①K296.31

中国版本图书馆 CIP 数据核字(2016)第 124002 号

出 版 人　赵剑英
选题策划　吴丽平
责任编辑　刘　芳
责任校对　周　昊
责任印制　李寡寡

出　　　版　中国社会科学出版社
社　　　址　北京鼓楼西大街甲 158 号
邮　　　编　100720
网　　　址　http://www.csspw.cn
发 行 部　010 - 84083685
门 市 部　010 - 84029450
经　　　销　新华书店及其他书店

印　　　刷　北京明恒达印务有限公司
装　　　订　廊坊市广阳区广增装订厂
版　　　次　2016 年 7 月第 1 版
印　　　次　2016 年 7 月第 1 次印刷

开　　　本　710×1000　1/16
印　　　张　19.5
字　　　数　329 千字
定　　　价　68.00 元

目　　录

绪　论

一　选题缘由

自然把人类置于两位主公——痛苦和快乐——的主宰之下。① 作为趋乐避苦的动物，人类将带领历史和社会走向终极目标，达到人与自然的和谐，实现普世大众的生活幸福。"人生短暂，人们总是希望在短短的岁月中，生活得更好，并以此激励自己去奋斗和改造社会。为了更好获致这一美好的愿望，人们习惯从以往的生活中寻找今天生活的位置与价值，构筑一座沟通历史与现实之间的桥梁。"② 历史学者应责无旁贷地肩负起这一责任。

"一切真历史都是当代史。"③ ——克罗齐这句话很受到一些人的批评，但对历史学工作者来说，失去了当下的语境，历史可能真的一无所用，甚至可能无法存在下去。任何历史研究都难免带有史学工作者所处时代的痕迹，"受到在特定的时空占据主导地位的思想倾向的控制"④。因而，英国历史学家卡尔说历史是"现在跟过去之间永无止境的问答交谈"，是"今天的社会跟昨天的社会之间的对话"⑤。失去了这种对话功能，历史研究很可能成为一小撮人的沽名钓誉，而为大众所冷落。历史学家章开沅先生多次强调史学的参与精神，认为史学工作者应积极地参与现

---

① ［英］边沁：《道德与立法原理导论》，时殷弘译，商务印书馆 2000 年版，第 57 页。
② 李长莉：《上海社会生活史的典型意义》，《史林》2002 年第 4 期。
③ ［意］贝奈戴托·克罗齐：《历史学的理论和实际》，［英］道格拉斯·安斯利英译，傅任敢译，商务印书馆 1982 年版，第 2 页。
④ ［英］阿诺德·汤因比：《历史研究》，刘北成、郭小凌译，上海人民出版社 2000 年版，第 3 页。
⑤ ［英］爱德华·霍列特·卡尔：《历史是什么》，吴柱存译，商务印书馆 1981 年版，第 28、57 页。

实社会，①"我们常常感叹社会不重视历史学科，然而首先却应反躬自问历史学科是否重视社会"②，"历史学者不仅应该积极参与现实生活，而且应该成为把现实与过去及未来连接起来的桥梁"③。

从完整意义上讲，民国史是中国历史上距离现实最近的一部断代史。④理论上讲，民国时期人们的日常生活，与国人今天的生活或许有着最强烈的延续性和对接的可能。因而，从下而上地看历史，尤其是社会底层民众在半个多世纪前的日常生活，体现着对民生和现实的双重关照，这正是本研究的思想起点。

二　研究现状

（一）有关武汉城市史研究

民国初年出现了对武汉特别是汉口地方史志的记述，包括一些竹枝词，展示了民国初年武汉的市情掌故和社会风情，其中的一些今天还得到校注和重印，主要有李继曾《武汉指南》（1915）、徐焕斗《汉口小志》、王葆心《续汉口丛谈 再续汉口丛谈》⑤。武汉地方史专家徐明庭先生校注的《民初汉口竹枝词今注》⑥、《武汉竹枝词》⑦ 和朱建颂先生所著的《武汉方言研究》⑧、《武汉俗语纵横谈》⑨ 也对我们了解民国前期武汉社会很有帮助。

美国著名汉学家罗威廉的两本关于汉口的著作是晚清汉口城市史的西方经典之作，尽管不乏对其置疑，⑩ 但仍不失为晚清汉口研究的公认经典。《汉口：一个中国城市的商业和社会（1796—1889）》除细致阐述汉

---

① 章开沅：《参与的史学与史学的参与论纲》，《江汉论坛》2001 年第 1 期。
② 章开沅：《现代化研究与中国近现代史研究——寻求历史与现实的契合》，载《章开沅学术论著选》，华中师范大学出版社 2000 年版，第 31 页。
③ 章开沅主编：《中外近代化比较研究丛书·总序》，湖南人民出版社 1989 年版。
④ 张海鹏、龚云：《中国近代史研究》，福建人民出版社 2005 年版，第 440 页。
⑤ 王葆心：《续汉口丛谈 再续汉口丛谈》，湖北教育出版社 2002 年版；前有江浦、朱忱等：《汉口丛谈校释》，湖北人民出版社 1990 年版。
⑥ 徐明庭：《民初汉口竹枝词今注》，中国档案出版社 2001 年版。
⑦ 徐明庭辑校：《武汉竹枝词》，湖北人民出版社 1999 年版。
⑧ 朱建颂：《武汉方言研究》，武汉出版社 1992 年版。
⑨ 朱建颂：《武汉俗语纵横谈》，中国档案出版社 2002 年版。
⑩ 如魏斐德《市民社会和公共领域问题的论争》，见邓正来、［英］亚历山大主编《国家与市民社会——一种社会理论的研究路径》，中央编译出版社 2002 年版，第 378—394 页。

口作为商业中枢对有关地区各种商品集散起着总揽大局的作用以外，特别对商业行会的发展作了详尽的论证与精辟的分析。作者具体从19世纪的汉口、汉口的商务、盐务贸易、茶叶贸易、信贷与金融、政府与商业、乡籍、行会与地方政府展开讨论，认为汉口商业行会形成了政治力量。①《汉口：一个中国城市的冲突和社会（1796—1895）》则关注了晚清汉口社会的冲突与消解。在汉口受到研究者关注之前，以韦伯为代表的西方主流学者认为"在中国，从未形成真正的'城市'，因为形成'城市'必不可少的先决条件'城市共同体'从未存在过"。罗威廉企图批驳西方同仁的观点，指出"韦伯关于中国社会性质的观点，主要是为了给其欧洲社会发展的思想提供一个参照物而提出来的"②，是一种"文化自满"，并在著作中展示了汉口的民间力量，尤其是各行会组成的"城市共同体"在处理商业、协调贸易、调解社会冲突和民间事务方面的重要力量，表现出自治的特征，因而汉口是很典型中国城市的代表。

冯天瑜教授和陈锋教授主编的《武汉现代化进程研究》以长时段的眼光来观照武汉现代化的历史演进，主要从社会工商经济的角度对以汉口为主的武汉早期现代化，张之洞督鄂以及辛亥革命时期的湖北与武汉的经济发展，民国时期武汉经济地位的下降作了专题的探讨，③ 富有启发性。长期关注长江中游市镇经济研究的任放教授指出，以汉口为代表的中国早期现代化迥异于以英国为代表的工业主导型现代化，是一种典型的以商业革命为主导的现代化模式。④

从武汉史的研究概况来看，清末民初是较为集中的时段，而1927—1949年的武汉史除武汉国民政府、武汉抗战史以外，受到重视的不多。近年一批学者开始关注武汉城市史研究。

综合研究。皮明庥研究员长期关注武汉城市的历史研究，编著出版了《武汉近百年史》《武汉通览》《汉口五百年》《武汉史话》《武汉简史》等通史性读物，体现其精深研究成果的是《近代武汉城市史》和《武汉

---

① ［美］罗威廉：《汉口：一个中国城市的商业和社会（1796—1889）》，江溶、鲁西奇译，中国人民大学出版社2005年版。

② William T. Rowe, *HANKOW*: *Conflict and Community in a Chinese City*, *1796—1895*, Stanford: Stanford University Press, 1989, p. 6.

③ 冯天瑜、陈锋主编：《武汉现代化进程研究》，武汉大学出版社2002年版。

④ 任放：《汉口模式与中国早期现代化》，《光明日报》2003年4月1日。

通史》。1993 年出版的《近代武汉城市史》共分四编，民国时期武汉的发展状况在该书中共占两部分，在第四编专论中作者从经济透视、都市文化、人口职业、阶层结构、社会风习等方面对武汉进行了横向考察，该书在城市史的研究方法方面也作了有益的探索。① 2006 年出版的《武汉通史》② 是皮先生组织一批武汉史专家编写的集大成之通史著作，气势恢宏、视界开阔、述论兼长。其中，由涂文学研究员任分卷主编的《武汉通史·中华民国卷（上、下）》对民国武汉的政权更迭、市政建设、工商、交通、教育、文化、娱乐、卫生、社情都有专论。另外，武汉市地方志编纂委员会编写的《武汉市志》是最为系统的综合性史志，对武汉进行了横向研究，但主要详于当代，而略于近代。

社会生活侧面研究。严昌洪教授在一系列论文中讨论了武汉的社会风俗及商事习惯的变迁问题。他论述了武汉颇具特色的传统风俗及其在民国时期的变迁，时间约为民国初年至武汉沦陷间，还对武汉风俗演变的特点进行了归纳，认为其不论从时间上还是空间上看都处于一种过渡形态。③ 傅才武教授的博士论文《近代化进程中的汉口文化娱乐业（1861—1949）——以汉口为主体的中国娱乐业近代化道路的历史考察》从现代化的角度，研究了近代包括民国中后期汉口的文化娱乐业的变迁，政府对文化娱乐业的管理，并探讨了文化娱乐业发展与城市近代化的关系。④

市政建设研究。关于这方面的研究可以说是凤毛麟角，以涂文学研究员的博士论文《市政改革与中国早期现代化——以二十世纪二三十年代汉口为中心》最具代表性，作者将汉口的市政建设、市政管理与改革放到中国早期现代化的历史进程中考察，研究现代城市政府体制的架构及运行机制，探讨现代市制转型的动态轨迹和一般模式，评估城市自治及市民对城市政治的参与的成就和问题。⑤

---

① 皮明庥主编：《近代武汉城市史》，中国社会科学出版社 1993 年版。

② 皮明庥主编：《武汉通史》（七卷十册本），武汉出版社 2006 年版。

③ 严昌洪：《近代武汉社会风俗的嬗变》，《江汉论坛》1990 年第 5 期；严昌洪：《近代武汉商事习惯的变迁》，《东方》1994 年第 6 期；严昌洪：《老武汉风俗杂谈》，中国档案出版社 2003 年版。

④ 傅才武：《近代化进程中的汉口文化娱乐业（1861—1949）——以汉口为主体的中国娱乐业近代化道路的历史考察》，湖北教育出版社 2005 年版。

⑤ 涂文学：《市政改革与中国早期现代化——以二十世纪二三十年代汉口为中心》，华中师范大学博士学位论文，2006 年。

其他研究。在社会救济方面，王玉德教授介绍了 1931 年武汉水灾所造成的灾难以及救济措施，[①] 章博的硕士论文《武汉 1931 年水灾救济问题研究》重点对 1931 年武汉水灾时的政府与民间救济行为进行了论述，认为政府主导和社会力量补充形成了广泛的合作与互补。[②] 在社会经济方面，李怀军研究员对抗战和沦陷时期的武汉经济的变动作了考察，认为从卢沟桥事变发生到武汉沦陷前夕，是武汉经济短暂繁荣、迅速萎缩期。[③] 陶良虎教授则分析了 20 世纪 30 年代汉口对外贸易衰退的原因。[④] 在民间社团方面，魏文享教授通过对从抗战胜利到武汉解放前夕武汉同乡会发展的考察，认为作为同乡移民群体的自治中心，同乡会注重同乡公益与慈善救济等类事业，在一定程度上成为政府的城市治安体系与社会保障体系的一个有效的补充部分。[⑤]

（二）有关近代中国城市生活史研究

日常生活的理论研究，是文化哲学学者所倾心的领地。匈牙利女学者赫勒的《日常生活》利用哲学的范畴，确定了日常生活的概念、组织架构、行为认知图式、日常知识、日常交往与日常生活中的个性。[⑥] 国内的一批文化哲学学者基本承袭赫勒的观点，建构了中国的"日常生活批判"。衣俊卿教授的《现代化与日常生活批判》界定日常生活是"以个人的家庭、天然共同体等直接环境为基本寓所，旨在维持个体生存和再生产的日常消费活动、日常交往活动和日常观念活动的总称"[⑦]，从日常消费世界、日常交往世界、日常观念世界来展开日常生活的内在结构和基本图式，并从文化学、历史学、价值学来审视中国日常生活的现代化。

关于现代都市生活的风格，在西方社会学界也有不少讨论。德国社会

---

① 王玉德：《1931 年武汉水灾纪略》，《湖北文史资料》第 57 辑，1999 年。
② 章博：《武汉 1931 年水灾救济问题研究》，华中师范大学硕士学位论文，2002 年；章博：《论政府在灾荒救济中的作用——以武汉 1931 年水灾为个案的考察》，《江汉论坛》2006 年第 12 期。
③ 李怀军：《抗战和沦陷时期的武汉经济述论》，载杨蒲林、皮明庥主编《武汉城市发展轨迹——武汉城市史专论集》，天津社会科学院出版社 1990 年版，第 140 页。
④ 陶良虎：《20 世纪 30 年代汉口对外贸易衰退原因辨析》，《江汉论坛》1999 年第 6 期。
⑤ 魏文享：《1940 年代汉口的同乡会》，《武汉春秋》2001 年第 4 期。
⑥ ［匈］阿格妮丝·赫勒：《日常生活》，衣俊卿译，重庆出版社 1990 年版。
⑦ 衣俊卿：《现代化与日常生活批判》，黑龙江教育出版社 1994 年版，第 80 页。

学大师西美尔的《货币哲学》指出除了货币之外，现代社会最具"理性"的就是都市生活了。正是"货币精打细算的本性使生活诸种因素之间的关系浸透了一种精确性，一种制定相等和不等的可靠性，一种商定和约定的毫不含糊性，使社会生活的内容赋予了某种透明度和可计算性，算计的理智性就体现在这些形式中"①，为了对丰富的外在刺激作出适当反应，大都会的精神生活表现出世故冷漠的特征。② 而布迪厄的《区隔》则主张以生活风格与文化品位取代职业收入阶层来划分社会群体，③ 这种划分顺应了布迪厄所处时代的社会生活：一个已经富足起来的"多元化"和"个性化"日趋明朗的社会生活。但是近代武汉的人们却显然由所从事的职业、收入决定了自己的阶层归属，基本不存在生活风格与文化品位的选择。

　　近代中国社会生活史的研究正呈如火如荼之势。一批著名学者纷纷立项研究，华中师范大学严昌洪教授获得教育部重大课题"20 世纪中国社会生活研究"立项，上海社会科学院历史研究所获得国家社会科学和上海社会科学项目资助，研究上海社会生活史。而此前有关近代上海社会生活史的研究，已有忻平教授的《在上海发现历史：现代化进程中的上海人及其社会生活（1927—1937）》，作者以"全息史观"，从社会生活角度，尤其是人口、社会人格、物化环境、工资消费、都市文化方面来找寻"现代化的钥匙"，展现了近代上海生活的宏大时空背景，结合宏观与微观研究，论述了各色上海人的生活样式与人生轨迹，④ 研究的广度和深度很值得史学工作者借鉴。还有美籍华裔学者卢汉超教授的《霓虹灯外——20 世纪初日常生活中的上海》，通过描绘 20 世纪上半叶上海人的日常生活，尤其注重一般居民区内生动而丰富的小市民日常活动，来探讨中国城乡关系的特征，上海人的身份认同以及如何恰当运用西方观念了解中

---

① ［德］西美尔：《货币哲学》，陈戎女等译，华夏出版社 2002 年版，第 360 页。

② ［德］齐奥尔格·西美尔：《时尚的哲学》，费勇等译，文化艺术出版社 2001 年版，第 186—190 页。

③ 参见周怡《文化社会学的转向：分层世界的另一种语境》，《社会学研究》2003 年第 4 期。

④ 忻平：《在上海发现历史：现代化进程中的上海人及其社会生活（1927—1937）》，上海人民出版社 1996 年版。

国城市日常生活的问题，① 其精细生动的描述和归纳引人入胜。马敏教授和陆汉文博士则另辟蹊径，用计量史学的方法来细化和评价近代中国城市居民的日常生活的现代性变迁，尝试从定性研究到定量研究的转变，具有方法论的指导意义。②

底层民众生活研究逐渐成为史学界的热门。美籍华裔历史学者王笛教授多次呼吁关注底层民众的研究，③ 并且以茶馆为切入点，考察了中国近代都市社会里的政治活动空间。④ 王笛教授在体现其研究旨趣的《街头文化：成都公共空间、下层民众与地方政治（1870—1930）》中，揭示了下层民众对街头这一公共空间的理解和使用，以及下层民众围绕街头与社会改良和地方政治的关系，"重构"并展现了都市街头大众文化的丰富内涵与时代变迁，⑤ 体现了作者挖掘、驾驭和分析史料的高超能力。对于近代城市的下层民众或非精英群体，如人力车夫、妓女、纺织工人等，也引起西方学者的关注，但都集中在北京、上海、天津几个城市与某一特定的社会群体。

（三）有关近代城市文化娱乐研究

近年来，随着艺术学和史学研究视野的下移及城市文化史的勃兴，近代城市大众文艺空间和文艺史研究呈方兴未艾之势，并涌现出一批有影响的成果。

就国外研究而言，西方学者偏重于空间理论的构建。列斐伏尔用社会和历史来解读空间，又用空间来解读社会和历史，并使用"空间实

① 卢汉超：《霓虹灯外——20 世纪初日常生活中的上海》，段炼等译，上海古籍出版社 2004 年版，第 2—3 页。

② 马敏、陆汉文：《建构民国时期（1912—1949）社会发展指标体系的几点思考》，《华中师范大学学报》（人文社会科学版）2001 年第 1 期；陆汉文：《民国时期城市居民的生活与现代性（1928—1937）——基于社会统计的计量研究》，华中师范大学博士论文，2002 年；陆汉文：《现代性与生活世界的变迁——20 世纪二三十年代中国城市居民日常生活的社会学研究》，社会科学文献出版社 2005 年版。

③ 王笛：《大众文化研究与近代中国社会》，《历史研究》1999 年第 5 期；王笛：《要加强对下层民众思想的研究》，《吉首大学学报》2005 年第 1 期。

④ 王笛：《二十世纪初的茶馆与中国城市社会生活——以成都为例》，《历史研究》2001 年第 5 期。

⑤ 王笛：《街头文化：成都公共空间、下层民众与地方政治（1870—1930）》，李德英等译，中国人民大学出版社 2006 年版。

践——空间的表征——表征的空间”的“回溯式进步”来强调社会、历史、空间的辩证统一关系，其旨在抽象的理论建构而未作个案深描。

闲暇之城——老成都的大众娱乐受到西方学界青睐。王笛探讨了老成都街头艺人的精湛表演和民众从中获得的快乐，以及地方精英对大众娱乐的改良。①

就国内研究而言，近代上海城市娱乐空间与娱乐文化受到高度关注。沈亮在其承担的全国艺术科学课题“上海大世界（1917—1931）——都市综合游乐场研究”中，以上海“大世界”为海派标志性都市娱乐样本，对“大世界”的管理模式进行了翔实调查和多层分析。但其重在考察文化产业管理，未曾深挖近代综合游乐场与整个城市社会、政治、经济、文化的勾连。楼嘉军提炼和归纳了20世纪30年代上海娱乐业处于兴旺时期的基本特征和兴衰演变的内在规律，② 但未进行比较研究。

近代汉口文化娱乐业的发展逐渐引起学界重视。张岩以地方历史文献为基础，探讨了近代前夜汉口商人的文化生活，得出早期汉口商人的文化生活带有浓厚文人色彩的结论。③ 傅才武教授集中考察了市场体制条件下作为城市文化产业的近代汉口文化娱乐业的发展轨迹，以及各种艺术样式和组织的演变。④ 虽论及汉口民众乐园，但未对它的典型价值进行展开和挖掘。

综上所述，已有研究重在对近代城市娱乐本身的生动再现或是把近代城市娱乐当作文化产业来考察，富有启发意义。不足之处在于忽视了城市文化娱乐空间同时也是政治空间、经济空间、社会空间的多重性，未能对特定文娱空间作多面向的立体考察，失去了以城市综合性文娱空间来窥探整个都市社会发展变迁的机缘。

相比之下，学界对近代武汉底层民众的生活、思想，以及社会公共活动空间的关注，也许因为史料缺乏之故吧，少有微观精细的研究，⑤ 笔者

① 王笛：《街头文化：成都公共空间、下层民众与地方政治（1870—1930）》，李德英等译，中国人民大学出版社2006年版。

② 楼嘉军：《上海城市娱乐研究（1930—1939）》，文汇出版社2008年版。

③ 参见冯天瑜、陈锋主编《武汉现代化进程研究》，武汉大学出版社2002年版。

④ 傅才武：《近代化进程中的汉口文化娱乐业》，湖北教育出版社2005年版。

⑤ 黎霞：《负荷人生：民国时期武汉码头工人研究》，湖北人民出版社2008年版；汤蕾：《多重权力网络下的近代中国人力车夫——以1945—1949年的汉口人力车夫为中心》，硕士学位论文，华中师范大学，2006年。

试图弥补这一遗憾。

三 资料与应用

但凡日常生活史的研究，总会遭遇史料缺乏的困惑。历史记载总是忽视那些不起眼的"小人物"，而且我们今天所能看到的为数不多的关于下层民众和大众文化的描述，基本上都不是由民众自己来叙述的，而是由精英来记录的，也就是说经过了精英的过滤。由于我们所看到的大众和大众文化基本上是透过精英的眼睛，我们在研究它们时便不可避免地要回答这样的问题：下层民众是否能发出他们自己的声音？能不能代表他们自己？为了弥补史料缺憾，王笛教授在研究成都的街头文化时，选择了许多竹枝词、文学作品、地方戏曲和漫画等视觉资料来佐证，而且再三强调报刊、诗词、文学作品中是精英们所看到和理解的大众、大众文化和日常生活。①

民国时期武汉下层民众日常生活研究同样面临资料的短缺问题，比起近代上海研究更是如此。纵观有关近代上海研究论著中的史料，不禁让人感叹"不怕找不到，只怕想不到"，各种档案、资料、调查、文学作品、报刊资料让人艳羡不已。而武汉呢？20 世纪 20 年代编写《续汉口丛谈》《再续汉口丛谈》的王葆心就曾慨叹，"淞沪大埠，自古纪述良多……汉口则记者寥寥"②。今天武汉城市史，尤其是城市日常生活史的研究相对薄弱，在很大程度上是难以突破史料瓶颈，这同样是困惑笔者的一大难题。

笔者按照传统的研究路子，以官方文件、档案资料、报刊以及历史图片为主要依托，还使用了一些竹枝词和方言俗语作为史料。所幸的是，近代武汉报刊上有大量当时人们活生生的生活的"记述"，但却因为湖北省图书馆和武汉市图书馆用缩微胶卷保藏和查找不便、费时费力之故，少有人利用，这是笔者发现的最大宝藏。需要说明的是，以报刊为主的大众媒介上的记载，多是文化精英所观察和理解的民众生活，笔者在文中时有强调，但有时为叙述方便，直接让它们"说话"了。同时，档案资料一般是官方

---

① 王笛：《近代中国大众文化研究叙事方法的思考》，《史学月刊》2006 年第 5 期。
② 王葆心：《续汉口丛谈 再续汉口丛谈》，湖北教育出版社 2002 年版，第 1 页。

记录或函件往来，不关心无名之辈的，但正如美国著名汉学家史景迁指出的，其中也有一些是贴近或针对下层民众的，例如警察或司法材料中"会记录他们的谈话"①，笔者在论述民国武汉下层民众的邻里纠纷时，就运用了这样的史料；另外如何利用档案也有一定方法，例如在汉口中山公园管理处的档案全宗里有游园规则十条，其中包括"禁止在园内便溺"，这虽然不是民众记载的，但是却可以据此推测当时市民有这样的行为。

为了弥补文本资料的不足，笔者还收集和使用了相关的口头史料，这是其他武汉史学者极少涉足的。但这无疑是必要的，因为民国武汉历史的见证者和讲述者势必越来越少。"口述史料不仅是一种个人记忆，也是一种社会记忆。口述历史最大的作用，就是可以帮助史家走出学术的象牙塔，走向社会，走入群众，尤其是没有留下文字记录的广大基层民众，口述史料可弥补这方面的不足。"② 通过跑养老院、福利院、老年大学和寻访历史街区，笔者深度访谈了 40 位 1949 年以前即在武汉三镇城区居住生活的老武汉人，获得了宝贵的第一手口头史料，③ 了解了老武汉的衣食住行用、工作、娱乐、人际交往、心理等状况，既有个案的特殊性，又在分析基础上感知到一些共通的景象。④ 同文字记载一样，"口述史料的价值，当然有其限度，并非百分之百的正确或完全可信"⑤。"纵使经过小心查证，仍可能由于受访者记忆错误、主观选择、夸大、修饰或受意识形态的影响，而与事实有所出入。"⑥ 笔者经过对比、查照，仍冒着这样的风险让那些民国下层民众日常生活的亲历者和亲见者在文中讲述和说话了。

但遗憾的是，由于客观条件的限制，笔者无法查找到另外的两种颇具价值的史料：外文资料和当时的社会调查。罗威廉教授的著作表明，近代在汉西人对武汉社会与武汉人的生活有着相当丰富的记述，不管处于猎奇还是其他目的，那必定记载着一个有所不同的世界，希望日后有机会到大洋彼岸去挖掘这些史料。相形之下，民国时期武汉没有留下重要的社会调查资料，则成为一个永久的遗憾。当时的南京、上海、北京、天津都有不

---

① 卢汉超：《史景迁谈史》，《史林》2005 年第 2 期。
② 岳珑：《试论口述历史研究的功用与难点》，《西北大学学报》1998 年第 1 期。
③ 访谈老人情况列表见附录一；访谈大纲见附录二。
④ 那些耄耋老者的热心帮助，以及把笔者认作忘年交的真诚至今感动着笔者，当然还有些以"过去太苦了，我不想回忆"来婉拒笔者的老人，笔者也深深理解和同情。
⑤ 陈三井：《口述历史的理论及史料价值》，《当代》第 125 期，1998 年 1 月。
⑥ 岳珑：《试论口述历史研究的功用与难点》，《西北大学学报》1998 年第 1 期。

少社会群体生活状况的调查资料可供使用,[①] 甚至抗战时期的西南城市如成都、昆明也有不少关于纺织工人和职业妇女生活等的相关调查成果,[②] 这些调查多由政府部门或大学师生开展。但社会调查在当时的武汉却几乎是一片空白,或许因为武汉不如南京、上海重要,无法引起国民政府统计调查部门的注意,加上武汉当时的高校尤其是从事社会学相关专业师生的缺乏,远不及北京、天津、南京的教育资源,而且 1938 年武汉沦陷之后大学都迁往西南,日本人占领武汉,无人再来关注这一问题,造成了永久的遗憾。

　　笔者试图根据掌握的材料"细致地重建,再现历史的复杂性和多面相"[③]。然而,让笔者惴惴不安的是,叙事的琐碎是否会肢解历史? 或者自己苦心"建构"的武汉下层民众的日常生活与历史真实存在较大的偏差? 或者因为自己关注下层民众的生活,而过分偏爱那些"草根"气息浓厚的历史记载片段,而对民国武汉日常生活的总体景象作了过低水平的估量与"重建"? 笔者只能不惧浅陋,按照认定的历史的真实来书写。

四　城与人：走近研究对象

（一）武汉：从历史长河中走来

　　武汉,两江[④]汇流,三镇[⑤]鼎立,这在世界上都是少见的城市格局。汉阳、武昌、汉口先后在不同的时段,不经意间成为中国名城:汉阳在春秋时期,即传有琴师俞伯牙、樵夫钟子期高山流水、知音难求的佳话,至今有古琴台、琴断口、钟家村的地理名字延续着历史的厚重;因武而兴的武昌[⑥]则是三国时期吴国主将孙权的福旺之地,且是三国鼎立中著名的历史古战场;汉口晚在明代中期滥觞,却在明清时期商业活动中风起云涌,使中国四大名镇和"天下四聚"有其席,被赋予"东方芝加哥"的美名。汉口后来居上,一枝独秀,盛名远播,使有着更丰富历史意蕴的汉阳和武

　　① 参见陆汉文《现代性与生活世界的变迁——20 世纪二三十年代中国城市居民日常生活的社会学研究》,社会科学文献出版社 2005 年版。

　　② 参见李文海主编《民国时期社会调查丛编·婚姻家庭卷》,福建教育出版社 2005 年版。

　　③ 马敏:《21 世纪中国近现代史研究的若干趋势》,《史学月刊》2004 年第 6 期。

　　④ 两江指长江和汉江。长江又称扬子江、大江;汉江一般被市民称为小河、襄河,又称汉水。

　　⑤ 三镇指武昌、汉阳、汉口。

　　⑥ 当时的武昌指今天的鄂州。

昌的光辉一步步黯淡下去，成为民国武汉历史舞台上的独舞英雄和最杰出
代表，因此我们无法不把更多的目光聚焦在汉口身上，[①]并以汉口为主线
来述说这座城市的一些来龙去脉。

　　武汉是湖北省会，是江汉平原的奇葩，也是长江中游最重要的中心城
市。[②]武汉从明清时期开始成为中国的商业和交通重镇，这一地位与汉口
的形成与兴盛有着不可分割的联系。武汉本只有汉阳、武昌，而无汉口，
汉口是明成化年间因汉江改道而来，而且因为汉江上的舟楫往来之便，
"商贾可以泊船"，成为远近闻名的商品交易中心，因而范锴说"汉口之
盛，所以由于小河[③]也"[④]。（图绪论–1）早期汉口的街市都在濒临汉水
之处，汉口最初可以说是一个沿河城市，[⑤]沿汉水"一线长堤廿余里，廛
市鳞集"[⑥]，"家家列市汉江滨，南朔东西百货陈"[⑦]。"汉口市廛始盛于
明"[⑧]，明末清初"与河南朱仙镇、江西景德镇、广东佛山镇并列，为天
下四大镇之一"[⑨]，清康熙年间著名学者刘献廷则列汉口为天下四聚之一，
游遍大江南北的他认为"天下有四聚，北则京师，南则佛山，东则苏州，
西则汉口"[⑩]。1906年，京汉铁路建成通车，使武汉兼具水陆交通优势，
"京汉火车通，又变东西泽国交通之势，为南北陆地交通之势"[⑪]。（图绪
论–2）武汉作为九省通衢之地，得天独厚的地理优势注定要成就自己：
"不特为楚省咽喉，而云、贵、四川、湖南、广西、陕西、河南、江西之

---

　　① 因为在有清一代和民国时期卓越的商业地位，汉口也是其他一些研究者的旨趣所在，如
罗威廉的两本关于汉口的作品，就是对晚清汉口的商业、贸易、行会、社会冲突的一个全面而深
入的观照；傅才武在考察中国娱乐业的近代化过程时，也选取了汉口为个案，参见傅才武《近代
化进程中的汉口文化娱乐业（1861—1949）——以汉口为主体的中国娱乐业近代化道路的历史考
察》，湖北教育出版社2005年版。
　　② ［美］施坚雅主编：《中华帝国晚期的城市》，叶光庭等译，中华书局2000年版，第274页。
　　③ 小河指汉江，武汉人称汉江为小河或者襄河。
　　④ 江浦、朱忱等：《汉口丛谈校释》，湖北人民出版社1990年版，第59页。
　　⑤ 海峰：《汉口兴自小河》，载皮明庥、吴勇主编《汉口五百年》，湖北教育出版社1999年
版，第10页。
　　⑥ 王葆心：《续汉口丛谈 再续汉口丛谈》，湖北教育出版社2002年版，第95页。
　　⑦ 徐明庭：《民初汉口竹枝词今注》，中国档案出版社2001年版，第1页。
　　⑧ 王葆心：《续汉口丛谈 再续汉口丛谈》，湖北教育出版社2002年版，第17页。
　　⑨ 同上书，第5页。
　　⑩ 刘献廷：《广阳杂记》（卷4），中华书局1957年版，第193页；张乐和：《"天下四聚"：
前近代武汉发展的高峰》，《湖北社会科学》2004年第12期。
　　⑪ 王葆心：《续汉口丛谈 再续汉口丛谈》，湖北教育出版社2002年版，第16页。

货，皆于此焉转输。虽欲不雄天下，不可得也。"① 所以，日本驻汉总领事水野幸吉所言之"1860 年前之汉口，无多历史可言"② 是一种侵略者的优越感与对汉口带有偏见的表达。

图绪论 - 1　汉江上的繁华

汉水的水上交通之便在汉口成为中国近代第二大商埠过程中功不可没。范锴《汉口丛谈》记载，汉口"因有小河水道，商贾可以泊船，故今为天下名区"。图中熙熙攘攘的船只昭示着这座城市的活力和勃勃的商机（资料来源：武汉市图书馆）。

1861 年，汉口成为条约口岸城市，对西人开放，开始了由传统商业市镇向近代都会的转型。汉口沿长江先后开辟了英、俄、德、法、日租界，租界成为近代汉口市政建设和管理的窗口，沿长江地带迅速成为汉口的另一个繁华中心。沿江宽阔的街道上，现代化的建筑和华丽的商店相连并立，给西方人留下了美好的印象。詹姆斯·贝特兰"对汉口第一印象很为良好"，他觉得"汉口像上海和天津一样——三个最受国外影响的城市——比较是有一种现代化的景象。沿着埠口，当海潮增涨的时候，列强的巡洋舰停泊着，而各种西方建筑的银行、写字间、仓库及领事馆等，无异是代表最近一世纪来西方企业的纪念碑……这一个城市，的确非常配作中国战时的首都"③。水陆交通成就了武汉转口贸易的繁荣，清末日本驻汉总领事水野幸吉以欣羡的口吻对汉口的崛起倍加赞誉："与武昌、汉阳鼎立之汉口者，贸易年额一亿三千万两，夙超天津，近凌广东，今也位于

---

① 刘献廷：《广阳杂记》（卷4），中华书局 1957 年版，第 193 页。

② ［日］水野幸吉：《汉口——中央支那事情》，刘鸿枢等译，上海昌明公司 1908 年版，第 83 页。

③ 参见海峰《武汉建市前后的汉口》，载皮明麻、吴勇主编《汉口五百年》，湖北教育出版社 1999 年版，第 121 页。

清国要港之二，将近而摩上海之垒，使观察者艳称为东方之芝加哥（美国第二大都会）。"①

　　清末民初的汉口是璀璨耀眼的商贸重镇，同时期的汉阳是湖北乃至中国近代工业重镇，汉阳铁厂和枪炮厂令"汉阳造"名扬中华，武昌则是湖北省的行政和文化中心。直到1927年4月16日方在汉口成立三镇合一的武汉市政府，形成了近代型的城市统一体。但武汉建市之后，由于中央到省市以及市内各区的矛盾，其区划和体制并未完全稳定，导致武汉城市体制多变。总体上，武汉三镇时分时合，时而合三为一，时而一分为二、一分为三。而武汉或者汉口市时而为特别市，时而为省辖市，建制、区划不稳定，② 但在建制的变化中汉口始终是主轴。③ 汉阳城关与武昌城区地域狭小，商业态势远弱于汉口，根本不可能像汉口一样容纳大量的城市居民、商民与流动人口，无法成为三镇的领头羊。

图绪论－2　1940年汉口大智门车站

　　大智门站为京汉铁路汉口总站，京汉铁路于1906年通车，后来延伸至广州，使得武汉成为连接南北的京广线的中转站。陆路火车便利加上长江和汉江的水上优势，巩固了武汉九省通衢的地位，提升了武汉作为商埠的重要性（资料来源：武汉市图书馆）。

---

　　①　[日] 水野幸吉：《汉口——中央支那事情》，刘鸿枢等译，上海昌明公司1908年版，第1页。

　　②　涂文学：《文化汉口》，武汉出版社2006年版，第260页。

　　③　皮明庥：《武汉建市的历史考察》，《江汉大学学报》1994年第5期。

（二）武汉人与下层民众

民国及更早些时候武汉三镇人口沿长江和汉水两岸呈带状分布（图绪论－3）。长江和汉水两岸密度最大，距江岸愈远，密度愈小；同时又以旧城垣为中心，呈同心圆向周围分布，愈近中心则密度愈大，平均密度在同一城区相差很大。清末民国时期，武汉三镇的居民主要集中在沿长江、汉水两岸的旧城区一带。汉阳城区居民集中在旧城区的显正街、西大街一带；武昌城区居民集中在与长江平行的长街一带；汉口城区居民集中

图绪论－3　1949 年新武汉市街道

图片显示三镇人口沿着长江和汉江聚居，尤其是汉江和长江交汇处最为密集（资料来源：武汉历史地图集编委会编辑《武汉历史地图集》，中国地图出版社 1998 年版，第 73 页）。

在汉水边的汉正街①及长堤街一带，面积狭小，商业集中，建筑物稠密，人口密度大，尤以汉口地区长江和汉水相交的三角地带为甚。② 因而罗威廉断定 19 世纪末 20 世纪初汉口是除上海外，人口、街市、住宅、船只密度最大的城市，汉口的拥挤在中国城市中达到了"独一无二"的水平。③

近代武汉尤其是汉口人口的增长变化是中国近代城市化和现代化的一个侧影。现代化"是一个完整的社会变革系统工程"，其中，"城市化及与此相应的人口流动"④ 是重要的表征。人口是城市的决定性构成因素之一，人口的消长反映出都市化过程的缓急。武汉 1861 年开埠以后，逐渐从传统商业市镇发展成为现代都会，人口由缓慢发展和负增长期进入急剧上升时期，从开埠前的 20 万人左右上升到 1911 年的 80 多万人。1928 年，武汉按东（武昌徐家棚一带）南（武昌街市及大东门一带）西（汉阳城区）北（汉口市区）四大警区进行全面户口调查，武汉三镇城区登记在户人口为 85 万人。武汉市区人口到 1930 年突破 100 万大关，此后几年人口仍呈增长势头，1935 年达民国期间峰值 1290280 人。1938 年武汉沦陷，1939 年武汉三镇仅有 457912 人，到 1942 年回升到 1258069 人。1945 年抗战胜利后由于内战影响和工商业萧条，武汉市人口回升率不高，根据《武汉概况》所汇编的解放前夕的资料中说，"据 1948 年 12 月户口总数复查结果，武汉三镇人口总数为一百一十九万，其中汉口八十四万六千"⑤。

在城市近代化的早期阶段，武汉人口增长是因为出现了大量的移民和流动人口。武汉一直是个"五方杂处"的城市。反映 19 世纪初汉口风情的《汉口丛谈》说："瓦屋竹楼千万户，本乡人少异乡多。"⑥ 叶调元的《汉口竹枝词》亦云："此地从来无土著，九分商贾一分民。"《海关十年

---

① 过去的正街、长街、大街通常是一个城市的主要街道，据武汉地方史专家徐明庭口述，2007 年 4 月 5 日。

② 武汉地方志编纂委员会主编：《武汉市志·总类志》，武汉大学出版社 1998 年版，第 151 页。

③ ［美］罗威廉：《汉口：一个中国城市的商业和社会（1796—1889）》，江溶、鲁西奇译，中国人民大学出版社 2005 年版，第 263 页。

④ 章开沅、罗福惠主编：《比较中的审视：中国早期现代化研究》，浙江人民出版社 1993 年版，第 4 页。

⑤ 参见皮明庥《近代武汉城市人口发展轨迹》，《江汉论坛》1995 年第 4 期。

⑥ 江浦、朱忱等：《汉口丛谈校释》，湖北人民出版社 1990 年版，第 57 页。

报告》（江汉关）论及"汉口的人口不是纯粹的本地人，由于该港的诱惑，他们来自远近各地，居民成分复杂"。就城市人口主体而言，罗威廉将汉口列为移民城市是成立的。①

近代武汉人口移民的持续增多源于三个因素：一是商品经济的发展，汉口因商而兴，兴而为商，产生了巨大的吸引力，坐商、行商和与之俱来的店员、学徒、杂工、服务人员亦大量增加；二是武汉近代交通，包括铁路、轮船、市内交通的发展，以及相应的码头、装卸、打包、搬运作业，需要大量的劳动力；三是都市的发展招致周围农村人口向武汉的结集。②民国武汉还有众多的流动人口，主要包括：来自周边农村的临时工、季节工；汉江的水上居民即船户；流动商贩；城市乞丐和无业游民；观光、旅游、探视或搭船上车的旅客。这一驳杂的流动人口群，大约相当于武汉固定人口的五分之一到四分之一。如果以民国武汉人口峰值120余万人计，则武汉流动人口在20万至30万之间。③

如此之多的城市居民，包括大量移民和流动人口，他们在民国的武汉何以为生呢？汉口作为港口型工商业大埠，其城区职业分布集中在商业、手工业、水陆码头工、佣工等行业。④"居民中大多数为商人，工人次之，而小贩艺徒无业者，为数亦伙。"⑤就武汉三镇而言，民国中后期的人口职业以工业、商业、交通运输、人事服务所占比重最大，合起来估计达到百分之八十，而公务⑥、自由职业⑦、农业、矿业比重较小，合起来估计在百分之十以内，另外无业者⑧占百分之十左右。

从人口的职业构成来看，很显然，民国武汉有百分之八十的市民被排斥在富贵、权势、知识、声望之外，过着平庸的生活，甚至匍匐在社会底层，生活艰难。这些平民百姓以店员、学徒、工厂工人、佣役、码头工

①　参见皮明庥《近代武汉城市人口发展轨迹》，《江汉论坛》1995 年第 4 期。

②　同上。

③　涂文学主编：《武汉通史·民国卷（下）》，武汉出版社 2006 年版，第 326—327 页。

④　武汉地方志编纂委员会主编：《武汉市志·总类志》，武汉大学出版社 1998 年版，第 192 页。

⑤　《汉口市民众教育馆划区分社办事处举办工人识字班》（1946），武汉市档案馆馆藏档案，全宗 80 - 2 - 37。

⑥　指军界、警界、法界、政界。

⑦　主要指报界、学界、律师、儒士、医师、会计师、工程师、社团服务、僧侣教徒等。

⑧　主要指学生和无业游民。

人、人力车夫、苦力、小摊贩为主。① 流动在武汉三镇的小商贩占人口十分之一，② 这一景象充分反映了民国武汉生活的平淡与庸常的一面。社会下层民众构成了这个城市的底色，在人们赞叹这座城市的繁华、富庶、活力与喧嚣之时，他们的日常生活却向人们展示了城市耀眼光环之下的斑驳和平常的本色，而这正是本项研究所关注与着力的地方。

（三）汉口民众乐园（1919—1949）

"紧走慢走，一天走不出汉口；左玩右玩，玩不够民众乐园。"曾经，汉口民众乐园成为武汉这座城市的另一种标记。汉口民众乐园的历史可谓半部民国汉口史，透过汉口民众乐园，即可窥见近代汉口城市社会的变迁。

汉口民众乐园自1919年建成开放到1949年新中国成立以前，数度易主，数易其名，反映了革命时代政权更张之频仍。

汉口民众乐园最早叫"汉口新市场"。"汉口新市场"由时任汉口稽查处处长的刘有才和湖北督军筹划创办，1919年阴历五月初一，高达七层的新市场正式开台。

北伐军于1926年10月10日攻克武汉，国民党汉口市党部、市总工会没收"新市场"为汉口市民集会及娱乐场所，并聘请总政治部新剧团主任、共产党人李之龙于12月接收管理，定名为"中央民众俱乐部"。1927年2月，蒋介石赠"血花③世界"的匾书于李之龙，从此，汉口民众乐园又被称为"血花世界"。这一时期的民众乐园迎来了辉煌，举行了诸

---

① 关于大多数城市平民和贫民的职业，其经济状况以及社会地位在民国时期是比较稳定的，唯一的例外可能是政府公教人员——一个依靠政府薪金维持生计的群体。在民国前期和中期，"政府的公务员和国家教师收入适中，来源稳定，具有一定的文化。无论从生活方式还是从社会地位上来说，都可以称作社会的中层。在整个民国时期，民国政府公教人员的生活状况经历了一个由舒适到艰难的演变轨迹。尤其到最后几年，受通货膨胀之苦而每况愈下，他们竟沦落到活不下去的地步"［王印焕：《民国政府公教人员生活状况的演变》，《北京科技大学学报》（社会科学版）2005年第1期］，甚至有的教员在放学之后还去拉人力车贴补家用，访谈资料F-21，2006年4月28日。

② 根据徐焕斗所统计，汉口当时"男丁33135人，女口23746人，壮丁9464人，学童7467人"，其中"小贸9464人"，占总人口十分之一多（徐焕斗：《汉口小志》，"户口志"第3页，1915年铅印本）；另在1946年，武汉人口80多万，而小贩占去10万，都显示出小贩在人群中的比例超出十分之一，为数甚众（见皮明庥《近代武汉城市人口发展轨迹》，《江汉论坛》1995年第4期；《市容虽美，民命难堪！十万摊贩何以为生？》，《武汉日报》1946年12月3日）。

③ "血花"取"先烈之血、主义之花"意，笔者注。

多令人瞩目的大型活动。

1927 年蒋介石发动"四·一二"政变后，反革命势力日趋猖獗，李之龙和各股科长都辞去职务，中央民众俱乐部由汉口特别市党部改组委员会管辖。由于各委员只顾着瓜分利润，俱乐部的状况日趋下滑，1928 年移交汉口市公安局监管，并改名为汉口民乐园。到了 1928 年 11 月，民乐园又交由武汉市社会局管辖。1929 年，战乱下的武汉市政组织频繁变更名字，最后叫汉口特别市，民乐园改名为"汉口特别市民众俱乐部"。

1930 年 1 月，汉口特别市政府将其交给市公安局、社会局、财政局三家共同管理，但效果不佳。后原"新市场"股东们请求发还民众乐园，12 月 24 日，由蒋介石亲自下令取消民众俱乐部。1931 年阴历五月初一，民众俱乐部改名为"兴记新市场"，由原股东承办，隆重开幕。1939 年 3 月，民乐园由日本汉奸王文明侵占，改名为"明记新市场"。1945 年 9 月 2 日日本投降，民众乐园由湖北省党部、汉口市党部组织管理委员会接收管理，并由副主任委员郭寄生改名为"民众乐园"，此名一直沿用至今（表绪论 - 1）。

表绪论 - 1　汉口民众乐园名称与管理者变迁一览表（1919—1949）

时间	名称	管理者
1919.05	汉口新市场	汉口稽查处处长和湖北督军
1926.12	中央人民俱乐部	国民党汉口党部、市总工会
1927.02	血花世界	国民党汉口党部、市总工会
1927.03	中央人民俱乐部	汉口特别市党部改组委员会
1928.01	汉口民众乐园	汉口市公安局
1928.11	汉口民众乐园	武汉市社会局
1929	汉口特别市民众俱乐部	武汉市社会局
1930.01	汉口特别市民众俱乐部	汉口市公安局、社会局、财政局
1931.06	兴记新市场	原新市场股东
1939.03	明记新市场	日本汉奸
1945.09	民众乐园	国民党湖北省党部、汉口市党部组织管理委员会

第一章　到武汉谋生：周边农村
移民的底层生活样态

对武汉土生土长的市民而言，常常面临这样一个百思不得其解的问题：武汉在百年前被誉为"东方芝加哥"，且被未来学家看好，位列"世界十大未来之城"①，这足以令人自豪和骄傲的光环却掩饰不住世人对它的另一种"成见"——太过平民化的印象、太重小市民的气息——甚至以"中国最市民化的城市"②冠之。武汉曾经占尽中国第二大商埠之风头，③如今正向国际化大都市狂飙突进，却长期无缘恢宏、大气的美誉，④恐怕要叩问历史以推本溯源。若将历史的镜头推向近一个世纪前，一批批带着浓厚乡土气息的乡民踏上武汉这片热土，奔走在三镇之间，打拼多年后依然是淹没在尘世的小民，但却顽强地在武汉生存下来，成为后来地道武汉人的祖先。有这样一幅景象作铺垫，或许对世人难以更改的武汉平民化印象，我们不会再愤愤不平了。

作为一个典型的移民城市，⑤汉口发展迅猛。短短两三百年间，先后位列"四大名镇"和"天下四聚"，在近代成为华中重镇，享"东方芝加哥"美誉。这座移民城市，成就了无数人的梦想，尤其是四方商民在此圆了淘金梦，这也美化了人们对汉口的想象，把汉口作为武汉三镇的代名

---

①　中国城市活力研究组主编：《武汉的性格》，中国经济出版社 2005 年版，第 123 页。

②　参见罗教讲《武汉人的形象——对武汉人的自我形象的实证分析》，载冯天瑜、陈锋主编《武汉现代化进程研究》，武汉大学出版社 2002 年版，第 278 页。

③　李宪生：《两次世纪之交的武汉对外开放》，中央文献出版社 2001 年版，第 213 页。

④　章开沅：《精品意识与文化武汉》，《华中师范大学学报》（人文社会科学版）2004 年第 2 期。

⑤　［美］罗威廉：《汉口：一个中国城市的商业和社会（1796—1889）》，江溶、鲁西奇译，中国人民大学出版社 2005 年版，第 262 页。

词，甚至稍远地方的人们只知有汉口而不知有武汉。① 不过，从 1927 年一直到 1949 年，新一批的移民来到汉口，同时也登陆武昌、汉阳。这一时期迁居武汉的移民主体有所变化，大多是武汉周边的农村移民。

一　从四方商民到周边农民：武汉移民主体的变化

可以说，正是一批又一批的移民在两三百年间执着地移居武汉，为武汉近代成为大都市奠定了高密度的人口前提。汉口建镇较晚，但其优越的水陆地理位置所决定的商业重要性，为迅速、密集的移民运动提供了契机。②

在武汉三镇中最负盛名的汉口，从来就是一个移民聚居之地。"五方民处，客旅居多"③ 的局面一直到民国，也未发生根本的变化。在作者深度访谈的 40 位老武汉人当中，30 人的家庭是从外地迁到武汉，而在武汉三镇长大的 10 人当中，又有 5 人是第二代移民。这一随机访谈的样本，竟与 1850 年叶调元的竹枝词中所记载之 "此地从来无土著，九分商贾一分民"④ 的本土居民比重的情形相当吻合。而在 1915 年完成的《汉口小志》也说，按照文化和语言划分，城市中只有十分之一是本地人。⑤

汉口因商而兴，勃兴伊始，就吸引着四方追名逐利的人们。"看他汲汲争名客，笑尔纷纷逐利人。以财以势以权力，无年无月无晨昏。"⑥ 来自江浙、广东、湖南、江西、安徽、山西、陕西、四川以及本省的商民纷纷来汉寻利，使汉口的茶叶、木柴、皮革、盐业等贸易在中国首屈一指。他们在获得利市的同时，不经意间使武汉成为全国最大的港口中转贸易城市，成就了武汉 "东方芝加哥" 的辉煌。

---

① 访谈资料：F-34，2006 年 5 月 2 日。时至今日，天门、仙桃（民国时候称沔阳）、汉川等地的老人都习惯称到武汉为 "下汉口"。

② ［美］罗威廉：《汉口：一个中国城市的商业和社会（1796—1889）》，江溶、鲁西奇译，中国人民大学出版社 2005 年版，第 263 页。

③ 江浦、朱忱等：《汉口丛谈校释》，湖北人民出版社 1990 年版，第 201 页。

④ 叶调元：《汉口竹枝词》，载徐明庭辑校《武汉竹枝词》，湖北人民出版社 1999 年版，第 30 页。

⑤ 徐焕斗：《汉口小志·风俗志》，1915 年印刷本。

⑥ 孙南溪：《题汉口镇》，周健录，《武汉日报》1948 年 5 月 23 日。

进入民国时期，尤其是 1927 年到 1935 年间和 1945 年到 1949 年间，武汉又迎来两次移民浪潮，人口进入急速增长期，1935 年武汉三镇人口即达到解放前的峰值 129 万。① 不过在这 20 年间，武汉移民的主体却从四方商民变为武汉周边农民，尤其以黄陂、新洲②、黄石、孝感、汉川、黄冈、咸宁、黄安（今红安）、鄂州、沔阳（今仙桃）③ 方圆数百里以内的乡民为主。诚然，他们中的部分人也怀着淘金梦来到武汉，但大多数人却是迫于农村无生计可求，逃到武汉谋生的。

二　为了生存或更好的生活：移民的
武汉梦及其破碎

（一）金钱诱惑：到武汉寻求黄金梦

城市代表了不同于乡村的生活，对乡村有着永远的魅力与诱惑。为了生活，人们从乡村来到城市；为了更好地生活，人们驻留于城市。

中国的城市和乡村在漫长岁月中呈现出和谐一体的景象，但在近代产生了明显的界限，④ 尤其是当近代西方文明开始强劲地冲击中国都市。中国近代城市⑤在发展过程中，常将"周边的农村吸纳过来"⑥，并吸引无数四邻村民来到城市。"城市之所以有如此巨大的魅力和影响，全在于城市作为文明发展的高峰，对许多人来说，城市生活就是美好的生活，就是

---

① 皮明庥：《近代武汉城市人口发展轨迹》，《江汉论坛》1995 年第 4 期。

② 当时没有新洲地名，今天的新洲是原黄冈的一部分，为了明确区别起见，本书中使用了新洲这一地名。

③ 当时的移民来源，反映出今天武汉城市圈即 1+8 的规划格局有着历史的渊源。1+8 城市圈中 1 是指武汉，8 是指周边的黄石、鄂州、黄冈、咸宁、孝感、仙桃、潜江、天门。

④ 施坚雅和他的同事们在其巨著《中华帝国晚期的城市》的中心论点之一就是传统中国的城市与乡村是连为一体的。直至 19 世纪，处于不同的地理区域，行政管理、商业经营水平完全不同的城市和乡村，呈现出一片和谐相融的景象。尤其在社会、文化方面，城乡之间并没有明显的差异和鲜明的对照。甚至连作为城乡分界标志的城墙，也无法将城市和乡村隔绝开来，但是这一切似乎被西方文明的进入而改变。参见施坚雅主编《中华帝国晚期的城市》，叶光庭等译，中华书局 2000 年版；卢汉超：《霓虹灯外——20 世纪初日常生活中的上海》，段炼等译，上海古籍出版社 2004 年版，第 117 页。

⑤ 区别于乡村和古代城镇而言。

⑥ 纪晓岚：《论城市本质》，中国社会科学出版社 2002 年版，第 17 页。

幸福的象征，成为他们的天堂和向往之地。"① 尤其对于被隔离在城市之外又与城市近在咫尺的四周乡民，到城里去是一生的理想与追求，哪怕是蜗居在城市一角也令人羡慕的，所谓"有福之人住城角"②，更何况大汉口？对武汉周边的广大农民来说，武汉是财富的聚集地，甚至遍地是黄金。他们厌倦了在农村守着一亩三分地的清苦，以为在城市里可以赚更多的钱，实现财富的梦想，甚至过如诗中描述的挥金如土的生活：

> 城市笑了
> 它拥有着
> 如此丰饶的市场
> 如此繁缛的货品
> 有金、银、宝石、珍珠
> 有细麻布，绣花料，软缎，绸子，朱红色料
> 各样香水，各样珍贵的器皿
> 肉桂，豆蔻，香料，香膏，乳香
> 山珍，酒，油，细面，香稻米
> 还有骰子，麻醉品，春药
> 以及那么多妖冶的卖笑的女人
> 珍馐美味和淌水似的金钱③

　　少数成功同乡的示范效应，也激发了一些农民进城的热情。早于自己离乡的亲戚、邻居、朋友进入城市并已定居，这使自己内心有所萌动，至少心存一种期望，一种能得到友善帮助而被接纳的期望。④ 结果一些敢想敢做者跟着迈出了寻金梦的步伐，来到离家不远的武汉，渴望在这充满商业机遇的热土上挣到大把的钱。

　　乡民对城市财富的幻想与渴望很容易泛化为凡是从农村到武汉的人都

---

①　贾明：《大众文化：现代都市的文化主潮——兼论文化与都市的关系》，载孙逊主编《都市文化史：回顾与展望》，上海三联书店 2005 年版，第 201 页。

②　据武汉地方史专家徐明庭口述，2007 年 4 月 5 日。

③　上官柳：《这城市》，《武汉日报》1946 年 12 月 30 日。

④　卢汉超：《霓虹灯外——20 世纪初日常生活中的上海》，段炼等译，上海古籍出版社 2004 年版，第 117 页。

成了阔人的错觉。对城市的盲目向往削弱了人们的分辨能力，看不到同乡在汉打拼的艰辛落魄，只知道隔三差五有人从汉口寄钱回村里，而且过了两年又在农村盖了新房，就笼统地以为从农村到武汉的人都变得"阔"了。正如从乡下到武汉找二弟借钱以解燃眉之急的大哥所说的："回乡去的人，都说你在外干得很阔的差事，有的甚至说你在外边讨了弟媳妇。"而实际情况是，这个干着很"阔"的工作的二弟已经三个月没有领到薪水，却暗地里找同事朋友凑齐了钱交给大哥带回家乡。①

当然除了关于都市的财富想象外，城市里多彩多姿的生活样式也是他们一生的梦想。宽广的马路，飞驰的汽车，灯红酒绿，纸醉金迷，足以让第一次到武汉的周边乡民惊讶、震撼、过目不忘、刻骨铭记，而沉淀为心理的期待。毫无疑问，下面这首诗中描绘的近代武汉的物质生活样式，如磁铁般吸引着有都市生活初体验的周边农民：

> 这城市
> 像打扮得花枝招展的娼妓
> 以淫荡的媚眼和巧笑
> 招徕四面八方的客人
> 这城市
> 张开了血盆似的口
> 吞纳了各式各样的人们
> 有豪华的官吏
> 有各地的客商
> 有穿细轻衣裳的女人
> 有更多的追寻黄金梦的人们
> 销魂般的醉乐在沸闹着
> 黄金般的宴会在铺陈着
> 人们在火山上跳舞
> 在琥珀色的夜的深渊里沉沦……②

① 曼引：《崩溃》，《武汉日报》1933 年 5 月 18 日。
② 上官柳：《这城市》，《武汉日报》1946 年 12 月 30 日。

问题在于，那些执着要到城市的乡民，他们往往只看到都市富庶、繁华的一面，而有意忽视或来不及去触摸都市生活阴暗、贫穷的一面，就已经贸然决定进城。

再者，武汉作为大都市，又有着令四周乡民艳羡的资源集合优势。开放、流动、熙攘的都市比起闭塞、静谧的乡村来，蕴含着丰富得多的资源和机会。作为长江中游的中心城市，① 武汉不仅是"社会财富与权力的中心"②，而且随着商业与近代大众传媒的迅速发展，③ 城市流动着发财的机会和丰富的信息。汉口"最初的功能是商品的集散地，在此基础上它成为商品信息的集散地，最终，如果说整个社会的媒介系统是一个网的话，那么都市就是网线之经纬的结合点"④。

一个在武汉生活过，"发誓离开这个荒淫的都市，去寻找适合生存的地方"，回到家乡，却忍不住再次来到汉口的漂泊者敏感地捕捉到了这一点。他之所以来汉、回乡、又来汉，就是因为汉口"有它另一面的，那就是各种形式、名称、性质、人和物的集合、荟萃、交流"⑤。可见，有了都市生活体验的人，是很难抵挡武汉作为资源聚合地的吸引的。"他们早先在家乡毫无期盼地生活着"⑥，尽管进城后遭遇挫折，但都市便利的生活与潜在的机会皆是他们不忍放弃的，这也是周边乡民来到武汉又返回家乡，最后又回到武汉的重要原因。

当然，被"到城里发财"的潮流所蛊惑而盲目来到都市的乡民亦大有人在。在武汉四周的农村，一些人把"下汉口"谋生致富的前景和故事描述得惟妙惟肖，口耳相传，以至于人们把进城赚钱演化为令人向风而动的乡村时尚，认为"城里总比乡下好"⑦。一些赶时髦的乡民根本不顾

---

① ［美］施坚雅主编：《中华帝国晚期的城市》，叶光庭等译，中华书局 2000 年版，第 274 页。

② 贾明：《大众文化：现代都市的文化主潮——兼论文化与都市的关系》，载孙逊主编《都市文化史：回顾与展望》，上海三联书店 2005 年版，第 201 页。

③ 李卫东：《晚清武汉的经济发展与社会变迁》，载严昌洪主编《经济发展与社会变迁国际学术研讨会论文集》，华中师范大学出版社 2002 年版，第 438 页。

④ 刘旭光：《都市文化与媒介——从符号与媒介的角度对都市文化的定位》，载孙逊主编《都市文化史：回顾与展望》，上海三联书店 2005 年版，第 174 页。

⑤ 李里：《我回到了都市》，《武汉日报》1948 年 10 月 3 日。

⑥ 卢汉超：《霓虹灯外——20 世纪初日常生活中的上海》，段炼等译，上海古籍出版社 2004 年版，第 116 页。

⑦ 访谈资料：F－12，2006 年 4 月 23 日。

自己是否适合与胜任在都市生活或生存，只是被富丽堂皇的都市寻金梦所迷惑而离乡进城。

（二）农村凋敝：到武汉谋生

相比一批有着野心和强烈成就欲的乡民而言，更多到武汉的农民是由于农村经济的萎靡凋敝而移居武汉谋生的。与其说是城市吸引了他们，不如说是乡村抛弃了他们。

太平天国运动以后，中国农村人口稳步增长，人均耕地面积逐渐下降，农业技术又毫无进步，农业生产率出现下降，使得广大农民生活水平停滞不前，甚至出现实质性的倒退。[1] 尤其是地处江汉平原的武汉周边农村，人口土地矛盾日益突出，农民生活每况愈下，有的村庄40%的农户面临耕地面积缩小的问题。[2] 而这一时期城市又出现了畸形的繁荣，表现出极强的吸纳力，于是大量周边农民选择进城到武汉谋生。

但作为农民，他们中的有些人不会放弃家乡的农田。由于地利之便，周边乡民可以选择往返在武汉和家乡之间，两处轮流的生活。农闲时节，到武汉当苦力，做小生意；农忙时节，又回家乡种田，两边奔波以维持生计。他们"在城乡之间往来穿梭"[3]，"一只脚坚实地踩在农村的土地上"[4]，一只脚在城市寻觅生机。

这些频繁游走在武汉与家乡之间的人们，挖空心思想从往返旅程中获取微薄之利，在很原始的小生意——路边叫卖中，其作为乡民的淳朴、单纯、善良和羞涩展现无遗，这种自然的流露博取了城里人的好感与善意，成就了他们"多少赚几个"的愿望。

（三）天灾人祸：背井离乡

如果说因为农村衰败到武汉谋生，以及往返在家乡和武汉两地间的周边乡民在某种程度上是出于主动选择的话，那么在天灾人祸频发的20世

---

① 参见［美］杜赞其《文化、权力与国家——1900—1942年的华北农村》，王福明译，江苏人民出版社2004年版。

② 《湖北建设月刊》第1卷第4期，1928年9月。

③ 陆汉文：《现代性与生活世界的变迁——20世纪二三十年代中国城市居民日常生活的社会学研究》，社会科学文献出版社2005年版，第51页。

④ 卢汉超：《霓虹灯外——20世纪初日常生活中的上海》，段炼等译，上海古籍出版社2004年版，第174页。

纪二三十年代，农村生活受到严重威胁时，农民则是被动地、别无选择地背井离乡。恶劣而"艰苦的自然环境和大土地所有者的威胁"，使得他们"常常处在生存与毁灭的交叉点上"①，他们举目四望，目光盯向了更具包容力的临近的大都市——武汉。在没有兵匪和外敌入侵的岁月，武汉成为四周乡民的避难所和避风港。

水旱灾害接连不断，使武汉周边农民破产，生计维艰，甚至无家可归，只好纷纷逃往武汉。1931 年湖北大水灾使"近江诸县，皆成泽国"，"农民生活困难，群相率以逃向大都市，以求得生活之机会"②。接下来的 1934 年，农村水旱灾害亦使乡民饥寒交迫，"全省人民，不苦于水灾，即困于干旱，因是而流离失所，沦为灾黎者触目皆是。时近严冬，除乏食外，又将苦于无衣矣"③。而其他年份，武汉报端也接连出现"沔阳空前大水灾，六万人无家可归"，"天灾人祸相应逼来，粥少僧多饿民待哺"农村不堪景况的报道，④ 老幼灾民纷纷流落武汉街头，"天灾人祸命难捱，临老无依更可哀。三尺童儿三棒鼓，也随洪水上街来"⑤。

动荡孕育了不安全感。⑥ 匪患横行乡里，百姓生命没有保障，只好举家到汉以求平安。农村的破败使得乡民无以为生，一些人便作匪行乱，"老百姓因为无饭吃，'软死不如硬死'，于是有许多便为非作歹起来"⑦，"在此四乡匪患时间，杀人放火，绑票勒索，无论何人，见而生畏。于是只有携家大小，赴此平安之地之汉口。在汉口之人自然不敢回去。在乡间不敢宁处之人，又络绎不绝而来。"⑧ 于是武汉成为四边乡民的避风港。

（四）近水楼台：享交通之便

便利的交通使周边乡民到武汉谋生成为一件相对容易的事情。武汉周

---

① 沙莲香等：《社会学家的沉思：中国社会文化心理》，中国社会出版社 1998 年版，第 17 页。

② 《武昌市政府人力车概况调查报告》，1935 年，武汉市档案馆藏，资料号：18－10－102。

③ 《募寒衣》，《武汉日报》1934 年 12 月 13 日。

④ 陈默：《清晨的镜头》，《大众报》1947 年 8 月 24 日。

⑤ 公正：《武汉竹枝词》，《武汉日报》1949 年 2 月 5 日。

⑥ ［美］吉尔伯特·罗兹曼主编：《中国的现代化》，国家社会科学基金"比较现代化"课题组译，江苏人民出版社 1998 年版，第 452 页。

⑦ 曼引：《崩溃》，《武汉日报》1933 年 5 月 18 日。

⑧ 九达：《物价高涨之原因》，《光明》1930 年 8 月 30 日。

边农民大多可沿汉水步行，或由各水路假舟楫之便抵达武汉。黄陂外出谋生者大多直接沿着滠水或黄孝河来到汉口，除聚居于黄陂路、黄陂街外，还有大批黄陂人杂居于武汉三镇，以至民间流传"无陂不成镇"的俗语。① 汉阳、孝感、天门、汉川、沔阳、嘉鱼、黄冈、鄂城等地农民沿水路抵达武汉，也是一两天之内的事情。每日游弋于汉水之上的木船就是将周边乡民迎往的工具，汉江的平静便利周边农民带着简单的生活起居用品来到武汉。汪建中的父亲甚至把嘉鱼老家的房子拆掉，将旧的砖瓦运到汉口，在长堤街搭了个瓦屋。②

（五）武汉梦的破碎：真实生活景象

人们奔向武汉，怀着美好希望而来。对于心怀都市寻金梦的乡民，他们在动身进城前，可能已经打好了诸多的如意算盘，甚至憧憬过富贵齐人的那一天。用歌德的话说，他们"生活在理想的世界，也就要把不可能的东西当作仿佛是可能的东西那样来处理"③，但武汉现实的生活却远比他们想象中的艰难得多。

大多数到汉移民主要目的是想在经济繁荣的城市寻找工作和生计。然而，几乎所有能找到的工作都是些不需要特殊技能的苦力或小贩等卑贱的职业，这也是由移民自身的文化技能素质低下所决定的。尽管大多数的移民都想进厂做工，可到了武汉，才发现工厂工作并不好找。当时武汉情形与上海类似，哪怕是工厂里最一般的工作，首先要有厂里认可的社会关系的介绍，其次必须给工头送礼，在某种情况下，还需要一定的文化或经过某种技能考试。④ 甚至进烟厂做打杂的童工，也需要找关系并通过公开的招考。⑤ 这些新移民要找到自身与这片陌生土地的连接点，可以想象困难重重，就算去找先期到汉的亲朋好友，由于他们往往自身难保也是于事无补。

结果，除少数念过私塾甚至中学、并懂些简单的算写的农村移民通过

---

① 严昌洪编著：《老武汉风俗杂谈》，中国档案出版社 2003 年版，第 133 页。

② 访谈资料：F - 20，2006 年 4 月 28 日。

③ 参见［德］恩斯特·卡西尔《人论》，甘阳译，上海译文出版社 2004 年版，"中译本序"第 5 页。

④ Honing, Emily, *Sisters and Strangers: Women in the Shanghai Cotton Mills, 1919 - 1949*, Stanford: Stanford University Press, 1986, pp. 79 - 93. 转引自卢汉超《霓虹灯外——20 世纪初日常生活中的上海》，段炼等译，上海古籍出版社 2004 年版，第 117 页。

⑤ 访谈资料：F - 2，2006 年 4 月 19 日。

社会关系在武汉能找到小学教员或者店员这样的活计外，[①] 大多数无文化、无技能、更无良好社会关系的新移民，只能凭借自己唯一拥有的东西——力气，在武汉立足。武汉开埠后的数十年间，"轮船和铁路相继出现，水运码头及铁路枢纽很快成为大批农村人的落脚点，人力车夫、码头工人、沿街小贩等成为很多人的栖息之业"[②]。女人则进入市民家里，寻求下河女、洗衣女或者家佣的工作。而像梳头妇这样的工作要求熟悉汉市女性的发髻式样，外乡妇女一无所知，只有本市穷人家的妇女才能得到。[③] 最典型的谋生组合方式是男人做工，女人帮佣。[④] 农村移民的职业和收入状况表明，他们中绝大多数人都蛰伏在都市社会的最底层，[⑤] 遭受资源匮乏、经济拮据之苦，过着悲惨的生活。武汉报刊常有文字抒写对这些穷人的怜悯，兹略举数例如下：

> 浣衣女：浣衣的姑娘／你又来了／河水唱起欢迎的歌／别皱起眉头吧！／真实的生活／是劳苦的积累／有谁不承认／用自己的汗水／洗净别人身上的污垢／是伟大的呢！／当我穿起那件你洗净的衣裳／我的心／也泛起对你的肃静了。[⑥]

> 更夫：又是那阵凄楚的梆音／和踉跄的步履／响过去，冷冷的／——从我的窗前／夜色是如此的沉重／颤抖在你手中的灯火／挣不开／一圈昏黄／踏着这圈昏黄／你巡梭在人家的甜梦／让生活的足迹／埋葬在深深的夜里／远处，鸡啼了／黎明照亮了生活的路／而你／却累倒在夜巡的疲惫里去了。[⑦]

> 下河妇：人不在贵，有信则名。也不在高，能勤则精。斯是贱役，为吾德馨。别人食珍肴，我为倒臭粪。每日来一趟，始终不失

---

① 访谈资料：F-38，2006 年 5 月 4 日。

② 陆汉文：《民国时期城市居民的生活与现代性（1928—1937）——基于社会统计的计量研究》，博士学位论文，华中师范大学，2002 年，第 24 页。

③ 访谈资料：F-3，2006 年 4 月 19 日。

④ 刘德政：《外来人口与汉口城市化（1850—1911）》，硕士学位论文，华中师范大学，2006 年，第 17 页。

⑤ 李明伟：《清末民初中国城市社会阶层研究（1897—1927）》，社会科学文献出版社 2005 年版，第 420 页。

⑥ 江原：《浣衣女》，《武汉日报》1947 年 1 月 7 日。

⑦ 江原：《更夫》，《武汉日报》1947 年 1 月 7 日。

信。走至房门口，唤一声，不窥人之隐私，不取人之一尘。报酬虽低微，工作却忠勤，君子曰：何贱之有？①

猴戏人：沐猴而冠，傀儡做戏；牵东背西，指挥如意；锣鼓敲响，老少群集；猴儿献艺，斯人得利。②

卖唱者：每当黄昏。各家都坐在自己门口纳凉的时候，街头巷尾的竹床和板凳简直是星罗棋布，走起路来都有点别扭。同时卖米的、卖豆浆的和卖香瓜西瓜的叫卖声，络绎不绝。而此时最吸引人的当是街头卖唱的一群。他们每当十点钟以后就出来，一边拉着胡琴，敲着檀板，一边走着，等待着主顾，主顾当然就是坐在门前的纳凉的人们了。如果你叫住他，他马上给你一本戏名册子，请你随意点上一两个，他们就开始唱给你听。唱完，你给了他钱后，他们就又到别处找寻新的主顾了。

至于每个戏的代价也有一定的。大约是先讲定两毛或者三毛，有时候却也说不定。如果你高兴，也可以多给他几个，像单人唱的有许多他们不过是随便你给，并不计较多少，唱出来的戏当然是好不到哪里去了。尽管声嘶力竭，他们终日也难求一饱。③

周边乡民在汉充当苦力，最大的苦力群体是人力车夫和码头工人。1946年，汉口人力车夫中，绝大部分来自周边县乡的农村，地域分布如下：黄陂35%，汉阳18%，应城10%，孝感9%，沔阳5%，汉川5%，云梦4%，鄂城2%。④

人力车夫工作负荷大，家庭负担重。不分寒暑作"牛马走"，加上坐车的人不停喊"快点拉，快点拉"，使得车夫即使在下雪的日子也跑得汗流浃背（见图1-1）。每日辛勤劳作加上长期营养不良，使得病亡的车夫不在少数。车夫生病后又往往靠借高利贷治病，或者无钱医治而死亡也很正常。而且一般在农村成家的车夫都设法把家人接到汉口，因而背负着沉重的家庭负担，常常是一人养活三四口人，有的甚至要养活五六人。⑤ 人

---

① 少章：《下河妇铭》，《大楚报》1940年3月5日。
② 《武汉日报》1936年3月16日。
③ 豫生：《街头卖唱的一群》，《武汉报》1941年7月23日。
④ 《人力车业职业工会会员名册》，1946年，武汉市档案馆藏，资料号：9-17-38（1）。
⑤ 《怡和村分驻所管辖区贫民登记调查表》，1947年，武汉市档案馆藏，资料号：40-13-2705。

力车夫的悲苦生活受到人们广泛的关注与同情，小学生的作文也经常以人力车夫为主题，汉阳兵工学校六年级的李芳如此描写寒夜里的一个车夫：

> 一个冬天的晚上，北风如虎般的呼啸，大地铺上了白雪，一个车夫蹲伏在那儿，身上穿着褴褛衣裳，脚上蹬了草鞋，脸上给寒冷染的通红，鼻涕如面条似的挂在嘴边，可怜的手脚，冻得如筛糠般颤抖……他不住的叹道："天呀！可怜我，可怜我！"
>
> "饭桶！快点啦！"兵士呵斥道。
>
> 跑了二三里，才到目的地，兵士下车给了二百文。车夫哀求道："老爷！多给几枚钱啊！"
>
> 兵士很凶恶地说："混蛋！没有，这钱还少了么？"打了车夫一个耳光，匆匆地走了。
>
> 可怜的车夫，被打得面红耳赤，眼泪涔涔，不敢再要，拖着车走开了。①

图 1-1　冬天里乘客的冷与车夫的热

人力车车夫主要是周边农村来汉移民从事的职业，车夫是城市里"牛马走"的苦力，冬天北风呼啸，车上乘客和路上行人都裹得严严实实，车夫因要卖力拉车，衣衫单薄却仍旧汗流浃背。超负荷的工作，加上无钱治病，使得车夫中壮年亡故者不在少数（资料来源：张雾作《冷与热》，《武汉日报》1947 年 11 月 16 日）。

---

① 李芳：《寒夜里的一个车夫》，《武汉日报》1936 年 1 月 1 日。

虽然人力车夫地位低下，工作辛苦，生活困顿，而且受到政府、人力车业职业公会和人力车商的管束，但在多重权力网络下，他们仍然能够以群体的力量去争取经济上的权益，尽管方式十分激烈。[①] 因而一直到解放前武汉人力车夫人数都稳增不减。码头工人与人力车夫一样，也有着自己的工会组织，在约束自己的同时又维护了自身的权益，从而使基本生活得到保障。

但是对周边农民在汉谋生的最大群体——游动小贩来说，他们的力量却缺乏有效的组织。他们只能像散兵游勇一般，游走在武汉三镇的大街小巷，叫卖生活，成为城市最广泛的底色，影响着城市的生活基调。

三　家乡：割不断的牵连

近代城市以极大的人口容量和惊人的发展速度，为流动人口提供了各种谋生的可能和就业机会，[②] 但真正在城市里立足生存却并不容易。对那些未能实现在城里落户或举家进城的农村移民而言，他们只能把目标指向家乡，源源不断地汲取奋斗的动力和情感的养料。

家乡在传统中国是个人身份的关键部分。[③] 在一块特定的乡土上与亲人聚居的家庭生活所培育的"家庭精神"，支配着人们的思维准则和行为方式，塑造了农民对乡土和家庭的亲和与依赖。[④] 民国时期，移民武汉的四周乡民与家乡保持着密切的联系。他们将钱寄往老家，年节回家探亲，回乡娶妻；或者在城里怀念祖先，思念亲人。在一系列的仪式与活动中他们形成了浓厚的家乡情结。然而，在某些时候，尤其当经济状况不佳时，他们却主动克制了思乡的情绪。

（一）年节忆念祖先

祖先怀念是传统农村生活的重要内容。周边农民带着"忘祖"是大

---

① 汤蕾：《多重权力网络下的近代中国人力车夫——以 1945—1949 年的汉口人力车夫为中心》，硕士学位论文，华中师范大学，2006 年，第 48 页。

② 李明伟：《清末民初中国城市社会阶层研究（1897—1927）》，社会科学文献出版社 2005 年版，第 455 页。

③ ［美］顾德曼：《家乡、城市和国家——上海的地缘网络与认同（1853—1937）》，宋钻友译，上海古籍出版社 2004 年版，第 3 页。

④ 沙莲香等：《社会学家的沉思：中国社会文化心理》，中国社会出版社 1998 年版，第 18 页。

不孝的信念来到武汉，并在年节时分以仪式或活动来身体力行对祖先的忆念。即便住在贫民区里，也挡不住他们的热情与虔诚，"这里的人们，每当过节的时候，同样的纪念着祖先，玩着龙灯，高跷，狮子，蚌壳。比一般更热闹，敲锣打鼓的"①。尤其当来自同一乡源的农村移民聚居在城市的同一地方时，集体忆念不仅方便，而且还可能追忆到人们共同的祖先。② 类似于近代上海的农村移民，他们"生活在都市里的'村庄'，在很大程度上还是都市里的乡民"③。在春节、清明以及鬼节，④ 迁居武汉的农村移民都会始终如一地焚香、烧纸⑤或者送灯，祈求祖先的护佑。

离家乡较近的移民，还会在春节和清明时，回到家乡祭祖。尤其是来自新洲、黄陂、汉阳农村的移民几乎毫无例外地回乡上坟。⑥ 不过，这基本上是家庭中男主人的使命，一般女人和孩子不参与其中，他们所做的就是大黑时倚着门槛等待回乡祭祖的丈夫或者父亲的归来。即使全家搬到武汉，回乡祭祖也是必需之事，否则会被家乡人非议。⑦

死后埋在家乡的土地反映出来汉乡民对祖先与故乡的忠诚。中国人的死亡观念带有很大成分的"乡土性"⑧，灵魂的处所——死后的境界应是自己的生养之地，所谓叶落归根，这在第一代来汉农村移民身上是根深蒂固的。这与更早些时，寓居汉口的客商的做法与态度极为相似。汉口的同乡会馆常帮助把寓居者的遗体运回家乡，并鼓励这种对家乡的留念方式，⑨ 反映出已经都市化的商人们那种剪不断理还乱的乡村情结。⑩

---

① 常怀祖：《在"贫民区"里》，《大众报》1947年4月27日。

② 罗威廉：《汉口：一个中国城市的商业和社会（1796—1889）》，江溶、鲁西奇译，中国人民大学出版社2005年版，第262页。

③ 张仲礼主编：《近代上海城市研究》，上海人民出版社1990年版，第735页；熊月之：《乡村里的都市与都市里的乡村——论近代上海民众文化特点》，《史林》2006年第2期。

④ 每年的阴历七月十五，亦称中元节。

⑤ 不独农村移民，广大市民包括中上等人家也有烧纸钱以祈求亡故祖先的护佑的习惯，当时住在高档里弄住宅的日本军官百田宗志即发现对面人家在中秋夜焚烧冥钱（［日］百田宗志：《汉口风物诗》，武汉宣传联盟事务局1945年版，第43页）。

⑥ 访谈资料：F-4，2006年4月19日。

⑦ 访谈资料：F-2、F-3，2006年4月19日。

⑧ 钟敬文：《民俗文化学：梗概与兴起》，中华书局1996年版，第221页。

⑨ 徐焕斗：《汉口小志·名胜志》。

⑩ 涂文学：《对立与共生：中国近代城市文化的二元结构》，《天津社会科学》1998年第1期。

（二）财富与婚姻指向：家乡

经济联系与婚姻纽带是移民与家乡和亲人加强联系的重要方式和内容。

对于家人尚留在农村的移民来说，他们在武汉辛苦劳作的目的，就是攒钱，改变家人的生活状况。他们也许不能像富商那样，将在汉口赚到的财富运回家乡，服务当地社会，但其财富的指向同样是迁出地——故乡。

在汉单身农村移民的主要目标就是挣钱，回家买地、盖房子、娶媳妇。"他们通过购买土地使自己同乡村保持着密切的联系。"[1] 从鄂城葛店到汉口长江边做码头搬运工的尤志旺、叶方刚、兰水成、王长银将攒的钱让老乡带回给家乡的父母，用来给自己买地建房讨媳妇，至今回忆起来他们都觉得心满意足。可见他们确实愿意让财富流向老家，当然这在很大程度上是因为父母拿钱帮助自己在家乡成家立业了。如果一个农村移民在城里不能找到一个门当户对的媳妇，则一般还是回农村成亲。何况他们中的好多人从家乡出来时，已经有了"父母之命、媒妁之言"的婚约了，有的甚至是定的娃娃亲。

进城时已经成家的农村移民，则埋头挣钱养家，攒了钱让同乡带回或寄给家里的妻儿与父母。"人在外面心在家，少年妻子一枝花"[2]，哪怕再苦一点，他们心里也踏实。刘庆和从黄陂农村到汉口做临时工时，每天只吃中餐和晚餐两顿，总吃不饱，却不肯花三分钱买一个面窝作为早餐，否则他会想到家乡的妻儿可能因为自己的"贪嘴"而饿肚子。[3] 如果长期不寄钱回家，可能还会受到家人的责怪，被人说"忘了根本"[4]。当然我们有理由相信，老家的父母都是仁善的，能够体谅儿子在汉漂泊的不易，因此即使家里困难也报喜不报忧。

适箴父母写的一封家信浓缩了家乡老人对只身在汉的儿子的体慰关切之情：

---

①　涂文学：《对立与共生：中国近代城市文化的二元结构》，《天津社会科学》1998 年第 1 期。

②　王干一：《旅汉杂记》，《西北风》第 16 期，1937 年 3 月，第 29—30 页。

③　访谈资料：F－6，2006 年 4 月 20 日。

④　曼引：《崩溃》，《武汉日报》1933 年 5 月 18 日。

儿见字知悉：近闻武汉天气甚热，易染疾病，须多加仔细，注意卫生，汝能擅自调摄，日益健康，使余放心，则孝道尽矣。至于经济一层，武汉生活程度高昂，余已深知，汝月入有限，可不必勉强汇寄家用。余自能维持，万勿以此难过。汝喜读书报，然天气热时，亦应有节，勿为饱知欲而害身体也，且嘱！父母字。①

（三）思乡情结及其克制

思乡，在到武汉谋生的农村移民中是常有的普遍现象。

一个人思念自己所了解的家乡，是一种本能的情感。② 对家乡的热爱和思念，可能源于儿时的忆念与天然的认同感，③ 但也许原本就无道理可言。虽然不能像诗人艾青那样吟哦"为什么我的眼中常含泪水，因为我对这土地爱得深沉"那般浪漫抒情，但一个丈夫在硚口做工的家庭主妇却能很直白地说出对家乡的情感："我看见那片土地就舒服，因为我是在那里长大的。"④ 虽然这话出自一个从无锡来汉游子的心声，但对于因生计工作关系，或者不舍花路费回家探亲的农村移民，思乡恐怕是他们共同的情绪。离开家乡的移民几乎没有不患思乡病的，他们相信身体和精神的痛苦源自背井离乡。⑤ 而思乡的情结是生活的一部分，随时可能引发。

在汉生活的不如意会撩起思乡的情绪。武汉的热或冷会使人怀念家乡的怡人气候："去年的夏天，我是在那风光秀丽的故乡很愉快地消磨过去了，可是今年在这没法避暑的汉口，从热气腾腾当中又使人大有怀乡之感。"当被人问及"你的家乡是哪里"的时候，也会触痛思乡的神经。⑥

春节或者中秋节团圆的气氛和城里热闹的场面，也会引发在汉游子的乡思。春节是对在汉游子思乡情绪的考验。只要看见别人争购着新年需要的东西回家，或和友人互相馈赠，便随时可以触起思家念友的感觉。每当这个时候，游子们总免不了叹息一声，叹息做了异乡的孤客。只身在汉的

① 适箴：《家信》，《武汉报》1941 年 7 月 5 日。

② ［美］罗威廉：《汉口：一个中国城市的商业和社会（1796—1889）》，江溶、鲁西奇译，中国人民大学出版社 2005 年版，第 286 页。

③ 凡凡：《还乡》，《大楚报》1941 年 6 月 6 日。

④ 访谈资料：F - 19，2006 年 4 月 27 日。

⑤ ［美］顾德曼：《家乡、城市和国家——上海的地缘网络与认同（1853—1937）》，宋钻友译，上海古籍出版社 2004 年版，第 3 页。

⑥ 星子：《怀乡》，《武汉报》1940 年 8 月 3 日。

拔戈有时和他的友人闲谈起，便会欣羡地向他们说："啊！一个人没有家是多么可怜啊！当寂寞无聊之后，不知要发多少凄然慨叹的感慨呢？……"于是拿出笔给丧偶的母亲写信，却又怕增添母亲的感伤："母亲，这也许完全是你儿的罪过吧？在这新年将近的日子，还是只身在这数百里的武汉，不能回家来看看你衰老多愁的亲娘，反而更加许多数不清的思念孩儿的伤感于你。母亲，这话你的儿不能说了，你的儿的泪水已滴湿了信笺……"①

虽然是一般的游子思乡的情绪，但只有身在异乡的游子才能体会中秋之夜的孤苦以及对家人的深情：

> 今年的元宵我在武汉，
> 一个人望着圆圆的月亮。
> 得着了片纸的家书，
> 乡愁就缠得我好心慌。
> 我记得那时曾经说过，
> 到中秋无论如何回家，
> 和父母，和兄妹，在庭前，
> 灭了烛，看月亮，看桂花。
> 现在中秋了，
> 我依然在异乡
> 捐弃不了乡愁，
> 还有了一身的债，
> 穿着破衣走遍了长街，
> 无限的愁怀系着无穷的思索。②

可见，对于只身在汉打拼的农村移民来说，思乡是隐藏在心底、一触即发的深沉的情感。

但思乡的情绪却是复杂的，甚至会受到思乡者经济状况的左右。结

---

① 拔戈：《游子情》，《武汉报》1941 年 1 月 26 日。
② 萧然：《异乡的中秋》，《汉口罗宾汉报》1935 年 9 月 21 日。

果，"'故乡'这词很像橡皮，富于伸缩性"[1]。思乡的情绪随着财富的积累而疯长，最后的结局就是举家移居武汉；而经济的窘迫则会销蚀游子思乡的勇气。对于前者，"故乡是甜蜜蜜的"；对于后者，"故乡却是酸溜溜的"[2]。所以，民国中后期从周边到武汉谋生的移民的心态与传统中国人的"华衣丽锦好还乡"的观念保持着高度的一致。所谓衣锦还乡，不混出点名堂，就觉得无颜见父老乡亲。处境窘迫，即使思念故乡，也不敢回去探望亲人，与故乡产生隔膜。正如游子凡凡的心绪一样："家乡的确有许多处所，萦系了我的心。不过，我难得发生还乡的念头，我就淡忘了它呵！当然我很羡慕衣锦还乡的故事，要说是我能达到这种愿望好像是太渺茫了。实在的，我并没有这些野心。不过我总觉家乡与我之间，有些间隔。让家乡的人们咒骂着我吧，说是一个可怜的浪子呀！"[3]所以在经济状况欠佳时，没有成就的在汉移民因思乡而觉羞耻，思乡的情绪因此受到兑制，而难以产生回乡探望的勇气。

总之，思乡是在外游子的一种自然的情感体验。民国时期到汉谋生的四周乡民也在情感、财富、婚姻、仪式及墓地选择等方面与家乡保持着紧密的联系。当无力举家移居武汉时，家乡就成为他们的精神动力，是年节时分寄托思念的方向，家乡的妻儿父母是他们劳碌的全部理由。对家与家乡的思念缱绻之情随时可能爆发，但与家乡的亲近感却又在某种程度上取决于他们所取得的经济成就。这是农村移民未曾料想到的尴尬。他们到底属于家乡还是属于眼前的这座城市呢？

四　双重边缘化：身份认同的困惑

自己属于武汉这座城市，还是属于不远的家乡？感觉自己是城里人，还是乡巴佬？这是近代武汉农村移民常常自问与谈论的话题，也许是百思不得其解的难题。

对于长期在汉经商，而且成为财富精英的外乡人来说，他们有着良好的心理感受和自我认同，乐于把自己当武汉人和城里人看待。尽管外地商

---

① 青芜：《我的故乡新年》，《西北风》第 14 期，1937 年 1 月，第 66 页。

② 邵劈西：《故乡》，《武汉日报》1934 年 8 月 2 日。

③ 凡凡：《还乡》，《大楚报》1941 年 6 月 6 日。

民以各种方式与家乡联系，但大多数"汉口寓居商人中的头面人物，至少从社会活动的参与方面看，都把他们自己看作全面融入汉口社会的一分子"①。而从上海到汉经商的沈成宝则轻视武汉市民的粗俗，把武汉人当乡巴佬，多年以后仍保持着自己作为上海人的优越感。②

　　然而，对来汉的农村移民来说，情况可能有所不同。他们存在身份认同的困惑，不知道自己到底是武汉人还是乡下人。他们在武汉面临的社会景象迥异于之前他们所生活的乡村世界，这给他们的生活带来颠覆之感和烦恼，使其左右不是，被置于城市与乡村的双重边缘。

（一）初来乍到：内外都是乡巴佬

　　近代武汉是个衣冠社会。作为一个晚近发展起来的转口贸易城市，武汉三镇名来利往，过客如云，使人应接不暇，以至于人们只重衣冠不重人。③ 初来乍到的四周乡民，从内到外，在武汉人眼中都是一个老土的乡巴佬。

　　移民初到武汉的外表和装扮就是乡下人的标志，这加深了自己和城里人对他们"乡巴佬"身份的体认。一双草鞋或者布鞋，加上土洋布裤褂，一看就知道是乡下来的，城里人不自觉露出鄙夷的眼色，这打击了新移民的自尊心，让他们因为自己是乡下人而自卑，于是要在外观上向城里人看齐，积极寻求改变，由土变洋。④ 结果却食"洋"不化，反而变得不土不洋，让人看着别扭。那些有幸到工厂做上女工的农村移民身上就呈现出这种不协调：她们的服装虽然是想努力向时髦靠近，但是从头到脚总不能完全调和。她们穿的不是高跟皮鞋太小，就是新制的旗袍未免太俗，脸上的脂粉和残留的姿态，显示出她们的青春爱情和生活的疲惫。⑤

　　初进城的农村移民因为对都市生活的陌生，呆笨的行为举止会被人鄙弃，视为"乡巴佬"。在武汉土生土长的城里人有着莫名的优越感，甚至百般刁难乡下人。以下是宋海所观察到的在武汉的"乡巴佬"受到的不

---

　　① ［美］罗威廉：《汉口：一个中国城市的商业和社会（1796—1889）》，江溶、鲁西奇译，中国人民大学出版社 2005 年版，第 303 页。

　　② 访谈资料：F - 9，2006 年 4 月 21 日。

　　③ 徐明庭辑校：《武汉竹枝词》，湖北人民出版社 1999 年版，第 348 页。

　　④ 访谈资料：F - 8，2006 年 4 月 20 日。

　　⑤ 王里：《朝去暮归：水平线下生活之一》，《武汉日报》1935 年 8 月 2 日。

公平待遇：

> 你走上街去，高视阔步，从那些你看去呆头呆脑，东张西望，土里土气的人里，你会意识到你是从这大群人当中分出的"城里人"的一个，而在心里鄙弃的喊："乡巴佬！"
>
> 我曾看到过乡巴佬被警察老爷在警岗旁怒罚立正十分钟，原因是汽车来了还要跑，不会走路——城里的路。于是我懂得了市虎①为什么老爱亲热乡下人：他们不会走路。更有意思的是在市虎吃人后，人群里传出来惋惜声的程度性质，也会因城里人乡下人而不同，"一个乡下人！"看多泄气！
>
> 我曾看到乡巴佬被有优越感的城里人不客气的猛吼，原因是他们像刘姥姥进大观园似的东张西望，看这个橱窗，问那个地摊，妨碍交通！
>
> 进百货店和绸缎铺，城里人从势利的店伙那里得到殷勤的招待，拿烟倒茶，先生太太前，货色不如意，转身就走，还得笑赔两个不是。若是换上乡下来的朋友，你猜谁神气足？站上半天，没人睬。货色问多了，不高兴；还价，没这规矩；问了不买，准挨骂。
>
> 寄信，坐车，乘船，我们的乡巴佬都不受欢迎。叽里咕噜真讨厌。信，不晓得往筒里一丢？买车船票，班次票价，外面白纸上都用墨字写得有，偏偏要问，真幼稚，真讨厌！
>
> 前不久我看电影，哪知半途停下来查身份证，这一招谁都没有防到。没有，城里人聪明得很，会扯由头，打交道；却苦了乡巴佬，电影没看成，捉将官里去！②

近代武汉城里人对乡下人的歧视和上海人对外乡人的优越感竟如出一辙。③ 这是由他们生活的世界——城乡的不同景象所决定的，"洋气十足"与下里巴人的生活之间有着天壤之别。初到城里的乡下人，面对一个完全陌生的世界和接踵而至的、从未经历过的人和事，无所适从，其行为难免

---

① 指汽车。

② 宋海：《乡巴佬》，《武汉日报》1949年2月27日。

③ 忻平：《从上海发现历史——现代化进程中的上海人及其社会生活（1927—1937）》，上海人民出版社1996年版，第253—258页。

迟钝可笑。生疏的环境与生活让他们不知所措，因而会做出些鄙陋的事情。有的当街撒尿，有的把垃圾箱奉为张天师的宝剑，油然而生敬畏之心。① 而坐在汽车头上的故事则暴露出乡下进城女佣的无知与尴尬：

> 新年里一位奶奶带了她的孩子们出去拜年，带着一个女佣人，刚从乡下到汉口来的，道路不熟，所以也不大出门，那天带了她一起出去。当坐上汽车的时候，那位奶奶，特意关照她坐到前头去，意欲教她和汽车夫并坐。她看看前头，只有汽车头，于是拼命的爬到汽车头上。汽车夫问她："你做什么呀？"她说，"叫我坐在前头，难道不许吗？"②

报纸刊登这样离奇的事情，或许是子虚乌有，恐怕只是为了揶揄乡下人、满足城里人的优越感而已——乡下来的人多不会看到这样的文字，即便被城里人污蔑和冤枉，也不得而知。

由于成长生活在完全不同的环境里，城乡人的日常行为方式，个性气质，心理需求、价值取向都显示出截然相反的特征。③ 城里人的歧视，加上自身言行举止的滞后性，强化了自己是乡巴佬的自卑。因而，初到武汉的周边农村移民很难形成自己是"武汉市民"的身份认同，但他们却从外到内、孜孜以求从乡下人到城里人的转变。"这些过去的农民必须尽快改变其纯朴的天性，以成为这既有挑战又有希望的都市生活的一部分。"④

（二）站稳脚跟：渐生城里人的优越感

在城里奋斗一段岁月并且略有成就的乡下移民，不愿自己再被看成"乡巴佬"。随着时间的推移，自身经济状况的改善和言行举止渐脱土气，农村移民在武汉站稳脚跟后，也会渐生城里人的优越感。他们当初被城里人瞧不起的记忆渐渐淡化，反而看不惯乡下人，自己不再把自己作为乡下

---

① 小市民：《原来这就是垃圾》，《汉口报》1946 年 6 月 13 日。

② 《坐在前头》，《罗宾汉报》1947 年 2 月 9 日。

③ 张鸿雁主编：《城市·空间·人际——中外城市社会发展比较研究》，东南大学出版社2003 年版，第 33—38 页。

④ 卢汉超：《霓虹灯外——20 世纪初日常生活中的上海》，段炼等译，上海古籍出版社2004 年版，第 91 页。

人看待。

城市改变人的力量大得惊人。"近朱者赤，近墨者黑"，常人会随着环境而改变，何况在被人当成大染缸的都市。著名的美国城市社会学家沃思在其经典之作《作为生活方式的都市主义》中指出，都市人口规模、人口密度和社会异质性导致都市生活远较乡村生活更加个性化和多样化。① 快节奏而多彩多姿的都市生活会塑造新进入都市的民众，让他们按照多数市民的样子去着装、行动和思考。

农村到汉移民经济稍微改观后的第一件事就是改变装扮，主动与乡巴佬区别开，力求"形似"城里人。甚至在经济窘迫之时，他们也注重衣冠，所谓"生拉活扯制西装，哪管家中已绝粮"②。这种改变修饰的举动是不自觉的"印象整饰"行为，为的是使别人对自己形成自己所希望的印象，③ 即让别人觉得自己是城里人，是武汉人。

除了外表，农村移民还会被动沾染或者主动学习所谓城里人的精神气质，力求"神似"。他们尤其注重学习城里人见多识广、精明圆滑的习性。武汉这座大都市里，各种变化多端的新鲜刺激渐渐让乡下人在挫败中适应，并学会选择，学会有分寸地作出反应，从而一改当初的呆板而增长见识与精明。他们慢慢学会如何更好地建立人际关系，扩大交往圈子，如何得体处理各种人事，甚至学会在什么情况下应该大度，什么情况下应该斤斤计较。连从乡间来的人力车夫也跟城里人一样圆滑了，让坐车的人不好对付，只得研究"雇车的哲学"，因为人力车夫更愿意拉西装阔少或摩登太太，而他们最乐意拉的是洋人。④ 应该说，崇洋是这个城市的一个文化特性，只是车夫表现得最为露骨罢了。

结果，这些形神兼备城里人特征的四乡移民习惯了都市的生活，渐渐产生了优越感而看不起乡下人。这种微妙的感觉在不经意间流露出来最能说明真切性。曼引看到从乡下来汉口的哥哥时，就产生了这样的心理，并且意识到了自己的"失态"：

---

① 于海主编：《城市社会学文选》，复旦大学出版社 2005 年版，第 44 页。
② 徐明庭辑校：《武汉竹枝词》，湖北人民出版社，第 348 页。
③ 周晓虹：《现代社会心理学——多维视野中的社会行为研究》，上海人民出版社 2002 年版，第 179 页。
④ 均颖：《雇车的哲学》，《武汉日报》1932 年 1 月 1 日。

看见他穿了一件蓝布长衫，上身套住一件半截"马褂"，足蹬一双约有半寸厚的布底鞋，此外带村中旅行所必备的一把雨伞，一个小布包袱，样子真像被都市上人讥笑为乡巴佬，颇有点好笑。但，马上想到我自己不也是乡村中出来的？以前初出门时不也是这副行装么？那对于哥哥又有什么可笑呢？我不觉歉然，似乎太对不起我哥哥了。①

而从前为乡民的人力车夫也势利得不愿拉"乡巴佬"，讥笑他们出不起钱还要坐车开"洋荤"。② 自己尚未完全融入都市生活，就开始看不起乡下人，这引起了不平者的拷问："城巴佬，你们自己甚至你们的祖宗都是从乡里面出来的啊，别再那么自视过高。"③

尽管让受到轻视的父老乡亲不解甚至不平，一部分体验到都市生活的农村移民渐渐开始认同武汉，轻视乡下的生活与乡下人了——也许两年前他也属于那个世界和那种生活。结果，内外都向城里人"进化"了的他们，下意识里将自己与乡下人划清界限，甚至以"乡巴佬"身份为耻，自然难以形成自己是乡下人的身份认同。家乡的父老乡亲也因为他们那些"忘了本"的言行心生不满而排斥他们。与此同时，先期到汉并且成功转型的武汉人或其后代，则始终觉得这些缺乏长期、成熟的城市生活体验的移民别扭和奇怪，不把他们当武汉人和城里人看待。

结果，这批都市的农村移民不愿认同自己是乡下人，家乡父老也不愿接纳他们了；虽然他们极想认同自己是武汉人，并被别人视为是城里人，却被更地道的城里人视作乡下人或者怪怪的一类。身处武汉都市繁华中，却又同时被都市和乡村推到边缘，双重的边缘化让他们产生了身份认同的困难、痛苦与尴尬。

他们到底是城里人还是乡下人呢？这是一个需要时间去检验和印证的问题。随着时光的流逝，这批农村移民艰难在武汉生存下来（见图1-2），生养后代，他们的子孙成了真正的武汉人和城里人。那么，谁也无法否认，尽管这些移民在人生的某个时段是在乡村生活，但最终却成为城

---

① 曼引：《崩溃》，《武汉日报》1933年5月18日。
② 均颖：《雇车的哲学》，《武汉日报》1932年1月1日。
③ 宋海：《乡巴佬》，《武汉日报》1949年2月27日。

里人的祖先了。在这个高度商业化的都市社会，城市这个"巨大的择选和筛选机制，挑选最适合在某一特定范围里生活的人"①，于是早先的农村移民"转化成了各种各样的小商人或苦力，就这样，这些为人不屑一顾的小人物成了商业世界及其文化——所谓都市文化——的一个基层部分"②。

图 1-2 街头

画中一个无名之辈蜷缩在墙角，身后的摩天大楼近在咫尺，却又永远都不属于他，眼中的无奈似乎在诉说他的悲苦和心酸。作为一个从农村来到武汉都市的人，要想出人头地、进入上流社会，可能是一个遥不可及的梦（资料来源：王维中作，载《武汉日报》1946 年 11 月 23 日）。

武汉，当这座近代城市造就了为数不多的商业巨子，搅起汹涌的商潮，活力四射时，人们会感叹其富庶、繁华与喧嚣，赞之以"东方芝加哥"的美誉，但却常常忘记这样一个事实：在炫目的光圈之下，大多数

①　著名的城市社会学家、芝加哥学派的创始人之一罗伯特·帕克在《作为社会实验室的城市》一书中写道："可以说，大城市是一个巨大的择选和筛选机制，它必然在全部居民之中挑选最适合在某一特定范围里生活的个人。"参见［法］伊夫·格拉夫梅耶尔《城市社会学》，徐伟民译，天津人民出版社 2005 年版，第 44 页。
②　卢汉超：《霓虹灯外——20 世纪初日常生活中的上海》，段炼等译，上海古籍出版社 2004 年版，第 91 页。

市民过着庸常甚至悲苦的生活。大量的市民是过去的农民，他们移居都市后又干着最卑微的活计，过着最底层的生活。为数众多者的这种人生样态，增添了都市的草根特征与平民化色彩，如此势必会销蚀都市生活总体的浮华、高贵和优雅的情调，使之归于平淡与庸常。

第二章　以家为中心：民国武汉平民女性的日常生活

　　整个民国时期，武汉女性的数量都少于男性，甚至出现男女比例严重失衡，即女性相对于男性的稀缺。[①] 这是否意味着女性受到男性、家庭、社会、政府更多的尊重与关照，过着一种令人满意的生活呢？

　　事实似乎并非如此。诚然，为数不多的阔太太小姐之流，的确享受着安逸、奢华、豪气的令人艳羡的日子，如刘少奶奶一般：

> 　　刘少奶奶，是一个好装束时髦的女子，差不多每天总在十二点起身，进美容店半小时，便闹着快开午餐，等到搬上来，咒骂娘姨[②]们肉儿不入味，鱼儿不新鲜，今儿饭太硬，昨日又嫌烂。种种的臭骂不止，但是在同时间她的饭也就塞满了一肚子。午后一点钟光景，那梳头的阿金姊跑来，与少奶奶梳头。少奶奶一边梳头，一边唤阿翠去请陆少奶奶、张小姐赶快过来打牌，若是阿翠去回说陆少奶奶不在家，那她便要阿翠去把陆少爷硬硬的拉过来，凑成搭子，非打过八圈十二圈，才能过得她的麻雀瘾。
>
> 　　到了晚上七八点钟，她便一榻横陈，吞云吐雾。直至九十时，方进晚餐。饭后，唤阿翠替她装饰得花也似的，就与阿翠同时出门。等两人回来的时候，大约总在三更半夜一两点钟的时候。[③]

　　她们曾满足于物质的享受和旁人的垂涎，然而却几乎忘记去抚问内心

　　① 武汉地方志编纂委员会主编：《武汉市志·总类志》，武汉大学出版社1998年，第170—176页。

　　② 武汉人称家佣为娘姨。

　　③ 罗棋：《刘少奶奶的工作》，《大楚报》1940年3月24日。

是否真的如意，是否真的自足。

　　而为数更多的市井之家与城市贫民女性①不仅无缘消受宽裕的物质生活，甚至从孩提时代，步入少年，直到为人妻、为人母，都固定在狭小的家中，无缘外面的花花世界。她们为家操劳、隐忍、奉献，并以之为理所当然，迷失了自己。

　　结果，她们让丈夫、孩子和老人得到了照料和安慰，在一定程度上帮他们获得人生的幸福。而她们自己，却将幸福完全寄托在婚姻、丈夫、孩子身上，通过相夫教子来体现自己的人生价值。但最后这并不一定带给她们应得的尊重与关爱，甚至使女人这个称号与苦难联系在一起：

　　　　女人，这个苦难的名称，多少人不了解，多少人以为神秘，多少人在诅咒，多少人在歌颂。男人在追求，老人在叹息，小孩在孺慕。而女人自己，或是在自我欣赏，或是在搔首弄姿，或是在严肃的工作，或是在无耻的荒淫。或是在兢兢于年华之消逝，或是在祈求着来生变为男人。男人从不同的角度去观测女人，永远是一个谜。女人从不同的角度反省自己，永远不能满足。"女人是祸水"，"唯女子与小人为难养也"是一般人引以为戒的女人。"贤妻良母"，"伟大的爱啊！""女人是圣洁的天使"，这也是女人，这是一般人歌颂祈求的女人。

　　　　女人，在呱呱坠地的时候，就遭遇人们不正当的歧视；女人，在逐渐发育的时候，又遭遇人们不正当的忽视；女人，在青春美盛的时候，又遭遇人们不正当的睨视；女人，在"宜其室家"的时候，又遭遇人们不正当的惊视；女人，在青春消逝的时候，又遭遇人们不正当的漠视；女人，在两鬓斑白的时候，又遭遇人们不正当的鄙视。终于，在辞别这"女"的名称时，开始被人们遗弃。

　　　　落伍的女人，时代的青年瞧不起。进步的女人，逗得道学先生直叹气。无用的女人是"玩物"，有用的女人，又往往孤独。

　　　　尽管有多少人在支持女人，在投降女人，而女人，能有几个是为

----

　　① 本章关注的对象主要是武汉城市的平民和贫苦之家的女性，以与那些阔太太、小姐等贵妇人加以区别，但这种划分可能也不尽合理，因为当时武汉社会"女性形象是非常丰富而复杂的，任何分类和描述都只能是一个接近对象的努力和尝试"（李欣：《二十世纪二三十年代中国电影对女性形象的叙述与展示》，复旦大学博士学位论文，2005年，第111页）。

了自己在生存？女人——这个苦难的名称！①

问题的关键在于，民国时期的武汉女性并未意识到她们自己的不幸。家庭教育的熏染，政府的引导，男性的期待，社会习惯的延续，让她们形成了自我暗示：就应该那样以家为中心去生活。因而，"女人不是天生的，而是被造成的"② 有一定的道理。

一 家庭取向：平民女性的人生目标

就普通人家而言，民国中后期武汉女性在人生的各个阶段，其生活目标都是家庭。对她们而言，家就是生活与活动的世界。而家庭之外的公众生活，她们要么了无兴趣，要么无能力分享，故而故步自封在以家为中心的狭小天地。她们即使跨出家门，其所作所为，也多是为了家庭。

（一）婚前：养在闺中与挣钱贴补家用

民国时期武汉平民之家抚养女儿的方式，还是传统的深闺养女模式。人们深信，正经姑娘不能随意出门活动，最好待在家里，否则会被人说闲话。如果一个女孩幸运的话，能够被送到私塾或小学念书识字，但放学后的大多数时间是在家中度过的。女孩们羡慕男孩能结伴看戏或去中山公园玩乐，因为女孩子不能随便离开家活动，至多几个小伙伴在家门口跳跳房子、踢踢毽子、拍拍皮球。③ 而像穿红戴绿，甚至去新市场（民众乐园）玩耍看戏的女子则多出自有钱人家，但正是这些女孩子的形象成了周边农村对汉口女孩的固定想象。④ 真实的情况是，出于安全和名誉考虑，父母不让女孩子在晚上出门，即便在白天没有大人携带，女孩子也不得外出。⑤

---

① 《女人，是个苦难的称号》，《武汉口报》1948 年 12 月 21 日。

② ［法］西蒙娜·德·波伏娃：《第二性》，陶铁柱译，中国书籍出版社 1998 年版，第 32 页。

③ 访谈资料：F－33，2006 年 5 月 1 日。

④ 1935 年流行于河南信阳的民歌《姑娘谣》中的汉口女孩就是这样的形象：汉口的姑娘生得傲，麻纱裤子穿一套。红缎子鞋，皮底搁；燕子头，反镜照，新市场买戏票，三层楼上靠一靠（张淑君：《姑娘谣》，《武汉报》1942 年 5 月 20 日）。

⑤ 访谈资料：F－4，2006 年 4 月 19 日。

　　一般人家女孩经过两年的学校教育，便回到家中帮母亲处理家务。"其生活在未婚之前，就靠父亲维持"①；有的女孩则挣钱贴补家用。最常见的是母亲接些零活在家缝绣，女儿帮忙。姚维秀十岁时就和姐姐帮母亲绣鞋花和枕头花，②当时小学课堂的女红课上老师教授过这些技艺。③

　　尽管社会上人们认为女孩外出谋事是不光彩的，家长亦不放心女儿外出做工，但为了维持家庭生计，一些女孩子也被迫走出家门。拣茶和拣米乃汉市贫民女子为贴补家用常操的生计。米店雇请拣米女工拣出米中的沙子。茶叶铺也雇请女工挑拣茶叶。"珠兰龙井碧螺春，素手纤纤着意分。玉碗金杯香味好，可怜谁是吃茶人。"在茶叶铺的旁边，总要放条长桌，少女十余人围坐拣茶。她们大半是城市贫民子女，衣着俭朴，双手分拣不停，每天所入极其微薄。而用盖碗泡上好茶叶享用者，皆豪门巨室也。④

　　纺织女工与纱厂女工也是贫民女子渴求的职业。虽然工作时间长，工作繁重，但她们的收入甚微。在对各工厂薪资的统计中，纺纱厂的女工每日只有 0.15 元到 0.30 元，几乎是武汉工人的最低工资水平，远远低于其他行业，⑤但贫家女孩仍是趋之若鹜。这并不意味着这些女工有了一份稳定的工作，恰好相反，纺织企业雇用女工的一个主要原因是与男工相比，女工更容易管理和解雇。⑥由于家离工厂较远，女工清晨忙碌的身影成为这座城市独特的风景。硚口的工厂每天开工前放汽笛。住在后湖的工人，因距硚口几里路，每天五更时家家点亮油灯，准备中午饭食，结伴而行，早出晚归。所谓"硚口呜呜汽笛鸣，后湖处处亮油灯。东邻姊妹呼声急，拄杖提包结伴行"⑦。而"一路上赶织袜厂七点早班的女工，热得脸上是汗，腕上是汗，背上也是汗，挣扎着前进。她们年纪很轻，最大的也在二

---

　　① 高庸英：《女人与职业》，《武汉日报》1936 年 4 月 21 日。

　　② 访谈资料：F - 11，2006 年 4 月 22 日。

　　③ 访谈资料：F - 33，2006 年 5 月 1 日。

　　④ 魏予珍：《汉口旧事竹枝词》，载徐明庭辑校《武汉竹枝词》，湖北人民出版社 1999 年版，第 336 页。

　　⑤ 《汉口特别市各工厂工作时间及工人每小时所得工资一览表》，1929 年，湖北省档案馆藏，资料号：LSA2.14 - 23。

　　⑥ 卢汉超：《霓虹灯外——20 世纪初日常生活中的上海》，段炼等译，上海古籍出版社2004 年版，第 122 页。

　　⑦ 魏予珍：《汉口旧事竹枝词》，载徐明庭辑校《武汉竹枝词》，湖北人民出版社 1999 年版，第 337 页。

十五岁以下"①。

如果进工厂的希望落空，一些贫民家的女孩则可能要提着篮子出去叫卖生活了，正如《小大姐们》中所吟唱的景象一般："小大姐，靠河边，又卖烧酒又卖烟；有钱哥哥喝杯酒，没钱哥哥吃袋烟。小大姐，靠河边，又卖烧饼又卖烟；下了三天毛毛雨，烂了烧饼霉了烟，姐儿喊得苦连天。"②（见图2-1）

图2-1　在汉江边叫卖生活的姑娘们

图中左边的女孩可能卖卤干子和酒给汉江上的船主，中间的女孩卖烧饼，右边的女孩卖花，他们的顾客都是汉江上的船户，左边和中间的姑娘所穿衣服明显太大，很可能是她们母亲或者姐姐穿过的旧衣服，三个人都赤着脚说明在潮湿的河边叫卖是不宜穿鞋的，而河岸边的玻璃碴、碎石子很可能会伤到她们的脚。为了赚钱贴补家用，贫家女小小年纪就无缘烂漫的少女生活，不得不为生计而奔波。正如该图的配诗所云："小大姐，靠河边，又卖烧酒又卖烟；有钱哥哥喝杯酒，没钱哥哥吃袋烟。看姐行来看姐行，看见姐姐卖花人，三天不把花来卖，家里饿死多少人，牙齿敲敲一大棒，靠她卖花度日生。小大姐，靠河边，又卖烧饼又卖烟；下了三天毛毛雨，烂了烧饼霉了烟，姐儿喊得苦连天。"（资料来源：张光宇《小大姐们》，《武汉日报》1935年1月1日）

女孩出门做工或者叫卖生活，是为了帮助父母减轻家庭负担，并不是为了谋求职业前途。这些年轻女子所从事的工作，基本没有什么职业前景。但微薄的收入保证她们可以自己糊口，不成为家里的累赘，已使她们

① 王里：《朝去暮归：水平线下生活之一》，《武汉日报》1935年8月2日。
② 张光宇：《小大姐们》，《武汉日报》1935年1月1日。

心满意足了。①

　　因为生活以家庭为中心，缺乏正常的社会交往，所以大多数女性在婚前普遍感到友谊的缺失，与异性发展友谊更是汉市女人不敢奢望的。在这个稍显保守的城市，有些人甚至主张男女同行在街上也是一件伤风败俗的事。② 而许多思想陈腐的父母"往往把自己女儿正当的社交活动，视作是一种迹近浪漫的行为。因此，他们希望女子于求学或工作之外，最好能墨守旧规，成天待在家里，不要跟男孩子常在一起。这种观念，在父母本身，也许是为了家庭的'门风'，或者是为了女孩自身前途形成的。内心的出发点，并不含有丝毫的恶意，在他们想来，以为这正是他们爱护子女的善意启导。"③ 女子即使在同性之间发展友谊也是困难的，因为接触、交往和了解的时间与机会实在有限，哪怕与邻家女孩的友谊恐怕也不是因为志趣相投，而是基于患难中结成的真情。八十三岁高龄的金东菇回忆到，自己十岁时有一次饿肚子，隔壁的女孩给了她一碗面吃，至此两人便成为一辈子的至交，直到对方去世之前，金东菇还常去医院看望她，诉说知心话。④

（二）结婚：嫁给生活而非爱情

　　民国武汉女子的婚姻多由父母做主。父母为女儿择偶的标准，是门当户对以及能给女儿带来好的、安稳的生活。结果，大量的女性嫁给了生活，而不是爱情。⑤

　　女子不能选择自己的婚姻是由于交往限制，无缘接触异性所致。当时婚姻"很少是由社交的友谊而超友谊结合的。百分之九十九是亲友介绍的，不是瓜葛之亲，便是朋友或同学的姐妹，简洁又间接，也少不了媒介"。正如幼鸿指出的，父母由于陈腐的观念，限制了女儿与男性交往，"男女社会还没有彻底公开，缺少了接触异性的择偶机会"⑥，她们"没有正常社交活动的自由，因此不能凭自己的智慧，去认识、去了解，选择一

---

① 访谈资料：F-35，2006 年 5 月 2 日。
② 公爽：《可贵的一点进步》，《武汉日报》1934 年 8 月 10 日。
③ 幼鸿：《如何从事社交活动？——给未婚的女孩子》，《武汉日报》1948 年 10 月 26 日。
④ 访谈资料：F-2，2006 年 4 月 19 日。
⑤ 访谈资料：F-7，2006 年 4 月 20 日。
⑥ 《今日社会与男女迟婚》，《武汉日报》1948 年 12 月 7 日。

个适合自己的配偶，常在父母独断包办之下，决定终身的命运，以至一生的幸福"①。总体而言，当时的社会环境，使得"自由择偶的实施存在相当的现实的困难"，即便是新式的学生群体，在男女同校的大环境里，有了更多接触异性的机会，"也很少能够参与自己的婚姻"②。

"父母之命，媒妁之言"的传统模式是导致武汉许多女性丧失婚姻自主能力的主要原因。汉市俗语"男服先生女服嫁"③"姑娘④生就菜籽命，撒到哪里是哪里"⑤ 就是说女孩子必须服从家长安排的婚姻——父母之命高于一切。⑥ 在作者深度访谈的四十位老武汉人当中，其婚姻几乎全是"父母之命，媒妁之言"的产物。尽管在社会知识阶层中，男女交往相对广泛，自由择偶的可能性大些，但作为更多的城市平民女子来讲，父母当家做主，亲朋媒妁撮合，多能奏效，使"男大即婚，女大即嫁"⑦。武昌社会服务处 1947 年办理的四届集团结婚档案资料，透露出婚姻双方非由自由恋爱而结合。当年第一、二、三、四届集团婚礼共 70 对新人参加，其中只有 2 对是男小女大，其余皆男大女小，年龄差距最大者 18 岁：新郎 39 岁，新娘 21 岁。同年龄或年龄相仿者（年龄相差不超过 5 岁）占 30%，⑧ 证明当时同龄自由交往恋爱的概率很小，年龄差距过大者不太可能是正常的、自动的社会交往而获得对象的，多半为人所撮合介绍相识的。

父母、媒妁为女子择偶的标准，主要是出于现实利益考虑，以两家条件相当以及对方能创造较好的生活条件为准。父母是很看重未来的女婿能给自己带来多大的经济回报的，"以对本家（娘家）的富贵有利为原则"⑨，有些父母，甚至唯利是图而将一女两嫁，引来官司纠纷。⑩ "嫁汉

---

① 幼鸿：《如何从事社交活动？——给未婚的女孩子》，《武汉日报》1948 年 10 月 26 日。

② 王印焕：《试论民国时期学生自由恋爱的现实困境》，《史学月刊》2006 年第 11 期。

③ 《汉口指南·成语汇编》，武汉书业公会 1920 年版，第 8 页。

④ 武汉人称女儿为姑娘。

⑤ 据武汉地方史专家徐明庭口述，2007 年 4 月 5 日。

⑥ 朱建颂：《武汉俗语纵横谈》，中国档案出版社 2002 年版，第 100 页。

⑦ 《今日社会与男女迟婚》，《武汉日报》1948 年 12 月 7 日。

⑧ 《武昌社会服务处有关办理集团结婚的文件》，1947 年，武汉市档案馆藏，资料号：91 - 1 - 48。

⑨ 朱建颂：《武汉俗语纵横谈》，中国档案出版社 2002 年版，第 100 页。

⑩ 《汉口市警察局婚姻案审讯笔录》，1947 年，武汉市档案馆藏，资料号：40 - 7 - 167。

嫁汉，穿衣吃饭"① 的俗语也透露出武汉女性婚姻择配的功利色彩。一旦父母给自己定下终身，作女儿的就只能待嫁闺中，且抱着"嫁鸡随鸡，嫁狗随狗"② 的信念。③ 在结婚之前，男女双方能相约去公园或戏院的机会也是很少的，有的甚至在婚前根本未曾谋面，而完全由双方家长在年节时分互相赠礼来往，统筹子女婚姻。王贵在结婚之前就没有见过自己的妻子，④ 他的妻子项国华也证实了丈夫的记忆是正确的。⑤

一些父母为了给女儿找到理想的婚配对象，还自觉地为女儿注入"知识资本"。他们送女儿读书，并不指望她学有所成而出人头地，只是作为以后找个好丈夫的前期投资。因为随着时代的变迁和大众传媒的发展，近代汉市报刊传递着丰富的政治、经济、教育、文化信息，是人们了解社会与改善生活的便捷途径，为中上等人家和知识阶层所喜爱。一些外在条件良好的男子遂希望自己的妻子能知书达理，至少能够阅读报刊。观遐所记述的路上两位妇女的谈话就透露出人们送女儿上学，是有着以后找个金龟婿的回报预期的：

> 某夜傍晚，我受了朋友之邀约，只能陪着去逛马路。在街头的一个角落里，我发现两个妇女站在那里闲谈。
> "大嫂子，你的冬宝姐是在哪儿读书？"一位四五十岁的妇人这样问。
> "啊！太婆，她没有读书啊。"是那个三十多岁的妇人的回答。
> "总要设法使她读书才好啊！要不得不到称心的女婿啊！"
> ……
> 我渐渐地走了，也听不见她们的谈话。不过，我终是怀疑着，她们这简单问答，在我脑海里，发生极大的疑问。
> 我怀疑，我始终怀疑，难道女子读书的最终目的是要得如意郎君吗？父母送女儿入校读书，是为了得到称心的女婿吗？而都不是为了

---

① 访谈资料：F-39，2006 年 5 月 8 日。
② 长期以来，人们以为"嫁鸡随鸡，嫁狗随狗"就是俗语的原样，其实它是"嫁乞随乞，嫁叟随叟"的一种误传，说的是女子嫁给乞丐和老头也要认命，因为音相近且容易上口，故今天人们只知道"嫁鸡随鸡，嫁狗随狗"。
③ 访谈资料：F-11，2006 年 4 月 22 日。
④ 访谈资料：F-35，2006 年 5 月 2 日。
⑤ 访谈资料：F-36，2006 年 5 月 2 日。

求学而读书吗？

昨天翻开报纸，看到副刊上面的一篇文章，才算找到了问题的答案。那是一个青年男子征求女友的广告，上面是这样写着："……需高等小学毕业，能写信，能阅报……"等。

由上面的证明，得了一个结论是：女子为得着良好的郎君，而读书者，犹如恒河沙数，为求学而读书者，好似"沧海一粟"。朋友，不对吗？①

看来，为了觅得如意女婿，而送女儿读书若非"如恒河沙数"，也是相当普遍的。成功男士对于理想妻子的想象和要求也打上了时代的印迹，要求"能读能写"了，"女子无才便是德"的岁月在慢慢走远。

婚姻更多的是一个人生的过程与经济组合问题，而不是爱情的结果。太多现实功利的考量使婚姻经不起考验。近代汉巾妻子因丈夫处境不佳，家庭经济生活每况愈下而抛夫弃子的情况也时有发生。所谓"恩爱夫妻，贫困不相随"，市民白大香嫌弃丈夫事业中落，在母亲的帮助下离开了丈夫，而且殴打前来接自己回家的丈夫。具体的情形是这样的：

周围松，武昌人，前曾充某军军医，手中稍有积蓄，未娶妻室。经友人介绍，娶本市清芬一马路居民白某之女大香为妻。自迎亲至今，已易寒暑，夫妻间颇具恩爱。孰料周某于前数月失业赋闲，生活异常艰难，日以典衣典物为炊。其妻大香，不甘受苦，暗商其母，回娘家居住，已逾月余。周围松屡催妻归，均被岳母阻止，大香亦不愿与贫郎共住。昨日下午周复来接妻，大香母女，不惟不肯返家，并抓住周围松恶打，一时观者甚众，途为之塞。旋经街邻百般劝解，周始愤恨而去。②

在政府救济部门出面为苦难妇女选择结婚对象时，也以考察对方经济条件为主。汉口特别市妇孺救济院乃收容落难女子和孩童的救济机构，为避免收容人数过多而"帮期满院生择配，为期满妇女征婚，对方报明经

---

① 观遐：《街头随感》，《武汉报》1941 年 2 月 23 日。
② 醒亚：《恩爱夫妻——贫困不相随》，《汉口中山日报》1929 年 6 月 21 日。

济条件，经院派员查实条件属实，院生同意，即能迎娶"①。可以说，政府以择配名义，让这些妇女完全嫁给生活，根本不顾男女双方有无感情基础。

对于多数女性而言，由父母决定自己婚事是天经地义之事。有一些人甚至在年幼时，即由父母做主在乡下定下娃娃亲，而且在移居武汉后恪守当初的约定，长大后与娃娃亲对象成婚。汉市甚至有女儿被父母卖给人家做童养媳的现象，当然童养媳处境尴尬，出现"十八岁的姐，六岁的郎，夜晚扶抱上牙床，叫你是郎你年纪小，叫你是儿你不喊娘"②的情形。

"好汉不养十八女"在民间也有一定的影响力，说的是有本事的父亲在女儿十八岁以前就该把她嫁出去。女儿长大成人，尤其是十八岁了还未婚嫁，则做女儿的与父母都会焦躁不安。"女儿就像死鱼一样，留一天就得落一天的行市"③，民间一首歌谣反映出十八岁未嫁女的愁闷和对父母的怨恨："大小姐，十八岁，睡在半夜发闷气，抱怨爹娘没主意。这家门也不相当，那家户也不相对。至今还没有，找到一个好女婿。东头有个李麻子，西头有个张癞痢，看他样子就惹气。天生一副厚脸皮，居然向我吊膀子④，简直放他娘的狗臭屁。"⑤

总之，民国时期武汉女性婚姻由父母做主乃是一个广泛的社会现象。既然情感的因素被排斥在外，也许考虑到在汉生存的困难，父母在为女儿选择女婿时，偏爱门当户对和能给女儿带来宽裕的物质生活的对象，则是情理之中的。结果，大多数的女子嫁给了生活，而不是爱情。

（三）婚后：以家为世界

女性的婚后生活，几乎毫无例外被圈定在以家为中心的场景之中。这是根深蒂固的"男主外、女主内"家庭观念在近代武汉的延续与实践。生存的严酷与生活的艰难，令这些持家理家的主妇不得不学会算计与精明，她们精打细算以维持家庭生活的正常有序运转。

当然，总可以找到特例来证明近代汉市女子婚后也有超然于家庭生活

---

① 《新汉口市市政公报》第 1 卷第 4 期，1929 年 10 月。
② 周健：《童养媳》，《正谊晚报》1947 年 7 月 27 日。
③ 《武汉报》1941 年 8 月 13 日。
④ 吊膀子即调情。
⑤ 篪：《新歌谣》，《汉口导报》1947 年 5 月 2 日。

之外的，她们"热闹场中总到临，莫教豪兴让男人"①。但婚后被烦琐的家务缠身，醉心于相夫教子却是广大平民女性生活的更广泛景象，打油诗《女儿泪》就道出了女性在出嫁前受到的呵护和婚后生活的劳碌与委屈：

> "一岁贴在娘胸口，两岁三岁扶娘走。四五六，百无愁。穿衣吃饭娘亲手。七八九，百无忧，寸步不离娘前后。十一十二娘梳头，十三十四娘教绣。十五嫁作他人妇，从此伤心不自由；半升米，一锅粥；公嫌稀，婆嫌厚。小姑口快快如刀；娘家只吃烂蒸豆，哪曾做过白米粥？告小姑，饶一口；娘边女儿身边肉，提起娘家泪双流。"②

1. "女主内、男主外"家庭模式的延续与实践

中国数千年来"男主外、女主内"的家庭分工形式在近代武汉得到很好的延续与实践。"男作于外、女操于内，这是不可否认的事实"③ 的言论表现了这个家庭模式的毋庸置疑性。"男做女工，到老不中"④ 是说男人只能做男人该干的活，⑤ 也就意味着婚后女性的生活主题即是操持家务、相夫教子与照顾老人，于是妻子在近代武汉便被称作"家务""屋里人"⑥"理家"⑦。

婚后女性对职业持"无涉"的态度，以家庭事务为自己的工作。"每一个家庭中，个人一定都有固定的工作。做父亲的人要办公，做母亲的人要管理家务，儿女要上学。"⑧女性"一经结婚后，就埋头于家务，一心抚养孩子。因为她们只会躲在家里的缘故，社会的一切，都存无涉的态度"⑨。当然，有些女性自觉地将自己与职业分离，而把生活重心倾注在家庭事务，以至于让人认为"整理家庭，操持家务，照料小孩等，这似

---

① 汉口竹枝词《摩登女儿》，《正谊晚报》1947 年 8 月 10 日。
② 《女儿泪》，《正谊晚报》1947 年 7 月 14 日。
③ 情圣：《女子尤才便是德》，《大楚报》1940 年 11 月 22 日。
④ 《汉口指南·成语汇编》，武汉书业公会 1920 年版，第 15 页。
⑤ 朱建颂：《武汉俗语纵横谈》，中国档案出版社 2002 年版，第 100 页。
⑥ 同上书，第 172—173 页。
⑦ 《汉口市警察局 1948 年有关家庭、钱财、邻里的斗殴》，1948 年，武汉市档案馆藏，资料号：40 - 13 - 4215。
⑧ 王林：《家庭应有的娱乐》，《武汉日报》1949 年 1 月 4 日。
⑨ 高庸英：《女人与职业》，《武汉日报》1936 年 4 月 21 日。

乎是天定的应该由女子来做的事"①。"产子和家事是妇人唯一的天职，社会没有她们的份。"②

以家庭事务为主线，我们可以如此勾勒一个家庭主妇一天的生活情形：清晨，被下河妇"下河啦！下河啦！"的喊声吵醒后，家中的主妇第一个起床，清洗马桶，或每月付五角钱交由下河妇清洗。接着，叫醒孩子，为孩子穿戴整齐，买来早点，目送孩子上学。七八点钟，正是街头巷尾菜摊、菜担高声叫卖的时候，于是她挎着篮子便来买菜蔬，青菜、萝卜、豆芽、豆腐……一番讨价还价后买回家中。买完菜后，回家生炉子或缸灶，洗衣服、做饭，招呼丈夫和孩子吃午饭。下午丈夫上工、孩子上学后，她又开始清理屋子，趁空闲工夫则给丈夫或孩子缝制衣服。③ 接着又到了做晚饭的时间，晚饭过后又要收拾清理一番，哄做完家庭作业的孩子睡觉后，自己则可能还要熬夜纳鞋底、袜底。一天的琐碎家务让她疲惫不堪，直到深夜才最后一个睡去。④

一些城市贫民主妇在丈夫上工、孩子上学后，有的会去做梳头妇。一般上午八点到十点之间，熟悉汉市妇女发髻样式的贫民妇女，帮阔太太们梳头，一家两三人要求梳头，每人每月五角，这样帮三五家的女人们梳头，每个月也可挣五元钱，够自己一家人一月的基本生活费用了。⑤ 梳完头后，就是她回家做午饭的时间了，既可贴补家用，亦不耽误家中活计，妇女们帮人梳头可谓一举两得。

"男主外、女主内"的家庭模式在实际生活中形塑了夫妇之间供养与景仰的互动关系，即丈夫挣钱养活妻子，妻子因此而敬仰丈夫。妻子所从事的家庭劳务细碎，且不能用外在的货币形式来表现其价值，结果形成了丈夫供养妻子的假象。因而作为回报，妻子应该尊敬丈夫，以此共筑一个温馨的家庭。正如一个有着大男子主义倾向的作者所预期的，多数妻子由于无才，只能担任家务之事，因而"她看得丈夫很高贵，她很能尊敬她的丈夫。她因为尊敬丈夫，于是除去没有受过教育而且粗暴的男子以外，这丈夫当然是人能自重则人亦重之地尊敬自己的妻子。由于这样，因而建

---

① 情圣：《女子无才便是德》，《大楚报》1940 年 11 月 22 日。
② 罗苏：《女性》，《大光报》1935 年 5 月 25 日。
③ 访谈资料：F－7，2006 年 4 月 20 日。
④ 访谈资料：F－2，2006 年 4 月 19 日。
⑤ 访谈资料：F－1，2006 年 4 月 18 日；F－7，2006 年 4 月 20 日。

立起了一个优美温馨的家庭，使男子无内顾之忧，而且同时也就给予丈夫一种精神上的安慰，男子可以专心致力于外面的事业，二则因为家庭给予他的印象太好，他为使家庭更趋于圆满，使自己贤德的夫人更增加她的享受，他当然更努力的工作"①。

一旦这种双向关系动摇或被破坏，遭殃的往往是处于弱势地位的女性。一些素质低下的丈夫常以断绝米食来威胁妻子，甚至打骂妻子。结婚十一载的胡正顺就是以断绝衣食逼走妻子，后来又终于找到她逼她回家，被妻子告到警局的。以下是身为妻子的胡涂氏②在警局的供词：

> 我丈夫他不把我吃喝穿，我在去年才往我娘家去住了些时，后来我又找人家帮些临时工。他③昨天碰见我，要打我的人，我才报告警察先生，将我们一同带来的……我只要他不打我，把饭我吃，我还是愿意跟他回去的。④

妻子在形式上由丈夫供给温饱，"吃人嘴软"，女性在婚姻生活中的弱势地位与被动角色可见一斑。

2. 主妇持家：仰仗精明的能事

近代武汉妇女可能没有专门的持家学问，但在日常生活中却练就了一副算计的本领，精明持家也是保证平民之家顺利度日的法宝。

妇女们多数时间用在家务整理上，因而能营造一个整洁有序的家庭环境。可能屋子空间不大，但经她们一收拾，也显得洁净而有条不紊。⑤ 丈夫从外面回到家中，"厅堂、房间都已收拾得十分整齐、清洁。虽然是一件很小的物件的放置，都可以看出妻曾经用过一番心机的"⑥。

她们在安排家庭日常消费上具有算计的才干。家庭衣食住行等日常开销，她们心中有数，而且知道如何灵活应变。宽裕些的家庭主妇一般在早晨去买菜，家中拮据的主妇多是每日下午菜摊快收摊的时候去买菜，因为

---

① 情圣：《女子无才便是德》，《大楚报》1940 年 11 月 22 日。

② 丈夫姓胡，妻子姓涂，则妻子就被称为"胡涂氏"。

③ 即她的丈夫。

④ 《汉口市警察局 1948 年有关家庭、钱财、邻里的斗殴》，1948 年，武汉市档案馆藏，资料号：40 - 13 - 4215。

⑤ 访谈资料：F - 10，2006 年 4 月 22 日。

⑥ 震元：《新婚杂记》，《武汉日报》1932 年 5 月 29 日。

那时的菜价比早上的便宜一半。① "早晚上街尽老婆，和颜悦色喜张罗。油盐酱醋零星买，反说夜间鼠耗多。"② 肖毓芝的母亲就知道如何根据家中光景来准备一家的早餐，以求全家一饱。由于家里人多，母亲一般煮稀饭给大家当早餐，有就吃干点，没就吃稀点——掺大锅水煮稀饭，这样家人吃不饱也可以撑饱，以至于肖毓芝吃腻了稀饭，她在接受访谈时已经85岁，牙齿几乎掉光，也从不吃稀饭。③ 杰义的妻子在经济紧张情况下，作为家庭财政管理者，紧抠家中开销，避免家庭陷入困顿，甚至两个月都未给丈夫洗澡钱，结果丈夫因身上的怪味常遭到同事们的嘲笑，多次向妻提议："你给我五毛钱去洗一次浴吧！"却被妻拒绝："不行！房租这么样高，米价这么样贵，你每月能赚多少，连两餐都不得一饱，还想开荤去洗澡……"杰义决定宁可少吃一天饭，不可不洗一次澡，就搬出岳父、岳母为挡箭牌说谎："我想去看看岳父母，身上这样肮脏行吗？必定要洗一个澡啊！""准许你这一次！"妻迟疑地掏出五毛钱阴沉着脸说，可能是怕岳父母笑他吧，所以她才这样慷慨地给了钱，杰义愉快地夹着两件衣裳走到一家浴室……④夫妻之间的商讨与斗法，以及妻子从开始拒绝到最后特许，都显示出汉市主妇持家特有的算计能事。

武汉的一则俗语"吃不穷，穿不穷，算计不到一世穷"体现了妇女们精打细算的精神。这条俗语是汉市妇女"过日子不大手大脚，不胡花乱用，精打细算，谨慎持家"的概括。⑤武汉的妇女一般在前一天安排好第二天的生活，以使家庭节俭正常运转。否则，就会出现汶耳先生被妻子唠叨那样的情形："一天的劳累奔波，满想在夜晚舒适安睡，来恢复白昼的疲劳，但是你先应该把柴、米、杂用……给她安置得妥妥帖帖，不然你就休想安睡了。"⑥

妇女们在日常的琐碎中养成了精明的习性，甚至不惜损害别人的小利益。如果能够为自己家庭谋得利益，那么许多女人是甘愿做些损人利己的事的。林儿的母亲在门前的小贩处买红薯时，在一头的箩筐里挑选红薯，

① 访谈资料：F-1，2006年4月18日。

② 徐明庭辑校：《武汉竹枝词》，湖北人民出版社1999年版，第291页。

③ 访谈资料：F-7，2006年4月20日。

④ 杰义：《沐浴的烦恼》，《武汉报》1941年1月25日。

⑤ 朱建颂：《武汉俗语纵横谈》，中国档案出版社2002年版，第212页。

⑥ 汶耳：《枕边的烦喋》，《武汉日报》1935年7月3日。

并与卖红薯的河南老乡搭话，吸引他的视线，同时暗中指使机灵的林儿从担子那头的箩筐偷红薯藏到家中，结果一笔买卖做成，林儿偷的红薯跟母亲买来的红薯几乎一样多了。[①] 刘官庭的妻子同样有类似的精明，当时她与丈夫住在汉口教育局周科长家中。丈夫是周科长的私人包车夫，她则是周科长家的家佣，每天早晨帮周太太买菜做饭，周太太每天给一块五的菜钱，交代要买哪些菜。她有时可以剩点钱，刘官庭让她把剩余的钱退给周太太，她却不退，还问"退回去干什么？"刘官庭觉得"长期这样，别人不喜欢"，妻子却认为无所谓，"不喜欢算了"[②]。

可见，生活之不易使得武汉平民女性的家事操持必须沿着精明算计的途径进行。在此过程中，主妇们变得务实、精细、计较，这也成为人际间冲突的一些诱因。

3. 家庭内女性间的冲突：婆媳、姑嫂之间

由于婚后的居住类型、空间紧张感、性格不合、观念差异，以及对男性资源的潜在争夺，使家庭内女性间的冲突司空见惯，尤其在婆媳、姑嫂之间，更是如此。

民国时期武汉的婚后居住类型导致了婆媳、姑嫂共处一室的局面，为争吵和冲突埋下了隐患。婚姻居住类型影响到妇女在家中的地位。[③] 近代武汉新婚夫妇一般乃从夫居，即住在丈夫父亲家中。很少有男性愿意入赘到岳父母家生活的，因为那将意味着自己地位低下以及受委屈的可能，因而汉市流行"没钱做女婿[④]，受她娘伙[⑤]的气"的说法，多数男子宁肯晚几年结婚，都不愿意做上门女婿，到岳父母家生活。[⑥] 既然住在丈夫父亲家里，妇女们就要面对公婆以及丈夫的妹妹即小姑子，每天同处一室，当公婆与小姑形成统一阵线的时候，媳妇就难免产生被孤立、受委屈的感受，而在心里埋下怨恨。

空间的紧张感是婆媳、姑嫂间生隙、冲突的诱因。空间的紧张感会造成人的紧张与烦躁情绪，而导致日常人际冲突。[⑦] 生活天地的狭窄造成的

① 桃声：《吁叹》，《武汉报》1940 年 8 月 11 日。

② 访谈资料：F-32，2006 年 5 月 1 日。

③ Marvin Harris, *Cultural Anthropology*, Boston: Allyn & Bacon, 2000, p. 95.

④ 指入赘的上门女婿。

⑤ 指岳母和妻子。

⑥ 访谈资料：F-28，2006 年 4 月 30 日。

⑦ ［匈］阿格妮丝·赫勒：《日常生活》，衣俊卿译，重庆出版社 1990 年版，第 269 页。

空间紧张感最易被家中的女人感知，因为男性白天出去工作，而婆媳、姑嫂却以同一个家为生活舞台，空间的压迫感与紧张感会导致她们之间的摩擦。

　　教育孩子方式和道德观念等的差异也是导致婆媳矛盾的原因。正如促织所观察到的，祖母对孙辈的教育和父母对子女的教育有着很大的差别。祖辈对待孙辈的方法，父母认为不科学，和时代脱节，不卫生。而父母对子女的教育方法，祖辈又认为是荒诞不经，诸如此类的矛盾，足以引起家庭中的波澜，波澜中的主角，当然又是婆媳。同时，新时代中的男女，少不了社交。为了应酬，身为媳妇的人不免需要出去。有的婆婆固然很了解儿媳的处境，但是有的婆婆却因固守旧道德而责怪媳妇外出，家庭妇女遭受如此恶诟，当然对婆婆会产生反感与憎恶，由是婆媳之间也会引起纠纷。①

　　婆媳之间的冲突根源可能是对男性资源的争夺和性格的不合。任何冲突的根源皆与两个因素密切相关，一是资源的匮乏，一是人性的因素。②婆媳矛盾不外乎此。妻子把丈夫当成自己的经济支柱，母亲把儿子当成自己的生活来源与依靠，因而对同一男性情感与经济资源的争夺贯穿在婆媳日常相处中，有时甚至势不两立。"个人的利益愈具有排他主义特征，同时与他们进行日常交往的人们的情形也愈是如此，则这种交往愈加可能以摩擦及争吵为特征。"③尤其是身为小姑的人，很容易从中作梗，搬弄是非。"有的小姑固然很通晓道理，但是有的真的会使婆媳之间的问题丛生，感情的裂痕也越来越深。"④再加之婆媳间性格不合，观念差异，就很容易产生隔膜、矛盾、争吵甚至大打出手，让身处其间的男人很难抉择究竟该站在妻子还是母亲一边，家庭融洽由此受到伤害。李素萍 20 世纪40 年代住在硚口工厂厂房时，经常看到邻居家的婆媳打骂得厉害，一次会明媳妇将婆婆摁在地上猛踹，她就对会明说："会明，你媳妇在打你妈！"会明却很冷静地回答："让她们去，打死一个就好了！"⑤

　　当婆媳不和成为社会及家庭的普遍现象时，和谐的婆媳关系就为人们

---

　　① 促织：《婆媳之间》，《武汉日报》1948 年 12 月 28 日。

　　② 王晓东：《日常交往与非日常交往》，人民出版社 2005 年版，第 81 页。

　　③ ［匈］阿格妮丝·赫勒：《日常生活》，衣俊卿译，重庆出版社 1990 年版，第 267 页。

　　④ 促织：《婆媳之间》，《武汉日报》1948 年 12 月 28 日。

　　⑤ 访谈资料：F-19，2006 年 4 月 27 日。

所向往。儿子能讨一个孝顺、贤惠、勤劳的媳妇，被认为是做母亲的最大福气和幸运，往往赢得邻家妇女的艳羡。钱大嫂就是这样一个令人羡慕的婆婆：

> 丈夫死了二十年的钱大嫂，全凭着自己的一双空手，苦苦的将孩子从三岁起，养育到二十三岁了。她知道孩子的亲事，不能过久的耽搁，所以费去了多年来十指尖尖省下来的钱，替孩子娶了一房媳妇。媳妇进门，人是贤惠，又极勤快，儿子又克勤克俭。因此，多年来挨苦挨累的钱大嫂，在她起了皱纹的老脸上，总会现出丝丝的微笑——一个婆婆，一个媳妇，打得火一般的热，她们间有着诚挚的互爱，她们间有着少有的相怜：
>
> "孩子，歇息吧，做坏了恐怕弄坏了身子，可不是耍的。"
>
> "妈，小孩子做一点不要紧的，你可别费心。"
>
> "嘻嘻！孩子总是孩子气，妈是疼你的呀。"
>
> "妈年纪大了，也该歇息了，什么都给我做好了。"
>
> "哦，是的，孩子。"
>
> 难怪钱大嫂老是暗暗的赞叹媳妇的可喜能干。媳妇的贤惠天真，自己是庆幸着上代真正积福，一生来自己也没有作歹作恶，终得了这个好媳妇。在梦中，在人前，她总是拉开嘴儿笑，总算数十年来的心血汗滴，并没有白白的费掉，未来的晚景也不至于过分的凄凉了。
>
> 邻居们也老是当着她的面赞美她，羡慕她："钱大嫂，够福气，儿子勤俭，媳妇又能干，不知是几世修得的。""钱大嫂，上代积福有这好的儿子和媳妇。"[1]

相比之下，姑嫂间的矛盾与冲突的机会与烈度都逊于婆媳之间。在姑嫂矛盾上，受委屈的一方往往是小姑子，因为自己挤对了兄嫂的生活空间而遭厌烦，有民歌为证："天上星，颗颗亮，地下幺妹无爷娘。堂屋洗脸哥也骂，房里洗脸嫂又嫌。哥啊哥，你莫骂！嫂啊嫂，你莫嫌！还待幺妹三五年。"[2] 做小姑的不久也会嫁作人妇，离开娘家，姑嫂间的矛盾也可

---

① 清君：《钱大嫂》，《武汉报》1940 年 12 月 25 日。

② 江鸟：《武昌民歌一瞥》，《西北风》第 8 期，1936 年 9 月，第 22 页。

能随之终结。但短暂的姑嫂间的不和也会给整个家庭生活带来伤害。"姑嫂之间的感情不融洽，以致造成家庭里的纠纷，和整个家庭被影响破坏，并陆陆续续造成若干悲剧来。因此，原来一个很幸福的家庭，经此风波的袭击，遂趋于凄淡的状况下，度着愁苦的日子。"因此有人给感情不融洽的姑嫂进言，希望她们和谐起来，共同营造一个温暖的家："要知道，一个家庭的内助是靠太太小姐们的支持。要将家庭整顿得舒适有条理，使家庭有蓬勃向上的力量，让家庭充满欢愉的空气，要家庭在合适的正轨上生活，必须要依赖你们。家里的母亲老了，应该要尽量享点清福，家里的小妹妹们太小，应该要练习和学习，在外面做事的男子应该让他们在辛苦之余有个安慰的地方，小弟弟们读书回来应该有个幽静的读书空气。你们要使这些事情全做得尽善尽美，你们要互相合作，互相亲爱，互相勉励，做一个创造家庭幸福的天使。在那种美满的家庭生活里，不是大家都觉得甜蜜而安详么？"①

如果说随夫居的扩展式家庭②之内，婆媳、姑嫂日日相对，其日常冲突伤害了家庭和睦的话，随着核心式家庭的盛行，家庭一般由父母和孩子组成，婆媳、姑嫂不再同处一室，其间的交往、冲突显著减少、弱化，但情感是否随着冲突的弱化而得到增强呢？这恐怕是个值得人们深思的问题。

结果，民国时期武汉女性的美丽与青春皆销蚀在婚后家庭生活的平淡与琐碎中。在同是以家为世界的家庭女性成员，尤其是婆媳、姑嫂之间，频繁上演着日常生活的冲突。在时间、精力消耗在家庭生活，公众生活缺少的女性之间，这些冲突的集聚、爆发与消解都是不足为怪的，是社会生活的日常形态。

---

① 《谨献给情感不融洽的姑嫂们》，《武汉日报》1948 年 10 月 18 日。

② 人类学一般将家庭分为核心式家庭和扩展式家庭，这种分类为社会学家所沿用。核心家庭主要指夫妻及其未婚子女组成的家庭；扩展式家庭又包含主干家庭和联合家庭，主干家庭主要指夫妻（或加上他们的未婚子女）与父母或父母中的一方组成的家庭，也可以包括这对夫妻未婚的兄弟姐妹，联合家庭主要指父母或其一方与两对以上（含两个）已婚子女（或加上孙子及其他未婚子女）组成的家庭。按照当时的抽样调查和笔者的访谈，在民国武汉大概有一半的家庭属于核心式家庭，另一半属于主干家庭，由父母、儿子和儿媳、未婚的子女、孙子组成，这样家庭里的媳妇就要面对丈夫的母亲（婆）和其未出嫁的姐妹（姑子），形成婆媳、姑嫂关系。参见郑杭生主编《社会学概论新修》，中国人民大学出版社 1994 年版，第 225—226 页；陆汉文：《现代性与生活世界的变迁——20 世纪二三十年代中国城市居民日常生活的社会学研究》，社会科学文献出版社 2005 年版，第 157—159 页。

（四）平民女性：对公众场所与公众生活的疏离

既然沉溺于一个以家为中心的天地，民国时期武汉平民女性对家庭以外的公众场所以及公众生活，多存疏离不涉的态度。

近代汉市女子在结婚以前，是不随便走出家门参与公众活动的。一般人家的闺女的行踪被限定在家及家周围，没有父母带领不能随便出门。[1] 1930年下半年武汉市违反交通人数情况很有趣：违反交通总人数为1651人，其中女性仅17人，[2] 这从一个侧面反映了女子上街的人数较少。如果女子上街都受到限制的话，那么过长江就更困难了。很多住在汉口的女孩因而在解放以前都没有机会过长江到对岸的武昌看看。[3] 肖毓芝的父亲就是在长江上面蹬划子送人过江的，她却一直到1949年武汉解放都没有过过江，可见女孩的活动范围是受限制的，应尽量不超过家庭之外，到公众活动场所去。[4]

作为端庄的妻子，没有丈夫陪伴"是不到外面去的，除非有特别的事情"[5]。像茶馆这样的公共活动空间，女性很少涉足。近代汉市大小茶楼、茶社1000余家，却几乎是男人的天下。[6] 民国时期，余耀中的父亲在球场街开余焱记茶馆，幼小的余耀中站在柜台后面，观察到茶客几乎全是男客，在那里喝茶、聊天、打麻将、谈生意、交换信息，[7] 茶馆整个是个男性的世界。

如果说茶馆是个粗俗的场所，阻止了女性的进入。理发店的顾客应该是没有性别设定的，然而，汉市平民女性却是不进埋发店的。理发店为数极少的女顾客是有身份的，比如国民党军官的太太，高级知识分子的老婆，资本家的老婆，也有高级妓女，[8] 平民百姓之家的女子，是不应该进

---

① 访谈资料：F-4，2006年4月19日。

② 天君：《半年来违反交通人数之统计》，《新汉口》第2卷第8期，1930年，第73页。

③ 访谈资料：F-35，2006年5月2日。

④ 访谈资料：F-20，2006年4月20日。

⑤ 震元：《新婚杂记》，《武汉日报》1932年4月22日。

⑥ 张崇明：《江城茶馆话当年》，载萧志华主编《湖北社会大观》，上海书店2000年版，第6页。

⑦ 访谈资料：F-10，2006年4月22日；张崇明：《旧武汉的茶馆、餐馆、旅馆及其文化、经济功能》，参见杨浦林、皮明麻主编《武汉城市发展轨迹——武汉城市史专论集》，天津社会科学院出版社1990年版，第245页。

⑧ 访谈资料：F-29，2006年5月1日。

理发店的。幼稚的金东菇因辫子太长梳不动，去理发店把头发剪短，回到家里被气急败坏的母亲打了一耳光，因为母亲认为理发店是只有婊子才去的地方，金东菇才知道自己闯了大祸，幸亏邻居们劝住了母亲，她才得以幸免一顿恶打。① 而只有那些阔太太、小姐们在理发店里烫头发才处之泰然，"在她们头上，电线、夹子与头发拥作一圈，高高堆起，如女皇加冕一般，当她们看见门外有许多人对着她看时，觉得非常骄傲"②。

公众娱乐活动可能是女性唯一感兴趣的公众生活。对于具有政治性、宣教性、知识性的公众生活，女性参与极少。汉口市立民众教育馆本着"提升市民知识文化"的宗旨举办各种公众教育活动，结果参与人数的数字说明，大多益智性、宣教性的活动无法吸引女性参加，而独放电影一项受到女性的青睐。

统计数据显示（见表 2-1），女性对图书馆、通俗演讲、陈列室这些真正开启民智、增进知识的活动项目漠不关心，只对娱乐性质的电影情有独钟。除看电影外，去戏院看戏也是女性乐于参与的为数不多的公众生活了，尤其是新市场（民众乐园）让她们流连忘返。"车如流水马如龙，楼阁层层在望中。新市场前人似蚁，红男绿女笑相逢。"③ 但这也只限于那些有消费能力的富裕之家的女性。

表 2-1　　　　　　汉口市立民众教育馆 1948 年 9—12 月
各项工作活动人数统计总表④

	图书阅览	通俗讲演	电影	陈列室	缝纫班	民众茶园
男	6713	24444	16942	18774	0	9455
女	663	106	10618	2407	43	270
总计	7376	24550	27542	21182	43	9725

对娱乐之外的公众生活的冷漠反映了汉市女性对政治教育等重大生活

---

① 访谈资料：F-2，2006 年 4 月 19 日。

② 军之：《理发店一瞥》，《罗宾汉报》1947 年 4 月 28 日。

③ 蔡寄鸥：《咏汉口竹枝词》，载徐明庭辑校《武汉竹枝词》，湖北人民出版社 1999 年版，第 298 页。

④ 《汉口市民众教育馆本馆业务实施广播词》，1948 年，武汉市档案馆藏，资料号：80-2-38。

领域的漠不关心。长期的家庭生活使妇女们丧失了对社会与政治的基本兴趣与关心而"存无涉的态度"①。如果图书馆、陈列室通过文字、图表的信息传达方式限制了教育程度低下的女性的接收的话，通俗演讲这样的宣教活动则可能因为其政治性与教化色彩让女人了无兴趣，因而在半年间光顾通俗演讲的女性只有106人，平均每天一位不到。②

由此可见，长期以家为中心的生活体验以及琐碎的家庭事务，磨灭了女性对公众生活与公众事务的关心，而形成对公众场所和公众活动的疏离，削弱了她们的社会交往，而"社会交往是传播、习得文化的必由之路"③，故阻碍了女性智慧的增长以及眼界的开阔，让其始终走不出家的圈子。久而久之，做一个家庭主妇，做一个贤妻良母就成为女性自觉的选择与默认的价值了。

二　贤妻良母：家庭主妇角色之成因

尽管武汉乃辛亥革命的首义之地，革命党人以"敢为天下先"的勇气揭竿而起，有着光辉的革命历史，且在1926年和1927年之交作为国民政府之首府，享有民主政治的优越地位，但在妇女解放以及女性权力的张扬中，比起北京、上海等地，殊为滞后，使得民国时期，多数武汉妇女被禁锢在家中做贤妻良母，缺乏主体意识与现代精神。

民国时期汉市妇女对家庭主妇角色的认同与追求是多重因素作用的结果。

（一）社会文化对女性的角色期待

社会文化是人群在交往中习得的行为、思维、情感的方式。④ 社会文化一旦形成，便表现出顽固的特性，成为人们世代相传所共同恪守的意识与观念。对于男女两性角色地位的理解与认可即性别意识，是社会文化的重要组成部分，一旦成型，则会在男性、女性、家庭以及整个社会产生广

---

① 高庸英：《女人与职业》，《武汉日报》1936年4月21日。

② 《汉口市民众教育馆本馆业务实施广播词》，武汉市档案馆馆藏汉口市立民众教育馆档案，全宗80-2-38。

③ Marvin Harris, *Cultural Anthropology*, Boston：Allyn & Bacon, 2000, p. 80.

④ Ibid..

泛和深刻的影响力，潜移默化地引导人们形成对男女两性社会及家庭角色的期待与规范。"男性和女性的特征并不依赖于生物学的差异，它是特色社会文化条件的反映。"① 因而，女人的角色，不仅是由其生理特征决定，更是由社会文化建构决定的。有时候，女人"是按男性的愿望和意志被造就出来的"②。

1. 贤妻良母：男人的意志与愿望

中国数千年的男权社会中，男性把持着对女性角色的规定权、话语权和处置权，形成了男性优于女性的性别意识。性别意识是社会中的人们根据自身的文化传统和社会规范与期待，在不断的社会实践中逐渐形成的对自我性别的认同感，它是一种默认的心理倾向，一旦形成，人们再很难有兴趣与勇气去否定和推翻它。③

中国男性的意志与愿望是把女人置于从属地位和贤妻良母的位置。"未嫁从父、既嫁从夫、夫死从子"④ 的三从之义使女性终其一生只能依附于三代男性，即父、夫、子之下。步入近代以后，一批进步人士探索提高女性的地位，在戊戌时期提倡"新贤妻良母主义"，在辛亥革命时期倡导女国民教育，五四时期又提倡"超贤妻良母主义"，都始终围绕在女性要做个好妻子和好母亲基础之上，而且绝大多数女权的提出与争取由男性所发轫，而非由女性自身发起，就不可避免地打上男性意志的烙印，因而终究跳不出"贤妻良母的圈子"⑤。

老舍也认为婚姻问题是个实际问题，女子若准备结婚，就该做贤妻良母，不必唱什么男女平等的高调。1936 年 9 月，他发表《婆婆话》一文，谈到男人娶妻的标准："一个会操持家务的太太实在是必要的。假如说吧，你娶了一位哲学博士，长得也顶美，可是一进厨房便觉恶心，夜里和你讨论康德的哲学，力主生育节制，即使有了小孩也不会抱着，你怎办？听我的话，要娶，就娶个能做贤妻良母的。尽管大家高喊打倒贤妻良母主

---

① ［美］马克·赫特尔：《变动中的家庭——跨文化的透视》，宋践等译，浙江人民出版社 1988 年版，第 135 页。

② ［法］西蒙娜·德·波伏娃：《第二性》，陶铁柱译，中国书籍出版社 1998 年版，第 32 页。

③ 胡俊修：《文化人类学视野下的男女平等》，《社会》2003 年第 5 期。

④ 《仪礼·丧服·子复传》。

⑤ 刘建凤、于作敏：《中国近代女性人格范型的转换》，《烟台师范学院学报》2005 年第 4 期。

义，你的快乐你知道。这并不完全是自私，因为一位不希望作贤妻良母的满可以不嫁而专为社会服务呀。假如一位反抗贤妻良母的而又偏偏去嫁人，嫁了人又连自己的袜子都不会或不肯洗，那才是自私呢。不想结婚，好，什么主义也可以喊，既要结婚，须承认这是个实际问题，不必弄玄。"①

民国时期武汉社会少有以青年文化精英为主体的女权倡导者，因而女性多扮演着传统的主妇角色。近代中国的文化精英集中在上海、北京，那里的文化运动、妇女解放运动风生水起，而在武汉却是波澜不惊。虽然在抗战前期，曾有一批文化精英在武汉摇旗呐喊，但为女性请命不是他们奔走呼号的主题，抗日救亡才是其担当之大义。② 因而民国时期的武汉社会，缺乏像妇女角色讨论、妇女解放、女权主义的论争热潮，整个社会的舆论完全由男性掌控，偏向于男性，因而作为男性意志投射的对象，近代武汉妇女仍以贤妻良母的家庭主妇作为自己的角色归宿。这与20世纪上半期中国家庭的权力结构是一致的，当时的"家长都是男性，是一种典型的父权家长制，且基本上是终身制，女性地位低下"③。

2. 家庭主妇：女性的自我认同与恪守

在男性的有意识培养与社会期待中，广大女性也将贤妻良母内化为人生追求与人格完善的唯一目标。④ 她们有着强烈的家庭意识。在谈到自己父母的关系状况，以及自己婚后的生活时，一些在民国生活过的武汉妇女都说，当时的女人没有什么人生追求，尽到做妻子与母亲的责任就可以了，若是能够自己糊口则就很有成就感了。⑤ 而男人首先是一个生产者，

① 《老舍文集》第14卷，人民文学出版社1989年版，第551页。

② 1937年"七七事变"后，国民政府各军政机关进驻武汉之际，各地文化界人士及其机构、团体也纷纷迁移武汉。截至1937年年底，"迁移到武汉的科学、文化艺术和救亡团体已达一二百个，各类文化界人士达1000人以上"（戴知贤、李良志主编《抗战时期的文化教育》，北京出版社1995年版，第62页）。但是，在战时，他们在武汉的主要活动是宣传抗日，而不是进行妇女解放等民智启迪工作。参见田子渝、黄华文：《湖北通史·民国卷》，华中师范大学出版社1999年版，第422—423页。

③ 侯杨方：《中国人口史·第六卷（1910—1953）》，复旦大学出版社2001年版，第160页。

④ 陈文联：《从依附走向自主——近代中国女性主体意识觉醒的历史轨迹》，《中南大学学报》（社会科学版）2005年第2期。

⑤ 访谈资料：F-2、F-3、F-4，2006年4月19日；F-11，2006年4月22日；F-19，2006年4月26日；F-27，2006年4月29日；F-35，2006年5月2日；F-39，2006年5月8日。

一个养家者，其次才是一个丈夫。女人首先是一个妻子，而且往往只是一个妻子。她没有高报酬的职业，没有法律行为的能力，没有私人关系，甚至连姓氏也不再是她的。① 于是，家成了女人世界的中心，甚至成了她活着的意义，以向社会证明她是无可非议的。

　　母亲在家庭中的日常灌输，也教导女儿以服务家庭为主。绝大部分时间女孩在婚前帮母亲处理家事、整理家务、洗衣做饭、缝缝补补，为将来做一个好妻子和好母亲做准备。② 女性间的代际灌输与教化，使得女儿重复经历母亲的过往，而不作更多的思考，自觉过着家庭主妇的生活。

　　3. 政府意识形态的导向：做有新知识的贤妻良母

　　政府作为权力机关，垄断着各种政治思想及伦理道德的公众传播。这种意识形态导向也会影响社会民众对女性地位的审视。同时，政府机关通过组织开展活动亦可达致观念灌输的效果，而且往往更为直接有效。

　　民国时期汉口市政府的主妇会活动鼓励、引导和强化妇女做贤妻良母、奉献于家庭的观念。所不同的是，政府号召家庭主妇要养成新的才识，摈弃了"女子无才便是德"的古训，鼓励家庭主妇成为拥有新的技能、旧的道德的新时代的贤妻良母。

　　首先，政府通过嫁接女人的家庭奉献及家对国家的重要性来鼓励女人献身家庭。汉口市民众教育馆主办主妇会，强调"家庭是构成社会的基础，也是建立国家的元素。家庭虽由男女而建立，实则女子在家庭中较男子更有其重要之地位。要国家强盛，社会健全，无良好之家庭固不可得。要家庭美满，一门幸福，无良好之主妇，尤为难能"③。而主妇会的宣传标语则更直接地教导妇女服务家庭即是尽忠国家，赋予其家庭奉献的崇高感：家庭是妇女的园地，主妇是家庭里的中坚；主妇是推动家庭兴盛的原动力；要有贤妻良母的心肠，才配做现代家庭的主妇；没有贤良的主妇，就没有美满的家庭；敬爱丈夫即是尊重自己，主持家政即是尽忠国家；家庭的幸福，是由主妇辛劳得来的；主妇能辛劳，即是幸

---

　　① 很遗憾，在民国武汉报刊，以及档案卷宗里面，我们几乎看不到已婚妇女的真实名字。一般以夫姓贯首，妻姓列后，再加"氏"，例如丈夫姓胡，妻子姓涂，则妻子就被称为"胡涂氏"；参见张鸿雁主编《城市·空间·人际——中外城市社会发展比较研究》，东南大学出版社2003年版，第280页。

　　② 访谈资料：F-39，2006年5月8日。

　　③ 《汉口市民众教育馆敬老会分配礼品及其他文件等》，1947年，武汉市档案馆藏。资料号：80-2-103。

福家庭之远景。[①]

其次，政府为女子走出家门损害家庭幸福的举动感到不安，劝妇女回家。"我国今日之妇女，稍具知识者，则标榜'走出家庭，做时代儿女'，虚荣浮华，不务实际，出则趾高气扬，入室一无所能。子女号啼，翁姑怨愤，夫妇感情破裂，己身亦无幸福可言。"[②] 言外之意，女性还是减少外出活动，待在家中为妙。

最后，政府还号召新时期家庭主妇做贤妻良母要掌握新的家政知识和技能，同时要具备旧的道德。"要有助夫的本领，教子的良法，才配做现代家庭的主妇；要有新的知识，旧的道德，才配做现代家庭的主妇；主妇不求知识，家政无法改良，家政不能改良，国家不能强盛。"因为"无知识之妇女，虽能以相夫教子、奉老迎幼为职志，但在家政上，未能晓然于旧道德之真谛，每视己身如牛马，在教养上未能获得新科学之知识，尝令女子遭无网。"[③] 因而汉口市立民众教育馆特上办上妇会，积极推行家事教育，研讨家政改良，借组织力量发挥互感互敬之效能，定期组织活动会议，让家庭主妇们在新知识、新技能指导下做出更大的家庭奉献，以促成家庭幸福与社会稳定。

显然，性别角色已经成为一种社会文化范畴。[④] 女人，作为"历史、文化的作品"[⑤]，在长期的社会生活经验以及官方的有意引导和民间的自然传习中，已习惯、认可、恪守并践行着家庭主妇的角色。

（二）社会资源被剥夺：女性只得献身家庭

社会资源被剥夺，也使民国武汉女性难以进行社会参与，而不得不退守家中。尤其是教育机会被广泛剥夺与职业性别隔离，使汉市女性丧失了从事社会活动与社会事务的机会与能力，因而家庭主妇就成为别无选择的选择了。

---

① 《汉口市民众教育馆敬老会分配礼品及其他文件等》，1947年，武汉市档案馆藏。资料号：80-2-103。

② 同上。

③ 同上。

④ 苏红主编：《多重视野下的社会性别观》，上海大学出版社2004年版，第3页。

⑤ 费尔巴哈说"人是历史文化的作品"，参见涂可国《社会哲学》，山东人民出版社2001年版，第107页。

1. 受教育机会让给兄弟

平民之家把读书改变命运的希望寄托在男孩身上，轻视女儿的学校教育。既然认定女孩以后要做贤妻良母，甚至还受些"女子无才便是德"的思想的影响，家庭中女孩受教育的机会让给男孩就成为一件自然的事了。因为男孩长大以后要养家糊口，至少要能识字、会算写；而女孩总要嫁人，服侍老小，相夫教子，因而知识显得不那么重要。汉口市男女受教育程度百分比对比情况（见表2-2），反映出汉市家庭在教育机会上是重男轻女的。一般家庭在选择送男孩还是女孩上学读书的问题上，是会毫不犹豫让男孩接受更好的教育的。①

表2-2 　　　　1946年汉口市男女受教育程度百分比对比表②

	受高等教育	受中等教育	受初等教育	识字者	不识字者
男	4.0%	16.1%	28.1%	30.2%	21.6%
女	1.1%	7.6%	16.6%	19.7%	55.0%

一般家庭期待男孩接受教育能产生回报，而对女孩受教育的回报不抱期望，因而不愿意送女孩读书。李云霞读了一年私塾，即被母亲招回家中做家务活，其理由反映出一般家庭对女孩受教育回报的较低期待："人长树大的个姑娘伢，到处摞么事？还指望你中状元?"③ 说此话的李云霞母亲也是一个不识字的家庭主妇，自己受教育的机会也被剥夺了，但她早已视这种剥夺为常态，并为了继续按照这种状态生存，也造成女儿的受教育机会被剥夺，女性自己不自觉地充当起女性歧视观念最坚决的拥护者。

2. 职业性别隔离

女性教育程度低下，基本文化知识技能缺乏，加上社会对女性家庭角色的固定印象，使民国时期汉市妇女遭受到严重的职业性别隔离。"职业

---

① 访谈资料：F-8，2006年4月20日。

② 《汉口民众教育馆有关扫除文盲各项文件》，1946年，武汉市档案馆藏，资料号：80-2-28。

③ "摞么事"是武汉地区方言，这句话的意思是"已经长大的女孩子了，还到处晃荡什么"。访谈资料：F-39，2006年5月8日。

性别隔离指劳动力市场中存在'女性'职业和'男性'职业的现象。"①
具有不同地位、责任和收入的不同职位绝大部分由一个单一性别占据着；
同样的职位和工作，劳动者性别不同，报酬不同。②

林语堂一针见血地指出女性的职业劣势。他对女性说："现在的经济
制度，是两性极不平等的……女人可进去的职业总比男人可进去的少。而
在女人可进去的职业中，男子还会同你们竞争，而在酬劳机会、天才上都
占便宜。我不必提醒诸位，世上最好的厨夫和裁缝都是男子，并不是女
子，所以在你们的传统地盘，也是男子占了胜利。……所以唯一没有男子
竞争的职业，就是婚姻。出嫁是女子最好、最相宜、最称心的职业。"③

民国时期，汉市女性在职业方面处于显著的劣势，遭受着职业性别隔
离的困扰。女性能够进入的职业甚少，而且全是知识技能要求很低的临时
性工作，如拣茶女工、拣米女工、纱厂女工，全是收入最低的工种，但这
些工作也基本只对未婚女子开放，已婚妇女很难获得。④ 而需求甚广的商
铺店员这样的工作，女性又因教育程度不够难以涉足。即便在女工数量占
压倒性优势的纺织工人，其收入也大大低于男性，⑤ 并不能说明女性职业
地位的上升和工厂对女工的关照，而只是职业性别隔离的变异体现，因为
在这个行业里，她们有着更高的利用价值，且比男工"更容易管理和被
解雇"⑥。

一位被父母卖给人贩子做妓女的女子表达了女子从事正当职业的困
难："父母无力量教育子女，女儿从小过的是奴婢生活。长大了以后，她
没有读书，没有知识，她养不活父母，这时父母也无法。去做女工，现在

　　① 刘德中、牛变秀：《中国的职业性别隔离与女性就业》，《妇女研究论丛》2000 年第 4
期。
　　② 张鸿雁主编：《城市·空间·人际——中外城市社会发展比较研究》，东南大学出版社
2003 年版，第 325 页。
　　③ 林语堂：《婚姻与职业》，《论语》半月刊第 24 期，参见王儒年《从〈申报〉广告看现
代上海社会的女性认同》，《开放时代》2003 年第 6 期。
　　④ 在汉口市 1929 年所统计的 82 种工种当中，只有大约 10 种行业乃女性准入的，如店员、
纺织、鞋艺、缝艺、棉花业、酒饭面馆、拣茶、被服工人、鲜果担摊，其他的行业要么因体力消
耗大，要么知识文化要求高，女性都难以介入。根据《汉口社会统计调查》，1929 年，湖北省档
案馆馆藏资料 A2.14.23。
　　⑤ 陆汉文：《现代性与生活世界的变迁——20 世纪二三十年代中国城市居民日常生活的社
会学研究》，社会科学文献出版社 2005 年版，第 163—164 页。
　　⑥ 卢汉超：《霓虹灯外——20 世纪初日常生活中的上海》，段炼等译，上海古籍出版社
2004 年版，第 122 页。

女工也要有点程度，而且女人有女人很多痛苦，工作自然比不上男工。我们这般没有求得知识的女子，不能去做女店员，女店员也要能写能算。我也知道女店员也有很多人喊'苦得很'。"①

　　而且，女性在婚后几乎没有从事正规职业的机会。为人妻为人母后的繁重家务，几乎彻底使妇女与职业隔离，除了忙里偷闲去做梳头妇，或在家中做些帮工洗补之类的临时工外，家庭主妇几乎没有涉足职场的机会。因而，"女性角色仍以家庭女眷为最大多数"②。

　　与其说女性不愿承担社会责任，还不如说社会不让女性承担责任。受教育的机会被剥夺，加之严重的职业性别隔离，使民国时期武汉平民女性在婚后无缘职场生活，只好退守家中，经营家庭，整理家务，相夫教子，做家庭主妇可能也是无奈的选择。女性在劳动力市场的从属和边缘地位加剧了她们在家庭内的从属性，在家庭领域的从属性反过来又加剧了她们在劳动力市场的从属和边缘地位。③

三　女性的家庭奉献：获致人生幸福的桥梁

　　长期以来，女性贤妻良母与家庭主妇的角色招致人们的普遍轻视，女人的家庭奉献没有赢得应有的尊重与重视。"日常生活中习以为常的事物往往因为不被人们看见，而不被人们承认和记忆。"④ 女性不显山、不露水，平淡而默默无闻的家务操持及相夫教子的工作常常被人忽视，因为它远不如男性所从事的职业或事业那样醒目甚至惊天动地，让人觉得意义重大。

　　然而，只要稍微换个角度思考一下，任何一个理智的头脑都会承认女性的家庭奉献对人生幸福是功不可没的。家庭是人——男人、女人、老人和孩子生存的最重要的空间。人的三分之二的时间在这里度过，人也在这里栖息自己的精神和心灵。从人文关怀的角度来审视家庭，它又具有了更

---

　　① 李小紫：《妓女呼声——人贩子毫无惩罚》，《武汉日报》1947年2月3日。

　　② 罗苏文：《女性与近代中国社会》，上海人民出版社1996年版，第341页。同期其他城市如成都等妇女的职业情况，可以参考李文海主编《民国时期社会调查丛编·婚姻家庭卷》，福建教育出版社2005年版。

　　③ ［美］梅里·E.威斯纳·汉克斯：《历史中的性别》，何开松译，东方出版社2003年版，第212页。

　　④ ［匈］阿格妮丝·赫勒：《日常生活》，衣俊卿译，重庆出版社1990年版，第289页。

人性化的色彩。女性作为家庭主妇，其所做出的贡献和所付出的辛劳是无须赘述的。而从生理学和心理学角度考虑，女性较之于男性更适合于家庭中的许多工作也渐为大众所认同。因而，无论是教育的宗旨还是社会的期望，让女性从事她们擅长的工作本身是没有问题的，问题是对于家庭妇女这一角色的偏见始终没有得到应有的改变，这一极具重要意义的角色本应受到的尊重没有在社会中得到体现。①

家是获得人生幸福的最重要处所。"婚姻是家庭的起点"②，家庭妇女则是获致人生幸福的中间桥梁，使人抵达幸福的彼岸。女性是家庭生活的核心，是家庭的守望者，可以说人们正是通过女性这一家庭生活的奉献者才获得家庭生活的幸福与人生的愉悦，获得"在家"的感觉，获得关怀、照顾以及情感支撑，实现人生的意义与价值。

（一）贤内助：解除丈夫的内顾之忧

妇女献身家庭，使男性免去内顾之忧，安心在家庭之外的事务中打拼。妻子精细的家事操持使丈夫远离家务琐事，而专致于自己所做之事，这样既能获得稳定的家庭生活，又可以促进家庭的发展和家境的改善。

晓明的文章典型地表达出对贤内助的肯定之情："一个单身的男子，虽然得自己管理自己，养成自治的能力。可是，假如有个内助帮忙，生活便舒畅得多。他的衣服有人做了，有人洗涤和熨帖了；鞋帽有人刷新了，纽扣有人钉了，袜子有人补了，棉被有人缝了，衣物也有人整理和曝晒，饮食有人照料，开水也有人烧了……这样，他不用花许多时间和金钱在身边琐事上，业余便可以休息一下，消散疲劳。并且，无自顾之劳，不至分心，也得以专力于事业。"③妻在家事中的缺位会使丈夫的生活出现混乱。星子的妻子只是回娘家短短几天，他却感到了不少的麻烦："房内的东西弄得乱七八糟，虽然我看了都会讨厌，我也没有功夫去整理，而且也没有心意去弄清洁。这样，我也还得等妻归来再来一次大扫除。"④

---

① 王儒年：《从〈申报〉广告看现代上海社会的女性认同》，《开放时代》2003 年第 6 期。
② 邓伟志、徐榕：《家庭社会学》，中国社会科学出版社 2001 年版，第 90 页。
③ 晓明：《男人需要内助》，《汉口报》1946 年 12 月 8 日。
④ 星子：《妻》，《武汉报》1940 年 8 月 3 日。

（二）主妇：家庭中关怀与照顾的主要提供者

女性的付出是营造和维持温馨家庭生活的主要保证。作为家庭生活的组织者，近代汉市妇女使家中老幼得到周到的关怀与照顾，过着舒适的生活。

年迈老人和年幼孩子是丈夫不在家时主妇的主要关照对象，对老人及孩子的起居照护是主妇家务的重要内容。近代汉市社会生存压力巨大，激烈竞争，丈夫在外劳累一天回到家后，自己都要得到妻子的照料，便无暇给予老人及孩子以温情的关心，因而家庭主妇成为家中关怀照顾的主要提供者。

失去家庭主妇的关怀照顾，家庭生活就会支离破碎。刘官庭因为母亲被父亲卖掉，跟着父亲过着颠沛流离的生活，根本体会不到家庭的温暖和欢乐。① 廖启文十岁时因为母亲去世，无人照顾，而不得不离开汉口，回到汉川乡下生活。②

近代汉市流行的俗语"宁可死做官的老子，不可死讨饭的娘"③ 就说明男人对待子女不可能像妇女那样细致、周到、耐心和呵护备至。对母亲来说，"抚养孩子就像读小说，能够因为他欢笑，也能够因为他痛苦"④，如此舐犊之情能让孩子顺利成长。相反地，若是家中男劳动力丧失或病亡，一个家尽管历经千辛万苦仍可能顽强支撑下来。肖毓芝三十五岁时丧偶，一个人坚韧地将三个儿子拉扯大，成家立业。⑤ 李云霞丈夫1947 年病故，她白天照顾老人小孩，晚上绣花挣钱，艰难地维持一家人的生活。⑥

（三）家庭主妇：情感的归属与支撑

近代武汉社会处于不断的变动之中，工作场所的流动性、不稳定性、不安全性日益增加。人际关系的短暂性使家庭成员在心理上相互依赖的程

---

① 访谈资料：F－32，2006 年5 月1 日。
② 访谈资料：F－18，2006 年4 月26 日。
③ 朱建颂：《武汉俗语纵横谈》，中国档案出版社2002 年版，第65 页。
④ 《小事记》，《大光报》1935 年4 月23 日。
⑤ 访谈资料：F－7，2006 年4 月20 日。
⑥ 访谈资料：F－39，2006 年5 月8 日。

度更高，在情感上相互支持的作用更为重要，要求家庭充当个人的避风港，为成员提供稳定的情感依恋，通过自身的亲和力来对付现实生活的纷繁芜杂。

女性是家庭的守望者，也是家庭成员情感的支撑与归属方向，是让人获得"在家感"的依据和前提。妻子给回到家中的丈夫以温情与安慰、鼓励，是丈夫最强有力的情感支撑。"丈夫回家，一踏进房门，他希望妻子笑脸相迎，给予他一点温情的安慰。"① 妻子的安慰能抚慰丈夫的挫败感和失望，激发丈夫的勇气，正如星子所表述的："每次我带着失望的心情归来，妻老远地就向我现出了无限的欢欣，以一片至诚来迎接我这远道归来的漂泊者，妻对我的热情，使我从社会的死灰中又复燃了一些爱的火力！"②

女性驻守家庭，成为家的象征，是家庭成员获得"在家"感的前提。"在家"的感觉是人情感世界的基础和核心。所谓"在家"的感觉主要是一种内在的心理体验，是人在茫茫人海和芸芸众生所充斥的世界上获得一个属于自己的熟悉的领地，在空旷宇宙中觅得一个坚固的支点时的体验和感受。因此，"在家"的感觉包含着熟悉感、亲切感、温暖感、可靠感、安全感、信任感、放松感、安宁感、安逸感、自在感、温情感。家庭所提供的"在家"的感觉对形成人的舒适的自我体验性情感和人际间温馨的爱的情感都是十分重要的基础性因素。③

作为日日守护家中的家庭妇女，是家庭成员获得"在家"的安全感、充实感、温情感的前提。孩子不管家中条件多苦，有母亲呵护，有母亲在身边就觉得踏实。④ 而长辈也会因为儿媳之孝顺体贴，在家中获得乐趣与温情，"笑得合不拢嘴"，叹自己是前生修来的福分。⑤ 丈夫习惯了妻子守候，因而妻子短暂的离开也会让他觉得空虚与孤寂，盼着妻子归来。⑥ 对女性家庭主妇形象的熟悉，"为人们的日常生活提供了基础，同时它自身也成为日常需要"⑦。

---

① 情圣：《打牌》，《大楚报》1940 年 5 月 28 日。
② 星子：《妻》，《武汉报》1940 年 8 月 3 日。
③ 衣俊卿：《现代化与日常生活批判》，人民出版社 2005 年版，第 84—85 页。
④ 访谈资料：F-1，2006 年 4 月 18 日；F-10，2006 年 4 月 22 日。
⑤ 清君：《钱大嫂》，《武汉报》1940 年 12 月 25 日。
⑥ 星子：《妻》，《武汉报》1940 年 8 月 3 日。
⑦ ［匈］阿格妮丝·赫勒：《日常生活》，衣俊卿译，重庆出版社 1990 年版，第 85 页。

女性与家是互为联结的，一旦女性不在家，家庭成员就会体验到"不在家"的失落感。"不在家"并不意味着人没有住所，没有家庭成员，而是人内心世界中一种失落了与天然日常生活世界的联系，无家可归、无所依归的体验。这种"不在家"的感觉会导致情感世界的失落，使人处于无所依托，处于孤寂、孤独的状态之中。[①]

总之，民国时期武汉女性看似平淡的家庭奉献，却是人们获得家庭幸福、获得愉悦和生活意义的途径。实际上，家庭价值几乎是当时人们价值的全部，而个人价值和社会价值则十分微弱，甚至被家庭价值所占据和替代，这是中国文化的特点。正如潘光旦所言，"理论上家庭是一个承上启下的东西，但事实上却变做一种左右兼并的势利，把个人与群体或社会都给吞没了"[②]。对于家庭主妇平淡无奇的日常付出，对于她们默默无闻的操持、关照与情感的感化，我们稍微改变一下偏见，一定会感激女性的家庭奉献为我们搭起了通向人生的幸福与意义的桥梁。

四　女性的自我迷失与救赎

女性操持家务，相夫教子，带给丈夫及家人关怀照顾和温情，却并没有获得她们内心渴求的尊重与安定。脱离社会而专注于家庭奉献，在某种程度上让她们迷失了自我，过着依附型的人生。要想改变这种不利局面，一定要使家务劳动社会化、货币化，或者女性实现一定程度的经济独立，从而形成自觉的主体意识。

（一）依附型人生：自我的迷失

女性甘愿守卫家庭，从事家务劳动，照料丈夫、孩子与老人，是因为这本身就证明她们生存的正当性和合理性。然而，女性因为将自己的幸福寄托在丈夫、婚姻和家庭上，失掉了自我追求与发展，过着依附型人生，因而常常因把握不住自己的命运而生无力感和不安全感。

由于不直接创造财富，女性在形式上由丈夫养活，因而女性缺乏生活

---

①　衣俊卿：《现代化与日常生活批判》，人民出版社 2005 年版，第 85—86 页。

②　潘光旦：《寻求中国人位育之道》，国际文化出版公司 1997 年版，第 698 页；李银河、郑宏霞：《一爷之孙——中国家庭关系的个案研究》，上海文化出版社 2001 年版，第 179 页。

的安全感。丈夫对自己的态度与对家庭的忠诚决定了一个家庭主妇能否过上安定的生活，这使女性难免处于忧虑的心境，对丈夫的社会交往很敏感，生怕丈夫有了别的女人。正如汶耳形容妻子的多疑："她不能体恤谅解丈夫，只是把她的丈夫设想到坏的模型去。当我没有多量的钱供给家用，她会想：他的钱是养女人去了。当我有一晚不回家睡，她会想：他与女人幽会去了。白天幸而有孩子们打扰，不曾和我责难追问。夜晚一到床上，孩子们入睡，她的疑虑和盘向我吐露出来。她冤枉你在外面有女人，似乎是言之凿凿、煞有理由，任你再三辩驳，也不见得有效力。假使激烈一些，她可哭了，呜呜咽咽地，怨恨自己命薄，怨恨自己的苦。"① 有的妇女甚至因丈夫去世，生活无着，选择自杀殉情。②

由于过着依附型生活，无力把握自己命运，近代汉市妇女常常寻求神灵保佑。武汉三镇，女性都喜欢到归元寺烧香拜佛，数罗汉，祈求人生顺利幸福，尤其在新年时节，大批女性清早便乘坐划子去归元寺烧香祈神。"沿河路绕大江长，一水盈盈隔汉阳。妇女清晨急唤渡，归元寺里去烧香。"③ "省识西来无别意，归元寺里进香还"④ 都生动地描绘了妇女进归元寺进香的热忱。农历每年正月十五，女香客数罗汉以卜吉凶。数罗汉的方法，是香客进佛堂手持神香一把，从任何罗汉数起，而数一罗汉就插一支神香，至手中最后一支神香插在罗汉前香炉时，再看这位罗汉爷的尊容，来定一年的运气。另外一种方法是：香客进佛堂后，诚心默念，从任何一尊罗汉数起，至自己现在的年龄为止，同样地，看他的尊容来定一年的休咎。⑤ 然而神灵毕竟无法保佑妇女们生活幸福。求菩萨拜佛并未改变一些女性婚姻与家庭生活的不幸。

不少女性因为丈夫的恶劣态度而过着不幸的生活。汉口市警察局有大量的审讯录都是有关丈夫断绝妻子生活来源而导致家庭危机的案件。徐小容的遭遇正反映了家庭主妇因无力谋生养活自己面临的无奈：她与丈夫结婚，对方"日久烦厌心生，初以恶言相骂，继则鞭打相加，夫妻争吵乃属常事而百般曲忍"，后丈夫"态度突变，变本加厉"，将她打得遍体鳞

① 汶耳：《枕边的烦喋》，《武汉日报》1935 年 7 月 3 日。
② 正俗：《体仁巷节妇殉情》，《武汉时事白话报》1932 年 5 月 2 日。
③ 徐明庭辑校：《武汉竹枝词》，湖北人民出版社 1999 年版，第 294 页。
④ 同上书，第 274 页。
⑤ 陈治国：《数罗汉》，《武汉日报》1949 年 2 月 5 日。

伤，复停给生活费。①

汉市女性自杀的原因也反映出妇女依赖婚姻家庭生活的负面结果。女性自杀多由于婚姻、家庭问题（见表2-3），说明女性为家庭婚姻而生，依附于丈夫、孩子，迷失了自我。一旦依附的希望破灭，则失去人生的目标与生活的意义，而结束自己的生命。与此形成对比的是，男性因家庭、婚姻问题自杀者甚寥，为生计问题自杀者多，从侧面反映出女性及家中老幼在物质生活上对男人的依赖，给他们带来很大的压力，使其不得已而自寻短见。

表2-3 1947年汉口市自杀人数统计表②

	总计	家庭纠纷	婚姻问题	营业失败	畏罪	虐待	生计困难	疾病
总计	44	11	8	3	2	3	11	6
男	22	3	1	3	2	0	10	3
女	22	8	7	0	0	3	1	3

可见，女性以家为中心，悉心操持家务并照料丈夫、孩子，以此证明自己生存的价值。最终她们迷失了自己，过着依附于丈夫和婚姻的人生，一旦所依附之人和物变故，她们自己的幸福就无以为继。

同时，女性单一的家庭主妇角色，也导致了一部分男性的失望。在他们心中，理想的太太应该是内外兼修，兼具贤主妇与交际花的禀赋的（见图2-2）：

> 漂亮如天仙，驯顺似羔羊。像神女般的聪慧，和天鹅绒一般的温柔。葡萄酒一般的明媚。对丈夫热情奔放，对别的男性冷若冰霜。出外是交际花，在家是贤主妇。当丈夫高兴的时候，可以陪他尽情地取乐。当丈夫烦闷的时候，会想出种种消遣的办法以安慰。可共安乐，亦可共患难。对丈夫忠心不二，同时也不拈酸泼醋。

> 在玩耍时是一个好伴侣，游泳，骑马，打球，跳舞，一切户外活动全会，并都有深谙。在工作时是一个好同志，能协助丈夫处理一切

---

① 《汉口市警察局婚姻案审讯录》，1948年，武汉市档案馆藏，资料号：40-7-167。
② 《汉口市府三十六年度统计总况》，1947年，湖北省档案馆藏，资料号：A2.14.21。

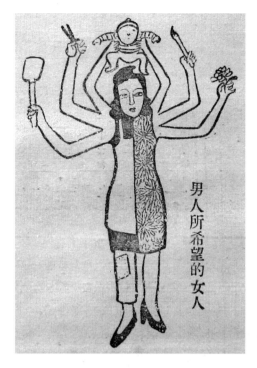

图 2 - 2　男人所希望的女人

在新的时代，男人对女人的希望有所改变，传统的家庭主妇和"女子无才便是德"已经不能完全满足男人对女人的全部想象，尤其是自身条件比较优越的男子更希望妻子能"上得厅堂，入得厨房"，既有旧的美德，又有新时代特征。图中的女人兼具两重身份：左边的是典型的传统女性形象，素面朝天、布鞋和打着补丁的裤子说明她的俭朴，围裙和锅铲证明她能烧得一手好饭菜，手里的剪刀证明她能缝制衣服；右边的女性则透着浓厚的现代气息，精致的化妆、新式旗袍和高跟鞋表明她雍容高雅，而且可能还是社交高手，手上的鲜花说明她懂浪漫、有情调，毛笔则昭示她能书写、有文化。当然，图中女人左右两边都有一只手举着一个娃娃，说明新旧女性当有共通之处——负责养育子女（资料来源：《武汉日报》1948 年 10 月 19 日）。

事务。出外时，不妨由丈夫来服侍她，但在家时，却一定要由她来服侍丈夫。

花钱不可太大方，也不可太小气。饰以奢华的衣饰艳丽的色彩时，有一种雍容华贵而不嫌庸俗的美。淡妆素抹，卸铅华时，有一种超绝尘俗的天然的美。①

———————————————

① 《男人的理想太太》，《亲民报》1949 年 4 月 26 日。

（二）自我救赎：基于经济独立的主体意识养成

当女性的家务劳动被看作不具有货币价值时，女性要想获得主体意识就很困难。女性的主体意识是女性作为主体的一种独立自主意识，是对自己在客观世界中的地位、作用和价值的自觉意识。[①] 在商品社会中，人们必须使自身价值对象化，商品交换，占有货币才能证明自己的主体地位。只有在经济相对独立的基础上，女性才能获得自立、自信的人格。

家务劳动社会化是使女性养成自主意识的主要途径。然而在民国时期的武汉，家庭劳动是不被社会承认的无报酬劳动。这对女性来说显然是极不公正的，是对女性整体价值的歪曲。[②] 女性的家事服务，仅仅被看成"理家"，完全忽视了这种劳动应有的货币价值，从而人们把女性看成被男性养活的寄生者，认为女人"自己全无一技之能，只依赖丈夫"，"做家庭中一个分利者"[③]。这与梁启超的看法是一致的，他认为女子"全属分利而无一生利者。惟其不能自养，而待养育于他人也"[④]。既然认为女性的家务劳动不具备商品货币价值，女性乃寄生虫，女性要想形成独立自主的意识就很难了。只有把私人的家务劳动变成一种公共行业后，男女的真正平等才能实现。家庭服务商业化将使男子对女性数千年来所做的牺牲有一个新的认识，从而可能反省男权文化的先天缺陷，从而改善两性关系。[⑤]

女性在家庭生活外，若能从事社会职业以获得完全的经济独立，自然能形成精神上的自主。当时的一些女性自己也认识到这点，强调"女子苟能治实业，即为自主之首基"[⑥]。如果女人经济不独立，"只会躲在家里，自误因循，不愿另谋出路，会在无形中成为社会的活尸"[⑦]。而对于

---

① 陈文联：《从依附走向自主——近代中国女性主体意识觉醒的历史轨迹》，《中南大学学报》2005 年第 2 期。

② 皇甫艳玲：《女生就业难及女性劳动价值的评定》，《探索与争鸣》2000 年第 9 期。

③ 高庸英：《女人与职业》，《武汉日报》1936 年 4 月 21 日。

④ 梁启超：《变法通议·论女学》，《饮冰室合集》（第 1 册），中华书局 1941 年版，第 37 页。

⑤ 张鸿雁主编：《城市·空间·人际——中外城市社会发展比较研究》，东南大学出版社 2003 年版，第 310 页。

⑥ 张竹君：《在爱国女学校欢迎会上的演说词》，载中国妇联编《中国妇女运动资料》，中国妇女出版社 1991 年版，第 303 页。

⑦ 高庸英：《女人与职业》，《武汉日报》1936 年 4 月 21 日。

城市女性来说，即使职业妇女在工作岗位上同男子一样工作，一样辛苦，回到家里还要承担起大部分甚至绝大部分的家务劳动，等于说妇女承担着社会、家庭的双重负担。以这么柔弱的个体去承担家庭角色和社会角色两种不同的角色责任，并时时为平衡二者而心力交瘁，未免不是一件大煞风景的事。①

总之，民国时期武汉的平民女性以家为自己的人生目标和生活的世界，尤其在婚后，她们完全致力于家务劳动与相夫教子，因而被称为"家务"和"屋里人"。女人的家庭奉献为丈夫、孩子及老人提供关照和情感的归属，为其实现人生幸福与价值架设了一座桥梁。但女性却迷失在自己所献身的家庭主妇角色里，过着依附型人生，个人的人生幸福得不到保障。女人并没有被号召去建设一个更好的世界，她的领域是固定的，她的工作对社会没有直接的用途，既不能开拓未来，也不能生产产品，它只有与超越自我的、在生产和生活中走向社会的生存者相联系时，才具有意义和尊严。② 女人的家务劳动远没有让她获得自由，而是让她依附于丈夫和孩子。没有属于自己的积极性劳动，她就无法赢得做一个完整的人的资格，始终只能是一个依附者、次要者，"她在支配着家庭物品等二级标志的同时，自己仍然是一种标志"③。女人依附型、从属性的家庭主妇的角色，是历史、文化、政府、社会、男性和女性共同形塑的结果，成为一种"文化的无意识"④，深化为女性内在的认同和习惯性的行为方式。女人做贤妻良母成为人们日常生活中的基本常识与观念，尽管社会上偶有倡导男女平等的波澜，但都是微不足道的力量，设若没有新中国成立后那种强大的外力与意识形态的介入，她们很可能会延续女人从前的生活史，正如数千年来的中国女性那样。

①　张鸿雁主编：《城市·空间·人际——中外城市社会发展比较研究》，东南大学出版社2003年版，第310页。

②　同上书，第280页。

③　[法] 让·波德里亚：《消费社会》，刘成富、全志钢译，南京大学出版社2001年版，第83—94页。

④　[美] 戴维·斯沃茨：《文化与权力：布尔迪厄的社会学》，陶东风译，上海译文出版社2006年版，第117页。

第三章　礼尚往来：民国武汉民众的日常交往

"人类如果想幸存下去，就必须是社会的动物。"[①] 人，作为社会存在，只要不孤立过着"田园牧歌"般世外桃源的生活，便注定会与周围的人发生这样那样的联系，在日常生活中产生不同形式的人际交往。尤其在生气勃勃的城市生活中，更是涌动着人际互动的热闹景致，人们为了现实利益而往来互动，以寻求日常生活的舒适性与人生发展的支撑，丰富了人们日常生活的内容。

一般认为，人们"在越来越多的选择，越来越激烈的竞争，越来越丰富的享受中，逐渐迷失了田园牧歌时代的灵性与浪漫，失去了男耕女织时代的互助、宽厚和执着"[②]。但民国时期武汉下层民众的日常交往图景，却似乎不至于使我们如此沮丧。他们并未挂着冰冷的脸庞，独个在自我的世界行色匆匆，相反自觉不自觉地卷入各种日常交往中。为了在都市中寻求有利的生活境况，他们积极地营造、参与人际关系网的编织，与邻里、职场同仁和亲朋好友或一些可资利用的人际资源互动往来。日常的人际往来是从人们早晚出入其间的家与街坊邻里间的互动开始的。

一　邻里之间：良性互动与恶意冲突

在民国武汉社会，寻常百姓每日皆不可避免地要与自己的街坊邻居打交道。那些左邻右舍或许同自己并非同姓同族，甚至并非同乡，这与传统

---

① ［英］阿诺德·汤因比：《历史研究》，刘北成、郭小凌译，上海人民出版社2000年版，第49页。

② 叶南客：《人的现代化：中国现代化的核心》，载沙莲香《社会学家的沉思：中国社会文化心理》，中国社会出版社1998年版，第143页。

的乡民，从一出生起就世世代代居住在隔绝或者是封闭的社区的情形颇不相同。传统乡村的聚居模式为"家族血亲联合体"①，相邻人家多为同一家族或是同胞关系，而民国武汉的人们带着不同的背景，偶然地成为街坊邻居。左邻右舍"抬头不见低头见"，尤其每当傍晚时分，挨家挨户的邻里在准备晚饭或者纳凉闲聊时，更多地暴露于彼此，便利了相互的观察、接触。交流与了解，交织出一幅温情的邻里互动画卷。

（一）良性的互动往来

同享有"东方巴黎"之称的国际大都会上海一样，近代武汉是中国屈指可数的商业都会和中国内陆的商品集散中心。但是，商业氛围的浸淫并未使汉市民众泯灭热情而对邻里冷若冰霜，相反地还表现出适度的温情与关心，这不同于近代上海里弄中"鸡犬之声相闻，老死不相往来"的邻里关系。②"上海社会中人与人之间似乎很少联络，内地的居民，虽然也都抱着'各人自扫门前雪'的观念和态度，但是其现状还没有上海一般浓烈。——邻居，照理讲起来，是极其亲密的，有事互相呼应，比疏远的亲戚要好上几倍，可是上海的邻居就不然。不但是左右邻往往各不相识，很有些同居一个屋子之内的，也是很少联络，抱定尔自尔、我自我的主意。严格说来，他们的关系，至多一个相识，决不像是同居的，这虽与上海人的好动而喜欢迁居不无关系，可是用内地人的眼光看来，终觉得有些奇怪。"③

居住的房屋品质差异可能是形成近代武汉与沪上不同邻里关系的重要原因。一般而言，房屋品质越高，居民之间联系越少。④作为全中国最富庶之地，近代沪上普通民众的住房多为石库门房子，石库门构成近代上海

---

①　〔德〕马克斯·韦伯：《儒教与道教》，王容芬译，商务印书馆1995年版，第145页。

②　卢汉超：《霓虹灯外——20世纪初日常生活中的上海》，段炼等译，上海古籍出版社2004年版，第117页。

③　徐国桢：《上海生活》，世界书局1933年版，第21页，转引自忻平《从上海发现历史——现代化进程中的上海人及其社会生活（1927—1937）》，上海人民出版社1996年版，第251页。

④　卢汉超：《霓虹灯外——20世纪初日常生活中的上海》，段炼等译，上海古籍出版社2004年版，第205页。

民居建筑的基本底色，人们往往将它作为里弄房子的代名词。① 石库门里弄从外观来看，虽然由院墙合围，浑然一体，但每栋石库门房子之间又彼此相隔，同一栋石库门房子内部的住户也彼此隔离，"躲进小楼成一统"②，外观与内部结构的高贵气质使得石库门里弄房子具备天然的隔绝性，妨碍了居住其间的人们的往来。

汉市民众居住在品质较低、更为简易、更为平民化的里巷之中。石库门房子的两三层或三四层的高度是一般老百姓难以企及的，与当时大多数中国的城市一样，汉市平民的房屋"多平行发展，一般一层或两层"③。民国时期武汉虽然也有模仿上海石库门建筑的里弄房子，但为数不多，且几乎全部蜷于租界之内，成为洋人、上等华人或者作为中产阶级的小手工业主的安乐窝，④ 城市平民与之绝缘。广大市井人家或者居住在比邻而枻、户户衔接的板平房、砖瓦结构平房内，或者两层的简易楼房中，家家户户紧密相连，甚至仅有一墙之隔，这样的群居之所并不叫里弄，武汉人称之为"里份""巷子"⑤。人们居住空间仅一墙之隔，真正是"抬头不见低头见"，甚至连隔壁人家来了什么客人，晚饭吃的什么菜都是公开的，邻里之间常常知根知底。⑥ 隔绝度低、开放性高的居住环境增加了邻里交往频率、机会和必然性。

邻里间彼此的称呼也反映出武汉民众比上海市民有着更频繁的交往和更多的熟悉与温情。同上海一样，近代武汉居民也以"张师傅""小王""老李""王经理"来招呼他们的邻居。另外，孩子们经常在里巷嬉戏玩耍，他们的名字容易被大家记住，因而也经常被用在对孩子们父母的称谓上，于是"巧玲姆妈"⑦"巧儿爸爸"成为对邻居中成年人的称呼，这反

---

①　忻平：《从上海发现历史——现代化进程中的上海人及其社会生活（1927—1937）》，上海人民出版社 1996 年版，第 413—419 页。

②　引自鲁迅《自嘲》诗："运交华盖欲何求，未敢翻身已碰头。破帽遮颜过闹市，漏船载酒泛中流。横眉冷对千夫指，俯首甘为孺子牛。躲进小楼成一统，管他冬夏与春秋。"

③　王笛：《街头文化：成都公共空间、下层民众与地方政治（1870—1930）》，李德英等译，中国人民大学出版社 2006 年版，第 52 页。

④　董玉梅：《汉口里弄建筑的文化魅力》，《长江论坛》2004 年第 2 期。

⑤　"份"是武汉独有的对居住地的称呼，"里""巷"同义，指居住的房屋带中间的道路的整个地区，参见朱建颂《武汉俗语纵横谈》，中国档案出版社 2002 年版，第 98—99 页。

⑥　访谈资料：F-7，2006 年 4 月 20 日；F-16，2006 年 4 月 24 日；F-21，2006 年 4 月 28 日。

⑦　刘文响：《巧玲生活纪要》，《武汉日报》1935 年 12 月 12 日。

映了人们可能并不知晓对方的姓名和彼此交往不深入。① 与上海不同的是，武汉同一里份中的街坊邻居之间更经常地使用许多充满温度和温情的称呼，如"大嫂""大姐""伯伯""叔叔""大娘""婶娘""哥哥""弟弟""娘娘""太婆"②，这些一般只用在至亲身上的称呼，被频繁用在毫无血缘关系的邻居身上，反映出邻里之间往来互动的频繁、关系的亲昵，以及彼此的接纳程度较高，呈现出一派其乐融融的景象。

1. 远亲不如近邻：借钱、借物

借钱借物是邻里间常常发生的互动往来，这也体现出"远亲不如近邻"在现实生活中的实际效应。谁都不敢保证居家不"短七少八"③，向邻居借钱借物可以缓解暂时的生活困难。在相互的借钱借物行动中，邻里之间的关系得到融洽与巩固。当然，这些用来临时接济的财物都是微乎其微的，不会给当事人带来重大的家庭经济压力。刘官庭回忆，自己当时住的陈家湖一带多数住户是人力车夫家庭，大家同病相怜，惺惺相惜，由于拉车的没有隔夜粮，因而隔壁左右借米下锅或者借几角钱是常有的事。④ 档案材料也表明，邻里之间过节送人情，或者为了招待不期而至的亲戚向邻里借钱是很常见的。⑤ 在等米下锅的艰难时光里，"远水解不了近渴"，只有依赖邻居渡过难关了。

有趣的是，成人为了避免尴尬，常常发动自己的小孩去邻居家里借钱借物，一是小孩更容易博取同情，一是因为即使孩子被拒绝，也不至于使自己丢失颜面。有时为了发动小孩，还要加以诱哄，常常是答应给孩子一笔"跑路费"⑥。

对于流行于汉市的"讨百家饭"的做法，街坊邻居也是毫不吝啬地给予支持的。"讨百家饭"是在孩子出生后，向邻居亲戚各家讨一点米，

---

① 卢汉超：《霓虹灯外——20 世纪初日常生活中的上海》，段炼等译，上海古籍出版社2004 年版，第 201—202 页。

② 访谈资料：F－1，2006 年 4 月 18 日；F－10，2006 年 4 月 22 日；F－11，2006 年 4月 22 日；F－22，2006 年 4 月 29 日。

③ 访谈资料：F－39，2006 年 5 月 8 日。

④ 访谈资料：F－32，2006 年 5 月 1 日。

⑤ 《汉口市警察局一九四八年有关家庭、钱财、邻里纠纷及相互斗殴等案的审讯》，1948年，武汉市档案馆藏，资料号：40－13－4215。

⑥ 蒋贞：《告借》，载茅盾主编：《中国的一日·武汉的一日》，上海生活书店 1936 年版，7(10)。

然后煮饭给孩子吃，据说这样孩子就可以远离疾病。[①] 当然，邻居的慷慨也许蕴含着日后自家出现这样的需要时希望得到邻里帮助的期待。

毫无疑问，邻里间的财物互借弥补了家庭开销中的临时性物资短缺，便利了居民的日常生活应急，也激发和加深了受惠者的感激之情，加强了互动家庭的往来联系，在城市社区生活中起着物质与情感沟通的积极调节功用。

2. 傍晚里巷的闲聊

相比借钱借物，邻里间的闲谈聊天是更为常见的交往方式，它几乎是每天都在里巷发生的事情。尤其是在炎炎夏日的傍晚，武汉市民习惯到巷口或马路上纳凉，[②] 他们搬出凳子、椅子、竹床，拿着蒲扇，[③] 聚到一起乘凉，"纳凉已经成为人们每天晚上的惯事，人们用纳凉来消磨夏夜，纳凉的时候，大家谈着天，讲着故事"[④]。

傍晚的纳凉闲聊是备受居民青睐的消遣夏夜、放松身心、增进邻里关系的方式。对于无钱去舞厅、戏院的穷朋友们，"端张竹椅，拿把葵扇，泡壶浓茶，从天南谈到地北"[⑤] 就是消遣夏夜的最好选择。夏夜的马路、街道和"巷子，窄得只能容一辆半车子进出：堆满了竹床，背靠椅，茶几……人像群蚂蚁聚集着，吸烟，唱小调，谈女人……"[⑥]

淬铭为我们记载了充满快乐、笑声的夏日里巷之夜和人们乘凉、闲谈的惬意与悠闲：

---

① 季良：《百家锁衣饭》，《汉口中山日报》1929 年 3 月 6 日；朱建颂：《武汉方言研究》，武汉出版社 1992 年版，第 147 页。

② 因为武汉酷暑难耐，人们只好到屋外乘凉，甚至露宿街头，警察局虽因风化卫生之故屡有禁止，但终因露宿者我行我素，最后不了了之。有人在报上刊登文章对这种现象表示谅解，并道出了其中真谛："一到晚上，满街满街躺满了裸体的男人，女人带着她们的孩子，也躺在那里。这已经成了'陋习'，而且是无法纠正的'陋习'！这原因是为了屋内闷热，所以才睡到外面来，目的是为了凉快。反正是晚上，所以与市容无碍，否则早就被赶进了热房中去烤热去了。若是我们大中华有一天有钱了，热水汀、冷水管像自来水管子一般的普通，家家都装得有，冷天开热水汀，热天放冷气，那就该舒服了。请那些睡惯马路的裸体男人和女人、孩子再睡到马路上来，恐怕他们未必乐意吧！"（《睡马路》，《建国晚报》1947 年 8 月 26 日；参见涂文学主编《武汉老新闻》，武汉出版社 2002 年版，第 494 页；参见涂文学主编《武汉通史·中华民国卷（下）》，第 91 页）。

③ 蒲扇有两个用处，一是扇风，一是驱赶蚊虫，访谈资料 F－1，2006 年 4 月 18 日。

④ 汪士孝：《纳凉记》，《武汉报》1940 年 8 月 11 日。

⑤ 《怎样消遣夏夜》，《正谊晚报》1947 年 7 月 27 日。

⑥ 钰生：《街唱者》，《武汉日报》1936 年 7 月 15 日。

火焰似的太阳西斜了，阳光移到高楼顶上。然而被太阳熏蒸了一整天的都市，热烘烘的就像一个大蒸笼，一个大炕炉。马路上，里巷里，墙壁上都在散发着热流。

在屋里热得喘不过气来的人们，不住的摇着扇子，揩着身上像水淋过了的汗，从热窟似的屋里钻了出来，在屋门前打扫洒水，准备安置露天的寝台。

"热呀，热死人呀！"的叫喊着，天渐渐黑了，都市里的每一个里巷也格外的热闹起来，竹床、椅子、凳子、木板都搬出来了，塞满了窄窄的里巷。

这里是一个大家庭，开始了赤膊裸腿的大比赛，休息睡眠的大展览。大人们挥扇间谈上下古今，从米粮的高涨，谈到某家打架吵嘴，某家的艳闻趣事……夜渐渐深了，里巷里安静了。像秋虫的鸣声一样，里巷里发出了一阵此起彼伏，抑扬顿挫的，忽疾忽徐，忽高忽低的鼾声。[1]

天气是傍晚闲聊的一个经常性话题。武汉夏天酷暑难当，热浪袭人，闷热的天气是邻里聚在一起共同抱怨的对象："六月[2]天气，空气要使人发酵。鬼天！这热！""可不是！九号病倒了一个！"[3]"前天长堤街又热死了一个！"[4] 在如此闷热的天气里，急躁甚至火暴性格的养成似乎是自然而然，这依然是时下人们对武汉本地人的一般印象。[5] 而当1931年武汉大水灾之后，每到夏天长江、汉江涨水之时，水势又成为人们聊天关注的重要对象。大家交换着长江涨水的信息和看法，在集体的谈天中释放内心对水灾的担忧和恐惧。这种闲聊对水势的关注与汉市报纸的记载表达了同一种忧虑："几天来下了几阵雨，也起了北风。那去年同怒涛坚持的土堤依然高筑，使人们回忆去年可怕的大水，一种莫大的恐慌侵袭着他

---

① 淬铭：《里巷之夜》，《武汉报》1941年7月30日。
② 此处指农历的六月，一般在公历的7月到8月间，是武汉每年最热的时节。
③ 钰生：《街唱者》，《武汉日报》1936年7月15日。
④ 访谈资料：F-2，2006年4月19日；F-3，2006年4月19日。
⑤ 顾亦兵编著：《风雅武汉》，中国财政经济出版社2005年版，第53—54页。

们——而江水是这样的涨着，正如去年的此时一样。"①

　　物价与生活是居民聊天的另一重要主题。就好像抱怨天气一样，对高房租的抱怨是人们闲聊的常见话题，久而久之，就形成了"武汉居，大不易""汉口居，大不易"②"榨取血汗的房租"③的说法。米价和生活费用之高也是人们经常抱怨的："生活好高啊！""你家④过早吃的么事⑤啊？""两餐都吃不饱，哪还谈过早啊，你家！"⑥在解放前夕，国民党政府的法币极度贬值，后来发行的金圆券价值还不及其印刷费用时，一日数涨的物价被人们痛斥为魔鬼。⑦穷人都叹物价涨得太快，人们见面"口不离物价"⑧。有人还总结傍晚闲聊的成果，把物价涨落的征象总结成文，认为物价高涨或者物价低落，不一定要到店里问价钱，只要从店面的标语和店员面孔上就可以看得出来：

　　　　物价要高涨：装修内部，暂停营业。家有丧事……家有喜事……九时开门五时休息。今日星期休假一天。午餐时间，暂停营业。清理帐目。同行公议，不折不扣。

　　　　店员面孔：冷清清，淡描描；伸懒腰，打哈欠；做白眼，装假睡。

　　　　物价要低落：一、楼上西乐国乐；二、门前灯彩红绿；三、铁门大开；四、牌门勿上；五、摸彩；六、播音；七、叫卖；八、广告。房屋期满，出清存活。家有喜事，格外道地。不顾亏本，大贱卖。不惜牺牲，大廉价。清理帐目，出清底货。春季大减价。夏季大拍卖。秋季大廉价。冬季大赠送。⑨

---

　　① 鸟茜：《江边》，《武汉日报》1932 年 7 月 15 日。另外，《罗宾汉报》1936 年 7 月 11 日至 28 日，每天报道长江的水势情况，表达了一种深切的关注。

　　② 访谈资料：F－20，2006 年 4 月 28 日。在《武汉报》1941 年 2 月 2 日刊登的由商写的文章《爸爸难》中，也有"大不易居的汉口"的表达。

　　③ 《榨取血汗的房租》，《光明》1930 年 8 月 30 日。

　　④ "你家"发音为 ni·a，都念轻声，武汉方言，相当于尊称"您"，一般用在句首或句尾，表示客气或尊敬。

　　⑤ 武汉方言，"什么"的意思。

　　⑥ 访谈资料：F－7，2006 年 4 月 27 日；F－39，2006 年 5 月 8 日。

　　⑦ 《物价这魔鬼》，《正潮报》1948 年 10 月 31 日。

　　⑧ 左右：《岁腊话寒酸》，《武汉日报》1949 年 1 月 21 日。

　　⑨ 《物价晴雨表：在标语上看涨落，由面孔上辨盈亏》，《正谊晚报》1947 年 7 月 16 日。

如此经典的总结性文字将商家在涨价时囤积居奇，等着坐收其利、大发其财的散漫和在跌价时，为了挽回成本，恨不得将商品"吐"之而后快的焦躁刻画得入木三分。

邻里的家长里短尤其是男女艳闻是最富刺激、也是最能引起人们兴趣的谈资。里巷之中的所谓"小市民"似乎对邻居的隐私、男女婚恋尤其是对暧昧的男女关系如偷情和通奸津津乐道，所挖掘出的丑闻当然就成了里巷闲谈的材料，也是最令人入神的聊天内容："巷里琐屑，和尚打野鸡，尼姑养儿子，母子恋爱，兄妹卷逃，各种奇闻怪事，听了真令人流连忘返，乐而不倦。"①

在不大重视隐私权②的人群中，人们往往会投入意想不到的精力和时间，不厌其烦、喋喋不休地谈论桃色新闻，并尽可能地添油加醋，使这类趣闻更具有戏剧色彩。在相对传统的社会中，对于偷情通奸、婚外恋情的这种谈论，往往会导致男女当事人无法抬头做人，甚至身败名裂。③近代武汉里巷之中总有人不遗余力发掘邻里通奸趣闻，甚至进行加工以广传播，成为邻里茶余饭后的笑料。汉口清芬里二马路的洋铁铺老板娘同裁缝店老板通奸，闹得邻里皆知，最后洋铁铺老板"无颜以见巷邻，乃搬家他去"，一好事邻居对此作诗大肆渲染：

> 清芬二马路洋铁铺之麻老板，有妇不贞，徐娘虽未老，风骚尚动人也。与刘门轻佻的裁缝店老板通奸，邻里皆知，然麻老板尚蒙在鼓中。前夕，麻老板闲步归来，撞见妻子与裁缝老板巫山云雨。乃持刀进门，其妇见事败露，起身力抱其夫，裁缝老板提裤逃脱。邻里乘凉人见者，莫不掩口。一桩风流趣闻也。愤怒中之麻老板误伤妻子，被带到警局受到训斥。妻子住院，且与裁缝老板日日叙晤。麻老板因事出滑稽，无颜以见巷邻，乃搬家他去。其一比邻作《浪淘沙》纪其事：
>
> 月上巳三更，归去无声。一床风雨势纵横，听得巫峰鹤唳远，愤

---

① 伪军：《里巷趣闻》，《大楚报》1940年3月4日。

② 考虑到民国武汉平民拥挤的居住环境，保留隐私似乎是很困难的，因为人们的一举一动几乎都在邻里视听范围之内。

③ 衣俊卿：《现代化与日常生活批判——人自身现代化的文化透视》，人民出版社2005年版，第145—146页。

火无情。

　　　　钝刃竟伤人，鸳鸯不并。凄清午夜梦难成，剩得含羞迁去处，赔了夫人。[①]

　　青年男女恋爱偷吃禁果，未婚先孕的现象也会为邻居耻笑，令新娘的父母颜面大失。"新娘们都好像通货膨胀，有满肚皮说不出的苦闷的样儿，这种出清底货式的婚姻，较之旧式婚姻有趣得多，只是苦了新娘的家长，瞧瞧自己女儿的肚皮，面上总有点灿灿的。"[②] 当然这种未婚先孕的事情更可能发生在富家子女身上，他们有更多机会在婚前接触玩耍，而一般穷人家的年轻男女在结婚以前几乎都没有什么交流，甚至连面都没有见过，完全靠双方父母来定夺和维系往来。[③]

　　傍晚的闲聊也涉及其他的一些话题。时局和政治是一部分男人的聊天话题，这也是人们传播政治消息的主要途径。当然在国民党严厉控制言论的时期，人们也自觉地"莫谈国事"，疏远政治话题，以至于一般民众对"世道"所知甚少。孩子问题也可能被提出讨论。在成年人中，尤其是成年女性中，对子女儿孙的关切占据他们生活很重要的一片天地，这往往是许多人重要的感情寄托，它从一个侧面反映出天然的情感因素在人日常生活中举足轻重的地位。[④] 实际上，民国武汉妇女们常拿自己子女是否听话、聪明、勤快来攀比，要是哪家的小孩在这些方面表现出明显的优势，则会给做母亲的带来满足和虚荣。[⑤] 来自不同地方的邻居在乘凉时，有时也会说说各自家乡的民情风俗，人们常常对那些陌生的奇闻逸事饶有兴致。[⑥]

　　总之，近代汉市邻里间的闲聊，主要表现为"无信息、无目的、无特定意义的谈天说地、闲扯、闲话、东扯西拉"，但话题和内容总是围绕

---

　　① 王兰：《赔了夫人又搬家》，《光明》1930 年 8 月 19 日。

　　② 不平人：《不相干的话》，《大楚报》1940 年 11 月 25 日。

　　③ 访谈资料：F-36，2006 年 5 月 2 日；F-37，2006 年 5 月 2 日。此两位受访者王贵和项国华是一对相伴五十多载的夫妻，他们的婚"恋"就是由双方父母包办的，在结婚之前，他们都未曾见过对方，只由双方家长维持来往。

　　④ 衣俊卿：《现代化与日常生活批判——人自身现代化的文化透视》，人民出版社 2005 年版，第 145 页。

　　⑤ 访谈资料：F-33，2006 年 5 月 1 日；桃声：《吁叹》，《武汉报》1940 年 8 月 11 日。

　　⑥ 访谈资料：F-22，2006 年 4 月 29 日。

着衣食住行，饮食男女，婚丧嫁娶，① 印证了"食色，性也"②、"饮食男女，人之大欲存焉"③ 在市井人家身上的适用性，以及"民以食为天"的观念在人群中的坚实基础——"饮食的重要性是不言而喻的"④。

闲聊并不是人们夏夜乘凉时唯一的户外活动，居民们同时也热爱那些大众化的娱乐活动，例如抹上大人⑤、打扑克、下象棋，这是人们劳累一天后最惬意的闲暇时光了。有些居民还会演奏二胡，一些年轻男子为了吸引女子的注意还边拉胡琴，边声嘶力竭地唱着刚从戏院听来的京剧选段，边奏边唱，忙得不亦乐乎，使得里巷成了夏夜最热闹、最兴奋、最快乐的地方，⑥ 这与上海弄堂的夏夜景象颇为相似。⑦ 这样的场景为叫卖的小贩提供了不容错失的兜售时机，"卖夜食或水果的小贩，提着篮子，从床椅大排列的缝隙里穿来穿去的叫卖，交织成都市的一幅夜景，嚣嚷成一片嘈杂的声音"⑧。一些卖唱的也向纳凉的人们招揽生意。

但是，邻里之间的关系并非总是温情脉脉、一派祥和的，有时由于人性的因素或者利益的纠葛也会导致一些恶意与邻里纠纷，甚至是暴力争吵和冲突，成为邻里不和谐的音符。

（二）邻里恶意、纠纷及其解决

如果说街坊邻居日常的闲聊、串门等往来平静如水的话，邻里偶尔的恶意挑衅、纠纷和争吵则会打破这种宁静。不过，不用过分担心，因为邻里的纠纷一般都会被左邻右舍干预劝解，而使事端很快平息下来，从而避免冲突升级和更大的损失，而且牵涉其中的人家也不会长期陷入"僵

---

① 衣俊卿：《现代化与日常生活批判——人自身现代化的文化透视》，人民出版社 2005 年版，第 144 页。

② 《孟子·告子（上）》。

③ 《礼记·礼运》。

④ 姚伟钧：《中国传统饮食礼俗研究》，华中师范大学出版社 1999 年版，第 1 页。

⑤ 流行在武汉民间的一种纸牌，由旧时儿童描红的三字经演变而来，例如"上大人""可知礼""画三千""丘一己""七十士""八九子""佳作仁""尔小生"，即使不识字的文盲也大多会打此牌。（访谈资料：F－1，2004 年 4 月 18 日。参见朱建颂《武汉俗语纵横谈》，中国档案出版社 2002 年版，第 22—23 页；徐明庭等：《武汉地区的"上大人"纸牌》，《武汉文史资料》1989 年第 1 辑）。

⑥ 小青：《音乐家的悲哀》，《武汉日报》1932 年 8 月 8 日。

⑦ 《社会日报》，1936 年 7 月 24 日，参见卢汉超《霓虹灯外——20 世纪初日常生活中的上海》，段炼等译，上海古籍出版社 2004 年版，第 207 页。

⑧ 浡铭：《里巷之夜》，《武汉报》1941 年 7 月 30 日。

局"，老死不相往来。

1. 里巷中的恶意居民

近代武汉里巷之中，五方杂处，充斥着不同乡源、个性、品行的住户。"人上一百，种种色色"①，许多人聚在一起，便什么样的人都有了。一些老武汉在回忆自己过去生活的社区，不管是长堤街，抑或是汉正街、永宁巷、广福巷，或者武昌江边的司门口、汉阳的西大街时，都记得有这样一些邻居：他们总是社区最活跃的住户，最引人注目的居民；他们或者特别开朗，善于"斗散放"②，开邻居玩笑；或者善于"占相宜"③，即占邻居便宜，吃邻家的白食，借东西不还；或者蓄意打探邻家的丑闻，使其家丑外扬；或者惯于挑拨是非，引起邻里纠纷；或者为人强悍，经常与人争吵甚至动粗。一旦这些活跃的居民的言行举止破坏了邻里安宁，损害了邻里利益时，便会遭致社区居民的嫌恶，成为社区里的恶意居民，④ 人们通常用孤立他们的方式来表达不满。⑤

不怀好意的邻居竟然用糖果诱惑隔壁小孩说出其母"偷人"的丑事，继而传遍大街小巷，使得这位没有经济来源又要养家糊口，只好"铤而走险"的母亲无法抬头做人。陈隶华的文章即记载了这样一件事情：

> "你妈偷了些什么人？快说！快说！我给你五分钱买糖吃。好，给你一角钱好了。买一包寸金糖，又甜又脆，蛮好吃的。"
> "我不说，我不敢说。我妈要打我，我哥哥也要打我的。"
> "你妈和你哥哥又不会知道的，我又不会说给别人听。"
> "说便说，钱可要先给我。"八岁的善儿想了好一会儿，终于抵挡不住一角钱的诱惑，想到寸金糖和饼子的香甜味儿，马上吞了一

① 《汉口指南·成语汇编》，见朱建颂《武汉俗语纵横谈》，中国档案出版社2002年版，第18页。
② "放"在此处念轻声，"斗散放"即开玩笑的意思，参见朱建颂《武汉俗语纵横谈》，中国档案出版社2002年版，第36页。
③ "宜"在此处念轻声，"占相宜"即占便宜的意思，亦作"占相应"（"应"念轻声），《汉口指南·方言志要》（参见朱建颂《武汉俗语纵横谈》，中国档案出版社2002年版，第54页）。
④ 访谈资料：F-2，F-3，2006年4月19日；F-7，2006年4月20日；F-18，2006年4月26日；F-33，2006年5月1日；F-39，2006年5月8日。
⑤ 阎云翔：《礼物的流动：一个中国村庄中的互惠原则与社会网络》，李放春译，上海人民出版社2000年版，第91页。

口涎。

"哈"，等到一角钱到手以后，他将眼睛向四面望了望，看看有没有他妈和十二岁的哥哥的影子。

"是一个胖子和我妈同睡。妈和那胖子把衣服都脱光了，胖子说小孩碍事，把我和哥哥放在他们脚下面。……以后么，记不清楚了，我睡觉了，一直到天亮才醒。醒了后看见胖子给妈两块钱和很多角票。"

这消息很快的传遍了大街小巷。

"真不要脸，还将两个儿子带在一床。娼妇！"王家姨太太推开她的姘头，走将出来，来到人群中，气愤愤的。

"此风绝不可长！"道学先生踱着八字式的方步，将老花眼镜向上推一推，摇摇头。

"丈夫做洋秀才，老婆偷汉子。作践！作孽！"老婆婆惋惜着。

这消息又很快的从众人嘴里传到翠英——大家认为娼妇的那女人的耳中了。就在这个时候，善儿拿着寸金糖边走边吃的踱了进来。

"小鬼！哪儿来的钱！"妈在愤怒而带抽泣的问着。

善儿翻翻眼珠不说话。

"又是那个用两个钱哄你说我的坏话的！你这个蠢死鬼！"一木棍向善儿的腰上打去，一下就打晕了。

眼看着自己的儿子被自己打伤在地，她怎不心痛呢？何况她自己也认为不该做这种丑事，所以她更觉凄惨了。

"你父亲已六年没有信了，叫我一个二十九岁守活寡的拿什么养活你们？"她看着倒在地上的善儿，哭泣着说。

"家产你父亲在家时已经卖光了，我不知怎么苦过了这六年。伯叔们是怎样的欺负我！唉，如果我是一个人，没有你们绊住我的脚，我老早帮佣去了！没有人请我帮佣我可以去死！一条麻绳，一条横木，也没有地方找着么？也少得了么？"

翠英也曾发过誓：无论如何不再卖淫了！但一看到两个儿子快要饿死时的可怜相，他只得咬紧牙关，闭着眼睛，将剧痛的心灵系紧藏着，脸上堆满了比哭还要难受的笑容，赤裸着贫血的肉体，投向顾客的怀抱中。

……

静谧的午夜，勾起翠英的伤心往事。上月被人毒打的永铭不忘的图画，在脑中展了开来。

"我饿死了，我要吃饭啊！妈！"善儿伏在铺满了尘土的桌上，口中留着黄水。

"想想办法啊！妈！"饥病交迫的普儿，由破被中伸出一个苦瓜似的头来，而自己是万分需要食物来供胃的摩擦，更加上两个儿子的哀嚎！她再也不能让黄水由口中不住的流出！她下了决心，要做一次让人鄙视的偷儿。

于是，便发生了善儿向别人所说的那一幕。①

可以想象，翠英对这样的恶意邻居的做法是何其痛恨却又无可奈何的。

李云霞也碰到过同样叫人寒心的邻居：当丈夫死于伤寒，她哭得死去活来时，还有不怀好意的邻居说些"死了好！死了再嫁一个"的风凉话，这使她更加悲痛，心凉到极点。②

实际上，多半住户对里巷之中的恶意居民是敢怒不敢言的，抱"惹不起，躲得起"③的态度。只要恶意居民的行为不太过分，不因个人品行伤害整个社区，所谓"一颗老鼠屎搞坏一锅羹"④，人们就睁只眼、闭只眼，相安无事地过日子。如果一个社区不止一个这样的恶意居民或者强人、狠人，社区就常常不得安宁了，对于社区内多个恶意居民的相持不让，武汉流行一句俗语"一个笼里不能装两个叫鸡公"⑤。

当然，并非只有恶意居民才会挑起邻里是非。实际上，在日常生活当中，一些琐碎的小事也会引起邻居间的不快、摩擦和争吵。

2. 邻里争吵：日常琐事引起的纠纷

日常交往中的摩擦，通常采取争吵的形式，⑥ 邻里间的摩擦亦不例外。近代武汉里巷之中的争吵几乎全是琐碎小事引起：孩子、财物纠纷和

---

① 陈隶华：《礼教之下》，《武汉报》1941 年 2 月 23 日。

② 访谈资料：F‐39，2006 年 5 月 8 日。

③ 访谈资料：F‐10，2006 年 4 月 22 日；F‐12，2006 年 4 月 23 日。

④ 《汉口指南·成语汇编》又作"一颗老鼠屎弄坏一甑饭"，见朱建颂《武汉俗语纵横谈》，中国档案出版社 2002 年版，第 12 页。

⑤ 朱建颂：《武汉俗语纵横谈》，中国档案出版社 2002 年版，第 13 页。

⑥ ［匈］阿格妮丝·赫勒：《日常生活》，衣俊卿译，重庆出版社 1990 年版，第 267 页。

言语不合是争吵的主要诱因。

尽管邻居对彼此孩子的相互夸奖常给对方带来愉悦，但因孩子而起的邻里纠纷却是无法避免的。当孩子玩耍打架，家长无法明智地处理，而从狭隘的护短心理出发，疼惜自己孩子而攻击邻家孩子时，双方家长便极易争吵，甚至加入到打斗的行列。这种因孩子而起的邻里纠纷在左邻右舍看来是很不值得的，尤其当弄到打官司的地步时。[①] 由于妇女和孩子更多的时间待在家中，所以因孩子而起的邻里纠纷经常发生在家庭主妇之间。[②]因为孩子而结下邻里仇恨是邻居们不愿发生的事情。由于孩子性情不定，且不记仇，还可能越打越亲密，高明些的家长不会因孩子们打架引起的过结而阻止孩子们继续交往，反而常顺水推舟，大人也乘机和解。[③] 而且，隔壁左右的长者也会从中调解，不至于使争吵的家庭关系僵化。不过，一些房东为了规避房客冲突的风险，而宁愿将住房租给孩子少的房客，"伢们多了的人家，怕里里结结"[④]。

散布和传播邻居的风凉话也是一种有潜在危险的行为，尤其事关颜面的节操问题，常会引起被中伤者的激烈反应，甚至与煽风点火者发生争吵、大打出手。刘杨氏本住在王吴氏家中，后又搬到别处居住，王吴氏却在背地说刘杨氏生活放荡，致使原本感情甚好的两人发生打斗，被带到警察局接受审讯。[⑤]

---

① 省政：《这是何苦呢？——为小孩，打官司；两愚妇，真可笑》，《汉口中山日报》1929年6月12日。

② 《汉口市警察局一九四八年有关家庭、钱财、邻里纠纷及相互斗殴等案的审讯》，1948年，武汉市档案馆藏，资料号：40-13-4215。

③ 张余氏和单瞿氏就因为孩子而动粗了：单瞿氏的孩子林儿拿着汤匙从张余氏家门前经过，被她的两个儿子张鸡蛋、张鸭蛋说汤匙是他们家的，还骂林儿是"婊子养的"，单瞿氏出来回应，张余氏便从屋里跑出来，同单瞿氏争吵起来，两下打拢去了。但是被带到警察局时，双方皆表示不愿打官司，希望和解（《汉口市警察局一九四八年有关家庭、钱财、邻里纠纷及相互斗殴等案的审讯》，1948年，武汉市档案馆藏，资料号：40-13-4215）。

④ 荷风：《"看房子"及其他》，《武汉日报》1934年11月5日。

⑤ 审讯记录反映出这场邻里纠纷是因为散布邻居生活放浪的谣言导致的——刘杨氏供词：我原在王吴氏家中住，平时帮她做家务事情，感情很好。六月间，我搬到三码头住，她背地对我现住房东说，我乡中来的客，都是我的野老公。我听见这种话，同房东去与她对质，才吵打起来。她把我腰打伤了，新买的褂子也撕破了，我丈夫也挨了她的打。王吴氏供词：她在我家中同住一年多，感情很好。六月间，她搬走了。前几天她叫我到她家中去，说我说了她的坏话，彼此吵闹，我被她打了一顿。昨天她从我门口经过，我也打了她一顿，并没有打过她的丈夫。衣裳不是我撕的，是在电线网上撕的（《汉口市警察局一九四八年有关家庭、钱财、邻里纠纷及相互斗殴等案的审讯》，1948年，武汉市档案馆藏，资料号：40-13-4215）。

财物和口角纠纷也是导致邻里争吵打斗的经常性原因。财物的互借能助邻里解燃眉之急，但借钱借物不还会伤害两家的关系甚至引发纠纷。"有借有还，再借不难"①，蓄意不还者会丧失信用，再难向邻里借到财物，而一旦遭到拒绝又会心生不满，与对方发生口角上的摩擦，这往往是邻里争吵的前奏。一旦情绪失控，很容易演变为一场打斗，甚至将双方家庭的多个成员卷入其中。黄文凯夫妇就因向熊小么借钱被拒绝，双方发生口角摩擦而争吵起来，一句"把洗脚水喝了"的笑话更是引发打斗，使熊小么的头被打破。②当时住在硚口厂房的李素萍回忆，不小心把洗菜水泼到邻居身上也可能引起一场争吵，而邻里斗嘴几乎全是因为一些提不上桌面的鸡毛蒜皮小事。③

邻里冲突，表面看来是因生活琐事而起，但似乎有更深层的原因可以挖掘。日常生活空间的紧张导致的负面心理感受，需要找到情绪的发泄口，争吵似乎是一种行之有效的渠道。由于人口密度大，同一社区的居民常面临因日常活动与行动空间受限而产生的紧张烦躁感，这是个人活动空间受到无形挤压必然的心理效应，④邻里争吵成为疏解这种紧张烦躁的一个途径。尤其是家庭妇女们，整天长时间待在家里，难免会与邻居发生冲突。与上海一样，近代武汉的居住条件十分拥挤，⑤再加上社区规则的缺

---

① 访谈资料：F-12，2006年4月23日。

② 《汉口市警察局一九四八年有关家庭、钱财、邻里纠纷及相互斗殴等案的审讯》中记录了这桩邻里纠纷。当事人为熊小么和其兄熊祥喜以及黄文凯和妻子黄周氏。当事人的供词如下：熊小么（当被问道"你的头是怎样被打破的"时）——"他（指黄文凯，笔者加）向我借钱，我未借给他。我在洗脚，他说我脚不干净，我说洗的水也不给他喝；他说给你哥哥喝。我的哥哥说他不该说的。他夫妻俩打我哥哥，我拉他，他的妻子把我头打破。"熊祥喜（当被问道"你是怎样与他们打架"时）——"他（黄文凯，笔者加）的妻子打我兄弟，我去转弯（意思为劝架，武汉方言，笔者加），我并未打架。"黄周氏（当被问道"你是怎样打破熊小么的头"时）——"他在屋里洗脚，说他的脚冻吊了。我说一句笑话，他叫我把洗脚水喝了。我说他不该，他就骂我。我拿一根铁东西把他的头打破了。"黄文凯（当被问道"你是怎样与他打架"时）——"我刚回来。他们在说笑话，把我妻子按到地下。我问他理由，他们兄弟二人打我，我的妻子把他脑壳打破了。"（《汉口市警察局一九四八年有关家庭、钱财、邻里纠纷及相互斗殴等案的审讯》，1948年，武汉市档案馆藏，资料号：40-13-4215）。

③ 访谈资料：F-19，2006年4月27日。

④ ［匈］阿格妮丝·赫勒：《日常生活》，衣俊卿译，重庆出版社1990年版，第256—263页。

⑤ 在平民居住的板平房里，人均居住面积多在3—5平方米，而且相邻的两户人家中间仅一板相隔，大的声响动静隔壁都能听清楚；而住在简易楼房二层的人家也是一家人都挤在同一间房里（访谈资料：F-7，2006年4月20日；F-8，2006年4月20日；F-10，2006年4月22日；F-16，2006年4月24日）。

乏，邻里之间的争吵没发展成更为严重的社会问题倒是相当不容易的。[①]

同时，资源的匮乏与居民素质也是邻里争吵中不可忽视的诱因。对于邻里间因借钱借物引起的争吵与纠纷而言，更可能是冲突的双方都过于专注自身利益而导致不可调和的敌意聚集的结果。市井人家的生活资料与财富短缺是近代汉市平民无法回避的难题。同一社区居民一旦将对方的财物据为己有不予归还，或过分占据公用的走廊、过道，或担心自家经济生活受损而拒不接济邻里，就会使本身都不宽裕的两家的眼前利益对立起来，"一个人的利益愈具有排他主义特征，同时与他进行日常交往的人们的情形也愈是如此，则这种交往就愈加可能以摩擦即争吵为特征"[②]。

居民的受教育程度也是影响他（她）是否经常参与邻里争吵的重要因素。尽管在一些以银行职员、公教人员、编辑等有着较高文化水平的人为主体居民的里份也有争吵，但据老武汉人回忆，其间争吵的频度与烈度皆比劳苦大众居住的街巷中的要低得多。人们普遍感觉，受教育较多的人比那些文盲或识字不多者更加忍让与和气一些。[③] 在一定程度上，教育使人更加冷静、理智，更懂得控制情绪，而避免暴力行为与剧烈冲突。

3. 邻里冲突及其解决

因争吵斗殴被带到警察局，以及因孩子打斗闹到打官司的地步是比较罕见的情形。实际上，这些被带到警察局或到法院等国家正式控制机构的当事者也皆抱着"不愿打官司""不愿将事闹大""宁愿和解"[④] 的态度，所以日常的邻里争吵，常常旋起旋灭。邻里间的争执往往被邻居和旁观者劝解调和，很少上升到暴力事件。邻里间的争吵有时会造成一些肢体上的侵犯，如推推搡搡，但一般不会发展成为严重的斗殴，也很少诉诸法院。通常当事件发生到双方都将大失颜面难以和解之际，一位或好几位邻居就

---

① 卢汉超：《霓虹灯外——20世纪初日常生活中的上海》，段炼等译，上海古籍出版社2004年版，第214页。

② ［匈］阿格妮丝·赫勒：《日常生活》，衣俊卿译，重庆出版社1990年版，第82页。

③ 访谈资料：F-5，2006年4月20日；F-20，2006年4月28日；F-30，2006年5月1日。

④ 省政：《这是何苦呢？——为小孩，打官司；两愚妇，真可笑》，《汉口中山日报》1929年6月12日；《汉口市警察局一九四八年有关家庭、钱财、邻里纠纷及相互斗殴等案的审讯》，1948年，武汉市档案馆藏，资料号：40-13-4215。

会站出来打圆场，① 说什么"抬头不见低头见""没必要成为仇人"之类的话。

街坊邻居的劝解充当了解决邻里冲突的主要力量。劝解者一般以互相礼让和邻里和睦相号召来从中调解，往往能产生很好的效果。这样的调解并不能完全解决问题，但在大部分事件中能够减缓对峙双方的紧张状态，② 以至于一些家庭纠纷也诉诸于邻里介入。一些妇女在家中受到丈夫的粗鲁对待时，常常跑出家中，来到街巷，当着众邻居哭诉，以引起大家的同情，并指责其丈夫的不是。邻居说什么"夫妻没有隔夜仇"来劝解两口子的过结，以平息其争吵。③ 同样的情形也出现在近代成都的居民生活中，虽然人们经常把"清官难断家务事"挂在嘴上，但事实上邻里不时介入家庭争端和邻里争吵。④ 可见，邻居调解这种非正式、非制度化的力量不自觉地成为居民调解纠纷所依赖的权威力量，这从侧面说明作为群居的人，总是受到来自周围人的影响与压力，并按照周围人所期望的良好的方式行事、过一种和睦的生活，如此邻里的调解、劝说才能奏效。

拥挤的居住环境、邻居的彼此熟悉、频繁的邻里往来，威胁到个人与家庭生活的隐私，但同时也形成了自发地调解邻里争吵与冲突的温和而有效的机制，从而避免了国家正式控制力量过多的介入而引起日常生活的紧张与压力。只要可能，发生纠纷争吵的居民都会抓住邻居的调解"顺着台阶下"，以保住颜面和避免更大的伤害。人们都不愿意因邻里冲突被带到警察局，因为那可能意味着双方都将受到惩罚——常常双方都在争吵、斗殴中负有责任，而警察在审讯中往往态度严厉、手段粗暴，甚至索要贿赂。⑤ 加之中国近代警察制度建立很晚，⑥ 以前人们的生活当中，尤其

---

① 打圆场，即劝架、调解之意，在武汉也称"转弯"，在邻里纠纷审讯中有此记录（《汉口市警察局一九四八年有关家庭、钱财、邻里纠纷及相互斗殴等案的审讯》，1948 年，武汉市档案馆藏，资料号：40 - 13 - 4215）。

② 卢汉超：《霓虹灯外——20 世纪初日常生活中的上海》，段炼等译，上海古籍出版社 2004 年版，第 214 页。

③ 访谈资料：F - 39，2006 年 5 月 8 日。

④ 王笛：《街头文化：成都公共空间、下层民众与地方政治（1870—1930）》，李德英等译，中国人民大学出版社 2006 年版，第 240 页。

⑤ 王再湘：《疯》，《大楚报》1941 年 3 月 15 日。

⑥ 孟庆超：《中国警察近代化研究——以法文化为视角》，中国人民公安大学出版社 2006 年版，第 162 页。

"在乡村聚落里缺乏任何'警察'的概念"①，居民还没有适应新的市政管理方式，警员的工作受到居民的讽刺刁难，② 更多的人们对警察因陌生因恐惧，因而告官、闹到警察局或者法院是人们不愿意发生的事情，除非负责社区与官方联络的甲长因职责所需主动告到警察局，将打斗的居民带走。

民国时期的武汉民众在很大程度上延续了晚清汉口居民的偏好——社区居民与官方对日常生活中的暴力争斗持一种较随意的宽容态度，主要通过寻求民间的妥协、调和，③ 而不是依靠严格的警察制度和警力来维持社会秩序。

所以，国家的正式控制力量并不经常干涉居民的日常生活，那种"城市社会中正式的控制手段取代家庭、邻里和社区"④的情形在武汉社会远未出现。相反，邻里和社区居民这些非正式、非官方力量的干预和调解依然是实现社区安宁和睦的主要控制手段，"人们把解决邻里之间的争端不自觉地作为一项职责"⑤。这一景象在今天高度智能化、相互隔离、邻里不相往来的社区中是很难出现的。所以很多老武汉人都怀念过去的岁月，虽然居所简陋、条件艰苦，但生活的社区却给人踏实安全的感觉。"安全——特别是对于妇女和儿童来说——是从自家窗户能看到沿街马路的感觉，这种安全感和亲切感已被摩天大楼所破坏。"⑥

邻里纠纷很容易经邻居调解平息下来，也可能由于当事人内心也不愿发生剧烈冲突或使冲突升级。人们"每每骂起来气势汹汹，却不肯打起来吃些实亏"，邻里争吵的架势让"旁观的人捏一把冷汗，殊不知他们只吐些热空气罢了，绝不至于闯祸的"⑦。邻里交往是日常生活的一部分，"由于日常生活在本质上是温馨的生命家园，是情感满足的栖息地，所以

---

①　[德] 马克斯·韦伯：《儒教与道教》，王容芬译，商务印书馆1995年版，第145页。

②　刘德政：《外来人口与汉口城市化（1860—1911）》，硕士学位论文，华中师范大学，2006年，第53页。

③　William T. Rowe, *Hankow: Conflict and Community in a Chinese City, 1796 - 1895*, Stanford: Stanford University Press, 1989, p. 313.

④　张鸿雁主编：《城市·空间·人际——中外城市社会发展比较研究》，东南大学出版社2003年版，第58页。

⑤　王笛：《街头文化：成都公共空间、下层民众与地方政治（1870—1930）》，李德英等译，中国人民大学出版社2006年版，第241页。

⑥　参见于海主编《城市社会学文选》，复旦大学出版社2005年版，第86页。

⑦　慕洁：《骂——社会上恶习惯之一》，《汉口中山日报》1929年3月20日。

任何日常冲突都是违背其本性的，都将使个体陷入苦闷、痛苦和绝望之境地，因而必须减少和防止日常冲突"①。

尽管邻里争吵与冲突表现为负面情绪的发泄，但当负面情感适度得到宣泄后，常常伴随着平和、稳定、和睦邻里关系的出现，因而邻里争吵不应被视作洪水猛兽。相反，其积极作用在构建和睦的邻里关系与社区安宁中是不能忽视的——既然家庭与邻里矛盾、纠纷、冲突是不可避免的，就需要有效的疏通渠道。

邻里争吵在一定程度上充当起了释放居民敌对情绪、调节邻里关系、达致社区稳定安宁的"社会安全阀"的功能。"社会安全阀"的概念由著名的社会冲突论大师科塞提出。科塞认为，冲突具有正面功能。生活中，那些不关涉根本价值信念的程式化的冲突与敌对情绪的发泄具有社会安全阀的功能。"安全阀可以使猛烈的蒸气不断排泄出去，而不至于破坏整个结构；社会安全阀使猛烈的敌对情绪不断排泄出去，也不至于破坏整个结构。冲突防止了被堵塞的敌意倾向的积累，调节着关系系统，发挥了维护群体的功能。"②

武汉社会的邻里争吵就是不关涉根本价值信念对立、且以语言冲突或轻微的肢体接触为特征、被邻居劝解而迅速收场的程式化、规律化的冲突，犹如社区安全阀，③使得突发生成或者长时间聚集而成的邻里敌对情绪适时地发泄、再集聚、再发泄，保证人际紧张的正常发泄和社区的稳定和谐。邻里争吵实现社区的一种动态的平衡，使邻里关系不时地泛起涟漪，继而又风平浪静。日复一日，年复一年，就使充满人情味的社区生活与邻里关系成为人们怀念的好时光：虽然邻里时有争吵，但邻里感情却是真挚的、热情的、坦诚的，社区也是宁静的、充满故事的、其乐融融的，与今天的隔膜、冷漠与陌生殊为不同。④

因此，邻里争吵在促成社区邻里关系实现动态的稳定与平衡这一点上，与罗威廉对更早些时汉口的论述——"汉口是一个暴力和争吵之地，

---

① 王晓东：《日常交往与非日常交往》，人民出版社2005年版，第82—83页。

② ［美］科塞（Coser, A.）：《社会冲突的功能》，孙立平译，华夏出版社1989年版，第31页。

③ 姚伟钧、胡俊修：《论武汉人文化品格》，《中南民族大学学报》2004年第2期。

④ 访谈资料：F－22，2006年4月29日；F－28，2006年4月30日；F－35，2006年5月2日。

又享有一种相对的安宁"——是相吻合的。"冲突是对合作的必要完善，因为冲突提供了一条释放日常紧张的安全渠道。事实上，没有哪个群体能完全和谐，是冷漠与消极而非冲突构成人们生活的社区的敌人。"① 在此，"冲突""暴力"和"相对的安宁"在貌似矛盾中获得了一致性。②

二 亲朋好友：礼尚往来

由于居住场所的毗邻与生活空间的交叉之故，邻里交往成为近代汉市民众每日面临的生活内容。这种交往或平静、或温和、或争吵，可增进彼此的熟悉与和睦，但却不一定能升华为深厚的情谊与亲密关系。为了弥补这种缺憾，人们还积极地投身于另一种意义重大的日常交往——与亲戚朋友之间的往来。同亲朋好友的来往互动可能不如邻里之间那么频繁，也少了纠纷与争吵，但是常常更为有效，能带给人生活上的实际帮助、情感上的满足感和精神生活的依托，是一种相互"利用"、价值极高的互惠性人际交往——礼尚往来。它是加强亲情与友情的黏合剂，是人们实现情感交换互惠的最重要方式。另一种变异的礼尚往来——"送礼"行为，虽然也关涉情感的沟通，但此时交流情感已不是最终目的，而是导致现实功利的手段，其形成的基础——"关系"同样是汉市民众生活中不可或缺的要素。"关系"拥有者从中获利，"关系"缺失者则痛苦、困顿和抱怨。

民国汉市流传这样一首歌谣：天上下雨地下滑，各人跶倒③各人爬。亲戚朋友扶一把，酒换酒来茶换茶。④ 这首浅显易懂的歌谣包含着为人处世的基本道理：人生常有不测之事，唯有亲友才肯相助，而礼尚往来，则是建立人情关系网的原则，其实也是互惠原则。⑤

---

① William T. Rowe, *Hankow: Conflict and Community in a Chinese City, 1796–1895*, Stanford: Stanford University Press, 1989, p. 217.

② 另一美国学者魏斐德则从"高度制度化意义上的社区共同体"能否缓解社区共同体的冲突这一角度，置疑如何将"暴力争吵"与"相对安宁"的相互一致性，参见魏斐德《市民社会和公共领域问题的论争——西方人对当代中国政治文化的思考》，载邓正来、[英] J. C. 亚历山大主编《国家与市民社会——一种社会理论的研究路径》，中央编译出版社 2002 年版，第 385 页。

③ "跶倒"是武汉方言，"摔倒"的意思。

④ 访谈资料：F - 20，2006 年 4 月 28 日。

⑤ 阎云翔：《礼物的流动：一个中国村庄中的互惠原则与社会网络》，李放春译，上海人民出版社 2000 年版，第 244 页。

（一）亲朋好友的互惠性交往

亲戚和朋友是人们生活可以依佐的重要力量。个人与亲戚朋友间的互动往来虽非每日发生，但有血缘和友情作纽带，常常恒定而持久。不过，血缘关系与友情可能是浅表的因素，维持亲朋间往来的背后的驱动力，可能是这种交往的互惠性，即双方皆可从中获益。往来的双方不仅在生活上互帮互助，更重要的是实现了情感的交流，以及同情、鼓励、关爱的交换。一旦这些交换中止，则亲朋好友间的交往与关系就会受到削减或破坏，因为人们总是带着某种渴望与预期进入这种交流，在付出的同时希望对方有所回报，以保持关系的平衡。

1. 生活上互帮互助

民国时期，许多外地到汉谋生者，都是由亲戚带到武汉这块土地的，因而他们到汉的缘起就与亲戚的帮助密不可分。他们中的许多人是跟着自己的"叔叔""伯伯""叔祖父"等父亲一方的亲属来到武汉实现都市梦的，[①] 但提供帮助的很少是"舅舅""姨父"等母亲一方的亲戚，几乎全是父亲一边的亲人。如果不是偶然的话，这是否意味着那时与母亲一方亲戚的往来更为淡漠，或者女性的亲属资源不被看重或较少被依靠呢？

寓居在汉市亲戚家中的年轻人，作为对所受恩惠的回报，当眼勤手快地帮助做家务活，否则会成为不受欢迎的寄人篱下者。洪育安与周迪光的不同遭遇就说明了年轻人是不能心安理得地享用亲戚的荫蔽的。洪育安从宁波来汉，在一家染厂工作，吃住在叔叔家中，由于自己工作繁忙，加上不谙家事，故基本无法承担家务，结果被婶婶和几个堂哥视为吃白食者而多加歧视和冷落。每次叔叔家有客人来访，他都不能同桌进餐，只能站在一旁盛饭服侍，每每此时，寄人篱下的无奈与心酸就无由涌上心头。[②] 相比之下，周迪光则要幸运得多。他十六岁时随叔祖父从重庆来汉，在恒顺机器厂做钳工学徒，食宿于华善街的叔祖父家中，因为自己嘴甜手勤，常帮助做些烧饭扫地之类的家务活，受到叔祖父一家的喜爱和关照。有一次

---

① 访谈资料：F-5，2006 年 4 月 20 日；F-13，2006 年 4 月 23 日；F-17，2006 年 4 月 24 日；F-20，2006 年 4 月 28 日。

② 访谈资料：F-5，2006 年 4 月 20 日。

炒白菜，他放了太多酱油到白菜里，[①] 结果把白菜炒黄了。叔叔耐心而和气地告诉他，炒白菜时酱油不要放多，而且不要盖两次锅盖，这样炒出的白菜才好看又好吃。[②]

随亲戚一起来汉的年轻人在汉的生活与情感体验，很大程度上取决于亲戚对他们的态度，而这似乎跟他们在亲戚家中所做的贡献，尤其是力所能及的家务活有很大关系。否则，只是一味地接受帮助和照顾而没有付出，亲戚一家也会失去耐心与温情。因而，亲戚提供关照和帮助是预期潜在的报偿的，尽管这种报偿可能与自己的付出并不对等，甚至只是很少的一部分，但却是必需的。如果看到对方的努力与回报，是能鼓励自己施与更多的帮助的。所以，心安理得去受用亲朋好友的关照是不明智的做法，有生活经验的人都知道在适当的时候去回报对方。[③]

在经历人生人事，尤其是生老病死、婚丧嫁娶时，亲朋好友的互帮互助就更为必要和经常了。也许亲戚朋友平素往来不多，但在这样一些重要的人生阶段，都是应该到场的。"诸如婚礼与葬礼等生命周期仪式，构成了关系网充当社会支持系统的另一领域。"[④] 在孩子出生等其他一些更为平常的人生阶段，亲朋常提供一些物质的帮助，其中又以食物为主，例如送鸡蛋或者红糖给新产妇以补养身体，被认为是一种通情达理的做法，送给生病的亲戚一些钱，则会在自己家人生病时得到对方相应的接济。[⑤]

亲朋好友间的互帮互助是共同渡过难关与人生重大时刻中可以预期的情景。不过，亲朋间在生活上的帮助与接济是相互的，很少有单向的流动，彼此间生活资料的流通促进了双方情感的融通和巩固，一旦帮助成为单方面的，则相互往来随时可能淡化或中断，所以潜在的互惠交换关系是维持亲朋间往来的真正纽带。亲朋间的互帮互助在同期的乡村生活中也很

---

① 因为他以前在家乡有酱油拌饭吃的经历，所以以为应该放很多酱油到菜里。

② 访谈资料：F-17，2006年4月24日。

③ 访谈资料：F-2，2006年4月19日；F-3，2006年4月19日；F-16，2006年4月24日。

④ 阎云翔：《礼物的流动：一个中国村庄中的互惠原则与社会网络》，李放春译，上海人民出版社2000年版，第190页。

⑤ 访谈资料：F-7，2006年4月20日。

广泛。① 不管发生在武汉还是乡村间的亲朋间的生活互助往来，可以被视为"或多或少要获得报酬或付出成本的、有形或无形的交换活动"②。此处的交换物不仅仅是金钱、财物，还有赞同、尊重、依从、爱等亲密的情感，而且亲朋好友间的情感交流更为重要。

2. 情感上相互支持

如果说个人生活的衣食住行等生活细节与家人息息相关、无法剥离的话，那么个人的情感世界则更可能选择与知心的朋友来分享。实际上，与朋友来交流自己的想法、感受、喜怒哀乐，比起家人亲属间的交流让人坦然得多，尤其当处于孤苦、忧虑、愁闷、压抑、沮丧等负面情绪时，朋友更是在情感上相互支持和勉励的对象。

当时有人注意到，朋友能带给人精神的安慰，孤苦无友的人的处境多是失意悲凉的，还有堕落的危险。有人在《汉口工报》上著文，认为"世界上最痛苦莫过于孤独，尤以一个饱经世故、历经沧桑的人如果一旦失掉他所安居的家和结交的朋友，只剩下他一个人，没有同情和安慰，没有丝毫人间的温暖，这人在心情中，真如秋风中的落叶，凄怅飘零。自杀又觉得自己还有许多未完的事，振作又失却了奋斗的勇气，于是消沉，悲观，饮酒，赌博"③。因而，人在失意时，友情尤显可贵，"当你碰到了难题，当你没入了苦海，友人为你奔走，为你在创伤上加以亲切的抚慰"④。人在孤单落寞之时，更憧憬友情和朋友带给自己慰藉。一旦朋友离开，则会恋恋不舍，因为那意味着失去了一个精神的安慰。有人化名"不才"在《汉口新闻报》上倾诉了对朋友江君的依依惜别之情：

---

① 正如费孝通在江村观察到的，田里如果需要额外劳动力，住在附近的亲戚朋友便会来帮忙并不计报酬；遇到重大婚丧喜事，邻居也这样来帮忙。从长远看，亲戚和邻居之间的互相接待、留宿和服务都是取得平衡的，社会关系越亲密，对等的交换也越少。同时，为了满足情感需求，乡村的人们还进行另一种交换——送礼，用来作为正式礼品的一些东西是根据习俗而来的，主要是食品，在重要的礼仪场合则送一些现金，例如将一定数量的钱送给急需的新婚夫妇。人们送礼的食品，或是从市场买来的，如年底送的火腿和糖果，或是自己制作的，如端阳节送的三角形的糯米粽子，接受礼物的人，也做同样的粽子，买相同的东西回送亲戚朋友，这种交换的主要目的就是为了加强人们的联系（费孝通：《江村经济》，商务印书馆 2001 年版，第 206 页）。

② ［美］G. C. 霍曼斯：《社会行为：它的基本形式》，转引自宋林飞《西方社会学理论》，南京大学出版社 2000 年版，第 177 页。

③ 卢霞：《献给失意的孤零人》，《汉口工报》1948 年 9 月 28 日。

④ 蒲风：《友情》，《武汉日报》1936 年 1 月 15 日。

不才长在世上，因为环境的关系，处处总是悲观，而且处处都足令我抱厌世主义，幸而有数个很要好的朋友——当然有男有女，精神上得了不少的安慰；不然，不才或者早就做了黄浦同志了。

今年七月，因为生活驱使，弃了甜蜜光阴，来到汉口，度孤寂生涯，这种苦楚，不是身历其境的，断乎不晓得个中的百分之一。幸而，路上遇到江君，两下一谈大对劲，志同道合，就成了莫逆，孤寂生涯中得了一个相慰者，所以也不觉得怎样。

我们同时到了汉口，寓所隔的很近，天天可以遇得着，民乐园老圃以及影戏院里，就时常有我两人并肩握手地走着，我们的友谊，也增加到极度。不幸，江君因为种种关系，不得不离开汉皋，① 到上海去。我亲爱的朋友，就不得不握手而言别。唉！既不能长期晤面，又何必当初会着？狡猾的天，太捉弄我们了。

现在，我就成了只失群的孤雁了，精神上就没有人安慰的了。所以当江君走了之后，我就觉得很不快活，时常的念着江君。②

人们更容易在处境困难之时想起朋友。近在咫尺的朋友是分享心事、分担忧伤、相互安慰的最佳对象。在倾诉交流中朋友交换彼此的感受和想法，相互鼓励支持，激发生活的动力和勇气。"寂寞、空虚、茫茫然"的消极情绪可以跟朋友诉说，以被开导，③ "枯燥、乏味、困顿"的人生感悟也要与朋友分享，否则会厌恶生活，丝毫看不到生活的甜蜜。④ 林适存也是在"数病齐发，衣食有缺，精神上受刺挫之时"⑤ 想起了朋友。

互惠性和双赢保证了友谊的稳定和持久。正是因为朋友间能相互帮助和安慰，从彼此身上获得理解与情感支撑，双方皆从中获益，才使友情较为恒定，朋友之间"一方都在某种程度上为另一方所'利用'，任何一方在任何一方面都不被'利用'的交往情形是不可能的"⑥。当然，友情并非一成不变的，也需要人们去维持、经营和增进，否则就有淡化的可能。

---

① 汉口的旧称。
② 不才：《送别》，《汉口新闻报》1928 年 11 月 28 日。
③ 端人也：《寂寞，空虚，茫茫然》，《汉口中山日报》1929 年 6 月 16 日。
④ 陈衡：《朋友》，《大楚报》1941 年 3 月 14 日。
⑤ 林适存：《穷极无聊》，《武汉日报》1935 年 8 月 14 日。
⑥ ［匈］阿格妮丝·赫勒：《日常生活》，衣俊卿译，重庆出版社 1990 年版，第 238 页。

礼尚往来就是人们交流情感、沟通友情的最常用的方式。

3. 交流情感的礼尚往来

"礼尚往来。往而不来，非礼也；来而不往，亦非礼也。"① 礼尚往来原意是指在礼节上讲究有来有往，引申为在人际交往中平等对待，即你怎样对我，我也怎样对你。② 在近代武汉社会，亲朋间的礼尚往来更多采取"物"（物品、礼品）的形式，通过物品或礼品的赠送相互往来。"礼品是社会话语的织线"③，赠礼的意义是表达或确立交换者之间的社会联结，赠礼与回报便赋予参与者一种信赖、团结、互助的关系。④

武汉人以"物"为媒介的礼尚往来，主要体现在年节时分的礼品或物品互赠。亲朋间通过相互送礼表示挂念和重视，其实也主要是送些月饼、绿豆糕之类的小吃。⑤ 此外，日常生活中，有很多重大事项常引起人们的重视，并促成经常性的礼尚往来，如婚丧嫁娶、生老病死、生儿育女等事项。亲朋围绕这些事项互赠礼品和钱财，以及其他一些需要的东西，从而增进彼此间的感情。⑥

亲朋间以物为中介的礼尚往来不同于商品交换。它不像商品交换那样，只要有价值交换的需要就可以存在于陌生人之间。这种只在亲朋好友间发生的礼尚往来不是纯粹的商品交换，而是人情交换。彼德·布劳曾把这种交换称为"社会交换"，并指出："社会交换在重要的方面区别于严格的经济交换。基本和最关键的区别是，社会交换带来未作具体规定的义务。""只有社会交换会引起个人的责任，感激和信任感。社会交换有内在收益，价格不稳定。"⑦

亲朋礼尚往来中互赠的物品并不总是等价的，但是短期的不等价和长期的等价却是统一的，这使得人情交换也大致等价。人情交换的等价法则

---

① 《礼记·曲礼》。

② 衣俊卿：《现代化与日常生活批判——人自身现代化的文化透视》，人民出版社 2005 年版，第 150 页。

③ 陈庆德：《经济人类学》，人民出版社 2001 年版，第 264 页。

④ 参见［美］马文·哈里斯《文化人类学》，李培茱、高地译，东方出版社 1988 年版，第 110 页。

⑤ 访谈资料：F-8，2006 年 4 月 20 日；F-10，2006 年 4 月 22 日；F-20，2006 年 4 月 28 日。

⑥ 王晓东：《日常交往与非日常交往》，人民出版社 2005 年版，第 72 页。

⑦ ［美］彼得·布劳：《社会生活中的交换与权力》，华夏出版社 1988 版，第 138 页。

运用得较为微妙和含蓄，一般来说，大家会按照人情出礼的行情标准行事，只能略高，不能再少，保持一个大致的平衡。在经常性的人情交往中，人情偿还不一定要即时，那样显得很见外，交换性质过于直露，人情的来往有一个时间差，总有一方处于"欠情"①的状态，这种有来有往的社会交换一直延续下去，就形成一种长期稳定的人际关系。正是人与人之间的互相牵制导致了交往的持续性。例如皮生提到，这次友妻生子，他送友人三根油条，下次自己妻子生产，对方可能送来四根油条，这样他就欠了对方一根油条的心意，他一定要找个机会将这份情还给友人。② 这种不等价的礼物交换是出于亲朋间的彼此信任，因为从长远来看，他们短期交换的不等价是会得到补偿的。况且，这种自愿的不等价交换能够加强当事者的联系，使他们建立起长期的互惠关系，并保证在这种来往中"双赢"，因而关系越亲密，对等的交换就可以越少。自家办喜事，不仅可以不收家境困顿的亲朋的礼，甚至还可以倒贴对方。③ 如果是"相互不欠人情，也就无须往来了"④。当然，对于如何"欠情"，如何实现单次交换的不等价和长期交换的等价，如何达到人情平衡，人们会"根据不同的人，不同的事，不同的情况"⑤ 拿捏得很好，这是在长期的生活与人情世故中学会的基本本领。⑥

总之，礼尚往来的关键在于有来有往。一个人对另一个人所付出的爱并不完全是基于某种预期的回报，然而，期待回报却是这种关系的一个重要组成部分，"如果一个人完全不能从他（她）所付出的爱中获得任何感情或感激的回报，那么其爱的感觉将有可能消失"⑦。亲朋间适量的礼物往来有助于加强双方情感的交流与融洽，当然用来交换的"礼""物"只是形式和中介，礼物交换过程中的情感互惠和情谊提升才是人们更为看重的价值。"礼物授受的义务巩固了人际关系，否则这些关系就可能由于同

---

① 翟学伟：《中国社会的日常权威：关系与权力的历史社会学研究》，社会科学文献出版社2004年版，第263页。

② 皮生：《人情》，《罗宾汉报》1936年12月8日。

③ 访谈资料：F-7，2006年4月20日。

④ 费孝通：《乡土中国 生育制度》，北京大学出版社1998年版，第42页。

⑤ 翟学伟：《人情、面子与权力再生产》，北京大学出版社2005年版，第166页。

⑥ 访谈资料：F-7，2006年4月20日；F-28，2006年4月30日。

⑦ ［美］戴维·波普诺：《社会学》，李强等译，中国人民大学出版社2000年版，第131页。

化入更大的社会中而消逝。"①

（二）异化的礼尚往来

1. 功利目的的送礼行为

基于友情与亲情的礼尚往来一般不包括为了特定功利目的的送礼，而主要是出于情感交流目的的非功利性往来。但是礼尚往来有时也由情感交流渗入到非情感领域。这里的礼尚往来往往不是物品或礼品的对等交流，而是一方付出一定数额、一定价值的物品、礼物甚至金钱，而另一方利用手中的权力、地位或关系而为这一方安排落实某一事情。功利目的十分宽泛：入学、升学、求职、晋升……②

失业在家的张明听说熟人德民所在的公司有个空缺，便设法凑钱买烟酒送给在公司有一定地位的德民，以沟通感情，"增加德民给自己谋事的力率"。结果，好不容易见着德民，却只得到一句不关痛痒的话："好吧！我尽力替你办吧，不过人太多……很难！很难!"③ 秋涛也是为了谋得一份工作三番五次去找同乡，总带去精心准备的礼品，先从礼数和同乡之情上做文章，以达到谋职的目的。④

这种功利性的礼尚往来是基于情感的礼尚往来的异化。从表面来看，这一类的礼尚往来同围绕着亲情、友情展开的礼尚往来有相似之处，其第一个目的也是要沟通与交往对方的感情。但是，这里的感情交流不是最终目的，而是降为实现某种功利目的的手段。

另外，在年节时分，人们为讨好上司和有权势、有地位人的欢心与赏识，会利用各种机会向这些人送礼，以便融通感情。普通工人一般会在春节时⑤给头佬⑥送礼，主要是食物，有的给头佬买双把鞋袜，只求聊表心意。⑦ 如果送贵重的礼物，逗头佬喜欢，则能够得到关照，在工厂里少吃

---

　　① 阎云翔：《礼物的流动：一个中国村庄中的互惠原则与社会网络》，李放春译，上海人民出版社 2000 年版，第 262 页。

　　② 衣俊卿：《现代化与日常生活批判——人自身现代化的文化透视》，人民出版社 2005 年版，第 152 页。

　　③ 宝华：《谋事》，《大楚报》1940 年 3 月 4 日。

　　④ 秋涛：《没有办法》，《汉口中山日报》1929 年 6 月 8 日。

　　⑤ 过去武汉人称"过阴历年"。

　　⑥ 过去武汉工厂里对车间上司的称呼。

　　⑦ 访谈资料：F‑6，2006 年 4 月 20 日。

亏，少挨打挨骂。① 为讨老板欢心，一些工友还忙着凑份子为老板买生日礼物。②

这里的功利目的似乎不是那么具体与直接，但从长远来看，这种礼尚往来的功利目的还是显而易见的。当时有人在报纸上指出这种往来的功利性，甚至偏激地认为送节礼是升官发财的好途径。③ 而且，功利性的送礼行为总是由社会地位低的人们送给地位高的人们，送礼者总是低人一头，"看对方脸色，等对方消息"④，这与所谓"全世界礼物交换体系的共同特征"——赠礼者的优越性背道而驰。在此，"收礼者而不是送礼者被认为是声望的象征"⑤。

2. 关系与裙带之风

讲求关系、人情与裙带之风是近代汉市民众交往中的常见现象。应该说这是中国传统的所谓"一人得道，鸡犬升天"的人际关系在近代都市的延续。传统中国社会是讲求关系和裙带的，对此民间有不同的表述法：人脉、人缘、靠山、后台、关系。⑥ 尽管表述各异，但传达的意思却是相同的，即一个人即使自己平淡无奇，如果与权势者——亲戚朋友——或往来密切或仅仅是说得上话，则也可能依靠这些关系左右逢源，达成愿望，并受到周遭人们的重视。一个人可以靠关系来抬高自己，因而关系是一种宝贵的人际资源和人生畅达的助力器。

因人成事是社会实践的常态。⑦ 近代武汉报刊传递了这样一个信息：关系在人们谋求工作当中是至关重要的。有人抱怨关系是谋职的"线索"，甚至比能力和学历更有说服力，"现在人海里，找一个'饭碗'。那么，首先要问你有没有相当的线索。你想考某机关吧？你有的是资格证书？哈哈！那些都失掉了信用，还不只有人力的强啊。"找个教书的活也要熟人

---

① 访谈资料：F－35，2006 年 5 月 2 日。

② 萧士德：《陡变》，《武汉日报》1934 年 10 月 31 日。

③ 冷寒冰：《论送节礼》，《武汉日报》1935 年 10 月 18 日。

④ 宝华：《谋事》，《大楚报》1940 年 3 月 4 日。

⑤ 参见阎云翔《礼物的流动：一个中国村庄中的互惠原则与社会网络》，李放春译，上海人民出版社 2000 年版，第 144 页。

⑥ 翟学伟：《中国社会的日常权威：关系与权力的历史社会学研究》，社会科学文献出版社 2004 年版，"导言"。

⑦ 参见阎云翔《礼物的流动：一个中国村庄中的互惠原则与社会网络》，李放春译，上海人民出版社 2000 年版，"中文版自序"。

介绍,① 而且担心随时被更有后台的人给挤掉饭碗。尤其在解放前两年的
社会混乱期, 没有关系, 几乎不可能找到工作, 而且同一个工作会有不同
后台的人争夺。汪建中通过一个做国民党将军的同乡推荐, 获得中学体育
教员的职位, 一学期结束后学校没有再续聘他——他的饭碗被有着更大后
台的人"抢"去了。② 于是有人喟叹"找事以关系第一"③, 甚至将没有
"后台"作为命赴绝路的原因之一, 有《绝路词》为证: "事事失所望,
久候半无职。难得有'后台', 谄谀非所习。但看冠盖满京华, 世道如今
要吹拍。吹拍之道本无巧, 惟恨无此好嘴爪。"④ 结果"有关系的靠关系,
没有关系的, 送钱送礼也要钻营出关系", 深谙关系之道的张明送烟酒给
熟人德民让他在公司给自己谋个职位, 却被公司科长的小舅子淘汰出局,
于是本是找关系的他对这裙带之风愤怒而咆哮了: "他妈的! 科长的舅
子!? 多有几个姐妹就得拉……"⑤ 有人将裙带关系编了一首打油诗: "一
条粉红的裙带子, 一头拴着个外甥子, 一头拴着个大舅子, 外甥子拉着四
侄子, 大舅子拉着小狗子, 当中打了个死结子, 扼住小民的细脖子。"⑥

　　宋海撰文指出关系和面子是人生的两块金字招牌, 能为入学、升学、
求职、"铺就金黄的事业之路"大开方便之门:

　　　　面子和关系, 这是在苦难和古老的中国里的一对孪生兄弟。我们
　　现在所处的, 就是这样一个讲求面子和关系的社会, 有了他们, 你就
　　有了一切。

　　　　凭着这对宝, 从小起, 你先不用愁没有学校上。考新生或是插
　　班, 最稳当的便是多找几封推荐信。学校是社会的缩影, 正是面子关
　　系大竞赛的时候, 校长主任是评判员, 他们审慎地衡量着, 而面子关
　　系的大小便会决定谁是胜利者。"成绩太差", "不招插班生"决定了
　　没有面子关系和不够竞赛人的命运。

　　　　进了社会, 它更是决定了你的前程的饭碗。没有面子和关系, 你

---

① 奚弱:《卖文与生活》,《武汉日报》1935 年 8 月 14 日。
② 访谈资料: F-20, 2006 年 4 月 28 日。
③ 志成:《新口号》,《汉口工报》1948 年 10 月 14 日。
④ 丁觉先:《绝路词 (十三)》,《武汉日报》1948 年 12 月 15 日。
⑤ 宝华:《谋事》,《大楚报》1940 年 3 月 4 日。
⑥ 《粉红裙带》,《大众报》1947 年 7 月 27 日。

得四处碰壁，天天登求职启事，说有学力有能力，白去了广告费，没有谁会睬你！反之，有这活宝，你就不用着急无事做，裁员紧缩时，还怕裁了不成？只要面子关系亲——若上司是令尊或令岳大人，那就更妙了！饭碗牢实不说，说不定还可时时提升，让你走上"金黄的事业之路"，而其他的无面子无关系的潦倒者呢，除了羡慕你这个天之骄子外，也只能望着自己的才学叹时运不济了。①

痛恨也好，艳羡也罢，关系裙带确实在近代汉市人际交往与现实生活中发生重要的影响，尤其在民国末期所谓"戡乱救国"的就业荒中更是如此，人们必须去面对。②

三　素昧平生：世故、冷漠与盲从、自我

（一）世故与冷漠

家人、邻里、亲朋、熟人、"关系"之外，汉市民众在日常生活与职业生活中尚要面对同点头之交和陌生人的相遇。素昧平生之间的相交既然超出亲情、友情等情感的范围，欲形成一种和美融洽、稳定持久的情感型人际关系就很困难。③

都市人口规模大、人口密度高与人们的高异质性发展出对陌生人共处的容忍，同时彼此间关系也更加冷漠。④"正是为了要有选择地培育友情，城市人才必须和自己接触到的人部分人建立多少属于非个人性质的联系。为了更好的结识其中的一些人他必须尽可能避免使自己和其他许多人的关系深化。"⑤　与陌生人的相遇已经超出首属群体间的交往。"首属群体是指

---

① 宋海：《面子和关系》，《武汉日报》1949 年 3 月 2 日。

② 访谈资料：F - 18，2006 年 4 月 26 日；F - 25，2006 年 4 月 29 日；F - 31，2006 年 5 月 1 日。

③ 和美融洽、稳定持久是传统的乡村社会人际关系的特点，由于地缘与血缘相连，加上人们生活在一个熟人社会，同质性高因而容易形成这样的人际关系。参见忻平《从上海发现历史——现代化进程中的上海人及其社会生活（1927—1937）》，上海人民出版社 1996 年版，第 279 页。

④ 参见于海主编《城市社会学文选》，复旦大学出版社 2005 年版，第 44 页。

⑤ 任平：《时尚与冲突——城市文化结构与功能新论》，东南大学出版社 2000 年版，第 29—31 页。

那些以密切的面对面联系与合作为基础的团体"，"从心理学角度来看则是许多人融合为一个共同的整体，表述这种整体状态的最简单的形式大约就是'我们'。"① 素昧平生间的相交所面对的不是"我们"当中的成员，而是别人和外人，甚至是不知其名的对象，表现出匿名性特征，且为特殊目的、特定事情而发生联系，交往不是为沟通情感而发生，常常是一次性的行为。在与芸芸众生擦肩而过与匆忙往来中，近代汉市民众养成了对陌生人的容忍、世故和冷漠的态度。

1. 世故：人际交往的利益考量

陌生人的相遇、相交所关注的是实际的利益。都市社会流动性的增强，也大大缩短了都市人际交往的持续期，② 利益在很大程度上取代情感成为人际关系的纽带，在与陌生人打交道中尤其如此。作为利益的载体，素昧平生者间发生交往，"最关心的不是交际的情感与精神效应，而是它的利益所在"③，由于彼此陌生，互不了解，人们必须冷静观察和思考他们的生活地位与相互关系，以便在交往中做出适当的行为。

近代武汉民众在与陌生人的交往中，表现出基于现实利益考量的世故特征，即以这个人能为我带来好处作为我与他继续交往或巴结他的前提。"他是谁并不重要，重要的是看他能为我带来什么"④，以此为出发点，对于不能为我所用者的冷淡态度便是必然的结果：既然不能带来好处，又何必浪费精力，还是永为陌路好了。素昧平生者为现实利益而往来，在选择交往对象时，人们便考虑对方的身份和地位是否有给自己带来好处的潜在可能，"人们的相遇，原是以身份地位作前提。若是缺了这两个重要条件，你纵是潘安般貌，子建般才，也是要遭受对方的轻视。所以，人们兢兢于地位和身份的讲求"⑤。

陌生人的相遇，身份地位较低者往往也处于心理的弱势，而不自觉地放弃了自己的正当利益，这也方便了一些市民的"仗势欺人"。面对陌生人，人们学会利用自己的身份与地位，有时不惜用欺诈的方式谋取好处。

---

① 　[美] R. E. 帕克主编：《城市社会学》，宋俊岭等译，华夏出版社 1987 年版，第 23—24 页。

② 　张鸿雁主编：《城市·空间·人际》，东南大学出版社 2003 年版，第 51 页。

③ 　乐正：《近代上海人社会心态（1860—1910）》，上海人民出版社 1991 年版，第 86 页。

④ 　张鸿雁主编：《城市·空间·人际》，东南大学出版社 2003 年版，第 43 页。

⑤ 　固子：《雨天杂感》，《武汉日报》1934 年 10 月 16 日。

当时，周希五是《武汉日报》印刷工人，每次去民众乐园看戏都不买票，因为他胸前佩戴着武汉日报社的工作证，检票员怕他是记者而不敢妄加阻拦，以免其在报纸上登载对民众乐园不利的负面报道，结果周希五凭借这工作证"诈倒裹"[①]，屡试不爽。[②] 王义廉也是每周让自己一个做警察的同乡带他去看一次电影，守门的自然也不敢向他索要门票，因为他是警察的朋友，得罪不起。[③]

报刊上的文章也以讽刺的笔调，批评人们选择交往对象时嫌贫爱富。摩西抱怨在讲求现实功利的武汉社会，所谓"道义之交""知己之交""刎颈之交""莫逆之交"比起金钱来说，显得虚幻而脆弱，人在有钱的时候，素昧平生的人也会"慕名"来拜望，应证了"穷在闹市无人问，富在深山有远亲"的俗语。[④]

2. 冷漠："穷则眨白眼，富则另眼相看"

近代武汉陌生人间的"交相利"原则，被普遍认为是合理的价值取向，但也存在隐忧，那便是滑向人情冷漠的危险。"现存社会合理的文化价值本身包含着他们毁灭的种子。"[⑤] 即使人们普遍认同并实践"交相利"的原则，它也无法保证所有人或者绝大多数人真正从中获利，于是那些无法满足愿望者可能对素昧平生间太过功利化的交往加以批评和指责，慨叹人情冷漠："人正是一种最不值钱的东西啊！人这样看不起人，在这个社会里还说什么道德和人情？"[⑥]

人情冷漠遭人诟病之处，还在于对陌生人的判断标准——"以貌取人""衣冠取人"。都市中人名来利往，行色匆匆，无暇探知与自己仅有粗浅交往者的个性和人品，而越来越依赖于可见的象征和仪表。外表、礼节、派头、生活方式、消费风格等外在的象征符号都构成人际评价与身份

---

①　"诈倒裹"是武汉方言，指人冒充某种身份或虚构某些事实，以达到某种目的，参见李权时、皮明庥主编《武汉通览》，武汉出版社 1988 年版，第 539 页。

②　访谈资料：F - 12，2006 年 4 月 23 日。

③　访谈资料：F - 38，2006 年 5 月 4 日。

④　摩西：《谈"朋友之中"》，《武汉日报》1935 年 3 月 4 日。

⑤　[美] 彼得·布劳：《社会生活中的交换与权力》，华夏出版社 1988 年版，第 321 页。

⑥　陈言：《提高人价》，《正路旬报》1948 年 2 月 6 日。

认同的依据。① 于是，在"只重衣冠不重人"②的武汉社会，便显得势利冷漠，那些无钱装扮行头、一副穷酸相的人常遭冷眼冷遇而倍感凄凉。③衣履光鲜者处处受人尊重，让人惊愕的是，有人穿着一身破呢子学生装问路时，一个老头子居然毕恭毕敬地喊他"大人"。④"穷则眨白眼，富则另眼相看"给失意者以极大的心理落差，令人嗟叹之余，几至失眠。⑤ 但是个人的落寞与苦衷无法改变整个社会的世故与冷漠，人们照例衣冠取人，而无暇顾及那些萍水相逢者的能力、品行等内在的东西。

"人口高密度意味着城市人处在不断的刺激之中，为了应付这些刺激，个人必须过滤和筛选出最重要的刺激。"⑥ 忙碌而快节奏的生活使得了解陌生人的性情、才识皆不可能，故只好依赖于个人的外在仪表和象征。这迫使人们尽力去装饰美化自己的外在形象，以从人际交往中获利。当时有人认为人的仪表就好比公园的门面一样重要，"人的仪表，就仿佛公园的门面。仪表生得好，无疑在处处都要占点便宜，公园门面修得好，不管里面有没有引人入胜的地方，游客既然为它的门面所吸引，必会步入园内一看"⑦。仪表如公园的论断显现了人们对个人外在表征的倚重和个人外在形象在人际交往中的分量。当陌生人的相遇，以仪表、衣冠、身份、地位为前提时，就难怪人们诟病汉市社会的世故与冷漠了。

（二）盲从与自我

对与之相交的陌生人，近代汉市民众表现出世故与冷漠；而对那些仅仅与之相遇却不必相交的陌生人，人们则既表现出盲从的倾向，同时又透露出强烈的自我意识。

1. 盲从与扎堆行为

与陌生人相遇中的盲从行为，反映出汉市民众的心态不够成熟，以

---

① 忻平：《从上海发现历史——现代化进程中的上海人及其社会生活（1927—1937）》，上海人民出版社 1996 年版，第 291 页。

② 徐明庭辑校：《武汉竹枝词》，湖北人民出版社 1999 年版，第 348 页。

③ 钢：《衣》，《武汉日报》1933 年 5 月 2 日。

④ 芸芸：《"一字街"上叫大人》，《大光报》1935 年 3 月 25 日。

⑤ 芬：《失眠》，《武汉报》1940 年 9 月 3 日。

⑥ ［德］齐奥尔特·西美尔：《时尚的哲学》，费勇等译，文化艺术出版社 2001 年版，第 188 页。

⑦ 情圣：《仪表和举止》，《大楚报》1940 年 5 月 3 日。

及作为小市民的好奇心之强烈。时人指出，成人的盲从与好奇跟孩童的幼稚和无知的心理如出一辙："群众始终就在'好奇'与'盲从'里打转转。正像孩子们正玩得好好的，忽然有一个大喊一声：'有鬼！'于是大家吓得没命的乱跑。如果会有人站下来看看周围，也不觉哑然失笑了！"，"假如有一个人在街上站着看一件很平常的事物，不相干的走路人也好奇地走近看看。一个两个愈来愈多，不一刻儿，就挤成黑压压的一大堆。究竟看什么呢？不但后来的人莫名其妙。就是先看的人也觉得奇怪起来！于是，你问我，我问你，你挤他，他挤我，扰扰攘攘，乱成一片，害得维持秩序的警察先生跑来赶散人群，还真以为出了什么大的乱子呢！"①

不成熟、不理智、缺乏判断力的民众容易表现出扎堆行为。"一件小事足以使市民们趋之若鹜，如利之渊薮所在。"② 有人记载了在一次法院公开枪杀银元贩子的过程中，武汉市民表现出的惊人的热情和疯狂的盲从，以致围观的人群将街道阻塞得水泄不通：

> 某日，传说要杀银元贩了，重要的街口马上被人拥塞得水泄不通。人们占据了人力车路线，侵入了马路的中心，仅仅只留下一条狭窄的内弄堂，让所有的车辆小心翼翼困难的紧擦着身子来去。每一层窗口堆满了人头，商店的石级上，大厦的铁栅栏，可以站人的地方都不让空着。两个警察高悬在指挥亭上，发疯似的狂舞手臂，像一对灵巧的猴子。人们互相推着挤着唧唧喳喳着。男的女的，扶老的携幼的，也不知道从哪个角落钻出来这许多人？③

许厚源老人至今还记得蒋介石那年到汉口中山公园训话，市民们一传十，十传百，都争相前往一睹风采，结果万人空巷，市民的那种悸动与亢奋是前所未有的。④

过江轮渡上的人们更是将盲从劲儿表现得淋漓尽致。一次，武汉的过

---

①　求去：《盲从二三事》，《武汉日报》1948 年 12 月 28 日。

②　忻平：《从上海发现历史——现代化进程中的上海人及其社会生活（1927—1937）》，上海人民出版社 1996 年版，第 265 页。

③　新吾：《看枪毙人记》，《武汉日报》1949 年 2 月 9 日。

④　访谈资料：F－1，2006 年 4 月 18 日。

江轮渡上，"船上的人忽然骚动起来，凑巧那天风大浪险，一时船就倾侧摇摆不定，大家喊着叫着，真如大难临头。到后来打听，原来只是一个人的帽子，被风吹落江中，大家在争着随波逐浪的帽子，便闹出这一场虚惊"①。

2. 自我及自私自利

同是在武汉的过江轮渡上，人们面对陌生人的那种以我为主、以我为先的自我意识也充分地暴露出来。轮渡是新中国成立前汉市民众过长江的主要交通工具，"武昌、汉口、汉阳三地之间，在两江大桥没有建筑之前，往来的人们总是那么源源不断，拥挤不堪的堆在驳船上，扎在跳板上，渡轮一到，便如激流一样冲上去。晴天倒也罢了，若是在雨天，上下船不方便，影响到往来的次数减少，过江的人，并不会减少。驳船上、跳板上、渡轮上的密度便增加。倘遇着刮大风，渡轮暂时停航，过江的人，更大量的堵塞在轮渡码头"②。

尽管俗话说"同船过渡，五百年修"，但武汉民众似乎全然不顾这种难得的缘分。人们在上下轮船时不会彼此关照，而且在与同船过渡的陌生人的相遇中，毫无谦让，争先恐后，只图自己过江的方便与自在，突出表现在一个"挤"字。"汉口人有一种怪脾气，那就是轮渡上有一种伟大的风景：挤！"③"每当从船上出到岸上来，或者从岸上跑进船上，人们必定感到一件特别不舒服的事，就是挤！"④乘客为了占个好位置，"在未上轮渡前，全都用力挤"⑤。令人不解的是，乘客在下轮渡的时候也挤，"那种爱惜时间、谨防落后的样子是谁也不让谁的"，结果挤得叫人快慢都不是，有人这样描述这种场景：

想快一点就跑在前头吗？那么，我老实告诉你，你就会成为大家

---

①　求去：《盲从二三事》，《武汉日报》1948 年 12 月 28 日。

②　据解放前父亲在长江上蹬划子的肖毓芝回忆，在 1957 年武汉长江大桥建成以前，武汉民众过长江主要是坐过江轮渡，也有坐划子过长江的，一般是有急事者，坐划子过长江比坐过江轮渡稍贵，而且木划子在风浪之中容易翻船，一般市民更愿意乘坐既便宜、又安全的轮渡过江，而过汉江只能乘坐划子（《昨日风急浪大，渡江小划六只翻覆；因无人救，乘客船户均遭灭顶》，《汉口中西报》1935 年 8 月 9 日；访谈资料：F－7，2006 年 4 月 20 日）。

③　犀犀：《汉口人语》，《汉口报》1946 年 5 月 15 日。

④　端人也：《快慢都不是》，《汉口中山日报》1929 年 6 月 28 日。

⑤　庭晟：《过江》，《武汉夜报》1933 年 7 月 31 日。

的目标。挤在你膀子旁边或者落在你屁股后面的先生们，"抢上一步"！他的两块屁股，一定要供奉在你的前面，或者一双火腿，又拦在你的去路了！

你要是慢一点让在后面吗？那些从"挤"的中间散发出来的一股一股的臭气，将窒塞住你的鼻腔。而且，我告诉你，这还是小事。只要自己将手巾紧紧的塞住鼻子，就可以马马虎虎敷衍过去了。你最要当心的，就是一波未平，一波又起。

舱子里的群众，还没有挤出一半的时候，岸上站着等候的那一批先生们，又不耐烦，争先恐后的蜂拥上来！这时候，自然是更难得挤出去了，因为这是"混挤"，至少也是"逆挤"！外面的将你挤起向里而退？里面的将你挤起向外而走？一正一负，恰恰相抵。比起单纯的"顺挤"来，当然会困难十倍。

你的筋骨，若不结实的时候，恐怕还有住医院的机会呢！

所以我十分的佩服那些于轮渡到岸时，从窗子里跳出来的朋友，他既聪明，又极能表现他的勇敢。所谓是不快不慢，生面别开。世界真是聪明人的世界啊！①

人们在上下轮渡时争先恐后，只顾自己便利，全然"不顾大家公益"②，甚至是弱者的感受。"如此一挤，小孩子的啼声响，而老年人和女子也被强有力的臂膀推得进退维谷了。事事欧化的少年这时也忘记'老弱妇孺最先'的洋律，而眼看着前面的粉颈也不管了。"有人评说，人们在轮渡上的这种行为表明了他们自顾自的倾向，"各人代表着个人的方向"③。尽管轮渡告示乘客不得拥挤，上下轮船须按次行走，④ 却于事无补。（见图 3 - 1）

除"挤"之外，上下轮渡时的细微的心理活动变化也体现了人们只关注自我感受和利益，而将"同一条船上"的陌生人的便利抛之脑后。在短短的赶船、上船的几分钟内的心理变化，有人称为"轮渡上的哲学"，也就是以自我为中心的哲学：

① 端人也：《快慢都不是》，《汉口中山日报》1929 年 6 月 28 日。
② 湖北建设厅刊行《湖北建设月刊》第 1 卷第 3 号，1928 年 8 月。
③ 庭晟：《过江》，《武汉夜报》1933 年 7 月 31 日。
④ 《布告武汉轮渡搭客不得拥挤由》，《湖北建设月刊》第 1 卷第 2 号，1928 年 7 月。

当你走到渡江的轮船码头，远远的看见轮船在那里静默地停着，似乎不一会就要开驶的时候，你的心中，必定希望它多停留一会，等你上了船以后，它才开行。但是当你身体已经上了船，与岸上赶船的那些人没有关系的时候，你又希望轮船火速起航，不要老在那里停着不动。当你看着轮船将要开桨，听着汽笛一声响，而自己尚未抢上轮船的时候，你心中是何等的焦急？但是当你已经在轮船上面坐好，听着汽笛一声响，看着轮船就要行驶，心中又是何等的快乐！

在几分钟的短促时间之内，心理上的感受不固定的随着自身的地位而转移的。因为自己的地位，时常容易改变，因此个人的利益观念，也可随之改变。一方认为与己有利的事，他方而则认为与己有害。①

从以上报刊关于武汉轮渡的丰富记载中，不难看出渡江者都领略过轮渡上拥挤的胜景，也体验过岱芙所描述的赶乘轮渡者的心理变化。

汉市民众在轮渡上的表现与感受，反映出市民在与陌生人的相遇中，只关注自我，没有关照他人和相互礼让的风度，也没有秩序意识。尽管同船过渡，却没有大家是"一条船上的人"或者"十年修得同船渡"的认同与利他主义倾向，甚至有自私自利的嫌疑，而缺乏"自我克制和对他人感受的顾及"②。

人们根本看不到即使素昧平生亦相互依赖的关系，因而公德心淡薄。因为"社会个体成员意识中的伦理观念，产生于这样的事实：所有这些个体彼此间的共同的社会依赖（他们各自对整个社会或对所有其余人的共同依赖），产生于他们对这一事实的理解、了解、自觉的认识"③。

---

① 岱芙：《轮渡上的哲学》，《武汉日报》1932 年 1 月 21 日。

② 邓正来、[英] 亚历山大主编：《国家与市民社会——一种社会理论的研究路径》，中央编译出版社 2002 年版，第 42 页。

③ [美] 乔治·H. 米德：《心灵、自我与社会》，赵月瑟译，上海译文出版社 1992 年版，第 279 页。

图 3 - 1　长江边的轮渡码头

　　国外明信片上的武昌江边风景显示，武昌的喧嚣与繁华比起长江对岸的汉口要逊色不少。每天都有成千上万的市民乘坐长江轮渡往返于武昌、汉口以及武昌和汉阳之间。图片左下角就是中华门站的轮渡码头驳船，乘客上下船的拥挤每天在此发生，图片右下角的人群下轮渡后前往解放路，那是解放前武昌最繁华的街道（资料来源：http：//bbs.cnhan.com）。

　　近代汉市民众在与陌生人的相遇中，鲜有高度文明社会中的市民那种高雅、礼让、大器的风范，处处以我为先，唯恐他人获利，显露出小市民浓厚的自我观念和"小我"意识。另外，人们又容易随波逐流，盲目从众，失去自我判断力。盲从与自我的矛盾，说明市民在与陌生人相遇时较为低劣的应对水平，难以从容面对，尤其是缺乏同期上海人对素昧平生者那种拿捏有度的特有的"分寸感"①。但是，汉市民众将这种矛盾与态度表现得真实、坦率，保留着相当的人性本色和质朴，或许是相比同期的上海、伦敦、巴黎这些国际大都会，武汉的都市生活水平尚处于较低的层次与水平，人际交往也更朴实，少有遮掩和虚饰，没有形成沃思指出的"高度发达的都市生活方式所铸就的都市人格与群体行为模式"②，缺乏市民的优雅从容，甚至残留着不少小农意识和乡民的为人处世风格，而这与当时武汉移民主体——四周乡民的来源表现出一致性。

四　社会关系网：人生的重要支撑

　　如果把社会中的个人视作点，人际关系视为线，那么社会关系网实际上是人际关系网，它是一群特定的个人之间的一组独特的联系。人一生当

---

　　① 林尚立：《权利的空间：市民意识与上海政治文化》，见上海证大研究所编《上海人》，学林出版社 2002 年版，第 39—40 页。

　　② 参见于海主编《城市社会学文选》，复旦大学出版社 2005 年版，第 55—56 页。

中要与不同的人结成不同的社会关系网。家人、邻居、亲戚、朋友、同事、同乡、"关系"、素昧平生者，是近代武汉市民交往的主要对象，其互动往来构成个体的社会关系网，其关系或亲或疏，其感情或深或浅，其交往或多或少，都在某一方面给个人提供了人生的一种支撑，使个人生活不断好转，使个体生命富有意义。

近代汉市民众既依赖强的社会关系，也注意经营弱的社会关系，强关系和弱关系①都在个人生活中举足轻重，不可或缺。从互动频率、感情力量、亲密程度、互惠交换来看，家人、邻居、亲朋关系大致可看成强关系，而同乡、同事和素昧平生者则一般在弱关系之列，因为人们在前一种关系中投入更多时间、更多感情，并且更为亲密，也更为频繁地进行物质和情感的互惠性往来。

强关系使个人获得满足、愉悦的情感体验和丰富的人生乐趣及意义。"家庭成员之间关系的融洽、体贴和关心，夫妻间婚姻生活的快乐与和谐，亲子间的互相信任与尊敬，同亲朋、好友、邻居间的经常性的礼尚往来，都有助于形成温暖或强烈的爱的情感，给人们带来美好的情感满足"②，尤其是舒适感、安全感、快乐、被理解等体验，使充满压力和不确定因素的都市生活更具乐趣、理由和意义，并有效地排解人生的孤独、苦闷、愁苦、无趣，③ 因而，"适当的日常交往能为人们提供一个自在的、不需论证的价值和意义世界"④。

弱关系对人生的支撑作用也是不可忽视的，弱关系可以充当信息桥，尤其是在生存不易的旧武汉，弱关系在个人求职、谋事中的作用凸显。弱

① 美国社会学家格拉诺·维特1973年在《美国社会学杂志》发表《弱关系的力量》一文，将关系分为强关系和弱关系，对关系强弱的测量是从四个方面进行：一是互动的频率，互动的次数多为强关系，反之则为弱关系；二是感情力量，感情较强、较深为强关系，反之则为弱关系；三是亲密程度，关系密切为强关系，反之则为弱关系；四是互惠交换，互惠交换多而广为强关系，反之则为弱关系。因此，所谓强关系是指人们在其中投入更多时间、更多情感、并且彼此更为亲密也更为频繁的提供互惠性服务的关系。弱关系是指那种自我卷入不多甚至没有卷入的关系。参见张鸿雁主编《城市·空间·人际》，东南大学出版社2003年版，第51页。
② 王晓东：《日常交往与非日常交往》，人民出版社2005年版，第167页。
③ 这些负面情绪的缓解和剔除，从当时报刊文章分析，主要是通过朋友间的相互倾诉、交流和开导实现的，参见邵冠华《生活与趣味》，《武汉日报》1935年1月18日；蒲风：《友情》，《武汉日报》1936年1月15日；端人也：《寂寞、空虚、茫茫然》，《汉口中山日报》1929年6月16日。
④ 衣俊卿：《现代化与日常生活批判——人自身现代化的文化透视》，人民出版社2005年版，第296页。

关系之所以能发挥作用，是因为弱关系相对于强关系在某些方面有它的优势，只有那些在各方面与自己同质性较强的人才有可能与其建立起比较亲密的关系，但是这些人所掌握的信息和自己差别不大，而那些关系较为疏远的人由于较强的异质性，也就有可能提供此人及其周围圈子的人所无法得到的对个体求职更有价值的信息①和帮助。汉市民众为找工作而通过送礼来沟通一些社会关系，这些关系多是平时疏于往来的弱关系。

同时，弱关系有时也给人们提供个人自我认同的支持。"个人社会地位在很大程度上是由其人际关系来界定的"②，人们因为有这些关系背景可依赖，而获得良好的自我感觉和安全感。当时从鄂州只身来汉做小学教员的王义廉就因校长是自己同乡而感觉很好，面对武汉本地同事非常自信。③ 当然，"强关系的物质和情感支持是弱关系不可替代的"④。

中国是个注重人际关系的社会，人与人之间存在较强的人际依赖。⑤近代武汉民众在日常生活中也踊跃地投身于人际交往，积极地营造自己的社会关系网，以获得物质的、情感的支撑与人生的乐趣和意义。然而，并非所有的日常交往与人际关系都是和睦的，像嫉妒、虚荣、刻薄、猜忌、自私等排他主义情感和现实利益的纠葛，容易诱发矛盾和争吵，导致家庭破裂、邻里不和、朋友反目，使日常交往和人际关系发生裂变，这是人们不愿发生和尽力避免的。良性的互动往来与不和谐的纷争构成日常交往的两种面相。但是，冲突往往是违背人的本性的，对融洽、和谐、良性的人际关系的诉求是日常交往的终极目的。既然人生的意义在于对快乐、幸福的追求和满足，作为人生重要支撑的和谐的人际关系网，自然是绝大多数人所看重、倚仗并孜孜以求的。

---

①　张鸿雁主编：《城市·空间·人际》，东南大学出版社 2003 年版，第 57 页。

②　阎云翔：《礼物的流动：一个中国村庄中的互惠原则与社会网络》，李放春译，上海人民出版社 2000 年版，"中文版自序"。

③　访谈资料：F-38，2006 年 5 月 4 日。

④　张鸿雁主编：《城市·空间·人际》，东南大学出版社 2003 年版，第 58 页。

⑤　忻平：《从上海发现历史——现代化进程中的上海人及其社会生活（1927—1937）》，上海人民出版社 1996 年版，第 290 页。

第四章 汉口中山公园与民国武汉市民公众生活（1929—1949）

近代在华西人为了延续其迁出地的情感体验，在租界设立了中国最早的公园，受到中西民众的喜爱。近代中国各大城市，在市政建设规划与实践中，都基于自身统治与市民生活的需要，辟设了一些面向市民开放的近代公园。公园区别于传统的茶肆酒楼等社交场所，呈现出新的特征与魅力，逐渐为市民所接受和青睐，深入到市民日常生活之中，成为人们公众生活的基本要素与集体的美好记忆。

中国城市园林历史悠久，但长久以来却是私家园林，不向公众开放。1868 年，上海出现了中国最早的公园——上海外滩公园，由英国人在英美公共租界里开放。[①] 西人纷纷在租界设置公园，[②] 刺激了中国一批有着国际视野的社会精英提倡建设国人自己的公园，他们期望政府开设公园，开展系列活动，养成新时期的国民人格和良好的社会风尚。于是民国初年，上海、北京、天津、成都、广州等地较早地出现了公园，有的城市甚至有数个公园供人游玩。[③]

一 "谋市民之福利"：汉口中山公园的辟设

1927 年年初，北伐胜利后建立的汉口市政府，逐渐确立了现代城市体制和专家治市的局面，这批城市管理者上任伊始便把市政建设包括公园

[①] 李德英：《公园里的社会冲突——以近代成都城市公园为例》，《史林》2003 年第 1 期。

[②] 参见张天洁、李泽《从传统私家园林到近代城市公园——汉口中山公园（1928—1938年）》，《华中建筑》第 24 卷，2006 年第 10 期。

[③] 陈晶晶：《近代广州城市活动的公共场所——公园》，《中山大学学报论丛》（社会科学版）2000 年第 3 期。

的辟设视为迫在眉睫的事情。

汉口（武汉）建市之初，一批有着欧美留学游历经历、年轻有为的专家组成了市政领导班子，成为推动近代武汉市政建设的主导力量。1926年10月和1929年4月两度出任市长的留法博士刘文岛"对于市政极有兴趣"[①]，认为"市政要务，首在建设，如衣食住行四大需要，皆需求其安适，以谋市民之福利"[②]。曾获得普林斯顿大学博士学位的吴国桢，在1932年至1938年担任汉口市市长期间亦非常热心市政建设。[③] 市政当局体谅汉市民众拥挤的居住状况和恶劣的工作环境，更出于对市民道德、素养教化的考虑，在建市之初即筹建汉口中山公园，在《市政月刊》上推介欧美国家公园的建设经验与公园价值，[④] 让过去未曾有公园体验的汉市民众逐渐认识到公园对城市之重要性，[⑤] 认为"公园于都市中如沙漠之泉源，其重要可想而知"，并指出日益增多的市民，在长时间、高强度的工厂和狭小、拥挤、嘈杂的居所之间，企盼着离开令人紧张、厌倦的氛围，到大自然的轻松环境中去放松调整。通过设置公园，"市民能得健全之游戏，健全之消遣，其身体可以日强，精神可以日振"[⑥]。市政府总工程师亦认为"公园关系于市民安康风化甚巨"，亟待建设。[⑦] 汉口中山公园正是在这样的大背景下出炉了，它是近代城市发轫之初，由专家型的市政当局者积极筹划和广大市民生活需要的双重动力的结果。

汉口中山公园是在西园的基础上建造起来的。[⑧] 1928年初夏，由留英归

① 《武汉特别市市政月刊》第1卷第1号，1929年5月，"纪事"第26页。
② 《刘文岛之整理市政谈》，《汉口中西报》1929年4月12日。
③ 涂文学主编：《武汉通史·中华民国卷（下）》，武汉出版社2006年版，第44—49页。
④ 在汉口市政府秘书处所编《新汉口月刊》（1931年2月）上，登载了美国公园委员会会长勃洛克（Clarence L. Brock）著、陈震译的《1909—1930年间美国市公园系统之发达与其价值》，对公园价值、建设、规划等有具体的介绍。
⑤ 汉口市政府编：《汉口市建设概况》1930年9月。
⑥ 汉口市政府工务局编：《汉口特别市工务计划大纲》，1930年，第13页。
⑦ 《武汉特别市市政月刊》第1卷第2号，1929年6月，参见张天洁、李泽《从传统私家园林到近代城市公园——汉口中山公园（1928—1938年）》，《华中建筑》第24卷，2006年第10期。
⑧ 西园是汉口地皮大王刘歆生于20世纪初修建的两处私人花园之一。1914年左右，刘为笼络"将军团"以保产固，遂将此园赠与当时湖北军政府财政厅厅长李华堂（"将军团"的中坚分子）。1927年，北伐胜利后成立的汉口市政府没收西园，充作公产，暂且荒置。参见商若冰《汉口第一公园——中山公园》，载皮明庥、吴勇主编《汉口五百年》，湖北教育出版社1999年版，第210页。

国的吴国柄①建议，在西园基础上扩大兴建汉口市第一公园，吴国柄负责
设计和修建。1929 年 6 月 10 日，公园正式对外开放，并更名为"汉口中
山公园"。公园大体可划分为四个部分：湖山景区、原西园景区、几何式花
园区及运动场区。公园正门位于南端，仿英国白金汉宫大门设计，但规模
要小得多，形式也简化得多。大门北对南北向主干道，湖山景区、原西园
和几何式花园分别位于两侧。西侧为湖山景区，以近长方形人工湖面为主，
四岸蜿蜒曲折，该湖可以划船，享受舟楫之乐。② "河流与水体营造独特氛
围，清新悦目。"③ 园内"游泳池之开放，图书馆之设立，足球、网球、篮
球场之建筑，环河之开凿，小艇之设备，花园之布置，河岸旁垒土成山，
层叠起伏，势如蜿蜒，极其美妙"④。（见图 4-1）汉口中山公园"是亚洲
第一个综合公园"，当时的内政部长蒋作宾曾夸奖中山公园的设计水平，他
视察中山公园之后说："我到过欧洲、日本，还没有这么好的公园，回南京
要通令全国到汉口考察，提倡建公园、修下水道，以汉口为榜样。"⑤

图 4-1　汉口中山公园全景

公园里山水花木交错，运动场地齐全，是当时亚洲一流的综合性公园（资料来源：武汉市图
书馆王钢收藏）。

---

①　吴国柄（1898—1989），湖北建始人，曾留学英国伦敦大学，获城市规划硕士学位，获
英国皇家工程师资格，并考察过欧美各国与日本。出国留学前曾在武汉生活过一段时间，留学归
国后，惊于武汉的落后状况，"和我出国前相同，毫无进步"，人们"愚、弱、贫、散、私"，
"抽鸦片、打牌，白天睡觉，没有公园、树木，百姓甚至连春夏秋冬都不晓得"，认为当务之急是
"先要百姓出来见天日，过有太阳的生活"，因而毛遂自荐，获准筹建汉口市第一公园（吴国柄：
《江山万里行（六）——游学归国后的工作与生活》，《中外杂志》第 26 卷，1979 年第 1 期）。
参见张天洁、李泽《从传统私家园林到近代城市公园——汉口中山公园（1928—1938 年）》，《华
中建筑》第 24 卷，2006 年第 10 期。
②　张天洁、李泽：《从传统私家园林到近代城市公园——汉口中山公园（1928—1938
年）》，《华中建筑》第 24 卷，2006 年第 10 期。
③　［美］约翰·西蒙兹：《景观设计学——场地规划与设计手册》，俞孔坚等译，中国建筑
工业出版社 2000 年版，第 54 页。
④　《汉口市建设概况》1930 年 9 月，"第五编社会"第 19 页。
⑤　武汉园林局编：《武汉风景名胜集》，武汉大学出版社 1993 年版，第 305 页。参见王国
华：《从旅游到旅游业》，珠海出版社 2003 年版，第 205 页。

公园在开放前就备受关注,① 开放后又在相当长的一段时间里,一枝独秀,成为汉口和武汉市最著名的公园。② 其间,因受 1931 年水灾③和 1938 年沦陷④的冲击而短暂关闭外,直到解放,都是武汉三镇市民"举行高尚娱乐休闲的唯一处所"⑤,成为城市著名的又一个标记。武汉及临近各县的人没有不晓得汉口中山公园的。⑥ 结果,公园不光在节假日"游人实在是多得很",而且成为旅居武汉者的必游之地。"初到汉口的人们,无论公私怎样忙碌,总要来观光一次,以作返家时的谈话资料。"⑦

汉口中山公园虽然辟设开放较晚,但在近代武汉社会却扮演着重要的角色,成为民众的一个基本生活要素,印刻在市民记忆中。结果,汉市市民头脑中形成默契,将汉口中山公园等同于公园,人们说到公园就是指的汉口中山公园了。⑧ 汉口中山公园是近代汉市最重要的公共活动空间。它褪去其前身西园——私家花园的私人色彩,不再是独个家庭的乐园,而"面向公众",对全体市民开放。正如这个城市中的街道一样,它由"公众分享",人人皆可进入。城市居民,无论贫富,都"相对平等地使用"这一"公共空间",使其迅速成为最受政府机关、社会团体、"各色人等

---

① 公园开放前,报刊就向民众介绍公园的已造和拟建建筑,认为公园的设备乃完全农林化、艺术化、教育化,并介绍市卫生局对通往公园道路的整顿情况(秉彝:《中山公园设备》,《汉口中山日报》1929 年 6 月 4 日;铎声:《卫生局积极整顿与取缔办法》,《汉口中山日报》1929 年 6 月 4 日)。

② 汉口中山公园建成开放后,其势头远远胜过此前建成的琴园、首义公园,居三镇之首,且一枝独秀。参见王国华《从旅游到旅游业》,珠海出版社 2003 年版,第 199—204 页。

③ 1931 年武汉大水成灾,公园淹没,仅存湖山和游泳池之平台,1932 年仍由吴国柄主持整顿和修建,见商若冰《汉口第一公园——中山公园》,载皮明庥、吴勇主编《汉口五百年》,湖北教育出版社 1999 年版,第 210 页;中山公园在武汉 1931 年大水后的破败景象,参见木端《水灾后的中山公园》,《武汉日报》1932 年 1 月 13 日。

④ 1938 年 10 月武汉沦陷后,日本人将汉口中山公园改作松田兵站,使公园受到严重破坏。1942 年,(汪伪)汉口市政府对其整理重新开放:"本市中山公园,事变后多已毁坏,本年设立公园事务管理所,以资负责整理,逐步实施,所有园内房屋、亭台、桥路、游场、划船等项,均次第修缮完竣,添购花木,布置整齐,气象焕然一新。"(《汉口特别市政府三周年市政概况》,1942 年,"社会篇"第 7 页)。

⑤ 《汉口特别市政府十九年度行政报告》,第 54 页。

⑥ 商若冰:《汉口第一公园——中山公园》,载皮明庥、吴勇主编《汉口五百年》,湖北教育出版社 1999 年版,第 210 页。

⑦ 伟(笔名,著者加):《武汉唯一游憩地中山公园》,《武汉报》1941 年 9 月 8 日。

⑧ 池尘:《公园里》,《武汉日报》1935 年 6 月 4 日;访谈资料:F-1,2006 年 4 月 18 日;F-10,2006 年 4 月 22 日。

特别是下层人民"青睐的"日常生活之地"①。

二 汉口中山公园：作为政府、民众与社会团体的生活舞台

（一） 政府以公园作为政治控制和生活教化的阵地

国民党政府在将意识形态向社会广泛传输时，将触角伸向日常生活的各个向度的空间，动员一切资源进行国民教育，公园成为重要的政治教育空间。② 汉口中山公园是政府意志的产物，因而政府和官方的意愿会有形或无形地在公园里得到体现，尽管其形式不尽相同。公园从命名到园内建筑、市民集会、公共活动，都体现了一定的政治意义，尤其是国民政府当局希望以公园作平台，实现自己政治教化和民众教育的意图。

1. 公园的命名被赋予了政治符号的意义

筹议时的"汉口市第一公园"最终定名为"汉口中山公园"③，顺应了国民政府通过公园灌输政治符号的心愿。作为民国时期全国140多所中山公园中的一所，它一方面是为了纪念孙中山，另一方面则表明政府试图通过公园这一大众娱乐空间向民众宣传孙中山的"天下为公"及三民主义思想，灌输中华民国的国家观念，从而增强民众对新政府的认同感，强化新政府的合法性。④

2. 政府意欲通过对公园空间与建筑的设计部署，激发市民的政治情感

市政府巧妙利用中山亭、碑、堂的设计布局，养成民众对国父孙中山的景仰之情。"空间一向被各种历史的、自然的元素塑造，但这个过程是一个政治过程。空间是政治的、意识形态的、它真正是一个充斥着各种意

---

① 参见王笛《街头文化：成都公共空间、下层民众与地方政治（1870—1930）》，李德英等译，中国人民大学出版社 2006 年版，第 14 页。
② 陈蕴茜：《空间重组与孙中山崇拜——以民国时期中山公园为中心的考察》，《史林》2006 年第 1 期。
③ 吴国柄：《我与汉口中山公园及市政建设》，政协武汉市委员会文史学习委员会编《武汉文史资料文库》第 3 卷，第 454 页。
④ 陈蕴茜：《论清末民国旅游娱乐空间的变化——以公园为中心的考察》，《史林》2004 年第 5 期。

识形态的产物"①。汉口中山公园就是这样一个充满着意识形态的空间：园内有中山纪念堂，内置总理遗像，乃公园"点睛之作"②；另建中山亭，"游人至此无不动景仰之忱"③；还建有中山纪念碑，1931 年碑身被大水冲毁后，积极修复，唯恐"若不即时竖复，舒为失去纪念总理之意义"④；1935 年修建以弘扬孙中山的五权⑤宪法为宗旨的五权堂⑥。"物质的建筑环境，能够塑造心理。"⑦ "对空间的控制会产生心理效果，例如光荣感、屈从感"。⑧ 汉口中山公园里中山亭、碑、堂，与游园民众的"不期而遇"，旨在将"中山"作为一种国家政治符号深入到人们日常生活中，将人们对孙中山的怀念敬仰之情而移接到与之有延续关系的国民党和国民政府身上。

　　市府还改建受降堂，以激发民众的民族主义情感。汉口中山公园受降堂，是有着特殊政治意义的园内建筑，它融进了国民政府在公园内接受日本人投降这一具有重大历史意义的事件。⑨ 受降堂的存在，是一种精神的象征，能有效激发市民的屈辱感、神圣感以及对国民党抗日牺牲的感激之心，最终沉淀为一种城市的集体记忆和市民心理的一部分，为每个人所恪守。所以，当汉口社会服务处文化服务站欲借受降堂作放映商业电影之用，并承诺以盈利之十分之一分给公园时，遭致了公园管理处的严辞拒绝，认为"受降堂为抗战胜利神圣建筑物，不能作含有经营性之用途，以保尊严"⑩。这是政府利用公园这一公共活动空间以养成民众政治情绪的成功运作的结果。

---

　　① ［法］亨利·列斐伏尔：《空间政治学的反思》，载包亚明主编《现代性与空间的生产》，上海教育出版社 2003 年版，第 62 页。

　　② 《新汉口》1930 年第 2 卷，第 57 页。

　　③ 《汉口市政概况》，1930 年，第 90 页。

　　④ 湖北水灾善后委员会《工赈专刊》，1933 年，第 35 页，参见胡昌民《汉口中山公园曾经有"中山"》，《武汉文史资料》2002 年第 4 期。

　　⑤ 即行政、立法、司法、监察、考试五权分立。

　　⑥ 汉口市政府编：《汉口市政概况（1935.7—1936.6）》，"公务篇"第 12 页。

　　⑦ 陈志华：《北富集》，中国建筑工业出版社 1993 年版，第 81 页。

　　⑧ ［美］凯文·林奇：《城市形态》，林庆怡等译，华夏出版社 2001 年版，第 145 页。

　　⑨ 抗日战争胜利后，1945 年 9 月 18 日，国民党政府第六战区司令长官孙蔚如在中山公园由张公祠改建而来的受降堂，接受了日本华中派遣军总司令、第六方面军指挥官冈部直三郎等呈上的投降书（武汉市中山公园编《中山公园沧桑——纪念武汉市中山公园七十周年》，武汉市中山公园内部资料，1998 年）。

　　⑩ 《中山公园管理处有关公园管理的文件》，武汉市档案馆藏，资料号：85－1－62。

空间是任何权力运作的基础。政府控制了空间权，也就自然获得了运筹帷幄、灌输政治观念的基础。于是，民众进入公园，即便是游玩休闲，也会不自觉地耳濡目染园内布局、建筑的气氛和附加的政治含义，油然而生政府当局所希望他们形成的政治情感。

3. 政府利用公园在纪念日召集民众集会，以养成民众政治情操

汉市政府当局尤其善于利用国庆和总理生忌两日进行民众集会和政治宣教。典型的形式是市民到公园参加集会，聆听大人物的讲演。"凡当国庆、总理生忌两纪念日，及其他一切扩大宣传，或市民大会等，多数市民参加之集会，动逾万人，或数万人，多在中山公园运动场。会场有演讲台，台之后面构成一大圆弧穹隆，使台上演讲或奏乐之声浪集中反射于听众之耳鼓，其功用犹如波音之喇叭。"① 公开演讲是政治动员的象征，能在民众中产生极大的影响。在这个过程中，精英们成功地将他们的政治思想灌输到民众的头脑当中。② 静立聆听，演讲之声反射于耳鼓，训诫之词萦绕于耳际，加上以数万人的名义和奏乐的隆重形式，足以让台下的市民对台上的演讲者产生敬畏之情，不经意间认同其宣讲的内容与精神。

政府除让民众聆听宣讲之外，有时还引导他们参与到集会的活动当中。聆听演讲是静态地接受教育，尚且易被感化，身体力行无疑能让民众热情更加高涨，精神更加效忠，何况是像植树这样的万人大行动。在孙中山逝世四周年纪念之际，"汉口纪念大会散会后，各机关团体代表及各界民众，陆续由济生三马路至中山公园，举行植树典礼。园内布置，大门扎素色牌楼一座，上书为'总理逝世四周年纪念植树大会'。由大门直行向左有大坪地一面，中设主席台一座。定坪之旁，即为植树场所。"③ 民众对总理的怀念钦佩加之对政府隆重纪念总理的认可支持，在热火朝天、集体植树的活动中悄悄地根植心底，化为对政府当局的服从与拥护之情。

4. 政府还在公园常设一般教育机构，对民众进行日常生活教育

除政治教导外，政府还在公园设立一般教育机构，对民众进行日常生活教育工作，以"增进群众合作之精神，寓教育于游戏之中"④，使其

---

① 《汉口市建设概况》1930 年 9 月，"第二编工务"第 40 页。
② 王笛：《街头文化：成都公共空间、下层民众与地方政治（1870—1930）》，李德英等译，中国人民大学出版社 2006 年版，第 337 页。
③ 《汉口中山日报》1929 年 3 月 12 日。
④ 江康黎：《市行政学》，商务印书馆 1938 年版，第 133 页。

"身体可以日强，精神可以日振"①。

汉口中山公园是一个多功能的教育空间。市政府在此设立图书馆，供民众普通阅读，以开启民智。社会部汉口社会服务处文化服务站也设于园内，② 对流动的游人提供文化服务，以提高市民文化素养。汉口市第十三民众补习学校也假公园之地办学，③ 开展启蒙识字教育。设于公园内的博物馆④的展物，以及动物院里平时难得一见的蟒蛇、狐狸、孔雀、猴子、老虎等吸引了大量前往看稀奇和"猴把戏"的市民，⑤ 无疑开阔了武汉民众的眼界，启迪了民智。

5. 政府在公园举行公益活动，促进民众养成健康文明的生活方式和公共精神

政府掌握着权力，因而容易举全市之力，开展各种公共活动，以养成市民健康文明的生活习惯。在当政者眼中，公园不仅是供人休闲游憩的地方，更应是养成市民健康文明生活方式、改良社会风气的主要场所，"匪特于国民卫生与娱乐有益，且于国民教育上，乃至风致上，有扩大影响焉"⑥。汉口中山公园作为最受市民欢迎的活动空间，为扩大影响起见，政府自然是格外地钟情于它。

武汉市政府为宣传禁食鸦片，以利市民健康，指令公园在醒目处悬挂禁烟挂图。⑦ 为在民众中倡导崇尚体育的习惯，在公园举行市运动会、溜冰比赛等公共体育竞赛活动。⑧ 政府还将赈灾足球义赛放在公园举行，吸引市民前往观看并慷慨解囊，鼓励市民参与救济事务，养成责任感。另外，政府还假借公园公共礼堂，公开举行集团结婚典礼，提倡新式婚姻习

---

① 汉口市政府工务局编：《汉口特别市工务计划大纲》，1930 年，第 13 页。

② 《中山公园管理处有关公园管理的文件》，1948 年，武汉市档案馆藏，资料号：85 - 1 - 62。

③ 周亚荣等编：《武汉指南》第四编《公共处所》，汉口新华日报社 1933 年版，第 22 页。

④ 《武汉概况》，书包简讯社 1949 年版，第 354 页。

⑤ 吕学赶口述，唐仁民整理：《汉口中山公园动物院的片断回忆》，《武汉文史资料》2006 年第 9 期。

⑥ 黄以仁：《公园考》，《东方杂志》第 9 卷第 2 号，1917 年 8 月 1 日，第 1—3 页。

⑦ 《中山公园管理处有关公园管理的文件》，1948 年，武汉市档案馆藏，资料号：85 - 1 - 62。

⑧ 《罗宾汉报》1936 年 5 月 8 日。1929 年 10 月，武汉市第一次市民运动大会在中山公园举行，"市教育局为提倡体育，使一般市民于日常生活中，养成运动习惯，铲除不良嗜好，以为强毅体魄之锻炼计，特于十八年度十月中旬在中山公园举行第一次市民运动大会。会期共三日，市民之参加运动者，不下千余人。"参见汉口市政府编《汉口市建设概况》1930 年 9 月，"教育编"第 21 页。

俗，倡导节约，杜绝婚礼的浪费陋习。①

　　作为市政府重要教育机构的汉口市立民众教育馆，积极利用公园来推广社会教育，提升市民素养。1948 年 2 月，汉口市立民教馆在中山公园举办礼俗改良展览会，把民间习俗分为年节、生寿、婚嫁、丧葬、迷信五项分别绘表一张，加以注释并说明改良意见，陈列展览，以引导民众告别旧的生活习俗，采用文明的庆祝方式，观众很多。② 后来，民教馆在中山公园图书室附设民教画廊，经常办理展览业务，展览古今绘画、木刻、书法、雕塑，供市民欣赏，以提高市民鉴赏能力，并实施艺术大众化。③

　　政府有时要依靠政治宣传来获得必需程度的公众承认和参与。④ 汉口中山公园成为市政当局进行政治宣传和意识形态运作的重要空间。然而，培养政治忠诚与进行思想控制还远不是公园作为城市公共活动空间的全部功用，它还是广大民众丰富多彩的社会生活的大舞台。

（二）　市民以公园作为社会生活与展示自我的舞台

　　城市公共活动空间的本质，在于不同的生命体验、社会生活和价值体系的交流沟通。武汉市民以汉口中山公园这一公共活动空间为社会生活与展示自我的舞台，寻找自身所看重的价值，追求愉悦与满足。在公园这个公共活动的空间里，流淌着日常生活的涓涓细流，也滋养着社会变迁的萌芽。

　　进入公园的市民涉及各阶层的人们。汉口中山公园开放以后，除极短的时间里出售门票外，基本上向市民免费开放，因而深受民众喜爱，尤其是在节假日，各阶层市民趋之若鹜，蜂拥而至。遇到市运动会这样大型活动时，公园里"摩肩擦背都是人"⑤。游人如此之众，几乎涉及每一个阶层，下自贫民、乞丐，上至富商巨贾、达官贵人。"汽车、人力车、马车，一车车的把游客，送进中山公园"⑥。当然，不同的人是怀着不同的目的到公园的。

---

① 伟：《武汉唯一游憩地中山公园》，《武汉报》1941 年 9 月 8 日。
② 《敬老会分配礼品及其他文件等》，1948 年，武汉市档案馆藏，资料号：80 - 2 - 103。
③ 《有关艺术体育活动等文件》，1948 年，武汉市档案馆藏，资料号：80 - 2 - 12。
④ ［美］C. E. 布莱克：《现代化的动力》，段小光译，四川人民出版社 1988 年版，第 21 页。
⑤ 洲民：《间日谈》，《武汉日报》1932 年 11 月 3 日。
⑥ 流沙：《春到中山公园》，《武汉日报》1947 年 1 月 29 日。

1. 苦力：免费进公园以恢复体力①

如果城市是一个错综复杂的棋盘，公园无疑是棋盘的"气眼"②，透光透气，是人们的活力之源。忙碌了一整天的苦力们，为了呼吸新鲜的空气，恢复体力，可以到公园一游。尤其是住处在循礼门铁路边，或者球场街、满春路等离汉口中山公园较近的苦力们，得近水楼台之便，傍晚时分，三五成群，很容易散步到公园，或躺或坐，恢复精气神。③

当然，苦力中的马车夫到公园不是休息，而是为了揽客。夏天几乎每天都有马车夫在深夜或凌晨守在公园门口，招揽生意，④ "当更深夜静，或天将发白，载着游倦的人们归去"⑤。

2. 小商贩：借公园谋取生计

公园具有群聚功能，"一定时间内人口的大量聚集给公园内外带来了商机"⑥。公园的辟设为一些小商贩带来了生活来源。汉口中山公园人流量较大，加上到公园游玩的人们也有消费的心理准备，吃支冰棍、喝瓶汽水乃平常之事，因而公园成为兜售食品、招揽生意的绝佳场所。

但是小商小贩们一般不敢进入公园内部兜售零食，因为公园内有交租经营的园商，公园方面以及驻园保警为了保护园商利益，"严厉制止外来照相馆入园拍照及小贩入园"⑦。所以小商贩们只得"在公园门口摆满卖水果、小吃的摊子"⑧，吆喝兜售。

3. 园商：租赁公园地基经营，以谋取利润和维持家人生活

园商是交付租金以在公园内部经营的商户。公园为园内商人经营谋利提供了有利的平台，园商所交地基租金又是公园收入的重要来源。1947年间，汉口中山公园内有两家照相馆、五家茶社、一家动物院、一家济记贩卖部（见图4-2），其中茶社所交月租是其他经营户的三倍以上。园商

---

① 李德英：《公园里的社会冲突——以近代成都城市公园为例》，《史林》2003年第1期。

② 张鸿雁：《城市空间的社会与"城市文化资本论"——城市公共空间市民属性研究》，《城市问题》2005年第5期。

③ 访谈资料：F-10，2006年4月22日。

④ 一江：《幽默的中山公园》，《大光报》1935年6月2日。

⑤ 《中山公园的夏：爱侣双双情意浓，郎心妾意待天明》，《罗宾汉报》1946年8月5日。

⑥ 李德英：《城市公共空间与市民社会生活——以近代成都城市公园为例》，载严昌洪主编《经济发展与社会变迁国际学术研讨会论文集》，华中师范大学出版社2002年版，第395页。

⑦ 《中山公园管理处有关公园管理的文件》，1948年，武汉市档案馆藏，资料号：85-1-62。

⑧ 流沙：《春到中山公园》，《武汉日报》1947年1月29日。

一般采取家庭化经营，全家上阵，只有一两家茶社请了工友帮忙，晚上园商全家又在茶社内住宿。① 可见，园内社铺既是园商的生财之源，又是其家人的止息之乡。

图 4 - 2　设在中山公园一亭子内的济记贩卖部

多数时候，济记贩卖部都是汉口中山公园里唯一一家经营小食和饮品的商家，这样一个店子常常要靠全家共同经营。夏日的正午十分，公园游客稀少，老板和帮手在张望着是否会有主顾到来，后面的小孩正趴在桌子上打瞌睡。靠在柱子上的招牌显示，"糖食点心、四时鲜果、冰冻汽水②、卫生刨冰"在此都有出售。贩卖部里还有桌椅，大概是为来此消费面食的顾客所设，桌子上摆放着盛有酱油、醋和辣椒的玻璃瓶，可以随意添加，以满足口味较重顾客的需求（资料来源：武汉市档案馆）。

园商与公园管理处呈现出典型的相互对立、妥协、合作的关系。

园商时常提出的减租和临时搭建的要求，在某种程度上是在向公园管理处的权益提出挑战，而公园管理处为了稳定租赁收入，一般采取妥协让步的方针。为了扩大利润，园商时有占道经营的行为，或者根据经营需要

---

① 《汉口中山公园有关公园园商租赁各项文件》，1948 年，武汉市档案馆藏，资料号：85 - 1 -73。

② 当时将汽水放在盛有冰块和冷水的桶中，就成了所谓的冰冻汽水，据武汉地方史专家徐明庭口述，2007 年 4 月 5 日。

搭建一些临时帐篷木屋，一般向公园提出申请都能得到批准。第四茶社就以方便游客和增进营业为由，向公园方面申请搭盖临时凉棚："因地处要冲，茶亭西侧正当西晒，阳光强烈，且为湖边树荫稀少，游客休憩，每苦蒸晒，而隙地秃秃，景色亦逊。现为便利游客，点缀景色，拟于亭西搭盖临时凉棚一座，俾遮烈日，以便游客，借维营业。请核示。"鉴于该要求合情合理，公园准其搭建。园内的动物院也申请到一小块地，建造活动木屋作售票之用。① 公园里的唯一一家贩卖部——济记贩卖部——也在每年春夏之交、公园游划开放之际，以便利游客购买物品为由，在湖边的张公亭分设一贩卖点。② 园商虽是借公园场地谋利，但在交租问题上却处于公园管理处的对立面，常设法达到减租的目的。公园内湖醇茶社田经理就以"投资巨大，生意不好，要求减租"；园内动物院也以经营不佳要求公园减租。③

但是，公园管理处满足园商的要求是有底线的。当园商的行为危害到整个公园形象或给公园管理处的工作造成麻烦时，公园方面不会让步，并会即时出面制止。针对园商随意将污水倒入公园湖中，使湖水臭味极大的情况，公园管理处令"各园商一律自备储水桶，不得将污水倾入湖中，并不准任意倾倒渣滓，以重公共卫生"。同时，针对园商临时搭盖的建筑，占去公园的空隙，使得公园隙地甚少，自然环境被破坏的局面，公园管理处不准园商再请求添建房舍亭榭。④

不过，公园管理处在总体上是极力维护园商利益的。在自身利益受到威胁时，园商会联合起来，以园商联谊会的名义要求公园管理处严厉制止"外来照相馆携大照相机入内偷越拍照，及小贩暗售食物"⑤。公园管理处的管理人员和驻园保警随即严加盘查。不料，园外照相商极其不满，并以同业公会的名义要求公园管理处不得排挤受雇入园为客人拍照的照相商，而公园管理处则完全站在园商的立场，极力维护园商的利益，并斥责对方

---

① 《汉口中山公园管理所有关园商租赁公园地基案》，1948 年，武汉市档案馆藏，资料号：85 - 1 - 35。

② 同上。

③ 同上。

④ 《汉口中山公园有关园商租赁各项文件》，1948 年，武汉市档案馆藏，资料号：85 - 1 - 71。

⑤ 《中山公园管理处有关公园管理的文件》，1948 年，武汉市档案馆藏，资料号：85 - 1 - 62。

的不是，态度之鲜明在其函件中可见一斑。① 从某种意义上讲，公园管理处就是园商的坚实后盾和保护伞，当园商的利益受到外来商贩威胁的时候，公园管理处就会站出来为其撑腰。

相应地，园商有时也配合公园，协助管理，承担公共责任。针对"园内花卉供游人欣赏，但有游人随便攀折花草情况"，公园管理处总有鞭长莫及之处，故除派员和驻警队巡查外，还请园内茶社及照相馆"就近看管"②。园商有时还要赞助一些社会公益活动，如为中华体育协会汉口市分会在中山公园主办的济公杯篮球联赛免费供应茶水。③

4. 年轻男女利用公园恋爱约会、展示自我

年轻男女把汉口中山公园当成恋爱约会的宝地。公园的优美环境和独特氛围给情侣们带来无尽的乐趣。首先，公园够大，有足够的地方可供情侣们亲密呢喃。其次，公园虽为市民公共活动空间，但游历其间者互不相识，这样情侣即便有亲昵的举动也不会有那份在熟人面前的尴尬和局促。再次，为赴公园之约，少不了一番精心修饰，悦己悦人，④ 增添无穷的情致和自我满足感。尤其在夏夜，公园里的情侣更是情浓意浓，不肯归去。或漾舟湖上，"划入垂杨深处，任卿卿我我，恋恋依依，细语呢喃，情话绵绵，都不知夜深人静矣"；或"不胜其烦，携手走向灯光暗处，密林丛中，往来徘徊"⑤，乐而忘返。

青年男女还假公园观察别人、展示自我，在看与被看中获得想象、美

---

① 从公园管理处与汉口市照相商业同业公会的函件往来，可以明显看出公园管理处庇护园商利益的态度和立场，而对园外照相商甚至其同业公会颇有咄咄逼人的架势。当时，针对其会员应邀到中山公园照相而被公园管理人员阻止一事，汉口市照相商业同业公会致函公园管理处："弊会会员应各机关及各团体之雇请至中山公园摄影，受公园管理人员排挤阻止，甚至威胁、侮辱、武力相待。此等会员实为受顾客之请，并非私自到园内招揽生意，并无妨碍公园管理规则。而且北平中山公园、武昌黄鹤楼等处并无排挤阻止，请管理处转告。"公园管理处的回复是："经查，所言是否事实，请提供证据。"对方久未回复，公园管理处又去函，并加重了口吻："久未提供证据，未解。经查明，乃你会会员自生事端，竟诬蔑我园职员。信口供词，损害本园名誉，希查照见复为荷！"参见《中山公园管理处有关公园管理的文件》，1948 年，武汉市档案馆藏，资料号：85－1－62。

② 《汉口中山公园有关公园园商租赁各项文件》，1948 年，武汉市档案馆藏，资料号：85－1－73。

③ 《汉口中山公园有关园商租赁各项文件》，1948 年，武汉市档案馆藏，资料号：85－1－71。

④ 丁毓琳：《妆台之前》，《武汉日报》1932 年 8 月 6 日。

⑤ 张黄：《秋之中山公园，徐娘半老风韵犹存》，《汉口报》1946 年 10 月 17 日。

感和愉悦。一些青年男子，来到公园，只是为了看看美丽的女子，获得视觉的享受和进行审美的想象。他们只是"看看游人，或找一个清幽地方坐下，仰看白云红叶，或盼顾迎来送往的红绿仕女，那定能使人速入遐思幻想"①。几个在武汉水灾之后光顾公园的青年男子，见到满园的萧条，失望至极，却因为遇到几个同往的女子而觉得公园之行有了意义，还产生了联想："假使我们幸而与这几位女子会面！而能布施一点避人的偷视或眉眼中的私语，那是多么……多么……啊！"②

5. 一般平民百姓到公园休憩、游玩、喝茶、聊天、交流感情

汉口中山公园是近代武汉市民免费的消夏胜地。近代武汉，就是有名的火炉之城，夏日里从早至晚，人们仿佛在蒸笼中一般，闷热难耐。③ 对于无钱或舍不得花钱去影院、舞厅、咖啡馆、民众乐园、老圃享受清凉的人们，汉口中山公园就成了"武汉三镇人士唯一游憩场所和消夏胜地"④。"中山公园晚风凉，五五三三坐道旁。"⑤ 夏夜，徜徉在晚风习习的公园中，或者坐在道旁乘凉，谁说不是最大的享受呢？考试之难已过，迎来暑假的女学生们，也打扮得花枝招展，结伴畅游公园，此辈之芳踪为公园增色不少："短裙齐胯黑油油，长袜包胫露膝头。考试已完何处去？公园影院可勾留。"⑥

公园的游划对民众有着极大的吸引力。汉口中山公园的主要游乐项目是游划（见图4-3），往往供不应求。"售票处的窗口挤满青年男女，他们抢着缴付押租，登记号数，更静静地站着，好似等待'圣旨'一般的等待执事先生呼喊号数。号数被喊到了，交给你两个桨，在微起涟漪的湖面上，轻轻地荡漾着，是多么的惬意啊！"⑦ 公园管理方面"为了增加游划出租频率，让更多人享用，划船以小时计，超过一小时，按两小时计

①　张黄：《秋之中山公园，徐娘半老风韵犹存》，《汉口报》1946年10月17日。

②　木端：《水灾后的中山公园》，《武汉日报》1932年1月13日。

③　涂文学主编：《武汉通史·中华民国卷（下）》，武汉出版社2006年版，第91页。

④　伟：《武汉唯一游憩地中山公园》，《武汉报》1941年9月8日。

⑤　吴炳炎：《汉口竹枝词》，载徐明庭辑校《武汉竹枝词》，湖北人民出版社1999年版，第295页。

⑥　华：《汉口竹枝词》，载徐明庭辑校《武汉竹枝词》，湖北人民出版社1999年版，第342页。

⑦　流沙：《春到中山公园》，《武汉日报》1947年1月29日。

算。第二小时之租金加倍征收"①。即便如此，还是不敷游人所需，"每逢星期天和假日，游人是不绝如缕"②，加上"湖面辽阔"，"结果有黑手"③在儿童节时非法出租游划。

图4-3　20世纪30年代的汉口中山公园

公园里风景秀丽，空气清新，游客荡舟湖上，尽享舟楫之乐。划船是情侣和孩子们最喜欢的游乐项目，不过孩子们只有在成人带领下才能划船（资料来源：武汉市图书馆王钢收藏）。

夏日到汉口中山公园游泳成为市民的又一享受。公园一般在每年六月初到九月底开放园内游泳池，游泳虽然为收费项目，但一两角钱的花销根本挡不住市民的热情。从上午九时到晚上十时，"市民参加游泳者，日以千计"④，不光有玩水消暑之乐，而且根据公园游泳规则，男女同泳，最初无疑给游泳的男女造成极大的视觉和心理冲击，慢慢增加了心理承受能力，逐渐习以为常。可以说，男女同泳这一活动，增强了市民在陌生的公众面前暴露的坦然态度。

---

① 汉口中山公园管理处制定出七条出租游划规则，此处为第七条，其他六条分别是：出租时间暂定每日上午七时至下午八时；年龄未满16岁概不发租；先在售票处交押金、领划桨，划完时，缴还划桨，凭票算时间，结算租金，退还押款；游客中途不得将船只转让他人，不得损坏船只，否则照价赔偿；游划每只限乘四人；乘游划者按顺序登记，不得争先恐后（《汉口中山公园有关公园园商租赁各项文件》，1948年，武汉市档案馆藏，资料号：85-1-73）。

② 伟：《武汉唯一游憩地中山公园》，《武汉报》1941年9月8日。

③ 《新快报》1948年4月5日。

④ 《中山公园管理处有关公园管理的文件》，1948年，武汉市档案馆藏，资料号：85-1-62。

公园更是孩子们的乐土。公园的游划和体育场，是孩子们最钟爱的地方，他们可以随父母或者和小伙伴一起嬉戏玩耍。尤其是公园里修建了儿童运动场，"来玩的孩子是太多了。有的滑梯，有的荡在秋千上，更有的在铁架子上爬上翻下，天真活泼。许多站在一旁遥看的父母们的脸上，挂上了不少笑容"。当然动物院里的老虎、狐狸等动物也能引起孩子们的兴趣，孩子参观动物院可以买半票，"走进去一看，起码也可以消磨五分钟"①。

大人们则相约到公园茶社喝茶聊天。一帮朋友到公园，边喝茶边闲话家常，既可消磨时光，又可增进感情。汉口中山公园有茶社五家，地处公园可谓得天独厚，有的甚至临湖而建，品茗之际，还可怡情养性，好饮茶者乐此不疲：

> 满园纵横着茶楼的躺椅，却是几青几花，都是好茶叶，真开水，不时的添加，不时的送手巾。果盘虽设，用不用听便。虽加一成小帐，也很客气。稍微隔远一点的人，一进公园，就有茶楼歇脚，水阁凉亭，临膝远眺，林下山边，鸟语花香，随地品茗，顿觉尘虑都净，两腋习习生清风。任人从朝至暮，不叫送客，且有收音机高唱入云。一切方便，所费无几，哪里更有这样的便宜休憩场所！②

有些市民进公园仅仅是为了看热闹，开眼界。对于这些市民来说，公园是他们了解这座城市、城里的人们和社会的最好窗口，因而他们到公园除了凑热闹，"看竞赛以外，不免在园中兜兜圈子"③。当然，若是遇到公园放映免费电影或者话剧，是绝不能错过的（见图4-4）。

总之，汉口中山公园是近代武汉市民参与社会生活与展示自我价值的空间，一个供人分享、同欢、看和被看的所在。离开人的活动、人的故事和精神，公园便失去了意义。④ 公园这一公共活动空间具有多样性的意义，对于不同的市民其价值亦不尽相同。人们在公园的不同消费风格，也

① 流沙：《春到中山公园》，《武汉日报》1947 年 1 月 29 日。
② 老岑：《谈整理中山公园》，《武汉日报》1949 年 4 月 29 日。
③ 洲民：《间日谈》，《武汉日报》1932 年 11 月 3 日。
④ 徐贤杰、林振德：《中国城市公共空间的文化性思考》，《山西建筑》2005 年第 1 期。

图 4 - 4　1938 年中山公园上演话剧《放下你的鞭子》

　　周围围满了密密麻麻的观众，这种大庭广众之下的免费公共娱乐活动是极受市民青睐的。围观的人群可能对话剧内容并不感兴趣，让他们印象深刻的是这种千万人在一起共同娱乐的氛围（资料来源：《大武汉旧影》，武汉市档案馆编，湖北人民出版社 1999 年版，第 124 页）。

　　提醒我们即便在同一场域活动的人们，其经济状况和人生境遇可能相去甚远，他们可能分属于不同的社会阶层。[①]　因而，公园也是观察市民生活差异性和多样性的一个窗口。

（三）社会机关、团体利用公园资源作为活动的场所

　　近代汉口中山公园，作为城市公共活动空间，属于全体市民的特点，为社会机关、团体所认识。它们出于自身需要，提出诉求，利用公园各种资源开展各自活动。

---

　　①　仅以在公园茶社喝茶为例，不同阶层的消费力和感受就大相径庭：对一些中产阶级来说，公园茶社是"再平常和便宜不过"的休憩场所了，参见老岑《谈整理中山公园》，《武汉日报》1949 年 4 月 29 日；但是对一些青年男女来说，公园里"茶价资昂，只能望之兴叹"（《中山公园的夏：爱侣双双情意浓，郎心妾意待天明》，《罗宾汉报》1946 年 8 月 5 日）；而对一些在小手工作坊做工的工友们来说，勉强才能消费的公园里的茶水，让他们体味到人生别有一番滋味，当时做学徒的严春林和自己工友共七人到中山公园打篮球，其间在公园第二茶社要了三杯茶，让老板不停地加水，这样七个人都能品尝其滋味，这是他们无比快乐的时光（访谈资料：F - 15，2006 年 4 月 23 日）。

1. 驻汉军警利用公园进行体育训练

除了利用公园运动场进行体育活动外，驻汉军警常常打着运动、训练的旗帜，请求公园准许部队官兵免费入公园游泳池游泳。① 对于军警此种请求，有时是要求，公园方面慑于武力，酌情免费对军警开放，"定于每周二、六下午一时至四时公开免费优待军警"。即便如此，仍有部分官兵不守规定，强行入池，甚至殴打公园管理人员，导致游泳池停开。

战争频繁的年代，军队自身建设缺陷，导致部队官兵以武凌弱，在某种程度上冲击、扰乱了民众的日常生活，导致人们对官兵的畏惧心理，对"丘八"老爷们②跋扈行为的议论常见诸报端。

2. 学校等教育机构也争相利用公园资源开展活动

学校等教育团体会适时请求到汉口中山公园开展活动，利用游泳池进行游泳比赛、免费参观动物院等。汉口空军子弟学校为实施小朋友自然科教学，派人到公园采集标本。③ 私立豫章中学还请求利用公园开展童军夏令营活动。④ 而汉口救济院的教员还带着贫苦儿童到公园玩耍，并"交涉动物院免费参观，也能慨然允许，那些贫苦儿童得饱眼福，口口声声说是有公园真正好"⑤。

相对于军警部门，学校等教育团体利用公园开展活动的手法就温和多了，也许是由于相比公园管理处，他们自身的地位处于劣势的缘故，因而多以低姿态请求公园的帮助。对于学校等社会教育机构的正当要求，汉口中山公园一般慨然应允，体现出公园为公众服务的态度和宗旨，这也鼓励了学校及社会教育团体依靠城市公共活动空间来实现学校教育和社会教育的目的。

3. 教会组织借公园宣讲圣道、发展信徒

公园是市民公共活动空间，有着连绵不绝的人流，也有着良好的群聚效应，是传教布道的好地方。鉴于汉口中山公园暑假期间有允许基督教传

---

① 《中山公园伪机构与公园管理处文件》，1948 年，武汉市档案馆藏，资料号：85 - 1 - 23。

② 丘八，合起来即"兵"。

③ 《汉口中山公园有关公园园商租赁各项文件》，1948 年，武汉市档案馆藏，资料号：85 - 1 - 73。

④ 《中山公园管理处有关公园管理的文件》，1948 年，武汉市档案馆藏，资料号：85 - 1 - 62。

⑤ 老岑：《谈整理中山公园》，《武汉日报》1949 年 4 月 29 日。

道师入园布道的先例，中华信义会豫中总会汉口分会"拟趁滠口神学院放暑假之便，特请学员数名短期帮忙布道工作，盼望福音圣道得以普遍汉口"，拟在公园空隙地方支搭帐篷一个，宣传圣道。①

4. 正义力量利用公园开展抗日宣传

抗日战争期间，汉口中山公园成为抗战宣传的强大阵地。1938 年 4 月 8 日，郭沫若、田汉等人在汉口中山公园召集万人歌咏日活动，由冼星海担任万人大合唱的总指挥，歌声震撼三镇，激发了各界人民抗日救国的战斗热情。② 同年 4 月 13 日，中山公园又成为汉市抗日游行宣传日的重要一站，数万市民群情激愤的在公园宣誓，将抗战进行到底。

部队、学校、教会等社会机关、团体之所以能要求公园方面提供资源以开展活动，除了公园的开放性和参与的广泛性，能带来广泛社会影响之外，也是基于公园为市民公共活动场所，人人皆可利用的认识。公园由市政府统辖管理，也为个人所享有利用，但又不为任何一方所占有，是政府与民间的一种连接。两者都在同一场景下运作，利用公共时空和其中的种种形式。因而居于政府和民众之间的社会团体，也就能名正言顺地借用公园这一公共资源来组织活动了。

三　城市公共活动空间与民众日常生活的公共性

作为城市公共活动空间，汉口中山公园的辟设，本身也是一种生产——"空间的生产"，它"从来就不是空洞的，总蕴含着某种意义"③。它既是物质空间、国家空间、政治空间，又是精神空间、民众空间、生活空间。这一多功能的空间被政府、民众、社会团体争相利用，或表达政治理念与追求，或追求个人价值与意义，或实现群体利益与追求，体现出城市公共活动空间的公共性，增强了近代武汉市民的公共生活体验，是城市进化的标志。

---

① 《中山公园管理处有关公园管理的文件》，1948 年，武汉市档案馆藏，资料号：85 - 1 - 62。

② 皮明庥主编：《近代武汉城市史》，中国社会科学出版社 1993 年版，第 374 页。

③ 参见于海主编《城市社会学文选》，复旦大学出版社 2005 年版，第 113 页。

公共性具有复杂的历史内涵,[①] 本章的公共性作为与私人性、个人性相对应的概念，是指个人生活的公共化倾向，即个人所从事的活动与多数人的利益相关；有较多的社会公众参与；表示一个众人的事务领域。简而言之，个人生活的公共性就是一种"公有的、公用的、公众的、共同的"特征与指向。具体到日常生活之中，公共性体现在人们的活动超出私人熟悉的活动范围，来到陌生的公众面前，关心公共事务与公共利益，养成公共责任感，形成公德心。汉口中山公园的开放性、大众性、可及性特征，使其成为近代汉市民众最钟爱的城市公共活动空间，人们在公园的日常生活当中，逐渐习惯了与陌生人的相遇和互动，开始关心公园的建设与管理，形成了朦胧的公共责任感。同时，公园生活也反映出在公德心与对公共秩序和利益的认同与恪守上，汉市民众尚有待改善，这是过去长期私人化的生活经验造成的"盲点"。

（一）公园：作为公共活动空间的开放性、大众性

作为城市公共活动空间，汉口中山公园的大门是向全社会开放的。公园"为游客和市民提供了一个自由开放、环境优美的休闲场所"[②]。虽然公园设有围墙和园门，不能随时随地进入，但绝大部分时间它是免费向市民开放的。公园里"展现的任何东西都可为人所见、所闻，具有可能最广泛的公共性"[③]。而且，公园服务的对象是社会公众，为所有市民而存

---

① "公共性"是随着国家的产生而形成的，在不同的历史发展阶段它又具有不同的意义。最早对政府"公共性"进行论述的政治家是柏拉图，他从道德的角度对城邦正义精神作了阐述，其中维护正义即体现为政府的公共性。近代以来的政治家们从政府代表一种公共的契约精神出发阐述了政府"公共性"问题，社会契约论认为，在国家产生前处于自然状态下的人们，为了避免在冲突中受到伤害，通过协商把天赋权利让渡给国家，由国家来维护和实现"公意"，共同利益演变为"公意"的同时，即具有了"公共性"。马克思是从阶级的角度分析政府的"公共性"，阶级性是政府的本质属性，所以从表面上看好像政府并不存在全社会范围的"公共性"问题，但由于国家具有维护全社会"秩序"的功能，这种功能正是国家"公共性"的体现。沃尔多在《公共行政学研究》中归纳了公共性几个方面的含义，一是从哲学、法学和政治理论层次上，即从国家或者政府的角度给"公共性"下定义，这里涉及主权、合法性、福利一类的问题；二是从经验层次上，即从公共职能和公共活动的范围上来界定；三是从政府执行活动或者职能的角度来定义。参见陈振明《公共管理学》，中国人民大学出版社2003年版，第58页；王洪杰：《中国公共管理的"公共性"释义》，《行政与法》2004年第10期。

② 龚德慧：《城市中的人文关怀——武汉市中山公园景观设计分析》，《艺术百家》2005年第2期。

③ ［美］阿伦特：《人的条件》，竺乾威等译，上海人民出版社1999年版，第38页。

在，不再是少数人享有的私家花园，"人人都可以进入，但人人都怀揣着或许隐秘的目的，这是它的平等精神，而平等精神正是人群得以在其间聚集的前提"①。为方便市民前往游玩，市区有专门的马路——双洞门和西满路通往公园，并且政府当局非常关注马路的维护与卫生，唯恐给民众的公园之行带来不便。②

公园具备多种功能，是一个放松身心、休闲娱乐的场所，也是一个集政治、教育、商业、文化于一身的公共空间。政府、民众、社会机关、团体，都以不同的姿态进入其中，使其成为一个"可观、可游、可闲、可学、可赏、可想、可介入、可参与、可感知"③的公共空间。结果，公园逐渐成为汉市民众休闲、游玩、聚会之独一无二的开放场所，成为人们认识这个城市、体验这个城市、了解城里人们、感知城市生活的主要空间。形形色色的大众兴高采烈地参与到公园的社会生活当中，并成为主角，获得丰富的生命与情感体验，逐渐认知到自我的价值与人生的意义。

（二）公园促使民众获得生活与感知的公共性

中国传统社会的交游圈子是熟人社会，多囿于家族、熟人、邻里之间。过去人们或去茶馆喝茶、聊天、打牌，由于多是常客，久而久之就混得很熟，行为举止自由随意；④ 或聚在巷口乘凉闲聊，也超不过熟人圈子和左邻右舍，氛围相当融洽。

公园明显区别于中国传统的茶馆酒肆等交游场所，它展现的是一个陌生人的世界。公园让人们暴露在陌生人面前，进行各种活动。到公园游玩的人是千差万别的，公园"不仅仅是在家庭和朋友之外的社会生活范围，

① 汪民安：《街道的面孔》，载孙逊主编《都市文化史：回顾与展望》，上海三联书店 2005 年版，第 85 页。

② 例如，当公园开放在即，市卫生局会同公安局，对通往公园的马路及两旁环境作出整顿计划如下："（一）中山公园开放在即，双洞门为必由之路，观瞻所系，两旁商店住户，悬挂屏障物，应商量公安局，勒令拆除；（二）西满路为中山公园另一孔道，两旁车马行人林立，粪溺满地，臭气四播，应即会公安局指定地点，勒令搬迁；（三）双洞门及西满路之马路，应请工务局尽先修理。"参见铎声《市卫生局积极整顿与取缔办法》，《汉口中山日报》1929 年 6 月 4 日。

③ 张鸿雁：《城市空间的社会与"城市文化资本论"——城市公共空间市民属性研究》，《城市问题》2005 年第 5 期。

④ 王笛：《二十世纪初的茶馆与中国城市社会生活——以成都为例》，《历史研究》2001 年第 5 期。

更是包括熟人和陌生人等各种人物在内的公开的领域"①。置身其间的"我能被任何'一个可能碰巧出现在那里的人'观察到，这就是说，被那些我没有私人交情的人和那些不需同意就能进入与我的亲密互动中的人观察到"②。人的活动"一旦超出邻里感情和邻里单位，就会感知到复杂的城市生活的影响"③。

在公园里，人们体验和感知到公众的力量与影响，并逐渐形成心理适应。人们一言一行都在陌生人面前完成，在万人集会里，或者在衣着甚少的游泳池里，人们最初可能感到不自在，但随着体验的增加，会逐渐习惯适应，而能够坦然地"观察别人，也可以被别人观察，在观察别人中获得信息、美感和想法，在被观察中展示个人价值与意义"④。尤其是打扮得潇洒漂亮的红男绿女，漫步在公园"看看游人"，在看与被看中，传达并获得一种感知，从而获得一种生活方式与样态的满足。

（三）公园引起人们对公共事务的关注

当市民体会到公园属于公众，也有属于自己一份的时候，就会把公园的事情当成自己的事情来看待，关注与自己生活密切相关的公共事务，养成对公众的责任感。翻开民国武汉大小报刊，其间充斥着长期如一的对中山公园的报道与公议。

其一，许多是渲染公园春夏秋冬的景致及游人或满足或失望的感受的。文字间既含有饱满的兴致与溢美之情，也不乏 1931 年武汉水灾后，对公园建筑的毁坏"辜负了游人希望"的失落情绪，⑤ 但"建筑这个东西就是这样，一旦破坏，就会留下深深的遗憾"⑥。其二，更多的则是市民对中山公园的批评与意见，虽文风迥异，但关切之意，溢于言表。有的为孩子们说话，呼吁修复公园儿童游乐设备。⑦ 有的非议讽刺中山公园茶房

①　Sennett, Richard, *The Fall of Public Man: On the Social Psychology of Capitalism*, New York: Vintage Books, 1977, p. 17. 转引自土笛《街头文化：成都公共空间、下层民众与地方政治（1870—1930）》，李德英等译，中国人民大学出版社 2006 年版，第 14—15 页。

②　参见詹世友《公共领域·公共利益·公共性》，《社会科学》2005 年第 7 期。

③　[美] R. E. 帕克等：《城市社会学》，宋俊岭等译，华夏出版社 1987 年版，第 7 页。

④　[英] F. 吉伯德：《市镇设计》，程里尧译，中国建筑工业出版社 1983 年版，第 8 页。

⑤　木端：《水灾后的中山公园》，《武汉日报》1932 年 1 月 13 日。

⑥　张鸿雁主编：《城市·空间·人际》，东南大学出版社 2003 年版，第 85 页。

⑦　周之密：《为孩子们说话》，《汉口报》1946 年 5 月 25 日。

硬收"小帐"①，认为是一般大人先生、公子哥儿、太太小姐在公园为了摆阔，"惯式"②了这些茶房，呼吁为了一般市民利益，取消"小账"③。有的直陈公园"罪状"："中山公园无不要钱之座椅；花卉不知搬到何处去了；假山洞久坏不修，且有在洞口买卖春宫照片情势；儿童节中有黑市。"④有的言辞激烈，甚至有过激之词，认为"公园里有哪一处地方能让你舒适的坐坐而不要花钱，哪一处地方没有被商人占据？游泳池坏了不闻不问，现在正值炎夏，有多少人需要它？厕所里屎尿横流，也没有人去打扫整理一下。区区一个动物园，看一下还得买票，这到底是对于市民的教育还是榨取呢？"甚至没有证据而臆测"公园茶社照相馆，除正当的租金之外，还要另外和管理人员论成分账，利益均沾"，并激烈表示"假若这传言是真的话，那我简直要反抗了！"⑤媒体和公众的批评给市政府很大的压力，只好指令公园管理处查办改进。

　　这些批评议论发泄了市民对公园现状的不满，更寄托着民众对公园的殷切期望。正是因为公园事关自身利益和需要，才激发了民众强烈的公共责任感，他们希望有一个更完美的公园供大家分享。

（四）公园呼唤市民公德心与公众形象的养成

1. 公园的进步性与民众素质滞后性出现矛盾

　　汉口中山公园建成开放，用之于民，作为民众的公共生活空间，反映了近代武汉城市的进步。"公共空间权力的大众化和市民化是一个城市空间最有价值的地方，也是一个城市进化的标志。"⑥城市进化了，有了近代化的公园供市民游憩，但近代化的人文素质却有待培养。在公共场所中，人们的外在行为都是暴露的，没有掩蔽的可能，为此，人们必须形成

---

① 方代：《中山公园的茶房》，《武汉日报》1934年8月13日。

② 武汉方言，宠坏的意思。这应该是当时《武汉日报》（见本页下一条注释）上的一个错误，"惯式"应该是"惯使"（"使"在此处可念去声，音同"式"），有习惯于使用的意思，如章回体武打小说中，常用"惯使大刀"来介绍人物；另外惯使还有姑息、纵容之意，《武汉日报》的"惯式"应该是取此意，且将"惯使"误写为"惯式"了。据武汉地方史专家徐明庭口述，2007年4月5日。

③ 芥蒂：《谈到"小账"》，《武汉日报》1934年8月18日。

④ 《新快报》1948年4月5日。

⑤ 《新闻晚报》1948年6月9日。

⑥ 张鸿雁：《城市空间的社会与"城市文化资本论"——城市公共空间市民属性研究》，《城市问题》2005年第5期。

一些能够共同接受的行为规范。比如行为得体，符合一般的交往规则，避免怪异的、令人厌恶的行为等。[1] 正如同期全国其他城市一样，近代武汉市民也缺少在公共场合的公德心和注意文明行为的意识，[2] 将平日的粗陋习惯在汉口中山公园如法炮制。游人在公园袒胸赤膊，随地吐痰，攀折花木，甚至"有无知人众，每于便后将竹片、木板、棉花、破布等物遗留池内，以致水管堵塞，便溺外溢"。

公园有意引导市民养成文明的生活习惯。为了引导甚至强制汉市民众文明游园，汉口中山公园制定游园规则十条，让驻守公园大门的保警执行：

（1）每日游览时间上午六时至下午十时，夏季延长再定；

（2）游人于公园门外下车下马，车辆马匹一概不得入内；

（3）禁止攀折践踏园内花草树木；

（4）禁止携带危险物品入园，不得抛弃秽物；

（5）游人不得于厕所外任意便溺；

（6）不得在园内袒胸赤膊躺卧；

（7）不得在人行道上及室内随地吐痰；

（8）儿童若有违背四五六条由其家长负责；

（9）游人带犬入园，必须用绳链牵引，否则禁止；

（10）禁止在园内射击飞鸟、捕鱼钓鱼。[3]

这十条规则的要求相当之低，尤其第五条和第六条应该是每个市民头脑中的应有之意，是每个人在公众生活当中的底线，[4] 却还堂而皇之地列入游园规则，这从侧面反映出当时武汉市民确实存在一些鄙陋行为，暴露出下层民众对自身公众形象的不在意。

然而，公园里的散步、休闲和娱乐活动对普通民众的文明、卫生、优

---

① 詹世友：《公共领域·公共利益·公共性》，《社会科学》2005 年第 7 期。

② 陈晶晶：《近代广州城市活动的公共场所——公园》，《中山大学学报论丛》（社会科学版）2000 年第 3 期。

③ 《中山公园管理处有关公园管理的文件》，1948 年，武汉市档案馆藏，资料号：85－1－62。

④ 孙立平：《社会生活的底线在频频失守》，《中国社会报》2006 年 1 月 16 日。

雅的生活习惯的养成无疑是大有裨益的。在上层人士看来，在新鲜空气中散步，不仅有利于工人的身体健康，更有利于提高工人的道德素养。换言之，在优美的环境中散步可当作教化下层民众的重要手段。"一位携家外出散步的工人，在身份各异的公园里散步，自然要衣着得体，妻子与孩子也一样；从经验看，如果被当地控制和指导，这种愿望在文明教化和激励勤奋方面最有效力。"① 因而，更多的类似于公园的公共活动空间的出现，在使城市的市政建设出现日新月异的改观的同时，也会造就出有教养的文明市民（见图4-5）。

图4-5　民国时期国外发行的汉口中山公园明信片

　　图片显示，大多数游客在公园里都是举止文明的。男男女女都衣着整齐，在陌生人面前行为得体，以给人留下好的印象。图片似乎表明，公园里的游客以中青年和孩子为主，他们兴致勃勃地赏玩着，老年人涉足其间者不多，这可能跟公园地处郊外，路途较远，老者不便前往有关（资料来源：武汉市图书馆王钢收藏）。

2. 呼唤更多城市公共活动空间的出现

　　诚然，像汉口中山公园这样一个充分发展的城市社会空间，既能够成为市民创造新生活方式的动力，又能够"形塑"市民的生活方式。② 但是，汉口中山公园毕竟只是汉市民众生活空间的极小一部分，而且并不是每天进入、每天感受的那一部分。近代武汉公共活动空间匮乏，而像舞

---

　　① 参见陆伟芳《城市公共空间与大众健康——20世纪英国城市公园发展的启示》，《扬州大学学报》（人文社会科学版）2003年第4期。

　　② ［美］凯文·林奇：《城市形态》，林庆怡等译，华夏出版社2001年版，第27页。

厅、戏园、影院这样的大众娱乐场所，也因为消费准入阻挡了大众参与的权力与热情，成为小众的空间，使得多数市民绝大部分时间都是在家庭与其他场所过着与在公园不同的、私人化的生活。在那个时间和天地里，他们是自己的国王，为所欲为，不用考虑他人的感受。在这种环境中成长与生活的市民就缺乏公德心，哪怕是连表面的良好的公众行为举止都难以形成，更遑论内心的美德。①

以往私人化的生活空间和生活经验不利于市民公共认同的形成。私人化的生活经验，强化了自我感受模式，导致市民合作精神以及对公众认同与关注的缺乏，这不利于一个市民社会的运作和城市的发展前进。只有开辟更多的城市公共活动空间，增强市民介入和参与的广度与频度，丰富市民的公共生活经验、体悟和感受，才能逐渐培养市民的公众认同和良好的市民风范。只有伴随着城市公共活动空间和公共生活体验的增加，市民才能逐渐形成心理自觉和市民美德。唯其政府力量与民间力量共同努力，才能使公共空间与市民社会生活变迁成为可能。

四　公园管理处：难以避免公共管理的困境

汉口中山公园是城市的公共活动空间，因而公园的运营和维护成为政府造福民众的重要公共事务。汉口中山公园管理处，② 在市政府的统领与指令下，负责公园的日常开放与管理。这种"为了解决公共问题，维护与实现公共利益，运用公共权力对公共事务与公共部门施加管理的社会活动"③，是近代汉市原生态的公共管理。

公园管理处所面临的管理对象是复杂的，不仅要维护好公园里的景、物，还要面对不同的人群和团体。人们因公园新鲜、好玩和提供的一个开阔自在的空间而满怀热爱与希望地进入它、利用它。市政当局、各社会团体机构、军警组织也根据自身的需要，纷纷利用公园开展活动，使得公园

---

① ［美］爱德华·希尔斯：《市民社会的美德》，载邓正来、［英］J. C. 亚历山大主编《国家与市民社会——一种社会理论的研究路径》，中央编译出版社2002年版，第43页。

② 汉口中山公园在1929年到1949年的开放期内，管理机构数易其名，先后有汉口中山公园董事会、汉口中山公园管理事务所、汉口中山公园办事处、汉口中山公园管理处、汉口中山公园整理委员会，为行文方便起见，本章以汉口中山公园管理处笼统称之，下文简称公园管理处。

③ 王乐夫：《论公共管理的社会性内涵及其他》，《政治学研究》2001年第3期。

成为都市中最大、最热闹的公共活动场所。公园成为各种力量、希冀的焦点，不同的理想、愿望、目的、利益交织在一起，增加了公园的复杂性，给公园的管理带来较大的困难和一定程度的混乱，公园管理机构与管理人员则成为备受各方指责的对象。在那个政治、经济、社会皆不稳定的非常时期，公园管理所面临的压力和困惑似乎是不可避免的。

（一）束手束脚：听命于市政府的指令

汉口中山公园管理处在民国年间始终是市政府直辖的下级职能机构。一方面，它负责公园的正常开放、日常工作及经济创收，并不定期接待各级社会机关、团体与军警组织的造访；另一方面，它又在财务、人事、规划甚至某些具体业务的开展上直接奉命于市政府的指令。在市政府的统筹指令和自身实际工作的运营中，公园管理处有时处于两难的局面。

公园管理处没有独立的财政权，由市政府统筹财政，收支均听命于市府。一般情况下，公园收支大抵平衡。[1] 公园开支主要用于支付员工的薪俸和公园的游乐设备如游划的添置费，以及游泳池的修缮费等。公园管理处的主任、技士、管理员、办事员、雇员、园丁、花匠、场工均要造册上报市府备案，由市府每月支付薪饷。公园设备的购置修缮费和一些临时费用，如员工工伤的医疗费用、夏季公园游泳池临时增加工人的薪俸由市政府临时预算支出。[2] 公园收入全部上交市库，公园收入主要包括园商所交租金、游划出租租金、夏季游泳池门票收入和园前自行车停车费。[3] 公园收入全部上交，使得公园管理人员在每月薪俸之外，再无额外所得，于是其在向市政府的经费预支申请中会虚报开支，以借机从中渔利。相应地，市政府会严格审核公园的经费预算申请，甚至监控公园工程招标，以挤掉公园管理处申报经费中的"水分"，公园管理处的会计由市政府专派即有防范公园在财物上弄虚作假的考虑。

市政府对公园经费预支审核常常是有效的，两件事情证明了市政府在

---

① 例如 1935 年，公园收入 7260 元，支出 5400 元，《汉口市政概况》（1935 年 7 月—1936 年 6 月）。

② 《中山公园管理处有关公园管理的文件》，1948 年，武汉市档案馆藏，资料号：85 - 1 - 62。

③ 《汉口中山公园管理所有关园商租赁公园地基案》，1948 年，武汉市档案馆藏，资料号：85 - 1 - 35。

公园财务监控中的作为。一是在审批公园游泳池修复招商承包预算中：抗战胜利后的 1946 年夏天，公园招标修复游泳池，公园管理处将三家承包商号的估价单编造预算，连同购置游泳工具发票一并呈请市政府标示，结果市府予以否决，并指令公园管理处"该估价单并未经有关机关监视决标，认为无效，并令公园再招商比价，并定期分请有关机关当场决标，再行编造预算！"于是公园管理处又在公园胜利厅举行公开招标，三家商号分别报价为郑创泰 579 万法币、李洪顺 743 万法币、熊恒昌 656 万法币，工程开标由市府、公务局、财政局代表出席，公园管理处主任主持，结果以郑创泰估价为最低而得标。[①]市府的有效控制，避免了公园与商家勾结套取市府资金。

二是在审批公园游泳池临时员工的薪俸预算申请中：1948 年夏天公园游泳池开放时，欲添雇临时员工"以敷业务支配"，公园管理处依市府十年的指令，请准在市府财政临时费项下，增设救护员一名、工人六名，"以专责成"。市府照准，但对公园一并把临时员工的薪饷预算报到 11 月份提出置疑，因为考虑到 11 月份武汉天气转冷，可能根本无人前往游泳，公园游泳池很可能停开而解雇临时员工，因而公园编造的 11 月份的临时员工薪俸预支可能是"水分"。后来公园将临时工人薪俸预算报到 10 月 10 日止，[②]可见市府务实的态度。而据后来中山公园的各项收入统计表，是年游泳池只开放到 9 月底，[③]可见市府决策还是有一定的预见性、科学性和合理性的。

除财务和经费之外，市政府有时还干预公园管理中的一些其他具体事项，给公园工作造成被动和困难。当社会部汉口社会服务处文化服务站欲利用公园受降堂放映电影以营利时，公园管理处以经营性活动有损受降堂的神圣尊严为由而拒绝，后社会服务处四处活动，使得市政府令中山公园管理处准予其在受降堂放映商业电影，[④]使公园管理处左右为难。当六合公司要求在公园租地建筑茶社时，市府指令公园管理处"该

---

① 《中山公园关于修理游泳池及续制游划和其他文件》，1948 年，武汉市档案馆藏，资料号：85‐1‐65。

② 同上。

③ 《市统计室催报公园各项有关统计资料》，1948 年，武汉市档案馆藏，资料号：85‐1‐41。

④ 《中山公园管理处有关公园管理的文件》，1948 年，武汉市档案馆藏，资料号：85‐1‐62。

园茶社正多，若无限制增加，对公园之秩序、风景不无影响，即使架桥建亭，亦须保持安全及风景"，于是公园方面拒绝了六合公司的请求，但后来又是市政府干预，让六合公司租地并在园西建造湖醇茶社，还对茶社的设计图纸进行审查，① 可见市府对公园管理事务的干预有时是深度的。公园管理处的具体工作体现着市政府的意志，有时难免损害到自己的决断力和威望，更为甚者，公园一旦出现外在的弊端，责任过失都需公园管理处来背负。②

　　公园管理处在人事雇用和解雇方面拥有较大的权力，但这种灵活性却造成公共权力的私人偏向性，导致公共管理的损失。公园管理处的员工除主任外均由公园方面自行雇用。公园管理处主任由市政府委任，因为汉口中山公园名声很大，公园管理处主任一职非常抢手，③ 因而常由市府领导亲信担任，这为市府指令畅达创造了有利条件。公园管理处除主任由市政府认命、会计由市政府专派外，其余皆由公园管理处根据市政府工程队雇用、解雇手续来自行雇用，这种灵活的用工制度最终使雇用员工的权力落在公园管理处主任之手，而且公园的停车处、游划、游泳池、网球场、滑冰场等各部门负责人均由主任指派充任，④ 结果难免出现任人唯亲的情况，而影响了公园的管理。据吴国柄回忆，邱幼云任公园管理处主任期间，其乡间数名亲友在公园谋事，⑤ 市警察局也指责"邱主任亲友多人，常居园中，使管理困难"⑥。从档案记载的公园员工中多人与主任的同乡关系来看，公园管理处各任主任都恐怕难脱任人唯亲的干系。

————————

　　① 《汉口中山公园管理所有关园商租赁公园地基案》，1948 年，武汉市档案馆藏，资料号：85－1－35。

　　② 例如，当公园管理处按市府指令限制公园茶社增设，而市府又批准了商家增设的请求，使得报刊批评公园"管理无方，以致亭台水榭，均已淹没无踪，茶楼相倌，反而到处皆是。此种情形，深为社会所诟病"（老岑：《谈整理中山公园》，《武汉日报》1949 年 4 月 29 日）。

　　③ 吴国柄：《我与汉口中山公园及市政建设》，载政协武汉市委员会文史学习委员会编《武汉文史资料文库》第 3 卷，武汉出版社 1999 年版，第 484 页。

　　④ 《汉口中山公园有关公园园商租赁各项文件》，1948 年，武汉市档案馆藏，资料号：85－1－73。

　　⑤ 吴国柄：《我与汉口中山公园及市政建设》，载政协武汉市委员会文史学习委员会编《武汉文史资料文库》第 3 卷，武汉出版社 1999 年版，第 484 页。

　　⑥ 《汉口中山公园管理所有关公园管理方面的文件》，1948 年，武汉市档案馆藏，资料号：85－1－39。

聘用公园员工是公共管理中的公共权力，但管理处主任却将之私人化了。公共权力的私人性既然是一种内在于人性本能的自足性欲望，那么它必然存在一种自利的倾向。当权力持有人的私人性越过公共权力的规范，使公共权力表现出一定的私人偏好性，受私人偏好影响的公共权力难以沿着公共福利的方向运转，① 极有可能损害公共管理的信度和效度。

（二）"必要的祸害"：驻园保警和警察局的双重性

除受市政府纵向领导之外，公园管理处还要与社会机关团体发生横向的联系。公园管理处在为各社会机关、组织、学校、军警提供公共服务的同时，由于自身资源的匮乏也常请求其他社会组织来支持自己。中山公园地处市郊，"每届夏令处，蚊蝇丛生，实为传染媒介，影响游人健康"②，于是公园管理处致函汉口市政府卫生科请赐"DDT"（杀虫剂），以便喷洒而保公共卫生。夏季公园游泳池开放时，公园管理处为对游泳者进行体格检查，而恳请汉口市立医院指派医师一人常驻园担任，同时，"为防止游泳者偶或受撞伤流血、急救起见"，拟请汉口市立医院惠赐碘酒、药棉、纱布、凡士林、橡皮膏。③ 因雨天泥泞，公园请汉镇既济水电公司赐煤渣铺公园道路。冬令时节，公园又请中国纺织公司驻汉办事处配售呢绒衣料，以便于职员缝制冬服。④

与军警组织打交道最令公园管理处头疼，而公园管理处常常是受委屈的一方，这在那个权力混乱的时代或许是不可避免的。在整个民国时期，几乎都是谁掌握武力、谁就掌握话语权的时代。公园管理处由市政府管辖，而市政府不一定总是城市的最高权威机关，实际上武汉警备司令部、武汉行辕、"剿匪"司令部这样的军警组织是凌驾在武汉市政府之上的，公园管理处自然怵之三分，因而对部队入园训练、游泳等要求基本是有求必应的，甚至不惜因此而耽误普通市民的游园和玩赏，否则公园管理人员

---

① 刘圣中：《从私人性到公共性》，《东方论坛》2003 年第 1 期。

② 《中山公园管理处有关公园管理的文件》，1948 年，武汉市档案馆藏，资料号：85 - 1 - 62。

③ 同上。

④ 《汉口中山公园有关公园园商租赁各项文件》，1948 年，武汉市档案馆藏，资料号：85 - 1 - 73。

自身安全就受到威胁，何况公园管理处有时还倚仗军警机关的威权对游人进行管理和训诫。① 而当公园管理处的工作人员被一般部队官兵伤害时，公园方面则只能诉诸市政府与更高级别的军警组织来申冤。②

公园管理处与驻园保警和市警察局的关系凸显了公园管理的尴尬与困惑。公园管理处倚仗驻园保警维护公园里的财物与安全秩序。市警察局应汉口中山公园之请"派有多名长警，常驻该园"③，这些驻园保警的主要职责是制止游人攀折园内花卉，并协助公园管理员防范偷盗，维护公园秩序。④ 公园自身管理人员地位不高、水平较差、⑤ 方式简单、权威不够，游人不服其管理和劝阻，因而驻园保警的存在对于公园秩序的维持是必要的。⑥ 公园的治安也主要靠驻园保警维持。一些不法分子将汉口中山公园作为寻仇、凶杀之地。凶手大概是利用公园地处偏远、夜阑人稀之便进行仇杀，这是公园的不和谐音符，对公园有着负面影响，报纸对公园无名尸体等案件的报道⑦也会引起市民的恐惧心理，保警在公园的

---

① 例如，公园为了避免一般部队的入园骚扰和游人的粗蛮行为，利用武汉警备司令部的权威，在园门竖立武汉警备司令部牌示七项：禁止车马入园；禁止驻扎军队；禁止砍伐树木、攀折花卉；禁止摆设摊贩；禁止裸体洄浴；禁止湖内钓鱼捕鱼；禁止园内埋葬坟墓（《中山公园管理处有关公园管理的文件》，1948年，武汉市档案馆藏，资料号：85-1-62）。

② 公园管理处写给武汉警备司令部、市府、武汉行辕主任程潜的一封"告状信"即表现出其面对军队武力的无奈："本园游泳池原定每周二、六下午一时至四时公开免费优待军警，但近来有不守规定军人，不服劝阻，勉强入池。昨日下午不明番号部队五十人结队汹涌入池，出言不逊，一时秩序大乱。管理员上前理论，不料军人各手持铁棍砖头如狂风暴雨迎头围殴，员工无一幸免，轻者头破血流，重者呼吸困难。捣毁门窗柜台茶壶玻璃。近日游泳池停止开放，员工已到医院检查，恳请设法制止此种目无法纪行为。"参见《汉口中山公园管理所有关公园管理方面的文件》，1948年，武汉市档案馆藏，资料号：85-1-39。

③ 《监守自盗：中山公园两个警士，同谋倒卖园内公物》，《武汉报》1941年5月22日。

④ 《汉口中山公园管理所有关公园管理方面的文件》，1948年，武汉市档案馆藏，资料号：85-1-39。

⑤ 负责维持公园秩序的管理员几乎全是初小教育水平（《中山公园管理处有关公园管理的文件》，1948年，武汉市档案馆藏，资料号：85-1-62）。

⑥ 公园方面牌示游人不得在公园湖内游泳，沿湖岸立"禁止在湖内游泳"木牌多处，但游人中一般流氓及中小学生最不守规矩，常不服劝告，与员工发生冲突，时有所闻，以至于发生强行入湖游泳者"刹那间惨遭灭顶"的悲剧，公园为亡羊补牢起见，请市府转请警局制作更具威严的警示牌，以速予制止此类事情发生。此处，不是公园没有挂牌禁止入湖游泳，而是流氓与学生挑战公园员工权威，不听劝止。显然，公园管理处的权威不够，公园本身也意识到这一点，所以希望依靠军警的权威，由其制作牌示悬挂，威慑游人（《汉口中山公园管理所有关公园管理方面的文件》，1948年，武汉市档案馆藏，资料号：85-1-39）。

⑦ 《公园谋杀案哑谜揭开》，《武汉日报》1947年3月20日。

巡视增加了人们的安全感。

但是，驻园保警的武力与权威同时也威胁到公园的管理人员，驻园保警甚至恃强欺侮公园员工。驻园保警具有两面性，既协助公园管理处维持公园秩序，又公然轻视欺侮公园员工，这令公园管理处十分为难和恼怒，即便自己员工被保警队长殴辱，也只能通过市政府转饬市警察局协调处理。[①]

公园管理处和警察局都是直属市政府管辖的机构，但警察局的强势地位是不言而喻的。气势凌人的警察局对公园管理处的态度往往是强硬而不友好的，公园管理处的弱势地位注定了它在与警察局的交涉中被轻视。当园内水管丢失，公园管理处请市府转饬警察局查办之时，警察局的答复咄咄逼人，将责任完全推给公园管理处和管理处主任。[②]更令公园管理处始料未及的是，驻园保警中居然出现监守自盗之徒，公园方面虽忍无可忍，但也只能将不良警士交予警察局处置。[③]

尽管驻园保警和警察局时常给公园管理处带来屈辱和伤害，但公园管理处不得不借助驻园保警和警察局的武力权威。在市民文明自觉意识尚未形成、流氓无奈混迹园中、公园管理人员软弱无力的情形之下，公园管理处必须倚仗驻园保警和警察局的武力与威严。但在无形之中，公园自身管理人员的威信进一步式微和丧失，且助长了驻园保警的威风，甚至自取

---

①　1948年8月14日，公园办事员张谦即被驻园保警队长殴辱，为此公园管理处致函请求市政府出面解决："公园管理处与新运会联合举办庆祝第九届空军节及水上竞技大会，本园办事员张谦在公园游泳池维持秩序，由于着便装，游人不听管制，场面有些混乱，结果驻园保警李分队长训斥，张谦请求警员带枪协助维持秩序。李分队长认为张谦不服从命令，怒从心起，当着宪兵班长的面，打了张谦一耳光，一拳击中张谦胸部。宪兵班长愿意作证。"参见《汉口中山公园管理所有关公园管理方面的文件》，1948年，武汉市档案馆藏，资料号：85-1-39。

②　汉口市警察局致函给公园方面："一、水管被窃原因为公园围墙尚未修竣，且园内电灯除大门内外仅只有五盏外，其余均未设置，以致暗夜之时监视困难。兼之园内除茶社及贩卖部及三青团学生分团所有人员均在内居，五方杂处外，尚有邱主任亲友多人，时常居留园内，园内保警每一查及，均以亲友为辞，不便深追，管理困难。所以，该园未能及时安装电灯及修筑围墙，擅任亲友居住园内，难逃责任。"参见《汉口中山公园管理所有关公园管理方面的文件》，1948年，武汉市档案馆藏，资料号：85-1-39。

③　此事在报纸上被披露：中山公园驻园警士中有刘东炎、黄桂章两名，性同恶劣，不明大体，竟敢于其监守职责之下，狼狈为奸，同谋倒卖园内公物，被该园事务所察觉，遂于日前一并将两人送交其主管官。经查，二人同盗园内公物，但尚未达到变卖目的，终将两人革职。两人于昨日返回公园，搬取其行李时，复敢向该园事务所，借题发挥，大肆咆哮，经多人劝解，仍滋闹不休。该所所长庄瑞陔甚为愤怒，情无可忍，复将二人一并交警察局（《监守自盗：中山公园两个警士，同谋倒卖园内公物》，《武汉报》1941年5月22日）。

其辱。

所以，公园管理处请进驻园保警，加强了公园的秩序和安全管理，同时又失去了管理公园的自主性和权威性。驻园保警似乎成为其"必要的祸害"，既让其畏之三分，又缺之不可。当公园意识到这一点时，已为时已晚，因为自身工作人员的威信早已旁落，要请出这些驻园保警来重建自身威信，必定要待以时日，并且很可能导致公园管理的更大混乱。

（三）公园管理处：自身努力与挫败

依靠驻园保警是公园管理处管理公园的重要手段，但这并非意味着公园管理处放弃了自身的努力。实际上，公园管理处也在探索如何使公园的管理运行有章可循、井然有序，并且制定了一系列相应的规章制度。

公园积极进行自身的制度建设。为明确职责，公园管理处下设总务和园艺股，各股秉承主任之命，办理一切有关业务。[①] 为了提高工作人员的办事效率，公园管理处制定了办事细则，对员工的职责、考勤、委任等事项作出了明确规定。公园管理处还对园商的经营与义务作出了规定。为了引导和规约游人文明游园、遵守秩序，公园制定了游人规则十条，并在园前牌示游客，公布了公园开放时间，列举了公园里禁止的言行事项。对于公园里的游乐项目游泳和划船，公园也制定了相应规则，而且要求到公园游泳者先接受身体检查，合格者方可入池游泳，并规定酒后及不谙水性者不得下水游泳，[②] 并对游泳池存衣柜也列出了使用细则。公园方面对游人在公园前停放自行车及缴费、丢失存车牌等具体事项也作了规定。[③] 另外，由于公园内机构芜杂，财物容易丢失，公园管理处要求驻扎在中山公园内的市体育场、社会服务处文化服务站、警犬室、图书馆、宪兵队、园商联谊会、童子军支营凡从园内将公私物件带出园外皆要到公园总务股盖

---

① 总务股负责办理人事、文书、出纳、庶务、收发、卫生及公共管理事项；园艺股主办栽培花木、整理园容及建筑物，包括房屋、亭舍、湖池之一切设计事项（《汉口中山公园管理所有关公园管理方面的文件》，1948 年，武汉市档案馆藏，资料号：85－1－39）。

② 《汉口中山公园管理所有关公园管理方面的文件》，1948 年，武汉市档案馆藏，资料号：85－1－9。

③ 《汉口中山公园有关公园园商租赁各项文件》，1948 年，武汉市档案馆藏，资料号：85－1－73。

章，以免遗失。①

除制定相应规则外，为寻求改进，公园管理处还不定期召集园商开座谈会，群策群力，② 反映了公园管理处意欲对公园这一公共活动空间的管理和服务有所作为。

档案材料里的各项规则，让我们看到公园管理处在公园的日常管理与维护方面的努力，但诸多不利的因素令这些规则施行的实效不容乐观。一些游人可能根本不识字，因而园前园内的牌示标语对其毫无意义。一些市民公然挑衅公园工作人员的权威，对其劝阻毫不在意，依然我行我素。再者，公园管理人员自身的道德素养也影响了规章的实施效果。例如，尽管公园游泳池要求游泳者出具身体检验合格证明方可入池，以维护公共健康，③ 但实际上，即使不做身体检查，只要给守池的管理员一些小钱，照样可以下水游泳。④ 一些不良市民的防不胜防的无良行为也使公园日常管理收效大打折扣，市民的恶意破坏如偷盗行为使公园的日常管理漏洞频生，公园"周围缺口数处，时有不肖份子借机出入其间，偷窃砖块"和自来水管，⑤ 致使公园设施遭到破坏而出现日常运营的困难。公园方面虽规定"园商不得在非承租区内建筑房屋亭阁"⑥，但园商也善于审时度势地向公园管理处提出一些占地扩建的要求，以适应生意的季节性变化，公园方面不便拒绝其合情合理的请求，而一般市民又希望公园多些自然的空间，如此等等，使得作为市民公共活动空间的汉口中山公园，成为希望、矛盾和指责的焦点。

不具备独立行政能力和充足资源的公园管理处，既要听命于市政府的垂直命令，又要处理好与各社会机关、团体的横向关系，且要保证公园每日向市民开放，还要照顾园商的经济要求，谋求公园管理人员的利益。公

---

① 《中山公园管理处有关公园管理的文件》，1948 年，武汉市档案馆藏，资料号：85 - 1 - 62。

② 《汉口中山公园有关公园园商租赁各项文件》，1948 年，武汉市档案馆藏，资料号：85 - 1 - 73。

③ 《中山公园管理处有关公园管理的文件》，1948 年，武汉市档案馆藏，资料号：85 - 1 - 62。

④ 访谈资料：F - 21，2006 年 4 月 28 日。

⑤ 《汉口中山公园管理所有关公园管理方面的文件》，1948 年，武汉市档案馆藏，资料号：85 - 1 - 39。

⑥ 同上。

园管理处可谓集各方需求之所在，任重而道远。但公园管理面临的各种各样的困难使得公共管理的复杂性凸显：当时政象纷乱，武力决定话语权，各种军警武力频繁出入于汉市，使得市政府作为全市的最高权威机构也不稳定，处于可商量、可改变的状态，因而直属其辖的汉口中山公园管理处就更显得无所适从、展不开手脚，还要依靠给自己带来伤害和侮辱的驻园保警与警察局之强力与权威来维持公园的安全秩序，加强公园的管理维护；而公园内部工作人员、驻园保警、普通市民中不肖之徒的破坏行为对公园的正常运行也造成影响和危害；文明习惯尚未养成的游人的鄙陋行为也是公园管理处顺利实现公园管理的潜在威胁与障碍。结果，公园的开放、运行和管理难免出现一些混乱失序的情形，致使市民和媒体纷纷批评、指责公园管理处，其间甚至不乏夸大其词的无稽之谈。[①]

公园管理处面临公众的信任危机，但据此得出公园管理处的公共管理完全失败的结论恐怕是不恰当的。公园既然为全体市民所有，是广大民众的福祉之所在，人们积极地监督它的运行和管理是很自然的，也正体现出民众的公共责任感。但也许是对公园的期望和要求过高之故，人们往往忽视了公园管理处所做的大量的摸索与努力，使得公园管理处有苦衷却又无可言说。其实，在那样一个纷乱的时代与局面下，在市政建设与市政管理的起步阶段，汉口中山公园能让市民进入、共享，并为之骄傲而向往之，成为城市美好记忆的一部分，本身就证明公园管理处已经处在自己的位置，并未缺位。各种复杂的因素导致的公园开放与管理的不尽如人意之处，我们不应过分苛责或像当时报纸那样猛烈地批评，而该给予更多的理解。

总之，汉口中山公园的辟设开放，体现出开放性、大众性、可及性、功能性、参与性特征；增加了近代武汉市民的公共生活体验，满足了多方面需要。政府利用公园命名、空间部署、园内建筑、集会活动对民众进行

---

① 《新闻晚报》1948 年 6 月 9 日第四版报载声称："中山公园区区一个动物院，看一下还得买票，这到底是对于市民的教育还是榨取呢？据说公园茶社照相馆，除正当的租金之外，还要另外和管理人员论成分帐，利益均沾，假若这传言是真的话，那我简直要反抗了！"这是市民不了解公园的内部运作情况的误解和无缘由的臆测。动物院由向公园交租的园商所办，自主经营，自补取费，公园管理处无权令其为汉市民众尽纯粹义务免费招待。而分账显然是讹传，公园管理人员是政府机关人员，拿国家薪俸的！一般市民可能对此不了解。公园方面在答复中也指出"论成分帐，此事关系本处名誉太大，请提出者拿出证据"。参见《中山公园管理处有关公园管理的文件》，1948 年，武汉市档案馆藏，资料号：85－1－62。

政治控制和生活宣教；苦力、小贩、园商、青年男女、平民大众以公园作为参与社会生活与展示自我的舞台；部队、学校、教会组织等社会团体争相利用公园资源开展活动，使公园体现出充分的公共性。公园促使民众暴露在陌生公众面前，获得生活与感知的公众性；引起人们对公共事务的关注，培养市民公共责任感。公园的辟设也呼唤市民公德心与公众认同的养成，只有伴随着城市公共活动空间和公共生活体验的增加，市民才能逐渐形成心理自觉和市民美德。政府力量与民间力量共同努力，才能使公共空间与市民社会生活变迁成为可能。同时，处于变动政局当中的汉口中山公园自身，在特定的环境中，尽管付出各种努力，也难以平衡社会各方的愿望与要求，不可避免地面临着公园管理的困境和混乱，受到多方的苛责。

第五章　民国中后期武汉大众心态

　　大众心态是群体成员在一定的社会背景下所反映出来的普遍的情感、态度、观念、价值等方面的习惯和心理倾向，它是一种基于个人生活经历而又有一定的社会普遍性的社会心理状态。① 大众心态经过一定的历史时期才能积淀而成。"其演化常常是无意识的，生活于其中的人们没有意识到这些演进。"② 因而法国著名社会心理学家勒庞断言"群体无疑总是无意识的"③。当个人进入群体后，作为群体或社会成员中的一员，无法抗拒社会大众的思维情感方式的浸染而发生改变。"现代生活最深层次的问题来源于个人在社会压力、传统习惯、外来文化、生活方式面前保持个人的独立和个性的要求。"④ "聚集成群的个人最有意义的变化，就是其中的个人的行为和思想方式，会表现得与他们一人独处时有明显的差别。"⑤ 通过对芸芸众生的言语、习俗、传统、情感、智慧的分析，可以了解人们的心态倾向，窥见历史的一些真相。

　　民国时期，形形色色的人们汇集武汉，在这座大都市中名来利往，努力融入这座城市，"不由自主的失去自我意识"，按照多数人的思维与情感方式来暗示、引导自己的生活。散布于报刊、私人日记、诉讼记录的一些不起眼的原始材料，折射出武汉普通民众的一些心路历程，以及为大众所共同认可、恪守和践行的价值观。

---

　　① 段妍：《沦陷时期东北民众社会心态剖析》，《吉林师范大学学报》2006 年第 1 期。

　　② ［法］高勒夫等编：《新史学》，姚蒙译，上海译文出版社 1989 年版，第 195 页。

　　③ ［法］古斯塔夫·勒庞：《乌合之众——大众心理研究》，冯克利译，中央编译出版社 2004 年版，"作者前言"，第 4 页。

　　④ ［德］齐奥尔特·西美尔：《时尚的哲学》，费勇等译，文化艺术出版社 2001 年版，第 186 页。

　　⑤ ［法］古斯塔夫·勒庞：《乌合之众——大众心理研究》，冯克利译，中央编译出版社 2004 年版，"冯克利序"，第 9 页。

一　浮躁的社会风气：商业都会的浸染

传统中国乡村常常呈现出一派宁静与祥和的景象。男耕女织的生产方式与慢节奏的日常生活造成了乡村的宁静，这种宁静沉淀为人们广泛的心理底色与人生追求。当限制个人欲望成为一种自觉时，这种温和安宁的局面就不难形成。儒家思想引导广大乡民追求内心的自足与宁静，认为人的自然欲望不能由人为根除，也不能完全满足，所谓"虽为天子，欲不可尽"①，因此满足欲望并没有错，只是不要过分。② 乡村"物质的有限性一旦被理解为物质需求的有限性，自然就有了小农社会普遍的自足心态"③，于是人们"总是小心翼翼的保护着自己谋求幸福的权利"，却又不自觉地放弃许多欲望的满足，"幸福最终被降到个人基本生存需要的水平"④，转而"以追求精神世界的充实富足与审美世界的完善幸福，而获得了个性压抑、物质匮乏的有限补偿"⑤。其具体途径则是"享受简朴的田园生活，求得各种社会关系的和睦"⑥。因而农村的广泛安宁不仅是由生产方式与生活节奏造成，而且内化为人们内心世界的一种向往与追求。忻平指出这是"一种充分成熟的以至于过熟的老年文化心态"⑦，而不是一个童年期或者青春期血气方刚、充满活力的人群的生存情趣与人生态度，后者则相应表现出强烈的创造欲、狂热的消费欲与占有欲，⑧ 而呈现出浮躁的特点。

民国时期的武汉正是这样一个正值青春期的血气方刚、充满活力的城市。其间的人们在商品经济与货币力量的蛊惑下，被撩拨起强烈的金钱欲。生存的艰难、财富的诱惑以及人际交往的表面化，使大众心态媚俗而虚浮，并外化为浮躁的社会风气。

---

① 《荀子·正名》。

② 郑雪、严标宾等：《幸福心理学》，暨南大学出版社2004年版，第15页。

③ 赵园：《北京：城与人》，上海人民出版社1991年版，第136页。

④ 林语堂：《中国人》，郝志东、沈益洪译，学林出版社1994年版，第75页。

⑤ 赵园：《北京：城与人》，上海人民出版社1991年版，第135—136页。

⑥ 林语堂：《中国人》，郝志东、沈益洪译，学林出版社1994年版，第128页。

⑦ 忻平：《从上海发现历史——现代化进程中的上海人及其社会生活（1927—1937）》，上海人民出版社1996年版，第271—272页。

⑧ 赵园：《北京：城与人》，上海人民出版社1991年版，第136页。

（一）渴望、膜拜金钱

以汉口为主导的武汉是近代中国少有的商业大都市，货币与金钱成为人们衡量成败得失的主要甚至唯一的标准。对金钱的渴望与膜拜是社会期望与评价方式所形塑的一种大众心理。

近代武汉的商品交换与市场贸易成为城市生活的主流，货币则充当了评价个人价值的标尺。"货币为所有人带来了一种周全普遍的利益标准，货币为直接的相互理解提供了共同的基础。它还提供了一种行为动机的一致性，极大地影响了以往人性中的虚伪。"① 这使得对金钱与财富的渴望，对现实利益的追逐成为一件坦然而自然的事情，膜拜金钱也成为一种正常的、为人所认同的价值观。

对金钱的渴望可能源于安全的需要。按照各种需要的重要程度和由低到高的发展顺序，马斯洛将它们排列成五个层次：生存需要；安全需要；归属与爱的需要；尊重需要；自我实现的需要，即 "一种想变得越来越像人的本来样子，实现人的全部潜力的欲望"②。而且，在低层次的需要满足后，更高层次的需求才会变得强烈。但我们看到，在民国武汉的下层民众中，其生存的需要就是安全的需要。人们的衣食住行以及日常生活维持都离不开金钱，否则就意味着生存受到威胁，个人安全亦不复存在。因而，获得金钱是为了满足生存所需，也是获得安全感的前提，金钱成为个人安全感的保障，③ 而可能与奢侈消费和生活享受无关。对底层民众来说，金钱在同一时段，既是他们的生存需要，也是安全需要。

对于衣食无忧者，金钱则是通往声望、权力、地位的途径。在近代武汉社会，人们意识到金钱的魔力，有的甚至发展到对金钱的顶礼膜拜。他们认为古语所说的 "钱能通神"，"有钱能使鬼推磨"，"王八有钱称老爷，婊子有钱叫太太" 都强有力地证明了金钱的力量。人们认为金钱可以换来官位，"有些自诩为所谓人民喉舌，民之父母的官吏，在当初的时候，谁个不是大宴嘉宾，广接高朋，由金钱的魔力产生出来的"。而且金钱还

---

① ［德］齐奥尔特·西美尔：《时尚的哲学》，费勇等译，文化艺术出版社 2001 年版，第 190 页。

② ［美］马斯洛：《自我实现的人》，许金声等译，生活·读书·新知三联书店 1987 年版，第 48—53 页。

③ 访谈资料：F－35，2006 年 5 月 2 日。

可以赢得崇高的社会声望："在这个趋炎附势的社会内，想做一个声名显赫的人，钱就是先决条件，而资历学历则次之。"①

人们对金钱的崇拜有时转化为对财富拥有者的羡慕心理和自惭形秽的自卑心态。商业是近代汉市的主要业态，作为商人，其奸猾的一面虽为人诟病，但商人在总体上是汉市民众欣羡的对象，因为商人身份在大众心中是富人的标志，商人给人们的印象总是与富有和把持金钱相关的。因而，在解放前期，当公教人员饱受物价飞涨、薪金贬值之苦时，人们甚至可怜公教人员的处境，②而对商人的投机倒把、操控物价虽多有怨词，但实际上又是羡慕和向往经商者在社会动荡时期所具有的相对稳定的优势地位的。③人们觉得，只有商人在物价飞涨时期仍然悠然自得，其他的人都深受其苦，工人、店员、公教人员都令人蔑视和同情："除非是囤积居奇的商人，恐怕没有一个人是不叹物价高的。大家叹物价高，正是个人收入减少的缘故，也是人的价值　天天低于物价的明证。人正是　种最不值钱的东西啊！"④

人们认定人最不值钱，则无钱的人自轻自贱，自我评价低下就是理所当然的了。这一逻辑导致了穷人在富人面前强烈的自卑情结。穷人自己不能掌握财富，自认价值卑微，若是与富人发生联系，哪怕仅仅是说上一句话，也认为是受到莫大的恩惠，似乎自己的价值就得到了承认与提升，而获得一种被尊重和满足的感受。

可见，汉市社会人们对财富的崇拜，直接导致了对财富拥有者的崇拜。常生就是因为自己一个朋友的老板与自己讲了几句话，而在内心荡漾起喜悦与感激的心情的：

> 有一次，朋友的老板居然跟我说话，这真是一件大大出乎我意料之外的事情。朋友的老板是一个穿着得最阔绰的人，西装一天换一套。有一次我在路上遇着一个昔日里在一处同起同坐的至好友人，他都将头一偏地不睬我。现在穿得那么漂亮的朋友的老板竟肯同我说话，我几乎快活得像半老徐娘姘着了小白脸，子鸡儿吃在口里津津有

---

① 《钱！我拜倒你！》，《汉口报》1948年3月9日。
② 《为公教人员设想》，《武汉日报》1949年4月16日。
③ 罗本为：《钻眼》，《汉口报》1946年5月22日。
④ 陈言：《提高人价》，《正路旬报》1948年2月6日。

味，一颗心像油烧般酥荡荡的。

　　最可喜的是他说的话没有一句不是同情我的。他说我是贫人，他能放下有钱人的架子，同情贫人，那他一定是好人了。他说人来到世上是要谋生活的，那些饱食暖衣的人好比生锈的机器。最后他对我说："像你这样的人，总是抓住了现实的青年，因为你不畏怯你的环境，在这样困难的环境中还在挣钱。"

　　真的，我是几乎被这位朋友的老板的话感动得下泪，我真的感觉他是一位好人，忘记了他是一位穿西装的阔人。①

　　言语之间，面对富人的自卑心态暴露无遗。作为个人成就衡量标准的货币，导致人们对货币的渴求与对货币掌控者的弱势心理。

　　对财富崇拜的另一个结果是汉市民众的崇洋心理，因为以胜利者姿态进入武汉的外国人笼统地被看作富人。在器物层的喜洋、崇洋心态是最易滋生的。② 汉口自1861年开埠以来，各种代表西方文明的洋货无处不在、无孔不入，渗入人们的衣食住行，使得人们自然而然地将各种日常用品前面皆冠以"洋"字。"明明是银元，偏说它是洋钱，把银元说成大洋。那些深入民间的洋油、洋火、洋烟、洋灯……之类，其实就是煤油、火柴、香烟、煤油灯而已。"③ 人力车夫爱拉洋客则最好地反映出普通民众把洋人看成富人的心理定式。人力车夫讥讽衣衫破旧的人坐车是"开洋荤"④，对穿得特别阔比如西装的雇主，则换之以嬉皮笑脸："你家坐就是了，还讲什么价？你家还会少把？"但是即便讲好价后，车夫掉头不拉，那肯定是不远处来了一个洋人，车夫招揽洋人的生意去了。⑤ 与上海一样，崇洋是武汉这个城市文化的一部分，人力车夫选择外国乘客，只是将它赤裸裸地表现了出来。⑥

　　有时仅仅洋人的身份也是汉市民众羡慕的对象，人们会仔细打量和赞

---

① 常生：《朋友的老板》，《武汉日报》1935年6月4日。

② 苏全有：《从自是到崇洋：近代国人社会文化心态的转型》，《河南师范大学学报》2003年第6期。

③ 而成：《关于"洋"》，《武汉日报》1936年5月4日。

④ 访谈资料：F-32，2006年5月1日。

⑤ 均颖：《雇车的哲学》，《武汉日报》1932年1月1日。

⑥ 卢汉超：《霓虹灯外——20世纪初日常生活中的上海》，段炼等译，上海古籍出版社2004年版，第90页。

叹一些社会地位与财富均不突出的外国人。正如星期日到汉口江边乘凉的人们所言，"白衣的外国水兵，高胸膛的碧眼女人，和洋楼中旋动的电扇，都成我们羡慕的标的！"① 一些趋新的人们开始过元旦、愚人节、圣诞节这样的"洋节"了。但守旧的"国粹"老人对年轻人送新年②贺卡难以理解："横竖中国人的钱中国人自己用，偏偏过什么'洋人年'，把洋钱向洋人送！"但趋新的年轻人对国粹老人的老生常谈向来不屑一顾。③ "国粹"老人对洋节的抗拒是可以理解的，这是部分市民对西方文化习俗挑战武汉本土年节习俗的一种正常的抵触心态。一般来说，西方文化④在其传播、扩张或者全球化过程中，总会与本土文化产生冲突，本土文化会在此过程中产生各种各样的失落感与焦虑感。⑤

（二）面子观念与印象整饰

作为财富的外在表现形式，个人的衣冠形象、穿着打扮在很大程度上反映了一个人的经济状况。在民国时期的武汉社会，人们为了在他人心目中形成良好的印象，对自己的衣着外表常进行刻意的修饰，以维护自己的面子。尤其当社会上只重衣冠不重人的风气盛行时，维护外在形象不仅能为个人赢得面子，给人留下良好印象，而且也是争取工作机会、赢得尊重的重要手段。因而，多数市民难以免俗，在印象整饰上狠下功夫。

印象整饰即互动双方的自我表演，是指人们通过互动技巧对自己的印象进行控制、管理、整饰，⑥ 以在他人心目中创造出一个恰当的印象。中国人的"脸"与"面了"观念都是印象整饰行为的独有心理特征。⑦ 鲁迅认为面子是"中国精神的纲领"⑧。林语堂也认为面子研究"触及了中国人社会心理最微妙奇异之点"。它抽象，不可捉摸，但却是中国人调节

---

① 峻嵌：《我们的礼拜》，《武汉日报》1932 年 2 月 11 日。

② 指元旦，著者加。

③ 李家斌：《年尾杂感》，《武汉日报》1934 年 12 月 31 日。

④ 在当时被看成各个不同层次的"洋"玩意儿。

⑤ 许纪霖：《回归公共空间》，江苏人民出版社 2006 年版，第 140 页。

⑥ ［美］欧文·戈夫曼：《日常生活中的自我表演》，徐江敏译，云南人民出版社 1988 年版，第 57 页。

⑦ 周晓虹：《现代社会心理学——多维视野中的社会行为研究》，上海人民出版社 2002 年版，第 181 页。

⑧ 鲁迅：《说"面子"》，《鲁迅全集》第 6 卷，人民文学出版社 1991 年版，第 52 页。

社会交往的最细腻的标准。① 面子与个人的社会地位和能耐有关，所以它也直接涉及人们在社会交往中在他人心目中所处的地位。② 许多学者都将中国人的面子观念与中国传统文化对"礼"的强调相联系。因为"太过重视外在形式的礼，使得虚伪做作的表面功夫重于实质的内容"③，但武汉市民浓厚的面子观念与对"礼"的强调关系不大。因商而兴的汉口，脱离传统乡土社会的根基，所谓"礼"俗的传统观念还来不及生根发芽即已凋敝。

相反地，崇尚金钱的汉市社会主要是为提升自己在他人心中的财富成就感而形成了浓厚的面子观念。面子可以起到人际互动的象征符号作用，它可以表征一定的家世、财富、身份、地位、角色、权力、声望、荣耀和社会关系，也能够因使用得当而给人们的心理带来极大的满足和快感。④ 武汉人这种出于现实功利而非传统礼俗考虑的印象整饰行为，主要是通过衣冠修饰，以让别人形成自己生活富有、事业有成的印象。这种印象整饰的"面子功夫"是"个人为了让别人对自己产生某些特定印象，而故意做给别人看的行为"⑤。

在武汉社会，人们的面子观念呈现泛滥趋势。正如市民小可所言："人们脑筋里面向来有一种神圣不可侵犯的东西，就是面子。在家庭里面，父子兄弟间，要讲面子。在社会里面，朋友对朋友，要讲面子。譬如此类。差不多无处没有面子两个字在里面活动。"⑥

由于将个人成就与外在形象联系在一起，汉市民众形成以貌取人的习惯，使武汉成为一个只重衣冠不重人的社会。都市交往速度快而频率高，且具有匿名性特征，⑦ 打交道的双方不必知道对方姓甚名谁，人与人的互动不一定要通过深入交流，往往只是表面化的短暂接触就可以完成一次互

---

① 林语堂：《中国人》，郝志东、沈益洪译，学林出版社 1994 年版，第 203 页。

② 周晓虹：《现代社会心理学——多维视野中的社会行为研究》，上海人民出版社 2002 年版，第 185 页。

③ 朱瑞玲：《中国人的社会互动：论面子的问题》，载杨国枢主编《中国人的心理》，桂冠图书公司 1988 年版，第 256 页。

④ 翟学伟：《中国人际心理初探——"脸"与"面子"的研究》，《江海学刊》1991 年第 2 期。

⑤ 黄光国：《人情与面子：中国人的权力游戏》，载杨国枢主编《中国人的心理》，桂冠图书公司 1988 年版，第 305 页。

⑥ 小可：《讲面子与破面子》，《镜报》1929 年 3 月 14 日。

⑦ 参见于海主编《城市社会学文选》，复旦大学出版社 2005 年版，第 49 页。

动，众多的买卖关系、商业往来尤其如此。注重事情本身，而不是牵涉其中的个人，因而互动双方都没有深入了解对方的精力和兴趣，因而对人的判断只能表面化，以貌取人。连小孩也能从衣着判断他人的贫富状况。教书匠荷风去租房子时，就因为自己穿着褪色的西装而遭到房东太太和她小孩以及奶妈的冷遇，心生不快：

> 谈到看房子，真个使人呕气。尤其是我们靠守时间的穷措大，看房子起码得两三天跑，更要耽搁时间去看，一见有全房招租的红条子，便拍门请问，请问了。
>
> 一进门，房东太太朝着我们打量打量，她们看我穿的一件西装的颜色，都黄褪了。倚在他腿边的小孩，嘴巴轻轻地动着"穷西装，臭搭毛"，在口里叽里咕噜起来。旁边像一个妈子奶妈之流的女人，嘴巴向上一翘的，同另一个女人去叽里咕噜了。我一怔！羞愤的脸便红了。我恨不得骂起来，或者打那女人及小孩的耳刮子，出一口恶气！但这毕竟是做不出来，好容易找着一间房子，还是去问问她房租吧。①

孩子既然能通过衣冠识人，因而也会懵懂地要求自己也穿得体面一些，以被人看得起并获得夸耀。孩子们年节时分都吵着要穿新衣服，否则不依不饶。端午节来临，"各个孩子心里都会有一点兴奋，那兴奋是留着一个适当的时候才能够发泄的，则是他们都有不曾穿过的新衣"②。做母亲的为了满足孩子们要面子的虚荣心，也在除夕连夜为孩子们缝制新衣，不知不觉间东方发白，孩子们穿着新衣高高兴兴地玩耍去了。③

成年人比孩子更懂得体面的穿着打扮的重要性，不惜在外表上花工夫，以获得面子和别人的尊重。在新年时，成人也要展示自己的体面："有钱的人要显现他们的富有，他们不过是高贵的衣服展览架而已，只要让别人知道他们的衣物值钱就够了，好看与否，那倒是不要紧的问题。年轻的太太小姐们要卖弄她们的美丽，新年正是她们赛衣竞美的好机会，不

---

① 荷风：《"看房子"及其他》，《武汉日报》1934年11月5日。
② 郭洛：《端午》，《大楚报》1941年5月30日。
③ 访谈资料：F-4，2006年4月19日；F-39，2006年5月8日。

管是贫穷的还是富有的，都将自己打扮得比平常漂亮一点，而出现在亲友们的面前。因此，一套新装对于她们太重要了。"①

在民国武汉，"飞机头"加上西装皮鞋的搭配是有钱男人的行头，以此可以赢得别人的尊重；否则，则被当成穷朋友而受到冷落。因而为了不给别人留下"穷酸相"，就要花心思装点自己脸面。"一般人要的面子只是心理上的关系，不一定是人格上的关系。无论贫富贵贱，皆苦苦的要面子。家里尽管没有饭吃，每到换季的时候，总要当当取当，维持场面上的衣裳，正如俗话说的，打肿面孔装胖子，垫起脚跟做长子。因为爱面子之故，名誉可以不要，良心可以不要。"②

光鲜的外表有助于赢得别人的尊重，满足自己的虚荣心。商生敏感地意识到不去理发店理发对自己是很不利的。他的感触很有代表性："像我这样其貌不扬的人物，鸠形鹄面发离离，在这只重'样子'不重人的社会，绝对没有你'占便宜'的机会。但一旦理发之后，固然是觉得轻松了许多，而且揽镜自照'尊容'也叨光不浅。如果有事到朋友家去，最少他不会疑心你是来借钱的。"③ "为使女人们看了生爱，穷人们看了生羡，富人们看了生尊敬的心，任何人看了都要叫两声先生，无论何人都要剪个洋鬼子式的头。"④ 皮鞋也是赢得面子不可或缺的装束。"脚下无鞋穷半截。无论中西装，要是配上一双皮鞋，走起路来咯咯叫响，该是多么的带劲和威风。"⑤ 人靠衣着获取注意和尊重，获得虚荣心的满足。于是在中学做体育教员的汪建中为保住清高与面子，让家里凑钱给自己制了一套蓝西装，每日小心翼翼地穿着，增加自己的底气，以免被人看不起。⑥

印象整饰还是谋求各种利益和机会的保证。印象整饰直接涉及对他人印象的控制，既有人运用这一手段虚饰自己的社会地位和真实身份，也有人利用相应的技巧为自己谋利。⑦ 在被称为"衣冠社会"⑧ 的近代武汉，

---

① 张承书：《新年谈新装》，《武汉日报》1947 年 1 月 4 日。

② 寄鸥：《苦苦的要面子》，《水晶宫》1929 年 11 月 2 日。

③ 商生：《闲话理发》，《武汉报》1941 年 8 月 19 日。

④ 石磷：《剪头》，《武汉日报》1932 年 6 月 10 日。

⑤ 王矢：《皮鞋》，《武汉报》1941 年 1 月 24 日。

⑥ 访谈资料：F–20，2006 年 4 月 28 日。

⑦ 周晓虹：《现代社会心理学——多维视野中的社会行为研究》，上海人民出版社 2002 年版，第 182 页。

⑧ 徐明庭辑校：《武汉竹枝词》，湖北人民出版社 1999 年版，第 293 页。

如果个人无法进行有效的印象整饰，则可能意味着失去很多的机会和利益。例如，去找工作时，穿着体面成功概率就会大大提高。有人慨叹体面衣着是谋得工作与生活的敲门砖：尽管有朋友介绍，若是穿着褪色的衫子去谋事，就会受到老板和门房的轻蔑，而同去的西装朋友，却被恭维得非常舒服，自己回来再换上体面的衣衫再去谋事就成功了，生活便有了着落。于是在人内心就有了这样的逻辑："有了衣着，总可找到工作，总可解决生活。要解决生活，必先找到工作，要找工作，必先要有衣着。事实告诉我，我的衣着，工作，生活的连环性的理论是已经正确了的。我不是有了衣着，就有了工作么！"[1]

　　有时，讲求面子还是迫于与人攀比所形成的压力的产物。俗人的烦恼和快乐总源于与别人的比较。相形之下，一旦自己的处境出于劣势，而且是容易被人观察到的不利地位，人们就会感到羞辱，于是就会出现打肿脸充胖子的处处面子沾受罪的情况，有时甚至会引发家庭纷争。甫行就记录了端午节前夜，同屋的一对夫妻因为要面子与人攀比置办节货导致了家庭争吵：

　　　　我们每次听他们争吵的原因，总不出金钱范围。那位贤内助老是吵着那样缺不得，这样少不来，而丈夫又老是说没有钱。彼此争论，于是声音愈吵愈大，而彼此的理由似乎愈吵愈足，我们在睡梦中有时也会被他们惊醒。废历[2]的端午节将到了，积习难移，他们眼看到人买鸡买肉，未免有些眼红，于是前夜他们的吵声又起了。

　　　　"今天已经初四了，我们的货物还不办完，昨天亭子间的嫂嫂去买肉，每元只买两斤，鸡每元三斤。他们今日已将粽子办好。我们还不去办，难道不过节么？"女的先这样说。

　　　　"现在我费用不够，一切只好俭省，可免的只好免了吧。"男的无精打采的带着颓丧的语气回答。

　　　　"这种事一年一次，无论大小百家，都得办买些物货，来团圆过节。别的可省，这个哪能省？人家看我们穷到如此地步，你的面子要不要？"

---

① 钢：《衣》，《武汉日报》1933 年 5 月 2 日。
② 指阴历，因为中华民国成立后被作废了，故称废历。

"少吃些不要紧的，你们女人只晓得用钱阔绰，不体谅男人的死活！"

"你处处装穷，这种地方还要装穷？"女的有些气愤了，"你要省为什么还要吃香烟？为什么要喝花雕？面子上的事，只知死省，你的烟酒怎么不省省？"……①

（三）投机取巧心理："雀战"成风

民国汉市社会的浮躁风气，还反映在普通民众所抱有的投机取巧心理。人们指望靠运气赢得财富，痴迷于麻将是这一心理的外在表现形式。打麻将在武汉亦称雀战、竹战或者打麻雀、打牌。② 不是通过踏实劳作，而是指望不劳而获的心理，使得武汉很长一段时间，打麻将蔚然成风，甚至独步中国。"无论通都大邑，无论穷乡僻壤，恐怕对打麻将的热情，雀战经验，均不敌汉市。"③"只要凑够了角，白天也打，夜晚也打"④，"通宵达旦，日以继夜，乐此不疲"⑤，"据说迷于打牌的一坐上桌子，虽然头顶上有飞机在投弹，也要和了这把才肯进地下室"。⑥ 而且在武汉抗战胜利之初，"汉市百业凋败声中，只有'麻雀'业生意兴隆。汉口是一个无声的都市，儿童游戏，只有打架，没有唱歌，唯一的声音，只是街街巷巷的劈劈啪啪的麻雀声"⑦（见图5-1）。

汉市不分男女老少，贫富贵贱，"无论达官贵人，无论贩夫走卒，无地不麻将，无人不会打麻将"⑧。女子参与的热情丝毫不亚于男性，有诗为证："窗下问孩子，言妈打牌去。身在此巷中，闹声不知处。"⑨"报道春回赌禁开，家家麻雀响楼台。上场不管男和女，一共几天抹得来。"⑩

---

① 甫行：《端阳节的前夜》，《武汉日报》1932年6月16日。
② 铢子：《论打麻雀》，《武汉日报》1934年11月8日；情圣《打牌》，《大楚报》1940年5月28日；巴老：《麻雀经验谈》，《大楚报》1941年3月21日。
③ 迷迷：《流行在大汉口的麻将》，《武汉报》1942年3月29日。
④ 伟：《麻将是家庭娱乐吗？》，《社会周刊》1946年4月28日。
⑤ 铢子：《论打麻雀》，《武汉日报》1934年11月8日。
⑥ 情圣：《打牌续》，《大楚报》1940年5月29日。
⑦ 周之密：《麻雀万岁》，《汉口报》1946年10月13日。
⑧ 伟：《麻将是家庭娱乐吗？》，《社会周刊》1946年4月28日。
⑨ 《家庭赌窟》，《亲民报》1949年5月4日。
⑩ 仲濒：《汉口新年竹枝词》，《大汉报·楚报日刊》1922年3月3日。

麻将成为普通市民共同的爱好与日常的重要谈资。"走！打牌去！""三缺一！"成为使用最频繁的流行语。[①] 打麻将地点可能在家中，也可以去茶馆。[②] 晚上的雀战则一般在旅馆，因为在那里可以获得茶役周到的递烟、倒茶和酒菜服务，甚至还有女招待作陪，当然都是要付费的。[③] 打完通宵牌，再从旅馆出来，乘黄包车离去。[④] 通宵打牌无疑影响第二天的工作，一些单位的领导就因为头晚打了二十圈麻将，无心工作，一大早就在办公桌旁哈欠连天，甚至因输了钱而迁怒于下属职员。[⑤] 青年老师通宵打牌输光了钱，不光没精神上课，而且还没钱买书。[⑥]

图 5-1 这张外国明信片反映的是晚清时候汉市民众在屋外打麻将的情形

人们在屋门口的空地上享受着阳光，希望靠着运气和牌技赢些钱，旁边还有孩子和邻居在"观战"。正是因为长期以来，牌局总吸引着人们观看和谈论，使得绝大多数市民自然而然地学会了打麻将的技艺。在随后民国的数十年间，人们打麻将的热情亦有增无减，不过在风头紧时，人们都在家里或者旅馆打牌，而不是如图中般在室外展开"雀战"（资料来源：http://bbs.cnhan.com）。

沉迷于打麻将往往会造成家庭生活的不和与破败。野红的父亲就因久赌成瘾，使一家人的生活失去了温馨与安宁，使母亲既怨又怜，看着父亲

① 长生：《日记的一页》，《武汉报》1941 年 2 月 23 日；访谈资料：F-8，2006 年 4 月 22 日。
② 访谈资料：F-10，2006 年 4 月 22 日。
③ 长生：《日记的一页》，《武汉报》1941 年 2 月 23 日。
④ 涛若：《黎明》，《武汉日报》1934 年 11 月 15 日。
⑤ 茂真：《一块肥皂》，《武汉日报》1947 年 1 月 11 日。
⑥ 涛若：《黎明》，《武汉日报》1934 年 11 月 15 日。

躺在床上的可怜样，睡在竹床上的母亲凄咽地说："有蚊子吗，老鬼！不争气的赌鬼！硬要输得当帐子、夏布衣，还不止呢！"① 而女人迷上麻将更容易使家庭生活瘫痪："麻雀的力量，在女人中有太大的魅力了，许多太太们，补昼补夜，不休不停地在方城作持久战，几乎饭可不吃，牌不可不打，于是因此伤夫妻的感情，失子女的教养，丈夫便受到打牌的威胁了。"②

打麻将是一种变相的赌博行为。汉市民众对麻将趋之若鹜，恐怕是因为打麻将契合了人们不劳而获、坐享其成、投机取巧的心理。打麻将会养成人们的侥幸心，典型的赌徒思维逻辑是：靠牌运和技巧赢钱，赢了钱想赢得更多，输了则想赶回本钱，反败为胜……引人入"胜"的麻将，一旦涉足上瘾，就难以自拔。"当赢了的时候得意忘形，想把得来之物作乐一下，于是吃、喝、玩种种恶习惯养成了。若是输了呢？就垂头丧气，借端使性，寝食不安地去翻本，幸而翻了回来。若从此洗手不干，那还好，但由于他补偿心理（补偿他的精神损失）的作用，自然不肯就此罢手，而想更多赢一点。于是从输钱到翻本，从翻本到赢钱，爱打麻将的人是如此地陷入深渊而不能自拔。"③ 麻将场中，"钩心斗角，波浪重叠，赢耶，负耶，赢者希望更胜，而负者希望翻本，此非与人生之心理不谋而合？"④ 两个通宵雀战败北教员的充满叹息和追悔的对话，反映了人们对麻将的欲罢不能的心态：

"唉！真不值！精神耗费，终又输了！"

"说么事！他们⑤真是乖啊！钱到了手就不来了！"另一个答。

"以后决不来了！"加重语气说，"以后决不来了！"

"哪一回不是这么说？偏又来了。"懊丧的神情说，"以后真不来了！"⑥

---

① 野红：《骆驼的生活——我的生活》，《武汉日报》1932 年 7 月 23 日。

② 情圣：《打牌》，《大楚报》1940 年 5 月 28 日。

③ 伟：《麻将是家庭娱乐吗?》，《社会周刊》1946 年 4 月 28 日。

④ 铢子：《论打麻雀》，《武汉日报》1934 年 11 月 8 日。

⑤ 指赢钱的两个人。

⑥ 涛若：《黎明》，《武汉日报》1934 年 11 月 15 日。

人们的内心都有不劳而获的想法，当爱慕财富又不愿笃行实干的虚浮心理被社会风气所鼓动，投机取巧几乎是必然的结果。"人都喜欢毫不费力地获得幸福，不但是找不着事做成天待在家里的人，总是等着从天上掉下一注财喜来。就是眼前已很富有的人，也决不会死了爱财的心。"[1] 打麻将看起来是一种娱乐，其实是市民虚浮、不安分、侥幸心理的体现。[2]

好逸恶劳、坐地起财的浮躁情绪总要找个宣泄的缺口，因而当麻将被宪警以"妨害风化"查禁时，人们便会将精力用在其他更合法的途径上，例如买彩票。新吾即目睹了自己弟弟和同屋的老张把抢购彩票当成抢购"幸福"的热情场面：

> 弟弟去挤米，带了一张珠宝奖券回来。"快去买去，一人只限一张，花五角钱，有得一万金圆的希望"！他简直是一路嚷着上楼来。同屋老张是个经常被穷困所迫的家伙，穷极便难免无聊，像这种能够平地致富的消息，他顶听得进。果然他第一个跑出来"哪里买？哪里买？"
>
> "就在信托局嘛！快点去，人多得很！"弟弟刚走进来，就听见老张锁门的声音。
>
> 老张终于买回了一张奖券，小小的一块纸片，而老张却似宝贵真的钻石那样宝贵它。我看见他转了一个身，脱去一件上衣，又待出门。
>
> "哪儿去？"
>
> "再去挤一张来，他们不会认出来的。"我不加犹豫，匆匆抓了一顶帽子，就跟在他后面走了。我是去看热闹的。
>
> 到了地点，人挤得不少，秩序很乱。老张一马当先，杀奔前去。我便退在路边，"隔岸观火"，好一般挤劲。但见他肩膀一耸，屁股

---

① 新吾：《抢购"幸福"》，《武汉日报》1948 年 10 月 29 日。

② 时至今日，一些靠政府发放低保而维持着最低生活水平的人们，不是想着靠奋斗去改变自己的生活状态，而是每天指望打麻将赢点小钱过日子。流传于老百姓之中的"长城烟（小卖部里最便宜的一种香烟，二元一包），沱牌酒（非常便宜的一种白酒，三元到五元左右一瓶），二分的晃晃天天有"就是这种态度的最好的反映，说的是抽着最便宜的烟、喝着最便宜的酒，但是赌注不大的麻将每天非打不可。"晃晃"是武汉麻将的一种玩法，每盘的输家要下来，在边上等着的玩家轮换上场，"二分"是指赌注底子，实际过钱时在此基础上以 10 倍翻番，一般输一盘要付给和牌的人二角到八角钱不等，据武汉地方史专家徐明庭口述，2007 年 4 月 5 日。

摆几下，就已不见踪影。在一堆骚动的人头上面，我看见一颗闪亮的珠钻在跳着舞。但它从不停在一个固定的地方。人们忽然退出了，老张也随着挤出。

"真倒霉，卖完了！"他还不平地向那已然关闭的幸福之门投了留恋的一瞥。

这夜，人人都在议论着珠宝奖券，老张失悔没早一点赶上买，说不定他买漏的那张正是头奖呢？前楼的房东夫妇今天却很高兴，因为他们想法子得到几张，中彩的机会自然是多了一点了。①

（四）精明圆滑：都市人的货币理性与精神倦怠

浸润在商业氛围中的汉市民众在货币理性的形塑下，造就了精明世故的心理特质。精明世故如一把双刃剑，在引领民众于城市更顺利立足和生存时，又使人们感到都市的冷漠与精神的倦怠。

1. 精明圆滑：基于货币理性的心理倾向

德国社会学大师西美尔在其名著《货币哲学》中指出，作为都市社会成败衡量标准的货币几乎主宰着人的一切。货币的可计算性，货币作为"一种纯粹功能的化身"，创造了一个物化的世界，作为一种无所不能的力量，货币使一切具有市场价值（与货币价格联系在一起）的事物都成为外在于人并强制人的实体，使得它几乎把所有社会关系都网罗在它的控制之下，把人变成精于计算的动物。②

除了货币之外，现代社会最具"理性"的就是都市生活了。正是"货币精打细算的本性使生活诸种因素之间的关系浸透了一种精确性，一种制定相等和不等的可靠性，一种商定和约定的毫不含糊性，使社会生活的内容赋予了某种透明度和可计算性，算计的理智性就体现在这些形式中，反过来它也许会从这些形式中衍生出部分力以掌控现代都市生活"③。市场经济的风险性与货币的权威性、客观性、精确性、等价性，大大影响甚至形塑了人们的思维逻辑。正如同为近代商业大都市的上海一样，市场

---

① 新吾：《抢购"幸福"》，《武汉日报》1948 年 10 月 29 日。
② 于海：《西方社会思想史》，复旦大学出版社 2000 年版，第 304 页。
③ ［德］西美尔：《货币哲学》，陈戎女等译，华夏出版社 2002 年版，第 360 页。

经济的发展与商业化的浸淫正深深地浸入武汉人的内心世界，商业精神成为整个社会的主导价值观，并化为人们心理活动的真实逻辑。[1] 人们内心认同圆滑精明的性格，而鄙视老实憨厚的传统乡民特征。

精明圆滑成为在严酷的生活环境中谋求生存发展的必需的心理特质。既然财富成为幸福的前提条件，而财富并非人人可及，人们不得不挖空心思获取财富，在长期的钻营中自然形成了圆滑精明的思维与行事风格，加上人们"在学校与社会所受的教育是市侩的，就不难沾染小市民追逐利润的机敏灵活"[2]。而且有人觉得越会钻营越可能接近财富与权力："假若他会钻眼，必定大发其财。你看富商们会钻货物的眼，将大批的货物钻到了手，囤积起来，候价钱高涨时，再来抛出。又一种有钱的人，放高利贷，其拆息有一分、分半、两分，到五分的，有子母生息的。有钱的人不但会钻眼发财，而且钻眼做官也是容易的。"[3] 憨厚老实的人等于傻瓜，[4]只有受苦的份儿，甚至难以在社会上立足。"如果一味实心实意的待人，只有自己吃亏。"俗话说，"欺侮老实人"，"如果人一老实了，自然受人欺侮，尤其是处在现在社会这种欺善怕恶的环境中，假如你是一个特别老实而用真情实意待人的人，那算是糟了糕！整日为人所欺侮和戏弄了。刁钻奸猾，当然为我们所不取，但是为应付环境，却也必须使用一点手段，而圆滑的应付"。[5]

有的家长从小就锻炼孩子的精明习气，结果，基于货币占有的心理优越感居然成为孩子们日常生活的真实呈现。两个孩子为争夺楼道内的凳子乘凉而起的冲突不小心暴露出这种心理优越感——一个孩子因"施与"了半根油条而理直气壮地要求对方把凳子让给自己坐。对货币的占有竟能使幼小的心灵起敏感的变化，其力量果真惊人：

　　　　"妈的，站开！让我坐，赶快！"
　　　　"不咧！为什么，你狠些？"

①　忻平：《从上海发现历史——现代化进程中的上海人及其社会生活（1927—1937）》，上海人民出版社 1996 年版，第 242—243 页。
②　张四翼：《与市侩搏斗》，《武汉日报》1947 年 1 月 1 日。
③　罗本为：《钻眼》，《汉口报》1946 年 5 月 22 日。
④　忻平：《从上海发现历史——现代化进程中的上海人及其社会生活（1927—1937）》，上海人民出版社 1996 年版，第 246 页。
⑤　情圣：《老实》，《大楚报》1940 年 12 月 31 日。

　　"好哪，不让？你早上吃我的半根油条，还来。"

　　"没得，怎样？"

　　"不行……"①

　　作为衡量成功的共通价值标准与原则，金钱与货币具有不可置疑的权威性，让都市人为之折服，并以之为准绳为人处事，考量人际关系与利益得失，因而基于货币可计算性特征的精明圆滑就成为市民难以避免的心理。金钱只关心对所有人共有的事，它要求交换价值，它把所有的问题都转换成："多少钱？"只有客观上可以定量的成就才有利益价值。这样，都市人会和商人、顾客、家庭的仆人，甚至会和经常交往的朋友斤斤计较。② 与上海人一样，作为环境的产物，武汉人见多识广，生活节奏快，这就使之能够对实际利益及周围环境做出快速反应。这是在商业都市中熏陶出来的一种生存价值与生存能力，机智、聪明、灵活已构成武汉人群体人格，是一种社会生命力的内在涌动。③ 同时，大都市——货币交换的中心——将事物的买卖推到了令人印象深刻的前台，这就是为何城市是世故态度的真正场所的原因。

　　2. 世故冷漠：都市人的精神倦怠

　　在长期的追名逐利与钩心斗角中，都市人往往容易形成精神的倦怠。基于货币理性的理性精神使金钱成了人们存在与社会发展的"永动机"，金钱几乎成为人们"不受条件限制"的唯一目标，而"一旦生活只关注金钱，这种手段就变得没有用处和不能令人满意——金钱只是通向终极价值的桥梁，而人是无法栖居在桥上的"④。因而在货币理性的过度扩张中，人们的终极关怀逐渐失落，个人成了现实目标的追随者，人的精神风貌与生活感受下沉，个人的生命感觉也由此失去了强烈的意义，这就是精神的倦怠感。人们的世故态度也是导致精神倦怠的外部因素。

　　冷漠世故是专属于大都会的心理现象，也是近代武汉市民的心理格调

　　① 小青：《音乐家的悲哀》，《武汉日报》1932 年 8 月 8 日。

　　② ［德］齐奥尔特·西美尔：《时尚的哲学》，费勇等译，文化艺术出版社 2001 年版，第 188 页。

　　③ 忻平：《从上海发现历史——现代化进程中的上海人及其社会生活（1927—1937）》，上海人民出版社 1996 年版，第 249—250 页。

　　④ ［德］西美尔：《金钱、性别与现代生活风格》，参见周建国《西美尔社会发展理论述评》，《社会》2003 年第 4 期。

的组成部分。都市社会人们的世故冷漠可能源于都市生活本身。

其一，都市生活的机械化趋势让人觉得人是冰冷的机器的奴隶，产生反感心理。"都会的外貌，一般都是无情的。堡垒式的洋房，坚固而冷酷，从不给人一丝一缕的温暖或任何柔性的感觉。路上车水马龙，稍不留心就会让人成为冤魂。十字路口的红绿灯，犹如一位铁面无私的审判官，把行人的自由压束至最小。……例子是举不胜举。所谓现代化者，表面看来，或者正是没有理性、不近人情的代名词。寄生在都会里，确然是人无分老幼贵贱，多少都得做做机械的奴隶的。"①当人在反思自己与机器的微妙关系时，会有更反感的心理，人在技术的支持下，感觉自己可以控制一切的时候，突然发现自己什么也控制不了，你在控制机器吗？机器在那儿动都不动，而你却必须陪在它的身边，就是厌烦透顶，也只能如此。②

其二，冷漠态度产生于都市迅速变化以及反差强烈的神经刺激。无限的追求金钱和快乐使人变得冷漠而厌世，因为它激起神经长时间地处于最强烈的反应中，以至于到最后对什么都没有了反应，对什么都冷漠，对什么都提不起兴趣。③例如，警察胡正启下班回到住处，精神非常懒散，心都缩着："拖着沉重的步子，荡到附近的街上，民间的风习加强了我不少的经验，处处使我感到人间是无情的。"④

其三，都市生活的理智与乡村生活的温情对比加深了人们对都市冷漠的感受与精神的倦怠。城市与乡村的人们受到的外界刺激的数量与强度有着天壤之别，因而其应激的方式也迥然不同。街道纵横，经济、职业和社会生活发展的速度与多样性，表明了城市在精神生活的感性基础上与小镇、乡村生活有着深刻的对比。都市人用头脑代替心灵作出反应。⑤最终，现代化的都市生活使心灵走向虚空化。⑥"人们都怀着空虚而冷漠之

---

① 企冯：《机器的奴隶》，《大众报》1947 年 7 月 27 日。

② 张大伟：《城市文化与"身份认同"》，《甘肃社会科学》2006 年第 2 期。

③ ［德］齐奥尔特·西美尔：《时尚的哲学》，费勇等译，文化艺术出版社 2001 年版，第 186—190 页。

④ 《汉口市警察局第三分局胡正启日记》，1948 年，武汉市档案馆藏，资料号：40 - 13 - 2663。

⑤ ［德］齐奥尔特·西美尔：《时尚的哲学》，费勇等译，文化艺术出版社 2001 年版，第 187 页。

⑥ 吴玉军：《现代社会与自我认同焦虑》，《天津社会科学》2005 年第 6 期。

心。"① 乡村生活中人们用心灵反应，是热情的和激烈的；都市生活用头脑反应，是理智的和冷静的。货币的客观性使都市人不得头脑发热，因而乡村生活的温情脉脉被都市生活的务实理智所代替。"这种务实态度把一种形式上的公正与冷酷无情相结合。理智上世故的人对所有真正的外在的个体都漠不关心。"②

在城市化与商品化过程中，人逐渐被推向一个既冷酷又充满敌意的世界。在这其中，彼此相互陌生的人从事着各种交易活动，从此这样的一个世界凌驾于乡村社群的亲昵与温情之上。于是，当时有人站在乡村生活的立场，将城市文化与乡村文化完全对立，反映出一种偏执的反城市化倾向，认为"乡村生活是和平的代表；住在乡村的人，只有诚实、笃信，和悦而谦恭，勤俭而知足，人类一切美德差不多都可在乡间求之"③。

娱乐是市民摆脱精神困境，如冷漠、世故、疲乏、倦怠的一种选择。都市人可以借助休闲娱乐摆脱精神的困倦，以获得心理感受的自由与"驾驭自我的内在力量"的畅快，即使还有大量的人事等着他（她）马上去处理。④ 武汉市民有着自己消遣和解除精神倦怠的娱乐方式。有人甚至这样总结："商人，多半爱汉戏。学生，多半爱电影。太婆，多半爱楚剧。小姐，多半爱跳舞。政客，多半爱平剧。小孩，多半爱魔术。文人，多半爱话剧。武士，多半爱国术。"⑤

尤其是工作一周后，为了缓解人际交往以及工作引起的精神疲倦和紧张，人们争相到汉口消遣娱乐的场景蔚为壮观。一个记者形象地描述了人们渴望周末放松的情状：

> 我们报馆的佣书奴，公安局的巡警，再和有正当商业的商人。其余服务于各学校、机关、洋人的人们，从星期一就望眼欲穿，巴不得星期日早到了。可是在这星期日的休息，在汉口的人，我从没有听说

---

① 峻嵌：《我们的礼拜》，《武汉日报》1932 年 7 月 11 日。

② ［德］齐奥尔特·西美尔：《时尚的哲学》，费勇等译，文化艺术出版社 2001 年版，第187—188 页。

③ 《民铎》第 4 卷第 5 号，转引自《涂文学自选集》，华中理工大学出版社 1999 年版，第230 页。

④ ［美］杰弗瑞·戈比：《你生命中的休闲》，康筝译，云南人民出版社 2004 年版，第 6—7 页。

⑤ 楚风：《信不信由你》，《武汉报》1941 年 5 月 17 日。

到武昌去的话，在武昌的人，却成对成双的，在星期六下午停止办公时，就忙不了的跑到汉口来。如囚徒待开释一般，然竭几日之劳，恐不足以供一日任性之挥霍。①

人们对周末休闲娱乐的热衷，除了娱乐活动本身的新奇刺激，恐怕还因为他们从中获得了精神的放松和愉快，暂别人情冷漠带来的精神困扰与倦怠。否则，人们不会渴望周末的娱乐"如囚徒待开释一般"。拿"方兴未艾的汉口舞市"② 来说，市民之所以对其青睐有加，除了"搂抱之乐"，很大程度上恐怕是因为在舞厅里，人们可以自然而然地流露自己的喜怒哀乐，而无需顾及商场上言说的逻辑、利益的掂量与立场的选择，只是随心所欲地表露发自内心的感受和想法吧。③

总之，汉市民众深谙金钱财富对于生存安全与生活质量的重要性。人们对财富的向往与崇拜到达执狂的程度，且化作对财富拥有者的膜拜心理，于是穷人自惭形秽，自我评价极低。为了掩饰自己的不利经济状况，获得别人的尊重，争取机会，人们不得不在装点面子上着力而进行有效的印象整饰。一方面羡慕财富，景仰商人；另一方面发财的路途又艰难重重，这考验着广大市民的心灵。多数人都对漫长的奋斗道路心有余而力不足，甚至抱悲观态度，因而当短期内聚财变得不太现实后，汉市民众内心相当浮躁。如果不甘困窘，他们就会产生侥幸心理，希望通过轻松舒适的途径，例如赌博、打麻将、买彩票等来达到迅速发财的目的。精明算计的性格加深了他们的浮躁心绪和精神倦怠感，这对丁改变他们的处境毫无裨益，甚至愈演愈烈。于是，中下层市民之中普遍弥漫着悲观失望的情绪。

二　幸福感缺失：悲观的社会心理基调

幸福感是人们的一种积极情感体验和对生活满意度的体认。④ 在半个世纪前的广大武汉下层民众中，幸福感的缺失成为一种社会共相。人们对社会所提供的生活场景与发展机会感到悲观失望，他们对自己的生活状况

①　个中人：《星期日的漫谈》，《光明》1930 年 9 月 6 日。
②　淬铭：《跳舞琐谈》，《大楚报》1940 年 3 月 5 日。
③　胡俊修：《近代上海舞厅的社会功能》，《甘肃社会科学》2007 年第 1 期。
④　郑雪、严标宾等：《幸福心理学》，暨南大学出版社 2004 年版，第 15 页。

感到不满，尤其是与富人比较会出现心理的失衡。然而，通过个人努力改变命运的机会却是渺茫的，为了减轻彷徨、悲观情绪的困扰，他们不得不逐渐调整自己的人生目标与财富预期。在长期的郁郁不得志中，产生无助、无奈、无力感，最后归因于自己的"命不好"，使自己的贫困状态内化为一种心态。无奈之中，有时会求助于神灵与精通命运解释之人，但风行于汉市的迷信也不总是灵丹妙药，不能总给人们带来好运、福气与心灵的慰藉。

（一）不满足成为一种社会共相

1. 苦闷源于对现实的不满

对生活的不满可能源于自身的赤贫状况，也可能来自社会比较而产生的心理不平衡。

城市贫民深感生活艰难，常抱自怨自艾态度，喟叹自己命苦。"贫困是人的一种生存状态，在这种生存状态中，人由于不能合法地获得基本物质生活条件和参与基本的社会活动的机会，以至于不能维持一种个人生理和社会文化可以接受的生活水准。"① 绝对的贫困状态让穷人无法获得基本的物质的满足，更遑论精神的满足与愉悦。汉市穷人总是充满愁苦，常喟叹不已："一副尴尬面孔，两支赤手空拳。三餐难谋一饱，四季愁米愁盐。五日京兆堪忧，六亲无着可怜。七成薪水早借，八面张望甚难。九转周肠欲断，十分责任压肩。"② 穷人衣食无着常令其无助而无奈，只好在衣着上尽量简化："省衣裳，打赤膊。省皮鞋，打赤脚。"③ 而在解放前公教人员也因物价飞涨而变得穷困潦倒，牢骚满腹，教师就自叹："前生作了恶，今世来教学。欠薪久不发，还要费口沫。学生背后骂，校长当面说。家中柴米炭，一件无着落。如此穷教员，不做又奈何？"④ 穷人连衣食住行尚且没有保障，生病后则更无法得到好的医治，根本无钱看病，这也是让穷人痛心之处，因此人们抱怨"穷人是不够资格害病的"⑤。"穷人

---

① 康晓光：《中国贫困与反贫困理论》，广西人民出版社 1995 年版，第 2—3 页。
② 赵书田：《穷人十叹》，《大众报》1947 年 4 月 13 日。
③ 寄鸥：《赤膊之歌》，《光明》1930 年 8 月 16 日。
④ 小巴：《教师自叹》，《罗宾汉报》1947 年 2 月 11 日。
⑤ 郁郁生：《穷得病不得》，《光明》1930 年 9 月 3 日。

不害病，只当走大运。"① 因而，汉市人们深知穷得病不得的利害："有钱人，虽病不要紧。无钱人病，则大大倒霉。所以英雄好汉不怕穷就怕病，穷人无病就是福。"② 有人甚至直接以《牢骚》为题，以讽刺笔调著文以宣泄穷人的不满，因为其家里穷的缘故，特与家人"约法三章"，以渡过难关：第一，生病不准吃药；第二，添衣不许买布；第三，读书不可花钱。倘有违契，轻则禁食，重则笞臀。③ 穷人的无奈与愁苦、愤懑直泄笔端。贫困还使穷人家庭惨淡，亲朋疏远，"至戚好友，久不闻名。粮无隔宿，鼠亦弗亲。家徒四壁，夜不闭门。子女啼饥，充耳不闻"。④

尤其当与富人进行社会比较后，汉市穷人则更加增添心中的不满与愤懑。社会比较是一个人与其他人在其能力、感受、状态、观点等方面进行比较的心理过程。向上的社会比较容易使人觉得自己比别人差、比别人弱，会体验到不满意、痛苦与自卑等消极的情绪体验。⑤ 在一个发达的商业社会中，穷人自然是拿自己的状况与富人的财富以及财富带来的不同生活享受作比较，但这种向上的社会比较却不太能激发他们的斗志，更多的是撩拨起了不满的情绪：一边是"舞场、旅社、戏院的门前总不寂寞，大公司、食品店里拥出挤进的人也不少，仅是吸售所的红灯也似长蛇样闪跳"；一边是"路上的乞丐都像排队的追随着人乞讨，油盐铺、米店围着的人像浪潮；伫立整天也买不到生活的食粮。慨叹咒骂，连串的诉说：不得了！不得了！"⑥ 穷人与富人的衣食住行有天壤之别，穷人都有真切的心酸的体味："穷人有早餐没有午餐，有午餐没有晚餐，饮食无有定时。富人忙于酬酢，同样是饮食无有定时。穷人忧心，富人也忧心。穷人忧的是没得吃，富人忧的是吃不下。穷人叹息，富人也叹息。穷人叹的是物价涨得太快，富人叹的是物价涨得太慢。穷人无家可归，富人也无家可归。穷人睡在水门汀上，富人躺在大饭店里。"⑦ 穷人、富人过年节的区别更明显，在中秋节时，月饼售价高得耸人听闻，结果"富家一只饼"抵

---

①　荒屯：《病中杂记》，《武汉报》1941 年 1 月 16 日。

②　郁郁生：《穷得病不得》，《光明》1930 年 9 月 3 日。

③　宝卿：《牢骚》，《武汉报》1941 年 1 月 31 日。

④　裔生：《送穷文》，《武汉报》1941 年 1 月 6 日。

⑤　郑雪、严标宾等：《幸福心理学》，暨南大学出版社 2004 年版，第 11—12 页。

⑥　陈京华：《都市风景线》，《武汉报》1940 年 12 月 8 日。

⑦　《显微镜下穷人富人》，《罗宾汉报》1946 年 7 月 31 日。

"穷人几月粮"①。于是穷人皱眉抱怨"富人过节，穷人是过'劫'哟!"，
"穷人的命是不值钱的"②。炎炎夏日，富人的享受与穷人的难受的"苦乐
悬殊"让贫民愤愤不平："富人在宽敞洁雅的房子里，享用着柠檬水冰淇
淋，搓着麻将，或是看看戏和电影，反正有自用的车或者洋车代步。至于
穷人，尤其是为生活而工作的穷人们，至少要在外奔走、工作，热得头晕
目眩，气喘汗流，所得价值，只够几碗稀饭。同是人生父母养的，富人也
不多个鼻子，穷人也不少只眼睛，却这般的'苦乐悬殊'呢?"③于是人
们喟叹"汉口是富人的天堂，穷人的地狱"④。

　　近代武汉是个鼓励人们发财的地方，但发财机会不是人人都有的，而
且还需要一个过程，这就有个时间差的问题。在流变不定的个人奋斗过程
中，目标的定位与现实之间尚有一段差距时，人们必然会产生一种焦虑、
急躁的心理失衡感。⑤正如吴绪茂表达的：

　　　　人们生活在现实里，但人们永没满足过现在。在人们心目中永远
　　还有一个比现实舒适些的生活的幻影闪耀着，人们便在向这个幻影追
　　求着，永远地。

　　　　当人们是一个为饥饿所威胁的乞丐的时候，他看见那劳苦的工人
　　每天还能够以血汗换两个果腹的面包，他羡慕着，他追求着。他以为
　　只要每天有两个面包果腹就能令他满足。但如真的这个追求到了，他
　　却又希望能像有闲阶级那样的优游和闲散，于是他又开始追求。

　　　　当人们是某机关的一个小小职员的时候，他看那组长或科长勤劳
　　少而获薪多，他羡慕着，他追求着。他以为升一个组长或科长就能令
　　他满足。但偶尔，这个追求果然达到了，他又希望像部长或院长那样
　　的尊容显贵，那样的有多的汽车和女人。于是，他又开始追求着。人
　　们就是这样的生活着，追求着。追求得到了一个满足，又产生了一个
　　满足的追求，永远这样的产生着，追求着。⑥

---

　　①　《富家一只饼，穷人几月粮》，《罗宾汉报》1946年9月10日。
　　②　茗：《棉花包下》，《武汉日报》1934年7月24日。
　　③　瑛兰：《炎夏》，《血针》1933年7月21日。
　　④　紫子：《汉口图案》，《大光报》1935年3月27日。
　　⑤　忻平：《从上海发现历史——现代化进程中的上海人及其社会生活（1927—1937）》，上海人民出版社1996年版，第273—274页。
　　⑥　吴绪茂：《追求与满足》，《武汉日报》1933年6月3日。

人是一种不断需求的动物，除短暂的时间外，极少达到完全满足的状况，一个欲望满足后，往往又会迅速地被另一个欲望所占领。人几乎整个一生都总是在希望着什么，因而也引发了一切。[①] 人们为目标的不及而愁苦、焦躁，影响了自己对生活的品味和享受，甚至陷入烦恼、失望、痛苦的泥潭。

人们所追求的这个满足，并不是马上可以到手，有时候吃尽了千辛万苦，吃尽了艰难险阻，十之九，连一个暂时的满足都无缘得到。越是得不到满足，越是拼命的追求着。于是，烦恼，失望，痛苦……这许多吞噬人的幸福的恶魔就都在追求中产生了，然而人们不知道，他们依然在追求着。[②]

达致欲望是一个漫长艰难的过程，也可能只有一个黯淡的前景。为了克服实现欲望前的长期的心理焦躁，人们学会智慧地生活，去调整自己的心态。

2. 得过且过：明智地调节心态

为了削弱和克服这种不满情绪以及不平衡心理的折磨，汉市民众进行了有效的心理调适，以得过且过、及时行乐的心态对付理想与现实的差距导致的心理困惑。正如忻平指出的，这可能是中国传统文化培育出来的审美情趣在商业都会里的变种。前者是贫穷的安逸，后者是无法富足的焦渴。安逸来自于"乐贫"，而焦渴源于求富，这是两种完全不同的人格系统和生活观念。在精彩与无奈并存的武汉社会，有人从祖辈、父辈那里直接继承了"顺其自然、得过且过"的活法，[③] 有的则是从无奈中学会了处世的哲学。[④] 无奈中显现出一丝传统的达观乐天的遗传因子，更表现出一种人生的智慧：既然离预定目标尚远，甚至根本无法实现，总不能永远受

① ［美］马斯洛：《马斯洛人本哲学》，成明编译，九州出版社2003年版，第1页。
② 吴绪茂：《追求与满足》，《武汉日报》1933年6月3日。
③ 访谈资料：F-8，2006年4月20日。
④ 访谈资料：F-20，2006年4月28日；F-29，2006年4月30日。

这种焦虑渴望的急切心情煎熬,何不一面奋斗,一边合理享受既得成果?①

于是有人抱着"今朝有酒今朝醉"的态度及时行乐。小职员一领到薪水就去理发店剃飞机头、擦粉,去浴室洗澡享受一番,接着又被拉去旅馆打麻将,输个精光,末了又追悔不已。这是他当时刚领到薪饷时,不顾繁多的开销而要"及时行乐"的心理活动:

> 走在马路上,皮鞋虽开了个洞,可是格底格底响得分外起劲,胸脯挺得蛮高,然而肚子里装着一大堆主意——老子是"今朝有酒今朝醉"的崇拜者,叹了半个多月的气,今天先乐上一乐,管他妈明天是冻死还是饿死,反正人是命运的操纵物。说不定明天会发上一笔横财——就这么办……从浴室和理发铺跑了出来,自己也觉得自己年轻了不少。摸摸嘴皮上,刺手的胡须也没有了。脸蛋子摸摸又光又滑,整齐明亮的头发!也吸收过不少人的视线,从头发上溜下来的香气,连自己也有点迷昏了!最后却输掉半月薪饷,一头麻醉在床上,在梦里还在发悔。②

潦倒的警察,为了补偿自己的辛苦,发饷后也乐于先享受一番,过着"穷一月富三天"的生活。如警察胡正启每月只能享受三天舒服的日子,接下来又持续忍受穷困的煎熬:"努力工作,勤劳工作也好,享受一点以劳力所换下来的一些微薄的待酬吧。哈哈,每月薪饷领到手中,真不知买什么东西好,可是不到三两天完了,真所谓'穷一月富三天'。"③

有人还专门撰文分析了汉市民众及时行乐与内心的不安是并行不悖的。子雨认为,社会的动荡,使人们内心深怀恐怖,彷徨不定,所以人们趋于及时享乐,以求片刻安慰。

> 不幸,我们生活在青黄不接的社会过程中。我们知道,以先过去

---

① 忻平:《从上海发现历史——现代化进程中的上海人及其社会生活(1927—1937)》,上海人民出版社1996年版,第274页。

② 长生:《日记的一页》,《武汉报》1941年2月23日。

③ 《汉口市警察局第三分局胡正启日记》,1948年,武汉市档案馆藏,资料号:40-13-2663。

了的，未来的人必是幸福的生存。自己这时代的我们，是再痛苦不过了。在一切观念尚未稳定以前，每一个人的心里都是彷徨着的。现在，我们尤其在不宁的状态中，国家，社会，以及个人，每天都是战战兢兢地渡过去，有如灾祸随时可及的样子。每天的报纸上都大登特登着经济破产、经济破产。

然而，与这正相反的，这样不堪景象的反动，便是安乐。现在仅以汉口为例，在这一年以来，一些好吃馆市店，不知如何热闹。同时也可窥出极不安的容貌。现在，在每一个人（穷光棍不在其内）的心理上，都因社会的现象，而深怀一种恐怖。死，饥荒，理想的无出路，这种刺激到现在已经失效了，这便是心理学上所说的"强度域"的增高。所以，人们只趋于极端的享乐，来求片刻的安慰。然而，这片刻的所求，终然消失。于是享乐的方式也必跟着进展。

在维持的状态中，一切反动的浮动，奢华享乐，肉欲，暂时强有力的占据一切企图，而一切文化亦此趋于浮动。诗曰："商女不知亡国恨，隔江犹唱后庭花。"由此，我们不难知道，这一暂时的享乐，即是后来不安的反照！①

结果不幸被他言中，过了四年武汉就沦陷了，难道武汉人早就有了预感，或者做好了悲观消极心理的准备？

（二）青年悲观彷徨：不确定的明天

1. 苦闷彷徨：青年的流行病

青年人作为武汉社会的未来与希望，在民国中后期没有展现出积极的精神风貌，以乐观、好学、进取的姿态引导社会。相反地，他们却受到社会诸多不确定因素的影响，而产生了普遍的悲观失望的心理，整体风貌低沉消极，内心遭受着困惑与侵扰。翻开民国武汉报刊，空虚、寂寞、枯燥、乏味、懒散、苦恼、无趣等字眼跃然纸上，诉说着青年人的悲观与彷徨。"不满现状的心理浓厚的抑郁着，但又没有一个捷径可把不满的现状打个落花流水。因此，苦闷和不满总得不到解决，演变成了悲观、颓废、

---

① 子雨：《一种社会现象的心理的解说》，《武汉日报》1934 年 10 月 15 日。

愤恨……"①

　　青年时期的人生状态本身就有双重性：一方面精力充沛，充满希望，斗志昂扬；另一方面又处于中间年龄层的尴尬之中——告别了童年与少年时代的天真烂漫，只能追忆童年"梦中的真，真中的梦"，而事业有成的中年时代又需要漫长的打拼与等待，因而容易产生对人生的拷问，对生命意义的困惑，如果不能及时改变处境，或得到积极的引导，反而受到整个社会低落情绪的笼罩，就很容易陷入悲观失望的心绪之中。

　　当下生活的驱使使青年人心里充满了烦愁与苦闷。青年人处于从少年向中年的过渡时期，自食其力的生活往往刚刚起步，不管是谋生或是创业都充满了艰辛与变数，加上社会保障机制的缺失，常将青年推入孤军奋战、不成功即失败的风险境地。再者，短期内改变人生不太可能，生活的压力无法疏解，② 使得汉市青年常常感到内心的苦闷与困惑，"苦闷成了每个青年的流行病"③。有的还不觉愁容满面。秋鸿就因为寄了一张照片回家，被母亲说成"愁容太甚"，而使他审视生活给自己造成的内心压力与愁苦：

　　　　离家将近六年仅仅拍了两张照，第一张记得是出来的两个年头拍的，可是那时母亲没有说我愁容太甚，却云较诸在家发胖了些，那时我私心欣欣然自慰着，而这回……当第二张照给母亲收到时，却给我一个不悦的答复，我不禁惘然。在我从来不会以为生活能致人于剥夺神情意识中，却体会到自己的神情已经是被生活所剥蚀了。

　　　　曾经为面容拿出镜子端视良久，结果我是默默地怔立着，轻轻地从逝去的岁月中，透视出为生活所渲染的一块块斑驳。从来散漫豪华的心情，惨淡而黯然了，我深以母亲的话为然了。从不曾想到在短短的五年的生活的挣扎中，改变了容颜，这是很可怖的事情。未来的时光仍然冗长。过去不曾有任何的负担，未来却会一天天的担负起来，那时的我不知会有怎样的容颜。本来，年轻人应该是英气勃勃，而我

---

　　① 一江：《从教员生活转到店员生活》，《大光报》1935 年 5 月 19 日。
　　② 在笔者设计的对老武汉人的访谈大纲中，95% 的受访者在描述解放以前的精神状态时，选择了"感到压力"一项，主要是物质生活的压力，参见访谈大纲第 104 个问题。
　　③ 一江：《从教员生活转到店员生活》，《大光报》1935 年 5 月 19 日。

却愁容戚额。①

　　生活的烦恼与心灵的苦痛会带来生活无趣感，让人觉得生活枯燥、乏味、困惑。陈衡告诉他的朋友，"枯燥、乏味、困顿"是他全部的生活，"一些苦恼的情感和复杂的因果，将他的脑子挤得发昏"。友人劝慰他："生活是一个迷，是一串痛苦的枷锁。如果真的从生活的内层去想呢，那简直我们都该自杀，都该枪毙！"②

　　消极的心绪是可以传染的，文学青年由于思绪灵敏更容易因思考人生而烦恼。当谨若因"人生为什么"的问题而对人生的印象渐渐迷惑时，他的两个朋友却与他分享悲观的人生观。一个说："悲哀是人生的真谛。你看，孩提坠地的第一声，便是啼哭；他为什么不哈哈欢笑？这就是人生悲哀的表征。所以我们可以说快乐是人类的变态，悲哀才是人类的常态。"另一个说："人类在错生以后，未死之前，惟有不断的在自己的墓道上挣扎。"③ 可见，青年朋友聚在一起，常常抱怨人生的不济与生活的苦恼，发泄悲观的情绪，有的还"因心田的感觉与痛苦"常受失眠的困扰。④

　　当时有人从"日常生活"与"心灵的不调和"来分析青年人的生活苦闷与无趣感：

　　　　一个国内的人民生存者，总希望他的生活上产生趣味，有了"生"需要有"趣"，才能"兴奋"，才能由努力而成功。如果"生了"而没有"趣味"，那么只能因循衰颓的过下去，精神不会振作，体力不会健康，由是而失望逐渐增加，希望逐渐减少，不得不度时如日，度日如年了。

　　　　生而无趣的原因，是由于他的"日常生活"与他"内在的心灵"之不调和形成的。在紊乱的社会制度下，过着生活的人民，失业者不必论，就算能够找到职业的，也大都不配合自己的胃口，或者与自己的个性，至少有相当的冲突的，于是产生了"生活烦恼"的现象和

---

① 秋鸿：《生活剥蚀了愁容》，《武汉报》1940 年 12 月 16 日。
② 陈衡：《朋友》，《大楚报》1941 年 3 月 14 日。
③ 谨若：《漂泊的人生》，《汉口中山日报》1929 年 6 月 3 日。
④ 芬：《失眠》，《武汉报》1940 年 9 月 3 日。

"心灵苦痛"的现象了。一个人的心理不健全，看来像很小。他能够影响他的整个家庭，更能够影响他的整个国度。如果是他的病态的影响会滋长、发达下去，能够推移到整个国度了，那么，政府要认定这个现象是整个"民族的危机"了。①

尤其是一些有精神追求的青年，迫于现实阻力停滞不前，受到挫败，面对充满物欲和不和谐的社会，难免茫然沮丧。"住在武汉的人们，只要他的心灵深处稍微有点理想的追求，谁个不觉得寂寞，空虚，茫茫然呢？"②警察的日记中也记载了这种因明天不确定而萎靡懒散的心情："不论天晴也罢，天雨也罢，回到自己房里，看见死灰般的墙壁挂着一幅画和一副对子，就觉得自己起不得劲。疲乏地躺在那张木板的小床上，眼睛不由自主地掩了下去，想睡。精神非常懒散。"甚至因为难以忍受不确定的未来的煎熬，憎恶痛恨明天："为着今天又完了，我又担心着明天贻害了我。深切地憎恶着明天，痛恨着明天，诅咒着明天。不只我呢，有些人也常常为明天误事，明天耽搁了多少事？明天荒芜了多少人的青春？明天掩埋了多少人的梦想？明天抹杀了多少人的希望？上帝，你带来了有霓虹色的明天，罪恶的明天！啊，我追悔着明天，却把今天轻轻地放过去了。"③

明天与未来的不确定令青年人懒散茫然，缺乏斗志，成就欲望低下。社会的动荡以及人生的不确定，使人觉得明天的生活无法掌控，自己的将来"说不准"④。既然认定经过自己奋斗，明天与未来依旧不确定，一些年轻人就放弃了宏伟的人生目标。他们只求平淡安宁的生活，而不作那些做官发财的无聊的幻想。警察胡正启在日记中这样写道："我常常这样幻想，我假若发了财做了官，将来是怎么样？我并不希望发大财，做大官，我只愿我的生活过得平凡不惨淡。我的生命有了保障，我这颗懦弱而苦闷的心弦能够受到温和。"⑤而一些从农村到汉的青年，尚未形成开阔的视

---

① 邵冠华：《生活与趣味》，《武汉日报》1935 年 1 月 18 日。

② 端人也：《寂寞，空虚，茫茫然》，《汉口中山日报》1929 年 6 月 16 日。

③ 《汉口市警察局第三分局胡正启日记》，1948 年，武汉市档案馆藏，资料号：40 - 13 - 2663。

④ 访谈资料：F - 5，2006 年 4 月 20 日；F - 10，2006 年 4 月 22 日；F - 13，2006 年 4 月 23 日；F - 20，2006 年 4 月 28 日。

⑤ 《汉口市警察局第三分局胡正启日记》，1948 年，武汉市档案馆藏，资料号：40 - 13 - 2663。

野和强烈的进取心，也许还有小富即安的小农意识残留，表现出成就欲望低下的心理取向，以至于认为"衣食无忧，讨个老婆"就是天堂般的美好生活了。① 这几乎是对传统的"一亩地，一头牛，老婆孩子热炕头"的心理需求的一脉相承。② 志向的低下使得农民不能延迟满足，他们不能为了将来的成功而推迟眼前的享受。于是，知足常乐就是最好的生活态度了。

相比农民，城市人的需求层次更高，成就欲望较为强烈。但是当这种成就欲望遭到现实社会各种不确定因素的打击，成功变得难以把握，明天的景象模糊不清时，奋斗激情则会萎缩，代之以懒散茫然的心理感受，终日彷徨，消磨时光。萧卓就深受这种懒散情绪的苦恼："生活因为太无秩序了，所以虽然是身边琐事，也不好处理，我就常常因此而苦恼着。总之我是有一点贪玩，性情自然也颇为懒惰，夜晚不能睡，早上不愿醒，有几天夜晚兴奋得睡不熟，竟去求医生赐失眠药方，其实此失眠非真失眠，种因乃在一懒字。往往对于自己的行动，和心情无以自解时，便不觉又放纵了起来，这样我又踏在杂乱的生活页上，消磨着，消磨着。"③

2. 青春期的焦躁

爱情与伴侣的缺乏增加了青年人的内心苦闷与凄凉。青年恋爱结婚是很自然的人生成长经历与身心需要，年轻人渴望有爱人陪伴，分享自己奋斗的喜怒哀乐，生活的酸甜苦辣，共同体悟人情冷暖。爱情体验的迟到与伴侣安慰的缺位会增添青年人的苦惘和烦恼，以至于萎靡不振。当时人们注意到爱情的滋养和激励作用，观察到"那些涉历于情场中的青年，虽也有为了情人的一颦一笑，心生忐忑，日夜彷徨，然而他们那种欣欣向荣的意志，融融快乐的观念，每使他们有所造就。没有爱情的生活，比如荒漠中的一匹骆驼，大海中的一只沙鸥，触目天际，惟感凄凉。每天过着这样的生活，因而苦闷，因而烦恼，因而不能振作有为，而至于堕落"④。

没有爱人的陪伴与安慰使青年人觉得悲哀，正如张四翼所言："面对着三十一岁这一划阶段的日子，我惧怕起来。在茫茫的人海中，我依然无

---

① 访谈资料：F-14，2006 年 4 月 23 日。

② 张鸿雁主编：《城市·空间·人际——中外城市社会发展比较研究》，东南大学出版社 2003 年版，第 36 页。

③ 萧卓：《生活杂感》，《大楚报》1941 年 3 月 24 日。

④ 汪曾亮：《爱情的安慰》，《大楚报》1940 年 3 月 14 日。

法寻觅一个相依为命的伙伴。这才是真正的悲哀啊！"① 同病相怜的青年朋友偶然遇见了，总是互相询问，然而终是没有什么好消息的，结果大家的心里只是增加了一层悲哀，有时还要发几声无聊的喟叹："最近，你有什么罗曼史没有？""我哪里会有！还不是成天过着单调不变的生活！你呢！""哈哈！我要有了爱人，我早就到她那去，这会你就找不到我了。"② 而一些穷人则悲观地认为自己"没有享受爱情快乐的可能"③。有几分才气的小伙子也为自己恋爱无果而感伤，在 28 岁生日时作文自嘲，曰："社会上之零余者，革命中之落伍兵，来日如何？已觉壮心沉海底；于艺术为低能儿，于恋爱为门外汉，此生休矣！空张泪眼对人间。"④ 对爱人伴侣的渴求如此强烈，难怪有人把"衣食无忧加讨个老婆"当成"天堂生活"了，⑤ 这与武汉的一句歇后语"光棍梦到娶媳妇——尽想好事"⑥一样，道出了青年对爱侣的渴望。

下面的一段都市日记记载了夏夜里，青年男子因听到草坪上的女学生唱歌而亢奋，争相引吭高歌，以引起注意的心情，以及一些哥们自觉技不如人、失宠于女学生后的扫兴。从老 G、老 C、老 S 这三个青年为吸引乘凉唱歌的女学生的注意而争风吃醋，而摆出十八般武艺的热情，我们分明可以领略到青年男子内心渴望异性的焦躁：

> "莫要吵！听，女学生唱歌呢，老 C！"G 这样一喊，C 叫 S 也不约而同的，歪着头一动不动的注意听。每人都似电影般的呈现出一副鬼脸，尤其是 G 的丑态——嘴张得圆圆的，眉皱得紧紧的，成了一条曲线。假若仔细地去看，恐垂着的唾液也拖得很长——看了，欲要大呕三天。

> 在前面的一片大草场上，虽然坐满了纳凉的人，柔软而圆滑的口琴配合了清脆的歌声——而且是如 G 所说的女学生的歌声。在一曲"毛毛雨"刚要奏完的顷刻，G 突然的大吼起来。

---

① 张四翼：《与市侩搏斗》，《武汉日报》1947 年 1 月 1 日。
② 汪曾亮：《爱情的安慰》，《大楚报》1940 年 3 月 14 日。
③ 《汉口市警察局第三分局胡正启日记》，1948 年，武汉市档案馆藏，资料号：40 - 13 - 2663。
④ 《小事记》，《大光报》1935 年 3 月 5 日。
⑤ 访谈资料：F - 14，2006 年 4 月 23 日。
⑥ 李权时、皮明庥主编：《武汉通览》，武汉出版社 1988 年版，第 545 页。

"——我好比……南来雁……失群飞……"母牛般的声音，头不住的摆，手不停地挥，脚还代表了梆子，在楼板上一踏一踏地，灰尘往下面直筛，表现出十足的憨气。

"喂！是谁？慢点跳吧！灰掉下来了，不要大高兴了。"楼下的喊声大哗，他停了唱，又停了在踏着拍子的脚，又默默地静了十几分钟，于是 C 提议了：

"老 G，我们去将小 K 房里的风琴借到这里来，我们也出点风头让她们——草场上唱歌的女学生——看到。好吧？"

"赞成，赞成！小 K，走，我们去抬。"老 G 一说完，便拉着小 K 跑去了。

十分钟后，开始奏琴了。他们两人——G 和 C——轮流的奏着。只有 S 不会这一套。他有些气愤了，嫉妒了，于是很有些不平而蔑视的说：

"哼！这有什么好听，哪一点出风头？让我叫一个‘鼓书’，总要比你们这强多了。"

于是风琴急奏声，鼓书呼哑声……空气沸腾了。楼上顿觉嘈了。

但 S 粗俗的京腔终哼着不及风琴的悠扬，最后他站起来，踱了开去。或者是下楼了，而且走的时候，还用轻视的眼光看了他们几眼。

G 奏琴的功夫，远不及 C 的高强，所以奏乐权全被 C 把持了。

G 觉得太不平，但自己奏琴的本领不高明，又不好抗议，终于他想了一个报复的手段，就是仍去高声地唱他的"京腔"。这样一来，G 拼命地大声地叫，C 也把调子提到最高，使琴声高过吼声。

草场上的笑声哗然，里面夹有娇巧的笑声。G 即刻感觉到她们——女学生是在笑自己。他闭了嘴又见 C 奏得格外起劲，他很妒忌，而且觉得意外的不愉快，他终于愤愤然地走进房内去了。

C 独自起劲地望着草场上奏了一会，忽然一些黑影蠕蠕地动了。C 觉得眼前一亮，月光照着的几个穿黑裙白衫的她们，也随着大众走向门的一方，消失了！

现在四面是这样的静悄与黯淡。C 立刻感觉到寂寞无聊。他想叫她们转来，哪里能呢？他好像出气似的，把脚重重地一蹬，吧哒！风琴的带子蹬断了，他慌忙的缩回脚，已是迟了。"糟了，明天又要背几块钱的时，赔内带。真是自讨的麻烦。"①

青年的迷茫、焦躁与无所适从的心理状态还有年龄提前的趋势。高中学生内心便充满躁动，无心念书而于浮躁中浑浑噩噩度日，以至于"打打、骂骂、吵吵、闹闹、说说、笑笑外加乒乒、乓乓、唱唱、哼哼、混混"便成为高中生活。下一段文字所记载的高中学生一天的生活，充斥着不安分、悸动、任性、浮躁、放纵的情绪，而没有学生生活应有的宁静、踏实和上进：

> 我们都坐在教室里了。因为是英文，大家才有静候老师的这份劲儿，要是国文、历史那些功课，这时候，那些桌凳窗子随时都有被击破的可能。老师夹着书缓缓的进来了，开始便教训我们。黑板没有抹，某同学无礼，是他唯一的题材。他很起劲的讲着，其实我们早听多了，各人都只管做自己的事。我呢，便在与同学飞掷纸团。一会儿何的背后出现了一只大乌龟，大家都笑起来，这大概又是那位刘同学的杰作。笑声中门声响了，进来一位某少爷，没精打采的。我怀疑他昨夜没有睡觉。自然这时老师演讲的题材又移到这位同学身上。
>
> 好容易捱到下课铃声响了，老师还未走，教室便已骚动起来。最先是那几位球员拿着球出去了，几位同学开始练习他们的"黑板文学"，像演电影似的，于是一阵必然的喝彩声，同学们的眼睛都注视在黑板上，夸赞着这伟大的杰作，比抄笔记要用心得多。
>
> 在热烈的情况下，我们几个人研究的小团体又继续我们的辩论。两位上课最无精神而这时却神气十足的同学说得最起劲了。
>
> 笑声、争论声、打骂声，喧成一片，教室中确实热闹。直到第二堂课上了，我们还在争辩着。像这样一堂又一堂的过去，一会儿便到下午放学的时节。我们便又很熟练的夹着几本书，哼哼"何日君再来"，一窝蜂似的嗡出学校，让毁了的窗子，折了脚的桌凳，去过它们寂静的时光吧。
>
> 出了学校的我们，大多数人，得到的是更多关于性的知识，增加

---

① 小青：《音乐家的悲哀》，《武汉日报》1932 年 8 月 8 日。

的是如何追求女人的妙法。这便是我们一天的生活!①

　　而且，学生根本不理所谓"读书报国"那一套，纷纷张罗选举美女同学当"皇后"，而且相互在报刊上文诛笔伐，闹得沸沸扬扬。②

　　3. 社会失范导致心理适应困难

　　青年本该是朝气蓬勃、积极进取的一代，为何民国时期武汉的年轻人却陷入焦躁、悲观、苦恼、彷徨、沮丧的心理格调，而泯灭了高昂的精神风貌呢？这恐怕与当时的社会环境是分不开的。正如时人觉察的："世风日下，人心不古，人心的阴暗是与社会的客观环境有相当关系的。"③"社会上的种种不合理的畸形让我们身心煎熬。"④纵观民国年间的武汉社会，处于分合不定的局面，先是军阀混战，1927 年后出现短暂的安宁，1938 年沦陷后一片混乱，接着出现汪伪政权治下的宁静。1945 年抗战胜利后，国民党进行复员工作，旋即国共战争的阴霾又氤氲在武汉三镇上空。社会动荡不安（见图 5－2）与战争阴霾一直笼罩在武汉市民心中。

　　各种政治权威在汉交替频繁，社会约束与道德规范还来不及成型便分崩离析，市民没有统一的行为准则与公共的目标，生活处于无序的状态。正是这种社会失范导致人们心理适应困难。社会失范概念由法国社会学家杜尔凯姆提出，是指社会缺少规范或丧失整合的状态。⑤ 具体来说，"社会失范指的是旧有的社会规范被否定或遭到严重破坏，逐渐失去对社会成员的约束力；新的社会规范尚未形成或未被普遍接受，不具有对社会成员的有效约束力，使得社会成员处于混乱的、相互冲突的规范之中而缺乏明确一致的社会规范约束的这样一种社会状态，它常常会给社会成员带来不同程度的心理适应上的困难"⑥。

---

　　① 汪易周：《如此高中学生》，《武汉日报》1946 年 12 月 20 日。

　　② 小峥：《某校改选皇后的问题》；选民：《某校改选皇后的经过》；昭：《三谈某校改选皇后》，均刊登在《大光报》1935 年 5 月 28 日。

　　③ 金爪：《真善美的生活》，《武汉日报》1936 年 2 月 4 日。

　　④ 敦友谊：《失眠之夜》，《大光报》1935 年 5 月 5 日。

　　⑤ ［法］埃米尔·杜尔凯姆：《自杀论》，钟旭辉译，浙江人民出版社 1988 年版，第 3 页。

　　⑥ 李强：《当代中国人的心理困扰——一个社会心理学者的观察和思考》，科学出版社2004 年版，第 47 页。

图 5 - 2   汉口屋檐下

图 1（右下角）：市面不景气，钱庄倒闭。图 2（左下角）：小公务员被裁，夫妻对泣。图 3（中间左图）：老太婆放高利贷钱塌了，逼得上吊。图 4（上图）：被解散的失学青年，仰屋长叹。图 5（中间右图）：钱庄倒闭，太太跟老爷撒气。诸多不景气的画面，反映出在民国后期的武汉，不管是小公务员或者普通百姓，还是属于中产阶级的小老板们，生活都处于动荡不定的状况，反映了都市生存环境的艰难与严酷（资料来源：《武汉日报》1946 年 11 月 11 日）。

　　民国时期武汉社会所出现的失范主要表现为政治权威失范与道德失范。"民国时代的武汉城市建制在全国城市体系中最为更张多变"①，加之政权更迭频繁，使得政治权威无法形成持续有效的影响力，结果就出现了一定程度上的权威的"真空状态"，市民无所适从。所谓"只有在青天白日下，才能恢复人们快乐的灵魂"②。当没有一个统一的连续的政治权威来构筑确定一套社会行为规则时，市民的社会行为就失去有效约束，而出现伦理道德的瘫痪与失范，导致人心混乱，出现各种丑恶的社会现象，加深人们对社会的失望和担忧。

　　都市歌舞升平的繁荣表象只能给人以"太平盛世"的幻想，但掩盖不了社会的不堪。于是有人认为，"也许在每一个地方，都是'屠杀'和'麻醉'并行的"③。尤其是道德的失范带来人心的涣散与深深的忧虑。

---

① 涂文学：《文化汉口》，武汉出版社 2006 年版，第 260 页。

② 《今年的新年》，《汉口民国日报》1927 年 1 月 5 日。

③ 罗荪：《街景——一个记者的半日纪事》，载茅盾主编《中国的一日·武汉的一日》，上海生活书店 1936 年版，7（2）。

"打开报纸一看，满眼贪污、谋杀、抢劫、强奸、盗窃、自杀、舞弊，这等等简直是琳琅满目，应接不暇。社会为何到这种程度，弄得这样乱七八糟、乌烟瘴气。社会一天一天地不像话，内战满起在每个角落，罪恶的水流向每一个阶级。这样子怎么得了啊？我不自然的为这社会担忧起来了。"① 对于社会失范的担忧，多数市民心有余而力不足，于是只得听之任之。"随波逐流，人云亦云，抱着'作一天和尚撞一天钟'的态度生活的人不少，尤其在这个充满不景气的阴霾的时代。"② 有人干脆失望透顶，抱着"看穿点，这种社会，混混日子罢了"③ 的态度聊以自慰。一些有着理想却又遭遇挫败的人则会因为社会失范，选择以"退却、逃避和麻木冷漠等方式扭曲地表现出来"。摈弃理性跟着感觉走，"干什么都没劲，都无所谓"，及时行乐便是其表现形式。④

杜尔凯姆认为，为防止和解除失范给人们带来的心理适应困难，关键在于建立新的道德秩序，依靠社会权威培养普遍的道德意识。⑤ "要使社会秩序稳固，必须使群众对自己的命运感到满足。而要使群众知足，不在于他们所得之多寡，而在于使他们相信他们无权奢求。为此绝对必须有一个群众拥戴的、令行禁止的权威。"⑥ 但民国时期的武汉社会，显然缺乏生成杜尔凯姆所说的社会权威与普遍道德意识的土壤。有人用诗性的语言表述了这种可能性的不存在："武汉是一片广大无垠的沙漠，它里面没有汩汩的流水，没有幽郁的树林，听不见清脆的鸟的歌声，闻不着芬芳的花的香味，盖在上面的不是蔚蓝的，却是灰色阴暗的天空，围在四周的不是活跃的，而是奄奄的死的屏障。"⑦

一些人为了缓解由社会失范带来的不安全感和选择上的焦虑，便抱怨自己命运不济，还会有求助于作为民俗或意识形态的迷信以及个人独特的

---

① 《汉口市警察局第三分局胡正启日记》，1948 年，武汉市档案馆藏，资料号：40 - 13 - 2663。

② 金爪：《真善美的生活》，《武汉日报》1936 年 2 月 4 日。

③ 叶向荣：《苦悯》，《武汉日报》1947 年 1 月 8 日。

④ 李强：《当代中国人的心理困扰——一个社会心理学者的观察和思考》，科学出版社 2004 年版，第 48 页。

⑤ 宋林飞：《西方社会学理论》，南京大学出版社 2000 年版，第 43 页。

⑥ ［英］艾伦·斯温杰伍德：《社会学思想简史》，陈玮、冯克利译，社会科学文献出版社 1988 年版，第 109 页。

⑦ 端人也：《寂寞，空虚，茫茫然》，《汉口中山日报》1929 年 6 月 16 日。

"迷信"——巫术化行为。①

三　宿命与迷信：何以安抚心灵？

对个人生存与生活状态的不满乃近代汉市一种社会共相，人们为了避免被不满的心绪困扰，采取了疏缓的途径，如知足常乐、及时行乐。此外，相信命运由外力掌握，不由自己控制的宿命论也能帮助人们获得心理的平静。"许多人，把自己的享乐之不能满足，埋怨于自己命运的乖张，虽然他们不懂得宿命论这个名词，但其主张信仰却是一样的。"② 宿命论的核心观念是相信人生受一种不可抗拒的外力即命运的支配，同时否认个人的能动作用。

民国中后期的武汉社会，人们为了安抚自己的挫折与悲苦，或为求财求富，达到心理的平衡，而相信命运的安排，有浓厚的宿命论色彩。贫困者容易笃信命不好，而将贫困演绎成为一种心态，出现贫困的代际相传。当心存不甘，意欲扭转命运时，他们自然也不是通过个人努力，而是祈求神灵的护佑或是请相命者与通巫术之人为自己占卜命运，以避祸得福。这种盲目的迷信却终不能改变人的处境，也无法真正安抚人的心灵。

（一）当贫困成为一种心态："只有受苦的命"

贫困不一定认命，但宿命论常常是贫困的孪生兄弟。宿命论是中国人个人力量与满足的来源，可以用来解释中国人为什么心灵是那样平静。宿命论不仅仅是中国人的思维习惯，还是儒家传统意识的组成部分，这种信仰与社会等级观念相连。所谓"死生有命，富贵在天"③，既然没有人在所有时候都幸运，而且好运气不可能同时降到每个人身上，人们便乐于承认这种不平等的合法性，认为是很自然的事，④ 而任由"天""命"安排自己的人生。但因为"天"在普通老百姓那里飘忽不可捉摸，"老天不长

---

① 李强：《当代中国人的心理困扰——一个社会心理学者的观察和思考》，科学出版社2004年版，第48页。

② 林适存：《穷极无聊》，《武汉日报》1935年8月14日。

③ 《论语·颜渊》。

④ 林语堂：《中国人》，郝志东、沈益洪译，学林出版社1994年版，第202—203页。

眼的"①，故最终人们笃信命。"一半靠天，一般靠命去维持生活，延长生命。然而，所谓靠天吃饭者，那个'天'字，虚无幻渺，还不如'命运'来得实在，所以'听天''由命'归结起来，仍旧只有一个'命'字。"②于是人们相信人是命运的操纵物。过去武汉穷人都说"认命""命不好"③，"人穷命哀"；而有好日子过，便是生得命好了。即使不相信命运的人在生活的各种苦痛一起来袭时，也不自觉地向命运低头了。一向坚强的林适存在"数病齐发，或者衣食有缺，精神上受刺挫之时，痛苦流泪之外，一个不相信命运的自己，对朋友写信便有了'命乎！运乎！'自怨自艾的句子了"。④

　　穷人因无力改变人生而更容易成为宿命论者，而"认命"反过来又使贫困内化为一种消极心态和暗示。人们长期内化的消极生存心态影响着生活的状态，甚至导致贫困的代际相传。在作者访谈的老武汉人当中，有一半人在谈到自己在民国时期活着的感受是"只有受苦的命"，这些人几乎都过着底层的困窘生活，属于穷人，即"被剥夺社会基本生活条件的人"。他们看不到过上好日子的希望，因而只有"认命"，"怪自己命不好"，而"当一天和尚撞一天钟"。当贫困或者落后成为一种心理暗示的时候，其结果往往是黯淡而危险的，这种认命的心态也潜移默化地影响着他们的下一代，并成为下一代人所认同的人生观与生活方式，结果下一代人重复了父辈的心酸与穷困，出现贫困的代际相传。

　　当消极认命与教育等资源的剥离相结合时，贫困就更容易代际相传了。最贫困的文化解释认为，贫困不仅是一个事实判断，也是一种价值判断；贫困并不仅仅是简单地缺少生存所必需的生活资料，还包括人的主观心理感受、生存方式，包括剥夺造成的低下的教育程度以及由社会隔离、社会排斥导致的低下的社会地位。⑤ 作为文盲，养育了七个孩子的金东菇提供了典型的个案：民国时期她生活在武汉的贫民区长堤街的居仁巷，含辛茹苦将七个孩子拉扯大，但无力送孩子读书，孩子们全都过着最贫穷的生活。至今，不仅她，还有她的七个孩子们依旧生活在这都市中最贫瘠

---

① 维镐：《人间世》，《大光报》1935 年 4 月 20 日。
② 林适存：《穷极无聊》，《武汉日报》1935 年 8 月 14 日。
③ 访谈资料：F－35，2006 年 5 月 2 日。
④ 林适存：《穷极无聊》，《武汉日报》1935 年 8 月 14 日。
⑤ 周怡：《解读社会：文化与结构的路径》，社会科学文献出版社 2004 年版，第 137 页。

的、为人所遗忘的角落，家里简陋得仅仅是一间不带卫生间的阴暗小房，而她仍旧在感念自己和孩子们的命苦。而且，作者从其对后代的描述当中，也无法看到这个大家庭生活改善的希望。① 一个合乎事实的推理也许是这样的：原本缺乏文化教育程度的穷人，其孩子的受教育程度亦将是低下的。教育程度相对低落的历史，使他们积淀或内化了的适应主流社会的才能也相当低廉，或其内化的秉性迥异于社会主流文化，他们的生存心态以及机会资源都绝非是主流社会能够认同和接受的，因而贫困往往是别无选择的结果。②

消极的宿命论心理或许是导致贫困代际相传的重要文化因素。宿命论笃信人生由命运这一外力决定，个人无能为力，因此是一种消极被动的心理倾向与内在感受，会扼杀人们改变人生的欲望和进取心，久而久之，就会安于贫困，并形成一套与持续贫困"联姻"的意识体系。文化解释相信：穷人已经或正在发展他们自己的一整套"病态"的价值信仰系统，他们不愿流动，不期待自身的经济繁荣，不期遇走进上层社会……逐渐地，他们有了自己的相悖于主流社会的生活方式。他们通过社会化，将这些病态的信仰快速传递给所有贫困的年轻人，把他们锁进贫困、绝望而堕落的怪圈。因此，贫困有了"永久"的观念，也有了代际传递的意义。③无论贫困发生在何处，处于贫困文化里的成员在家庭结构、人际关系、消费习惯、价值体系及时间取向方面都将显示惊人的一致。④

（二）迷信：何以安抚人的心灵？

当只有受苦的命的悲观消极心理融入人们日常生活细节之中时，个人的力量被人为萎缩，生活的前景完全交诸命运或命运之神。当遇到逆境和坎坷时，人们便习惯求神祈福，或占卜相命，表现出非理性的盲目迷信心理，以求得心灵的慰藉。

民国时期武汉社会弥漫的迷信风气，是传统中国迷信观念在都市的延续，或者是有着迷信传统的四边乡民迁入武汉都市后一种自然的心理习惯

---

① 访谈资料：F－2，2006 年 4 月 19 日。
② 周怡：《解读社会：文化与结构的路径》，社会科学文献出版社 2004 年版，第 175 页。
③ 同上书，第 160 页。
④ 参见周怡《解读社会：文化与结构的路径》，社会科学文献出版社 2004 年版，第 137 页。

迁移。中国的世俗迷信沿袭了几千年，一直到近代仍有广泛市场。浓厚的鬼神迷信，构成了中国近代国情的一个特点，尤其是当人们的生活状况恶化时，迷信观念尤易滋生蔓延。[①] 动乱年代更容易让人产生无助的感觉，更易形成迷信滋生的社会土壤。[②]

武汉人的迷信思想源于世俗生活的现实功利追求。与西方宗教精神尤其是基督教信仰的一神论，以及其主要作为虔诚的忏悔、赎罪与通向精神皈依的目的不同，民国时期武汉人的迷信心理不是出于单纯精神的虔诚信仰，而是基于现实生活利益的考虑。为了获得好处和赐福，人们可以相信多个鬼神，只要那种暂时的心诚与信仰能换来现实可见的好处，迷信即可发生，所以有时候更像是与神灵作交易一样：我信奉你，你要赐福于我。[③] 人们主要向神灵求财、求福、求子、求平安。尽管"汉口各街巷的土地堂，算是肃清了，然而求财的人们还可以到财神殿烧香，求子的妇女还可以到送子庵许愿"[④]。当然，即便神灵不能立即带给自己想要的好处，一些迷信者也可能保持内心的虔诚，并自觉维护神灵的尊严。拔戈就因为几句酒话挑动了同一屋檐下的虔诚的迷信者的激动情绪，引发了一场争论：

> 一天下午，我喝了两杯酒，昏昏地，不知怎地，与同住的一个没有儿女的四十多岁的人争论起来。
>
> "近来世风日下，人心不古，一般无识小子，都高唱打倒迷信，来侮谤神灵，把这个大好世界，弄得乱七八糟，唉！"口吻像是讲考场作八股文，自以为他的话多么警惕！
>
> "怎样叫侮谤神灵？"我壮着酒性多事起来。
>
> "不是么？青年小子儿见到人家烧香，就说你不懂科学，不懂理性。"
>
> "你老先生对神灵抱如何观感呢？"
>
> "……神灵不可不信，不信神灵，那确实有罪的……"
>
> "那么，短命死的人，和在人间受苦的人，都是侮谤神灵的

---

① 王玉德：《神秘主义与中国近代社会》，中国社会科学出版社 2003 年版，第 18—20 页。

② 子雨：《千古不朽》，《武汉日报》1934 年 10 月 16 日。

③ 岳庆平：《中国民国习俗史》，人民出版社 1994 年版，第 3—5 页。

④ 小百姓：《不可解一打》，《水晶宫》1929 年 11 月 29 日。

结果？"

"那当然喽！不过有时也不能一概而论。"

"你呢？"

"我对神灵实在不敢马虎一点。"

"那么，老天为什么不赐儿女给你，让你被人讥为孤老呢？"我太激烈了，有些失言。

"怎么？我没有儿女，你能笑我吗？哼！你的年纪轻得很，你能保证你将来有儿女吗？……"他恼怒地吼着。①

为了维护神灵的尊严而不惜对同一屋檐下的邻居怒吼，这种对神灵笃信的忠诚是不容怀疑的。为了好收益，"铁匠在每月的初一、十五，在神前的三个长揖，是全部的力，加诚惶诚恐的心"②。

若是自己的利益得到了满足，则更要感谢神灵的赐福。有些人把神灵挂在嘴边。当穷职员终于领到久拖未发的四成工资，险些儿高兴得打破茶杯，心里默念着"阿弥托佛，愿菩萨长命百岁，富贵延绵，余馨香而祷祝之"③，而且"阿弥陀佛"成为人们好运降临时的口头禅。④

1. 迷信：以趋利弊害

民间很多民俗迷信的目的都是祛邪避害。民国武汉流行百家锁、百家衣、百家饭的迷信，以保婴孩百病不侵。季良详细地记录了这种迷信习俗⑤：

"父母爱子，无所不至。"我们只看一般为父母的对他们的子女，无不视若珍宝，生恐沾染些微疾病。就是在小孩未病之先，为父母的不在小孩身上作卫生的预防，而作荒谬的迷信的举动。现将此种迷信手法，分述如下：

（一）百家锁

先由孩家以白米七粒、红茶七叶，用红纸包裹，分作二三百包，

---

① 拔戈：《酒话》，《武汉报》1940 年 8 月 3 日。

② 符祺：《铁匠》，《大光报》1935 年 4 月 22 日。

③ F：《穷职员日记》，《武汉报》1941 年 1 月 20 日。

④ 访谈资料：F－12，2006 年 4 月 23 日。

⑤ 季良：《百家锁衣饭》，《汉口中山日报》1929 年 3 月 6 日。

散给亲友。收回时，各亲友家，亦必备钱数百文，或数十文不等。孩家遂将钱集合，购一银锁，锁的正面需刻"百家宝锁，长命富贵"八字，贯以银链，系于小孩头上。

（二）百家衣

化百家衣的手续，也是先由孩家备置米茶，装在红封套内，并敦请亲友十人为化衣的领袖，负责募化。再由这负责的十人，将米茶分散伊等所识之人，每家化各色零布一块，凑成百方。然后给小孩缝为花衣一袭，名为百家衣。说是小孩穿在身上，永无疾病的。

（三）百家饭

小孩体弱多病，他的父母恐其夭殇，便缝一大红布袋，向亲友家化取粮食，晒干后，磨为米粉，用开水冲熟，给小孩吃。俗语说的："一家一口，养个肥狗"，大约取的是这个意思。

武汉的妇女们还有种迷信，认为月母子①以及与之一切相关的东西都是不洁和晦气的。② 这种迷信导致人们对月母子及其家人的嫌恶心理，有时可能会激起邻里间的纠纷。吴商"而立之年"喜得贵子，却面临因妻子"坐月子"，在冬天也不能把任何衣服拿到屋外晾晒的无奈。

> 同屋楼上楼下的老太太少奶奶小姐们都是迷信大家，在我们父子见面的那一天，便害得我买了三尺红布，挂在厨房的门上。我因假充宽宏大量，也就口无怨言。哪知道她们得寸进尺，我房里的东西一点也不许拿出门外，这我也忍痛接受。哪里知道，连我换下来的衣服，在房里洗了，竟不能越房门窗门一步的晒到太阳光下。
>
> 我们雇的陈妈，有时也会据理力争，说"这是我们先生的衣服，不是太太的"，可是她们仍以为是"用一个盆子洗的，当然也不干净"，也不许晒。③

一些夜晚经常啼哭的小孩的父母常在公共厕所或便池的墙壁涂写一些

---

① 指小孩出生尚未满月、卧床休息的产妇。
② 访谈资料：F-7，2006 年 4 月 20 日。
③ 吴商：《爸爸难》，《武汉报》1941 年 2 月 2 日。

迷信的话语，让如厕之人一起为小孩祷祝，以期小孩不再啼夜哭吵。厕所便池里面的墙壁上，稍加留心便可看到，"天皇皇地皇皇，我家有个吵夜郎，过路君子念一遍，一夜睡到大天亮"，此外，还有"天黄地绿，行人驻足，小便之余，念念祷祝。吾家小儿，实难睡熟，失眠哭吵，家人碌碌。经君念过，夜夜睡足，感盼之至，无限祷祝"①。

2. 信赖通神知命之人

迷信者往往相信那些所谓能够沟通神灵或者解释命运的人。结果，近代汉市巫婆巫师还有一定的市场，因为他们可以驱鬼。郁郁生半夜呕吐烧热，妻子在佣人的怂恿下请来了隔壁半职业化的巫婆给他驱鬼：

> 当烧热期间，内人叫请医生。佣妈插嘴说隔壁张婆，南京人，会看鬼，先生烧得厉害，是不是白天在路上撞到什么东西。不如请张婆来看看，横直花不了几个钱。我说你们不要信邪道，那只能骗没有智识的人。我的内人听了佣妈所言，就阻止我开口，说现在是人斜鬼斜的世界，不要不信。

> 过一会将张婆请了过来。朦胧间见张婆要了一碗米，焚香三根，口中念念有词，说是我在中山路碰见阴兵，向我讨盘缠，只要焚纸钱三十锭，即保无事。内人照吩咐办理。到了半夜我果然退烧清醒。内人笑道，你信不信有鬼，若是请医生，有此灵验否？经内人一问，我也莫名其妙。但未过一时，突然接连发痢，变成痢症。②

能够测卜命运的"先知"在民国武汉尤受青睐。"算命、打卦、拆字、看相等一类先知遍布大街小巷。黄鹤楼的卦摊子，曾经给武汉人民不少的信仰。"③ "马路边的拆字摊和看手相的摊子前，围着众多观众。"④以至人们感叹"上下古今，生死好歹，无所不知的先知，近年来在武汉是生意兴隆通四海"⑤。让人大跌眼镜的是，尽管政府当局发布取缔卜筮、

---

① 农夫：《由厕所文章说到小孩的夜啼》，《大楚报》1940 年 5 月 3 日。
② 郁郁生：《穷得病不得》，《光明》1930 年 9 月 3 日。
③ 子雨：《千古不朽》，《武汉日报》1934 年 10 月 16 日。
④ 王里：《朝去暮归》，《武汉日报》1935 年 8 月 2 日。
⑤ 子雨：《千古不朽》，《武汉日报》1934 年 10 月 16 日。

星相、堪舆的命令,① 小糊涂相命家居然堂而皇之在报纸上用四分之一版面做广告,怂恿各界人士前往相命,并宣称种种疑难事件,能逐一说明,至于"富贵贫贱、寿夭穷通、吉凶祸福,一经判断,了然胸中矣"②。我们可以设想此广告登出后,小糊涂相命家是生意盈门了,否则花费不菲登广告,恐怕得不偿失(见图5-3)。

图5-3　小糊涂相命家在报纸上登广告

"哈哈又是新年,小糊涂相命家判断各界前程。文官补缺问我,武将升迁问我,士子成名问我,商人赚折问我,病人吉凶问我,诉讼胜败问我,行人方针问我,谋事成否问我,阳宅不利问我,阴宅不安问我,老年乏嗣问我,年幼伤亲问我,妻妾贤愚问我,子孙优劣问我,婚姻得失问我。大凡有种种疑难事件,都来问我,我能逐一说明。至于富贵贫贱、寿夭穷通、吉凶祸福,一经判断,了然胸中矣。注意:移寓中山路水塔对面生成南里进巷右手第三家新三十号。相命一元,优待半价。"夸张的广告语似乎是为了表明小糊涂相命家无所不知、无所不晓,以此吸引人们前往算命而盈利(资料来源:《汉口新闻报》1934年3月16日)。

人们希望通过相命先生预知自己的生死贵贱,而且在命运指引下做有效的配合以期过上好的生活。甚至处在穷极无聊时,一些本不信命的人也会听信相命先生对命运的解释与预测。《武汉日报》的一位编辑就是在相命先生的指引下买了半个月的航空奖券:"生活困苦之时,我也常因命运喟叹,穷的时候,尤容易生出一些穷极无聊的主义来。我只希望有一笔

---

① 《新汉口》第1卷第4期,第197页,1929年10月。
② 《小糊涂相命家》,《汉口新闻报》1934年3月16日。

钱，与妻过着甜蜜的生活。但是我没有这笔钱，我想到前两个星期相士对我说的一句话，他说我今年八月份一定有一份偏财发。所谓偏财，当然是与横财一样不正当。既有这份财，注定在命运之中的八月，我就等着阴历八月的到来，买了快半个月的航空奖券，花去近五十元。人是近乎穷了，真个太穷的人，偏多幻想，对于这个八月的希望，现在看来，确乎有些穷极无聊了。"①

当时有人对受过良好教育的人相命算卦的行为提出了批评，认为他们之所以同无文化人一样或许是祖宗遗传下来的劣根性使然。"有些人因为无智识去求一卦，以决定自己的行动。这原是圣人们口中的愚夫愚妇，本无足怪的。在教育尚未普及的今日，我们除对这些人说一声惭愧外，实不忍责备他们。可是当有些所谓满腹文章的人，也去问卦，大概这些人，已经预先连自己的事都失去了主张，其人也就可想而知了。有些人明知卜卦算命是假的，也要试一回，这或许是咱们同胞千古不朽的处世主张，也许是祖宗遗传下来的一点劣根性也不可知。"②

迷信思想与卜命行为的主体是愚贫者，其间也不乏富贵者及知识水平较高的人，证明迷信满足汉市民众的某些心理需求。迷信作为一种广泛的社会存在，在人们祛祸求福心理支配下产生，以个体心理感受为细胞，以社会心理为外部环境，并由此呈现出个体与社会群体，身心与外部文化环境的相互映合。在个体感受与社会环境的内外融会下，迷信滋蔓为汉市民众的一种普遍心态，人们将自己的生活境遇的成因赋予最高的解释——"命运使然"。这给他们过上更好的生活的精神层次的希望与期许，从而使心灵得到安抚，以缓解内心的浮躁而达到一种宁静。有时宿命论与迷信的执狂还能给人们以积极的心理暗示，起到调控身心的效果。迷信主要是通过一种神秘性，致使人们达到信与迷的心理状态上。当他（她）处于精神专一状态时，为了验证或得到那个神灵的赐福，于是人们在一些特定场合主动去相信。神秘感加深了人们信的氛围，以致在迷的境界时，产生出一种心理效应，并感到确实是接受了某种巨大威力的力量。于是，仿佛所思之事取得了灵验，人自身从心理带来生理的变化，这种心态会持续调

①　林适存：《穷极无聊》，《武汉日报》1935 年 8 月 14 日。
②　子雨：《千古不朽》，《武汉日报》1934 年 10 月 16 日。

控人的身心。①

汉市社会大众宗教信仰匮乏也为迷信盘踞提供了土壤。弗雷泽认为迷信和"巫术的虚伪无能，经过相当长的过程才逐渐被一些智力较为发达的人所看破，然后被宗教取代"②，但武汉和整个中国社会没有如基督教那样的全民精神信仰，人们只关心现实的生活，有智识、有文化者也难以抗拒迷信对美好生活的虚伪承诺。

迷信思想既源于现实生活的无奈，又反过来指向现实的生活。迷信"直接指向大众生活的当下利益，是大众表达现实要求的世俗性心理活动。尽管没有体现任何具有实质深度的价值持久性和精神永恒性，然而，它却有可能通过平凡而富有诱惑的欲望满足，安慰大众对幸福生活的'渴望'，实现大众生活的现实梦想。"③

汉市民众的迷信思想是一种拒绝进步与反现代的心理。"现代人是一种有效能感的人。效能感意义不仅限于人能控制自然的感觉上，它还包含着另一层意义，即相信人生能够改变，相信人类能够解决自身的问题，相信人能够对社会弊端进行改造和有效的干预。"④ 由此而普遍化，在人格中不断消除宿命论与被动听命、无所作为的倾向，养成锐意进取的新型人格，这也是现代化的内在动力源之一。⑤ 而汉市民众听天由命的心态以及由相士解说并引导人生的行为，显然与这种现代人的效能感与锐意进取精神是背道而驰的。换句话说，现代化的进程还呼唤汉市民众"心灵的成长"，以适应时代变迁而向传统的心灵说再见，因为"现代化主要是一种心灵的状态：进步的倾向、成长的倾向以及适应变迁的准备"⑥。

总而言之，金钱至上与物质主义煽动起近代汉市民众的浮躁心理。当金钱似乎成为人生幸福的前提与法宝时，对金钱的渴望、对财富及财富拥

---

① 宋抵：《民俗性迷信文化功能及其心理特征浅释》，《社会科学战线》1996 年第 6 期。

② ［英］詹·乔·弗雷泽：《金枝》，徐育新等译，大众文艺出版社 1998 年版，"中译本序"，第 7 页。

③ 贾明：《大众文化：现代都市的文化主潮——兼论文化与都市的关系》，载孙逊主编《都市文化史：回顾与展望》，上海三联书店 2005 年版，第 201 页。

④ ［美］英格尔斯：《人的现代化》，殷陆君译，四川人民出版社 1985 年版，第 27 页。

⑤ 忻平：《从上海发现历史——现代化进程中的上海人及其社会生活（1927—1937）》，上海人民出版社 1996 年版，第 265—266 页。

⑥ 参见周晓虹《现代社会心理学——多维视野中的社会行为研究》，上海人民出版社 2002 年版，第 533 页。

有者的崇拜即成为人们真实的心理情境。这种渴望与崇拜投射在财富的外在形式——人之衣冠外表时，人们浓厚的面子观念与印象整饰激情也就不难理解。达致财富与成功路径的拥堵，使得人们没有耐心和自信去做出长期的奋斗打算，于是急功近利、投机取巧的心理便潜滋暗长，这对于改变人生处境与生活状况没有益处，甚至让好逸恶劳者陷入更凄凉的境地。加上货币"精打细算的本性"迫使都市人必须精明圆滑地为人处世，用头脑来代替心灵作出反应，人们神经长期紧张，难免出现精神的倦怠。结果，幸福感的缺失成为汉市社会的一种共相，各阶层的人们都对生活不满甚至失望。而且，作为社会发展方向与希望的青年也由于明天的不确定，而被悲观彷徨的心绪所左右，体味着精神的苦闷。这在很大程度上是受当时社会失范的影响所致。为了缓解社会失范引起的不安全感和焦虑，一些人成为宿命论者，认定自己只有受苦的命，使贫困这种人生状态衍生为一种定式的心态，导致贫困的代际相传。既然个人改变人生的力量被忽视，在日常生活中，人们就依靠那些能通神之人或命运的先知来卜测自己的未来生活，使汉市社会弥漫着迷信的风气。浓厚的迷信风气，商业氛围浸染，未来生活的不确定性，影响着武汉社会的大众心态和精神风貌，使其格调离高雅尚有一段距离。

第六章 "东方芝加哥"背后的庸常：
日常生活的两种面相

　　美国著名哲学家爱默生曾说，城市"是靠记忆而存在的"①。只有文化和历史活着，一个城市才活着。当下武汉正朝着国际大都市的宏图远景迈进，在打开世界的窗时，往往很容易关上历史的窗，从而模糊了人们对城市历史的想象，隔绝了今人对过去生活的记忆，这无疑是危险的。如此一来，人们首先面临的困惑将是，武汉城市自身的特色或者外界对武汉及武汉人的评价与印象是否为空穴来风般的偏见与中伤？或者人们所非议的"最市民化的城市"其实有着历史与文化的渊源？在广泛地回顾和梳理了武汉下层民众在民国中后期日常生活的多个面相与各种表现后，也许我们可以找到一些历史的关联，能让我们更平心静气地来审视城市的历史和文化，这是十分必要的。

　　作为中国近代第二大商埠，武汉因商而兴，是一个典型的转口贸易城市。"武汉地处华中，交通便利，握着全国经济之枢纽"②，城市中几乎所有人都卷入了工商生活的潮汐，共同成就了百年前"东方芝加哥"的辉煌。自从日本驻汉口领事水野幸吉惊叹，"与武昌、汉阳鼎立之汉口者，贸易年额一亿三千万两，凤超天津，近凌广东，今也位于清国要港之二，将近而摩上海之垒，使观察者艳称为东方之芝加哥（美国第二大都会）"③（见图 6－1），在接下来的数十年间，"东方芝加哥"便成为人们

---

①　［美］刘易斯·芒福德：《城市发展史——起源、演变和前景》，倪文彦、宋俊岭译，中国建筑出版社 1989 年版，第 75 页。

②　赵从光：《汉口印象记》，《西北风》第 12 期，1936 年 11 月，第 29 页。

③　［日］水野幸吉：《汉口——中央支那事情》，刘鸿枢等译，上海昌明公司 1908 年版，第 1 页。

对武汉的流行印象。① 然而，在被誉为"东方芝加哥"的大武汉，广大下层民众的生活景象却并不乐观，他们甚至为了生存而艰苦地奋斗和拼搏着。

日常生活显示，作为形形色色的无名之辈，武汉老百姓的知识、文化、素养、追求、理想、信念、能力、潜力都相应地处于较低的层次和水平。他们难以代表都市社会的希望和未来，但其为数甚众，占据了城市人口的主流，影响着城市生活的基调和城市的文化个性。对这些平庸之辈来说，都市生活的代价是巨大的，唯有长袖善舞，才不至于被淘汰出局，为了从容应对，他们不自觉间养成了适应都市生活的为人处世之道，过着一种世俗的、实在的、庸常的生活，难以滋养崇高的城市文明。而在日常生活内部，不管作为良好的风范或礼貌的市民认同之花，抑或作为市民社会美德、关注共同福祉的实质性市民认同之果，都因养料不足而发育不良，使得城市腾飞的精神动力不足。

图 6 - 1　1901 年的武汉江滩

世界各国与全国各地商旅船只频繁往来于武汉长江之上，当时日本驻汉口领事水野幸吉目睹武汉长江、汉江的一派繁华和汉口节节攀升的贸易额，不禁赞叹汉口为清国第二要港，乃"东方芝加哥"。（资料来源：武汉市图书馆藏。）

一　都市里的生存之道：日常生活中的平实景象

都市的生存困境暗示或强迫着城市下层民众学会聪明的应对。"汉口

---

① 许多描述汉口或武汉的文章都惯用"东方芝加哥"称之，如峻嵌《到汉口以后》，《武汉日报》1932 年 6 月 10 日；许季明《东方芝加哥的武汉》，《西北风》第 8 期，1936 年 9 月，第 10 页；赵从光《汉口印象记》，《西北风》第 12 期，1936 年 11 月，第 29 页；亦君《轮渡三福》，《罗宾汉报》1947 年 8 月 4 日。

居,大不易"或"武汉居,大不易"是贯穿在整个民国时期武汉社会的咏叹调。若想享受都市的富庶繁华,或者仅仅是在都市里生存下去,而不被残酷地淘汰,那些市井之家的小人物们都必须全力以赴。日复一日的都市生活经验,渐渐帮助他们号准了生活的脉搏,而"铆起劲"① 为美好的明天奋斗。

现实主义与实用主义是汉市民众长期以来形成的都市生存哲学。也许人们未曾听说实用主义或者现实主义,但他们却在日常生活的琐碎与细节中诠释了它的真谛,这使得他们的日常生活平实,同时也影响着城市的文化格调,让变通、平凡、世俗而不是高贵、大器、优雅成为武汉城市文化的标签。

(一)"民以食为天":日常生活中的现实主义

立足于当下活着,是汉市民众最强烈的人生目标,"民以食为天"是其日常生活需求最直接而主要的表达。由是观之,人们对武汉人太现实甚至太俗的看法②似乎有了历史的依据。

1. 小贩与市民的联系与互动

武汉社会十有其一的小贩群体尤其是饮食小贩,奠定了汉市平民化的色彩。民国中后期,武汉迎来了四周农村移民大潮,他们坚定执着地加入了城市化的进程,小贩是其中的典型代表。走街串巷的小贩所叫卖者多为食品和日用品(见图6-2),反映出食品广阔的市场空间和老百姓极大的现实生活需求。即使一个人足不出户,一日之中亦会有数十上百个小贩到自家门前吆喝叫卖,③ 若是步入街头,则会与更多的小吃小贩不期而遇。游走在武汉三镇的小贩若能"复活",定会异口同声地宣称是他们温饱了武汉百姓的生活,是他们在清晨、中午、黄昏、傍晚甚至深夜时分,吸引了人们的耳膜和眼球,让人们不由自主地来到摊担之前,或为填饱肚子,或为满足口福之欲,或为品尝生活的滋味(见图6-3)。

---

① "铆"是武汉的方言,本指铆钉铆住物体这个动作,常用在人的行为前面,比如"铆起来做""铆起来跑"等,表示竭尽全力的意思。

② 殷增涛:《"武汉文化"与"文化武汉"》,《光明日报》2004年2月26日。

③ 据武汉《大光报》一篇文章所载,"一个栖留在亭子间的失业朋友,作了一天关于小贩的统计,合计卖小菜者四十七人,卖小食者五十五人,其他共计三十九人",参见文澜《一篇弄堂指南》,《大光报》1935年5月10日。

图 6 - 2　游走在武汉三镇街头的小贩温饱了城市的穷苦老百姓

从图中摊贩和顾客的着装来看，寒冬就要来了，家庭主妇带着小孩到摊贩上来买棉花回去自制棉衣，从她们所购棉花分量来看，远远不够制一件新的棉衣。妇女们多半是就着旧棉衣里的棉絮来进行有限的翻新，这样既节约成本，又可使家里成员穿上更暖和的棉衣。值得注意的是，左边那个妇女害怕小贩在秤上做文章，亲自称秤验证棉花的重量（资料来源：武汉市图书馆王钢收藏）。

市民的饮食日用所需，养活了命苦的小贩；小贩的存在满足了城市平民的日常生活需求。简单的买卖关系将二者的生活联系在一起，彼此熟悉。于是有关摊贩的称呼成为人们俗语方言的一个来源，如"新贩子"本指刚入行的小贩，即用来形容那些初出道、涉世不深的人①。

小贩成为汉市民众实现现实生活需求的中介，小贩自己的"现实主义"则是为了养家糊口，不做"新贩子"，而做精明的生意人。对众多有着农村背景的小贩来说，为了立足，他们必须学会生存之道。他们要掌握吆喝和敲梆梆的本领，或者练就一手绝活，以招揽顾客；与此同时，他们要丢弃农村带来的淳朴，学会精明，殷勤而周到地推销自己和手中的小商品；他们不自觉地练就三寸不烂之舌，甚至使用一些短斤少两的伎俩，不惜背负狡猾的名声，以维持自己的家庭生活。备受压抑委屈的机灵小贩们，在面对比自己处境更坏的弱势人群比如小偷、乞丐时，往往又会强硬起来，恃强凌弱，显示出欺软怕硬的小市民习气，这都是现实生活的产物。

---

① 朱建颂：《武汉俗语纵横谈》，中国档案出版社 2002 年版，第 209 页。

图 6－3 "一个铜板转一盘，两个铜板转三盘"

——20 世纪 30 年代武汉街头的转糖摊子

笋筐上的簸箕里面放着各种糖果小吃或者廉价的玩具，顾客付钱后用手指拨动中间的指针，指针停下来时所指的物品就是归顾客所有的奖品，有时指针停下来所指为空白，多数时候奖品价值低于玩一次游戏的价格，这也是摊主的利益所在。① （资料来源：《大武汉旧影》，武汉市档案馆编，湖北人民出版社 1999 年版，第 170 页）

市民在与小贩打交道中，为了不吃"洋亏"，也耳濡目染了小贩的精明甚至一些无良的习性。结果，人们在指责和揶揄一个人聪明过头时，常说他像个"贩小菜的"。饮食小贩与市民的往来互动充分体现了人们生活的平民化、现实化甚至庸俗的一面。

2. 婚姻中的现实主义

对汉市普通民众婚恋史的考察显示，人们婚姻生活严重缺乏浪漫的情爱成分，完全是出于现实生活考量的结果。不是爱情，而是男女双方的经济条件和家庭环境左右着婚姻的走向。沿袭传统的婚姻模式，绝大多数年轻人的婚事交由父母做主，听从"父母之命、媒妁之言"。流行汉市的俗语"男服先生女服嫁"② 说的就是女孩子必须服从家长婚姻的安排。③

父母和媒人不会考虑婚姻当事人的情感因素，而是以关爱的名义为其找门好亲事——标准是要有宽裕的物质生活条件。孩子的婚姻在很大程度上决定了家长年老时的境遇。尽管"养儿防老"的期望有太多失败的例

---

① 同期的上海也有类似的小摊，参见卢汉超《霓虹灯外——20 世纪初日常生活中的上海》，段炼等译，上海古籍出版社 2004 年版，第 194 页。

② 《汉口指南·成语汇编》，武汉书业公会，1920 年。

③ 朱建颂：《武汉俗语纵横谈》，中国档案出版社 2002 年版，第 100 页。

子，但在当时没有社会保障的情况下，人们年老时只能指望依靠子女，因此未来的女婿或儿媳的孝顺和勤劳可能在考虑之列，但往往以对方家庭经济条件为选择的核心标准，"以对本家的富贵有利为原则"①。媒人竭尽所能为双方撮合，自己也从中获利，撮合的结果常常是门当户对，门当户对恐怕是双方家长以及媒人多方运筹后的一个最佳选择。一旦子女婚事确定，双方父母与媒人会代替孩子们往来，直至他们成婚。所以，多数年轻人在父母与媒人的安排下，省去恋爱的环节，甚至还未曾谋面，就直接走向了婚姻。② 因此汉市民众的婚姻生活质量是令人置疑的，因为它先天不足，被剔除了情爱这一最重要的因素。

不是基于爱情与所爱之人结婚，而是作为一种经济组合的结果，汉市人家的婚姻显得现实而庸俗。"嫁汉嫁汉、穿衣吃饭"成为一代代女性的生活信条。而果真结了婚，女性又沉醉于家庭生活管理者的角色。开门"柴米油盐酱醋茶"，每样每天都要兑现，于是做妻子的总是要督促丈夫安排好第二天的生活，柴、米、菜一样都不能少，否则便喋喋不休。③

相夫教子与操持家务使得汉市女子的青春、美丽、温柔都销蚀在生活的琐碎中，于是俗气而不是优雅成为她们留给人们的感觉。

（二）传统与现代④交织下的"变"与"不变"：日常生活中的实用主义

以汉口为杰出代表的近代武汉社会，是传统与现代的融合体。

---

① 朱建颂：《武汉俗语纵横谈》，中国档案出版社 2002 年版，第 100 页。
② 访谈资料：F‐35、F‐36，2006 年 5 月 2 日。
③ 汶耳：《枕边的烦喋》，《武汉日报》1935 年 7 月 3 日。
④ 为了论述的方便和避免复杂和重复的概念梳理，本文大致认为传统是指与农业社会相关的一般特征，现代则是指与工商业社会相关联的特征，这是一种典型的二分法，有其不合理的地方，因为传统与现代并非绝对的二元对立，但是对于社会变迁的讨论是有效的。对于"传统""现代""现代化""现代性"等，学术界有着不同的表述，但是意义都是相近的，大概现代化是指的从农业社会向工业社会和商业社会转型的过程，而现代性则是指的在这一转型过程中社会与人表现出的特性。例如章开沅先生认为现代化"是一个完整的社会变革系统工程。一般来说，现代化包括非农业化（特别是工业与服务行业）的相对迅速增长；商业化和国际市场联系的日益紧密；经济相对稳定而持续的增长；城市化及与此相应的人口流动；多层次的文化、教育的迅速发展；收入分配渐趋协调平衡；组织与技能的专业化；科层化；群众政治参与程度的增进等等"，参见章开沅、罗福惠主编《比较中的审视：中国早期现代化研究》，浙江人民出版社 1993 年版，第 4 页；现代化理论大师吉登斯则认为"现代性是指社会生活"，"现代性大略等同于工业化的世界"，参见 Anthony Giddens, *The Consequences of Modernity*. Stanford：Stanford University Press, 1990, p. 1，参见山小琪《吉登斯的现代性理论及其对当代中国的启示》，载薛晓源、李惠斌主编《当代西方学术前沿研究报告》，华东师范大学出版社 2006 年版，第 356 页。

近代武汉体现着自身独特的现代化和西方现代化的双重现代化特征。比起作为政治文化中心的中国传统封建市镇，① 和在发展之初就与西方有着千丝万缕联系的上海，② 以及西方工业化主导的现代化城市，1861 年开埠前的汉口发展呈现出自身的独特性，是典型的商业主导的现代化模式。③ 汉口开埠以后，英国、俄国、德国、法国、日本先后在此开辟租界，各国商旅往来其间，使得这座城市处处充满着西方与现代化的因素。西人詹姆斯·贝特兰感觉武汉 "像上海及天津一样——三个最受外国影响的城市——比较是有一种现代化的景象。沿着埠口，当海潮增长的时候，列强的巡洋舰停泊着，而各种西方建筑的银行、写字间、仓库、别墅及领事馆等，无异是代表最近一世纪来西方企业的纪念碑……"④

城市的表面闪耀着现代化的光辉，但在日常生活领域，人们与传统和过去有着更多更深的粘连。"尽管在城市的每个角落都能找到现代化的影响，但是在一些司空见惯的日常生活方面，西方的影响似乎杳无踪迹……我们不断的感受到过去和传统的持久性"⑤，常常让人回忆起更久远的乡土事务和广大中国人的思想行为方式。

我们今天反对传统与现代的二分法以及将二者截然对立的倾向。然而，只要提出传统与现代这一对概念，我们的潜意识里都有用两分法来观察历史的 "企图"，当然作者也冒着这种危险。这是学界难以克服的通病，因为大家是出于讨论一些问题的需要或者是无意识用之。那么，这种传统与现代的两难与困惑是否同样困扰着数十年前的武汉市民呢？面对传统和现代的胶着，是选择恪守传统，还是追求改变？是以变求存还是以不变应万变呢？答案都不是。

武汉人圆融的实用主义精神使他们的现实生活尽可能舒适惬意，不管是现代抑或传统的，只要能为我所用则一并纳之。因而，我们根本不用担心传统与现代的交织让武汉人难以取舍而生痛苦。相反，也许在武

---

① 仟放：《汉口模式与中国早期现代化》，《光明日报》2003 年 4 月 1 日。

② 卢汉超：《霓虹灯外——20 世纪初日常生活中的上海》，段炼等译，上海古籍出版社 2004 年版，第 272 页。

③ 任放：《汉口模式与中国早期现代化》，《光明日报》2003 年 4 月 1 日。

④ 海峰：《武汉建市前后的汉口》，载皮明庥、吴勇主编《汉口五百年》，湖北教育出版社 1999 年版，第 121 页。

⑤ 卢汉超：《霓虹灯外——20 世纪初日常生活中的上海》，段炼等译，上海古籍出版社 2004 年版，第 272 页。

汉这样一个水陆大码头，多元化的人口来源给这个城市带来了异乎寻常的宽容性，市民有着开放的素质，① 因而本土文化在西方文化扩张的过程中并未如其他地区一样充满失落感和焦虑感，② 相反还采取主动吸纳的态势。

为我所用、有利可图的实用主义精神使传统和现代圆满地融合于武汉人的日常生活之中。问题的关键，不在于它是传统的还是现代的，而在于它是否有利于人们生活的舒适与改善。人们固守一些旧的生活方式，不是出于保存传统的严肃考虑，更少考虑到爱国主义，③ 仅仅是因为旧的生活方式使他觉得舒适，或者说这样做在经济上有利可图。而且只要有实际需要，人们都会毫不犹豫地抛弃旧的而采用新的生活方式。或者说，更为常见的是，人们乐于采用或吸收凡是他们感到对他们有益的东西，为的是创造出多种多样的生活方式，这种情形用新与旧、传统与现代的两分法是不容易表达的。④ 也许通过简单的事例更易阐述人们的这种实用主义生活哲学。

1. "神药两解"

生病时信奉"神药两解"⑤、双管齐下，反映出汉市民众面对传统和现代的典型的实用主义思维方式和行为取向。遭受病痛折磨时，人们既会寻医问药，也会求神拜佛；既会找名老中医把脉抓药，也会到西医院打针输液；既会去算卦问卜吉凶，也会去免费的教会医院就诊。不管是西方特色的，还是中国本土的；不管是延续数千年的封建迷信，还是代表现代成就的西医西药，或是凝结着传统精华的中医中药，在个人消除疾病、寻求身体健康时，都不会产生冲突和矛盾，只要能派上用场，都可以一试，管

---

① 涂文学：《在被动与主动之间：武汉早期对外开放晚发早致的奥秘》，《江汉大学学报》（社会科学版）2006 年第 3 期。

② 许纪霖：《回归公共空间》，江苏人民出版社 2006 年版，第 140 页。

③ 在日本人侵中国东北时，报纸上醒目的"爱用国货、抵制洋货"的口号只是商家的噱头，只能让人短期内对洋人产生激愤而选择国货，时间一久，老百姓大抵会将用国货是爱国、用洋货不爱国的念头抛之九霄云外，商家也很清楚这一点，于是集中一段时间，煽动消费者的情绪，增加卖点。不管是消费者还是打国货广告的商家，都不会在内心深处把用国货、洋货与爱国、卖国真正地联系在一起。

④ 卢汉超：《霓虹灯外——20 世纪初日常生活中的上海》，段炼等译，上海古籍出版社 2004 年版，第 272—273 页。

⑤ 访谈资料：F–27，2006 年 4 月 29 日；郁郁生：《穷得病不得》，《光明》1930 年 9 月 3 日。

用才是最关键和最被看重的价值。也许人们在尝试这些方式与手段时，根本就未曾考虑它们是对立或水火不容的：只要能为我所用，哪管它水火不相容呢？

2. "新的技能、旧的道德"：对家庭主妇的新期望

民国中后期武汉民众与政府对家庭主妇期望的"变"与"不变"，也反映出其生活的实用主义精神。不变的是，人们仍然希望女性奉献于家庭，做贤妻良母，遵守三从四德；变化的是，人们同时也希望女性适应时代的变迁，学会新的知识、新的技能，以更好地相夫教子。简而言之，就是要女性养成"旧的道德，新的技能"。

让女性恪守旧的道德、养成新的技能，是人们对传统道德和现代知识技能的实用主义取舍态度在女性身上的具体体现。政府主导、民众呼应反映出这种对女性的期望成为社会的主导潮流。汉口市立民众教育馆召集主妇会，号召女性掌握新的家政知识和技能，同时要具备旧的道德，甚至以宏大的理想来引导女性："要有助夫的本领，教子的良法，才配做现代家庭的主妇；要有新的知识，旧的道德，才配做现代家庭的主妇；主妇不求知识，家政无法改良，家政不能改良，国家不能强盛。"① 于是一些家长果真送女儿读书，倒不是为了让她日后"改良家政，为国家强盛"出力，而是为了使之"能阅报书写"，找个如意郎君，因为条件优裕的男子对妻子有这样的需求。②

总之，人们不管对物还是对人，都采用实用主义态度。如此能完满消除传统与现代、新与旧的对立，也可能这种对立在他们心中原本就很少出现过。

3. 温情与冷漠：人际交往中的功利考量

生活的实用主义态度还渗入情感领域。在考察民国时期汉市民众的日常交往时，我们强烈地感受到，人们在两副面孔间灵活地变换着：一张是温情脉脉的脸颊，另一张则是冷漠无比的面庞。在与街坊邻居和素昧平生者的不同互动方式中，这种对比尤其强烈。

人们对左邻右舍的温情与对素昧平生者的冷漠是因为两者给个人带来

---

① 《汉口市民众教育馆敬老会分配礼品及其他文件等》，1948 年，武汉市档案馆藏，资料号：80 - 2 - 103。

② 观遐：《街头随感》，《武汉报》1941 年 2 月 23 日。

潜在好处的差异而决定的。人们愿意将更多的温情投入在邻里之间，是因为他们深谙"远亲不如近邻"的道理，在生活出现意外和困顿时，热心的街坊邻居才是最切实的可依靠对象。讲求邻里和谐是乡村生活的温情场景，汉市民众将这种传统美德应用到都市生活中，在与街坊邻居的闲谈、聊天、互帮互助的日常往来中，结成了友善的邻里关系，给自己带来生活的便利。但在与陌生人的相遇中，人们会不自觉地收起炽热与温情的面容，代之以冷漠的脸庞。

人们对素昧平生者的冷漠是基于对方不能给自己带来好处的判断的结果。冷漠与世故是大都市中人们应对诸多人和物的刺激而选择的精神状态。都市的"人口高密度意味着城市人处在不断的刺激之中，为了应付这些刺激，个人必须过滤和筛选出最重要的刺激"①。擦肩而过或者素昧平生者大抵不会给个人生活带来益处，因而不必投入时间和精力。避免与陌生人关系深化，是为了更好地保留热情同对自己有用的人来往。② 人们与素昧平生者交往，"最关心的不是交际的情感与精神效应，而是它的利益所在"③。因而，即便是素昧平生，若能给自己带来好处，人们也是愿意热情地与之接近的。按照时人的观察，在讲求现实功利的武汉社会，所谓"道义之交""知己之交""刎颈之交""莫逆之交"比起金钱来说，显得虚幻而脆弱，人在有钱时候，素昧平生的人也会"慕名"拜望，应证了"穷在闹市无人问，富在深山有远亲"的俗语。④

可见，人们对温情与冷漠的态度转换与选择正体现出人际交往的利益前景。

对于汉市老百姓日常生活中的实用主义哲学，我们还可以举出更多的例子，来证明人们面对传统与现代的分歧，以及新旧生活方式的从容与练达。只要能让他们生活得更好，他们能够亦新亦旧、亦中亦西，时而传统时而现代，或者巧妙地来个中西结合、中西合璧。

---

① ［德］齐奥尔特·西美尔：《时尚的哲学》，费勇等译，文化艺术出版社 2001 年版，第188 页。

② 张鸿雁主编：《城市·空间·人际》，东南大学出版社 2003 年版，第 51 页。

③ 乐正：《近代上海人社会心态（1860—1910）》，上海人民出版社 1991 年版，第 86 页。

④ 摩西：《谈"朋友之中"》，《武汉日报》1935 年 3 月 4 日。

（三）严酷的生存环境：能否滋养崇高的城市文明？

1. 武汉：未能滋养崇高的城市文明

现实主义精神和实用主义态度让人们的日常生活平淡无奇，却反映出武汉人应对严酷都市生活的高明。"中国社会各阶层的人们常引用这样一句民谚来为他们的实用主义辩护：'人往高处走，水往低处流'。"[1] 20 世纪前半期，如潮的人群涌向"东方芝加哥"的武汉，"他们在往更高处走，并努力在那个前途未卜、灾难深重的年代生存下去"。武汉"日常生活的故事，讲述的正是小老百姓们如何运用自身的创造性来度过近代中国的风云巨变"[2]。

"武汉居，大不易"[3] 是严酷的都市生活环境的凝练与概括，个中滋味非当事者概难体验。相比同期中国其他的城市和乡村，也许生活在武汉的人们历经了更多的困苦与磨难。自然灾害、社会动荡与战争阴霾一直笼罩在武汉市民头上。1931 年夏天的水灾让三镇人们度过了三个多月漫长的水上生活并饱受水退后的疫疾之苦（见图 6-4）[4]，1938 年日本人攻陷武汉以及随之而来的烧杀掳虐[5]令人惊叹幸存者生命力之顽强。即便在水淹三镇、日军入侵、哀号遍地的灾难中，仍有数十万居民与这座城市同生死，共存亡。而且劫难一过，武汉人口又迅速回升至百万以上。政局的动荡使得短短二十年间武汉的建制和政权频繁更迭，城市的执掌者如走马灯似的更换，但苛捐杂税是强加给老百姓不变的生活内容。而且在那个武力决定发言权的年代，军警武装部队在城里作威作福，老百姓惹不起这些"丘八"[6] 老爷，而且在解放前夕还要接受警察的街头盘查。[7]

---

① 《中国俗语大词典》，上海辞书出版社 1989 年版，第 712 页。

② 卢汉超：《霓虹灯外——20 世纪初日常生活中的上海》，段炼等译，上海古籍出版社 2004 年版，第 273 页。

③ 访谈资料：F-20，2006 年 4 月 28 日；在《武汉报》1941 年 2 月 2 日刊登的文章《爸爸难》中，也有"大不易居的汉口"的表达。

④ 参见谢茜茂编《汉口大水记（1931）》，江汉印书馆 1931 年版；许季明：《在我记忆中的武汉水灾》，《西北风》第 8 期，1936 年 9 月，第 10—12 页。

⑤ 日本人在武汉对老百姓的伤害可参见武汉中山公园受降堂内展览图片。

⑥ 丘八合起来即兵，参见卓夫《关于"丘九"》，《武汉日报》1934 年 7 月 29 日。

⑦ 《检查行人报告表》，1948 年，武汉市档案馆藏，资料号：40-8-134。

图 6 - 4　1931 年，大水之中的汉口江汉路

人们或乘木船，或在跳板上行走。这年大水，三镇居民艰难地度过了不堪回首的三个月水上生活。大水之中，江汉路的繁华依稀可见（资料来源：http://bbs. cnhan. com）。

　　在波澜不惊的日子里，人们也饱尝身心的压迫感。每个夏天不约而至的汉江、长江大水考验着市民的心理承受能力，[①] 接二连三的城市火灾让多少穷苦百姓失去栖身之所，[②] 而政府对民间的救济总是既迟又少，来自善堂的免费衣食又僧多粥少。社会的动荡不安，使得失业的风险与概率激增，众多市民沦为无业游民，或者干着小贩这样职业概念模糊的生计，过

---

　　① 鸟茜：《江边》，《武汉日报》1932 年 7 月 15 日。另外，《罗宾汉报》1936 年 7 月 11 日至 28 日，每天报道长江的水势情况，表达了一种深切的关注。

　　② 城市平民和贫民住在毗邻的木板平房或者棚屋，房屋的材质和拥挤的居住环境使得这些地方火灾频发，棚户时常受到火灾的威胁，例如汉正街的板平房户经常起火，报纸上常常报道这样的事件，表达对穷人的怜悯；相对地，中产阶级和上等人士住在石库门里弄房子，不易发生火灾（无倚楼主：《乞者言》，《武汉报》1941 年 9 月 3 日；《武汉两市三处火警》，《武汉日报》1948 年 5 月 30 日；《今晨公安街大伙》，《大光报》1935 年 5 月 16 日；《分金炉下昨发生火灾，延烧百余家》，《汉口中西报》1935 年 10 月 28 日）。

着朝不保夕的生活。个人资源与能力的匮乏，亲人病故①等负面生活事件激增，加上天灾人祸，恐怕民国中后期武汉的生存环境比我们想象的还要严峻得多。生活所迫，使得匪盗增多，② 但多数人是不敢铤而走险的，他们宁愿清苦也要宁静地生活下去。

无力改变生活状态，为数众多的人们出于无奈和变通，只求活下去。他们只是"混混日子"，当一天和尚撞一天钟。生活的快乐与幸福还不在考虑范围，人们相信那是太平盛世才能实现的奢望，所谓"只有在青天白日下，才能恢复人们快乐的灵魂"③。在那似乎遥不可期的美景来临之前，"随波逐流，人云亦云，抱着'作一天和尚撞一天钟'的态度生活的人不少"④。

武汉严酷的生存环境，未能滋养崇高的城市文明。人们缺乏共同美好的追求和精神生活，只专注于当下。"活下去"的朴素人生目标以及由此养成的现实主义态度和实用主义精神让汉市民众的日常生活朴实无华。年复一年的日常生活无形之中形塑着城市文化的格调，使它显得平实、平庸、平常、平淡、务实，或谓之俗气⑤和小器，离高贵、大器、优雅、崇高的城市文明距离尚远。然而，将罪责完全归之于武汉或者武汉人似乎是不太合适的。

2. 罪责：对更广泛的国人生活背景的考虑

武汉老百姓当时的生活样式可能只是更广阔的中国人生活大背景的一个缩影。

就中国当时乡村生活而言，广大农民亦适时而变。此前，中国农民虽

---

① 在天灾人祸以及饥饿和疾病的侵袭下，武汉社会非正常死亡年龄的病故频繁发生。在笔者深度访谈的40位老武汉人中，在解放前有20位的家中经历了幼年丧父（母）、中年丧偶、老年丧子（女）的亲人的意外离去，其中一位访谈者的母亲生育了十四个女儿，在解放前有十三个病死或饿死，她是唯一的幸存者，而且是被从死亡的边缘拉回来的（F-1，2006年4月19日）；那些买不起棺材的人家直接用芦席把死者尸体一卷，扔入水塘中，因而旧武汉浮尸很多，政府设浮棺收葬会，负责打捞处理，收埋浮棺，仅1935年9月，武汉市就收葬浮棺八百具（《九月份收浮棺八百具》，《汉口中西报》1935年10月13日）。

② 侠魂：《窃犯》，《武汉日报》1936年3月1日；罗苏：《街景——一个记者的半日纪事》，载茅盾主编《中国的一日·武汉的一日》，上海生活书店1936年版，7（10）。

③ 《今年的新年》，《汉口民国日报》1927年1月5日。

④ 金爪：《真善美的生活》，《武汉日报》1936年2月4日。

⑤ 有人在评价全国各个城市说到武汉时，没有言语了，只剩一个字——俗，武汉人对此并不气恼：俗又怎么了？俗就是生活，武汉的生活才是实实在在的生活，既不故作深沉，又不骄横矫情（中国城市活力研究组主编：《武汉的性格》，中国经济出版社2005年版，第48页）。

未刻意追求"诗意的栖居"，但实际上他们却"享受着简朴的田园生活"①，不会因为渴望财富而焦躁。但在民国中后期，乡村的宁静普遍被打破，恶劣而艰苦的自然环境和匪患，使得他们"常常处在生存与毁灭的交叉点上"②。他们被迫背井离乡，到都市寻找生存的机会。于是，他们不得不告别过去闲散、舒缓的生活节奏，更加务实地投入到在都市立足的奋斗中，挣钱成为唯一的目标。都市生活经验和残酷的现实，慢慢地潜移默化了他们，使他们逐渐养成了现实、"精明""算计""世故的都会精神"③，而告别"古老中国那些农村价值观——简朴、正派、忠厚"④。

就当时都市生活而言，武汉老百姓们的现实功利色彩和实用主义思维方式也不是独有的。当时中国第一大都市——"上海日常生活的细节也表明，中国老百姓在适应能力和综合能力方面是多么的老练通达"⑤。人在上海面临的生活压力亦不小于武汉。"随着上海逐渐发展为中国第一大都市，上海人也逐渐有了狡猾、精明等名声"⑥，于是作家张爱玲在20世纪40年代写道："上海人是传统的中国人加上近代高压生活的磨练……谁都说上海人坏，可是坏得有分寸。上海人会奉承，会趋炎附势，会浑水摸鱼。"⑦ 可以说，上海市民离高贵、典雅、大气的品格也有一段距离，在恶劣的生存环境里，中国第一大都市也未能孕育崇高的城市文明。

所以，就当时全中国城乡生活而言，人们的精神面貌和文明程度都不容乐观。乡民淳朴憨厚的特征在他们步入城市后发生了蜕变，他们为生活所迫，正努力地向精明、圆滑的城里人看齐。城里人的名声亦不太好：穷苦大众被戴上钻营、狡猾、俗气的帽子；而那些阔绰的公子哥儿、摩登小姐或者富商巨贾也多只沉醉在物欲的世界，没有崇高的精神与文化追求，显得浮动不安，成为常人眼里醉生梦死的沉沦者——"奢华、享乐、肉

①　林语堂：《中国人》，郝志东、沈益洪译，学林出版社1994年版，第128页。

②　沙莲香等：《社会学家的沉思：中国社会文化心理》，中国社会出版社1998年版，第17页。

③　[德]西美尔（George Simmel）：《货币哲学》，陈戎女等译，华夏出版社2002年版，第360页；[德]齐奥尔特·西美尔：《时尚的哲学》，费勇等译，文化艺术出版社2001年版，第188页。

④　[美]费正清主编：《剑桥中华民国史》第2部，上海人民出版社1992年版，第490页。

⑤　卢汉超：《霓虹灯外——20世纪初日常生活中的上海》，段炼等译，上海古籍出版社2004年版，第273页。

⑥　同上书，第39页。

⑦　张爱玲：《张爱玲文集》第4卷，安徽文艺出版社1992年版，第20页。

欲，强有力的占据一切企图"①，"销魂般的醉乐在沸闹着！黄金般的宴会在铺陈着！在琥珀色的夜的深渊里沉沦……"②

结果，在中国所有的城市和乡村，都找不到一个让人为之骄傲的文明样式与精神文化的圣地。不管是最贫穷的乡村，还是最富庶的都市，人们都只是在那样一个艰难的年代，努力地活着，并力图活得好些，他们的生活实而平庸。在中国，恶劣的生存环境没有滋养崇高的城市文明。实际上，缺乏精神信仰的民族和人群要想创造出高尚、坚韧、大气、恢宏、优雅的崇高文明是相当困难的。

因此可以说，近代武汉日常生活的庸常是中国广大人民应对艰苦生活场景的一个缩影。同时期的中国老百姓都是那样务实，只图在严酷的生存环境中柴米油盐般而非诗情画意地活下去，肉体而非心灵地活下去，物质而非精神地活下去，世俗而非高雅地活下去，或许还在等待生活的转机。

这样来看，中国"最市民化的城市"落在武汉头上，武汉的人们也不需作历史的检省了？并非如此。

从世界历史来看，严酷的生存环境亦曾滋养过崇高的文明，博大精深的犹太文明就是一个极好的例子。犹太文明在2000多年前的希伯来时期基本成型，旋即犹太人遭受旷古劫难，在135年被古罗马人驱逐出国，开始背井离乡的大离散生活。③ 犹太人遭受的痛苦和屈辱是任何其他民族都未曾经历也难以想象的，但他们在犹太复国信念和对犹太人的强烈身份认同下，在2000多年没有家园的艰难岁月，坚韧地将犹太文明、犹太精神传承下来并发扬光大。犹太文明将生活的哲学与精神的信仰，将对财富的追逐和对耶和华的笃诚合而为一，④ 他们以经营生活的务实态度具化精神信仰，又用博大的精神与智慧美化生活，展现出巨大的创造力和潜能，是令人瞩目的文明。

相比苦难深重的犹太人而言，武汉民众的精神风貌尤其对群体的认同感是低下的，这在人们日常生活中被无意识展现出来。

---

① 子雨：《一种社会现象的心理的解说》，《武汉日报》1934年10月15日。
② 上官柳：《这城市》，《武汉日报》1946年12月30日。
③ 徐新编著：《西方文化史》，北京大学出版社2002年版，第38页。
④ 潘光、陈超南、余建华：《犹太文明》，中国社会科学出版社1999年版，第183—185页。

二　市民认同美德：日常生活有待培育的果实

市民认同既是一种态度，也是一种行为模式。市民认同分为两种：一是被理解为良好风范或礼貌的市民认同，关注对他人感受、利益与人格的尊重；一是作为市民社会美德的市民认同，是关注整个社会福祉和公共利益的态度。① 市民认同是个人的一种精神与心灵选择，但其行为结果常常指向他人与公众。

（一）作为良好风范与礼貌的市民认同的缺失

人们在日常生活中的言行举止，尤其是那些下意识或无意识的举动能真实地反映其礼貌和风范水平。良好的市民风范是令人赏心悦目的。通过回顾民国中后期武汉老百姓的生活点滴，我们不难发现作为良好风范与礼貌的市民认同是相当缺失的。

1. 口头禅：出口成"脏"

礼貌意义上的市民认同能缓解与改善人生的重负——在一个经济、政治、知识竞争的社会中，可能失败的风险以及实际的失败都是人生重负的渊源。武汉社会却不无遗憾地无缘生成礼貌意义上的市民认同。作为一个火炉城市，武汉城市的人们向来以火暴脾气与稍显粗鲁的性格著称。加上流氓帮派在很大程度上深入甚至控制普通百姓的生活，一些民众为了获得庇护还加入青帮或者洪帮，使得其日常生活不自觉地带上匪气。② 市民或许根本没有意识到自己言行有失礼貌。民国时期武汉人自己也在反思市民的语言陋俗，甚至对武汉人的骂作出了精辟的分析，认为武汉的"骂"乃中国之最：

> 设若我们统计起来，武汉三镇一天骂人的案件有多少起，恐怕那个数目会惊得我们摇头吐舌。我们一走出大门，喊一声"车子"，两个车夫一争，就会骂起来。"骂"在武汉比在全省任何其他地方都要

---

① ［美］爱德华·希尔斯：《市民社会的美德》，载邓正来、［英］J. C. 亚历山大主编《国家与市民社会——一种社会理论的研究路径》，中央编译出版社 2002 年版，第 41—42 页。

② 据武汉方言专家朱建颂口述，2007 年 4 月 12 日。

风行一些！

"骂"的词句。用的最多的词句是哪一类呢？无论何人都晓得是
（1）关于性的。这一类的词句如："我×你妈"，"娘卖×的"，"妈
的×"，差不多是一般人的口头禅，到处可以听得到的。至于"姐姐
的×"，"×你姐"也差不多是次多的骂人语。因为在国人的眼里，
侮辱一个人莫妙于侮辱他家里的女性，而侮辱女性又莫妙于说出她的
性器官来！实则男性的性器官，也是骂人的好典故，如"你算×
×"，"你晓得一个卵"都是普通人爱用的词句。（2）关于禽兽的。
这一类的词句算是典雅一些的了。如像骂人为"畜生"，"狗东西"，
"笨驴"，"死猪"，虽然逆耳，总还不肉麻！[①]

武汉社会一般市井小民"用最下流俗语谩骂是家常便饭"[②]，且有巾
帼不让须眉之势。女顾客受理发师欺侮了，要骂得对方羞愧难当。[③] 有的
妇女为孩子护短而破口大骂、大打出手。[④] 人们认为最厉害的骂莫过于寡
妇骂街：

> 骂人最彻底和最淋漓尽致的，莫过于寡妇骂街了。被骂者上自祖
> 宗若干代，下至子孙若干辈，外至亲戚朋友甚至媒人，内至兄弟姐
> 妹，甚至老婆丈夫，曲折幽渺拐弯抹角，她都能一一骂到，竟如灭十
> 族一样，一个都不能漏网。而且尤有甚者，灭十族只是活人，她这骂
> 的连死带活一齐卷。其骂人之词句，匪夷所思，匠心独运，这真是
> 天才！[⑤]

时至今日，语言粗俗不文明仍旧是武汉市民自我评价中的第一负面形
象因子。[⑥] 武汉的一份城市周刊甚至推出"拒绝汉骂"的组文，并在编者

---

① 慕洁：《骂——社会上恶习惯之一》，《汉口中山日报》1929 年 3 月 20 日。
② 王再湘：《小偷》，《大楚报》1941 年 4 月 17 日。
③ 《理发店店员戏弄女顾客》，《武汉报》1941 年 8 月 18 日。
④ 《有关家庭、钱财、邻里纠纷及相互斗殴等案的解讯》，1948 年，武汉市档案馆藏，资
料号：40－13－4215。
⑤ 情圣：《骂》，《大楚报》1940 年 12 月 15 日。
⑥ 罗教讲：《武汉人的形象——对武汉人自我形象的实证分析》，载冯天瑜、陈锋主编《武
汉现代化进程研究》，武汉大学出版社 2002 年版，第 290 页。

按中指明"武汉人脾气爆，说话冲，爱斗狠、爱骂人、爱吵架，说起话来更是直筒筒硬邦邦永远没个好气"，以至于有些外地人感叹"到了北京嫌官小，到了上海嫌城市小，到了深圳嫌钱少，到了武汉嫌嗓门小"①。就这样，武汉人和武汉话活生生成了粗俗野蛮的标志，并且有被妖魔化的危险倾向②。

有人为粗俗的武汉话正名：易中天慨叹武汉人什么娘都敢骂，③ 但觉得这是武汉人生命野性的体现；④ 武汉地方文化名人何祚欢认为"武汉话是漂在长江里，系在码头上的，它在三镇贩夫走卒的肩膀上晃荡"，它"少了几分咬文嚼字的绉绉之感，多了几分直率的铿锵焰火气，特别能显示武汉人的热心快肠和急性子"⑤。然而，对自己哥们满口粗话是亲密甚至温柔的表示，但是对于不了解武汉人和武汉话的外地人来说，出口成"脏"是粗野的标志。武汉话的粗野风格不利于武汉的形象推广，靠粗野的语言彰显的生命野性和热心快肠不要也罢。

而且从更深层次来说，武汉人言行的不礼貌体现了市民对他人感受与人格的不尊重，尤其当粗鲁的言行成为不自觉的习惯或口头禅时，更说明武汉社会缺乏礼貌意义上的市民认同。拒绝尊重他人是与市民认同背道而驰的。市民认同承认他人至少具有与自己同等的尊严。礼貌为生活增添少许快乐，它比严苛更易使人忍受。温和的语调与谦恭的讲话比严厉而粗俗的讲话更为悦耳。行为举止方面的市民认同使愤怒与怨恨受到抑制，它可能缓和激动情绪，因而市民风范是令人赏心悦目的。⑥

作为良好的市民风范的市民认同，不仅在民国时期的武汉社会是缺失的，在改革开放的浪潮中，吹响中部崛起号角的今日之武汉，恐怕也面临提升市民风范的课题。良好的市民认同与风范本身有一个不断扩散的过程，"市民认同不仅直接影响拥有它的人的行动，它还有辐射和强化作用。具有较高程度市民认同的人会激发较低程度人们的市民认同，如此递

① 陈芳国、黄建芳主编：《武汉通史·中华人民共和国卷（上）》，武汉出版社2006年版，第438页。

② 钟声：《武汉话的温柔与野蛮》，《第1生活》，2007年4月3日，第A04页。

③ 易中天：《武汉人什么娘都敢骂》，《民间文化》2000年第9期。

④ 易中天：《武汉人保留了一种可贵的生命野性》，《第1生活》2007年4月3日，第A05页。

⑤ 何祚欢：《武汉人不说武汉话说么斯》，《第1生活》2007年4月3日，第A05页。

⑥ [美] 爱德华·希尔斯：《市民社会的美德》，载邓正来、[英] J. C. 亚历山大主编《国家与市民社会——一种社会理论的研究路径》，中央编译出版社2002年版，第43页。

进辐射，便会达致市民认同金字塔中最少市民认同及最不敏感的人们"。①
这将是一个渐进与递进的过程，需要从较高程度的人向较低程度的人逐步
推开，以达到最后的全市的良好市民风范的形成。

2. 中山公园里的粗鄙行为

市民认同是个人在公共场合或与他人互动中表现出的风度。良好的公
众形象反映一个人对他者感受、利益的顾及和尊重。

中山公园是解放以前武汉备受市民青睐的最大公共活动场所，但游人
屡禁不止的粗鄙行为昭示着养成良好的市民风范的困难之大。从公园管理
处公布的游园规则来看，游人"随地吐痰""攀折践踏花草""随地乱扔
秽物"的情形时有发生，② 这些陋习妨害了他人对公众场所的观感和利
用。游人衣冠不整是公园里另一最常见的不和谐景象。夏天的公园里袒胸
赤膊躺卧者有之，③ 衣履不整者更是司空见惯，公园方面派出工作人员劝
阻而屡禁不止。④

忽视公众形象是漠视他人感受和不讲礼貌的表现。虽然，七十多年
后的今天，武汉市民在公园里的言行已经有了极大的改观，但是却仍然
留有往日生活的"印迹"。时至今日，酷夏的傍晚，汉口中山公园里亦
时有游客抱着"天热无君子"⑤ 的信念而坦然地"袒胸赤膊"，且无人
制止，⑥ 说明在这个城市长期以来有一群人冒着被"另眼相看"的压
力，敢于在公众场合面露不雅，这无疑是养成文明高雅的市民习性的负
面行为惯性。若有朝一日，当所有游人都举止优雅地游憩在公园时，人
们将惊叹于这座城市文明和市民素养的提升，这将是一个有别于今日与
过去的武汉社会里方能出现的现象。

（二）关注共同福祉的实质性市民认同的缺失

实质性的市民认同是关怀整个社会福祉的态度。它是市民社会的美

---

① ［美］爱德华·希尔斯：《市民社会的美德》，载邓正来、［英］J. C. 亚历山大主编《国
家与市民社会——一种社会理论的研究路径》，中央编译出版社 2002 年版，第 49 页。
② 《中山公园管理处有关公园管理的文件》，1948 年，武汉市档案馆藏，资料号：85 - 1 - 62。
③ 同上。
④ 《中山公园成立新运服务团，纠正衣履不整游人》，《汉口中西报》1935 年 7 月 3 日。
⑤ 据武汉地方史专家徐明庭口述，2007 年 4 月 5 日。
⑥ 一种解释认为人们对这些形象粗野的人心存恐惧，唯恐避之不及，更不敢劝阻：他连
脸都不要，还会听劝阻？据武汉方言专家朱建颂口述，2007 年 4 月 12 日。

德，意味着随时准备节制个人或集体的特殊利益，而将共同利益置于首位。它要求用集体意识取代自我意识，任何行动只要顾及具有更大包容性的集体的福祉，便是从共同利益出发的行动，它意味着对群体与社会整体利益的依归与关怀。

如果说罗威廉所描述的行会组织以及同乡会等组织机构的成员在许多事务上都表现出对集体的忠诚与关心，① 那么游散在正式组织之外的武汉的市民认同程度则是低下的。多数市民各自为政，各行其是，为追名逐利而各显神通。所谓"外交家的手腕，像珠走玉盘，圆滑婉转。交际花的风度，像紫红玫瑰，棱刺扎手。奸商们的良心，像腐败蛋黄，黑臭难闻。情人们的眼泪，像珠宝钻石，使人留恋。文士们的心血，像汪洋大海，用之不尽。烟鬼们的生活，像狸猫个性，以夜作昼。赌徒们的头脑，像神经病人，麻木不仁。妓女们的心理，像蜂尾崛箭，其毒无比"。②

市民心中缺乏对群体利益与社会整体福祉的考量与关怀，养成了"各人自扫门前雪，莫管他人瓦上霜"③ 的处世哲学，对共同利益基本上漠不关心。由于在民国中后期尤其是抗战爆发之后，国民党防民之口，市民为了规避风险，一般不关心国家大事，不仅茶馆饭店贴着"莫谈国事"的标语，"莫谈国事"还成为广为相传的口头禅，④ 人们相见以"国家事，管他娘，打打麻将"来发牢骚。⑤ 于是有人为市民不关心国家大事而焦虑："社会情形如此，在百端待理时候，是没有什么注意，自然没有人谋通体的解决。试向社会人丛中一探，许多人谈的新闻，没有注意党国大事的。而都是谈破头流血一类的事件。影响所及，这又是多么可怕啊！"⑥ 市民也许因为感知到来自政府与国家的体恤与温暖太少，而且还冒着国民党白色恐怖统治下的危险，故议论国家大事还不如闲谈猎奇，只要那些悲惨的事情不发生在自己家里。

---

① ［美］罗威廉：《汉口：一个中国城市的商业和社会（1796—1889）》，江溶、鲁西奇译，中国人民大学出版社 2005 年版，第 358—384 页。

② 忆凤：《碎锦片片》，《武汉报》1941 年 8 月 26 日。

③ 访谈资料：F - 8，2006 年 4 月 20 日；F - 20，2006 年 4 月 28 日；F - 36，2006 年 5 月 2 日。

④ 张崇明：《江城茶馆话当年》，载萧志华主编《湖北社会大观》，上海书店出版社 2000 年版，第 8—9 页。

⑤ 据武汉地方史专家徐明庭口述，2007 年 4 月 5 日。

⑥ 寒心：《可怕的社会》，《汉口中山日报》1929 年 3 月 5 日。

即使是对同处社会底层的人的悲惨遭遇，有时武汉市民也保持冷静而袖手旁观，缺乏群体的归属感与基本的同情。菜贩子癞狗七斤因妨害交通被警察棒打，没有受到处境同样艰难的人们的同情与帮助，相反，"旁立着闲瞧的商店学徒和小贩们笑起来，他们欢喜看别人打架，癞狗七斤的丑样了也能让他们高兴"①。

同时，在老百姓平庸的日常生活中，我们也很容易看到汉市民众作为实质性的市民认同的缺失。

1. 同船过渡：十年修？

歌词"同船过渡，五百年修"大抵是说人们珍视概率极小的偶遇机缘而生惺惺相惜之情。这种美好的情愫在近代武汉长江的轮渡上却杳无踪影，人们毫不相让，而是争先恐后、唯我独尊。

轮渡上的拥挤是人们只关心自我感受和利益的自我中心意识的体现。乘客为了占个好位置，"上船时全都用力挤"②，而令人不解的是人们在下船时也挤，③ "那种爱惜时间，谨防落后的样子是谁也不相让的"④，即使对老人、孩子、妇女也毫无谦让之意，拥挤之中，"小孩啼哭，老人和妇女被强有力的臂膀推得进退维谷"⑤。

人们登载轮渡时的心理变化也体现了以我为中心的哲学。自己未上轮渡时，希望轮渡多停留一会，而一上船就希望轮船火速开驶，不管赶船的人焦急万分。"短短几分钟内，心理上的感受因个人的利益而改变"⑥，而对他人的立场、感受和利益漠不关心。

乘客在应对轮渡上的特殊情形时还表现出自私自利的一面。天下大雨的时候，乘客全部拥挤在轮渡有雨篷的一侧，致使船身失去平衡，"倾侧万状"。尽管工作人员苦心劝说，所有的人依然宁肯冒着翻船的危险，也不愿意站到轮船的另一侧，为了不被雨淋，置整船人的安危于不顾。⑦

尽管同船过渡，人们却没有大家是"一条船上的人"或者"十年修

---

① 王再湘：《疯》，《大楚报》1941 年 3 月 15 日。

② 郭晟：《过江》，《武汉夜报》1933 年 7 月 31 日。

③ 一般按常理而言，人们在乘船乘车时是"挤上不挤下"，上去时挤，下来时要从容些，据武汉地方史专家徐明庭口述，2007 年 3 月 29 日。

④ 端人也：《快慢都不是》，《汉口中山日报》1929 年 6 月 28 日。

⑤ 郭晟：《过江》，《武汉夜报》1933 年 7 月 31 日。

⑥ 岱芙：《轮渡上的哲学》，《武汉日报》1932 年 1 月 21 日。

⑦ 《武汉轮渡之调查》，《新汉口》第 1 卷第 4 期，1929 年 9 月，第 143。

得同船渡"的认同与利他主义倾向，甚至有自私自利的嫌疑，而缺乏"自我克制和对他人感受的顾及"①。

2. 人力车夫与马车夫的歇业：置公共交通于不顾

近代武汉人们外出主要靠步行，人力车和马车是人们最常乘用的交通工具。因为抢生意的缘故，人力车业公会和马车行时有争斗。汉口马车线路在城市主干道——中山大道②沿途上下乘客。人力车则遍布大街小巷。由于马车相对平稳且车资低廉，"路越远越经济划算，比坐人力车或公共汽车都要便宜"③，加上乘马车车费有定价，不会受人力车夫漫天要价的气，④ 因而经过之处"抢"走不少人力车的客源。为了生计，人力车夫经常联合起来，与马车夫相互攻击（见图 6 - 5）。

图 6 - 5　同行一道的马车与人力车

马车是汉口最繁华的主干道——中山路（1946 年改名中山大道）的交通工具，这也是人力车揽客的地方。图中反映的是武汉国民政府前的戒严情景，左下角人力车夫载客，右下角马车在此通过，为了争夺生意，同道行驶的人力车和马车常起冲突（资料来源：武汉市图书馆藏）。

---

① 邓正来、[英] J. C. 亚历山大主编：《国家与市民社会——一种社会理论的研究路径》，中央编译出版社 2002 年版，第 42 页。

② 小市民：《乘马车游中山大道》，《汉口报》1946 年 6 月 8 日。

③ 拔戈：《关于马车》，《武汉报》1941 年 7 月 29 日。

④ 丙尼：《漫谈人力车夫》，《汉口报》1946 年 7 月 13 日。

尽管人力车夫和马车夫都是穷苦的命，[①] 但二者没有同病相怜，而斗殴倒是家常便饭。冲突的结果常常是人力车和马车歇业，而使全市交通陷入瘫痪。1947 年 6 月 1 日晚七时，硚口发生人力车与马车争斗路线而引起斗殴以后，直至 6 月 2 日，整天各处亦相继发生同样冲突事件，马车业停业，人力车亦告罢工。市内交通甚感不便，公共汽车乘客拥挤。虽经各方调解，亦不见效。[②] 同年秋季，马车业和人力车业为争线路抢生意，在主要站点六渡桥和大智路，由互相争吵打骂发展到集体斗殴数起，影响了市容秩序和社会治安。后人力车夫和马车夫在各自同业公会操纵下纷纷歇业，置市民的公共交通于不顾，引起民众公愤。最后，由于人力车业财大气粗人众，马车让出中山大道中段线路，[③] 改走背街，深夜的马车声惊扰了居民区的生活。[④] 这表明下层民众为生活所迫，无暇顾及更广大群体的利益；或者，他们从来都不认为发展城市公共交通、保持良好社会秩序、便利市民生活是他们的责任所在；他们根本未曾意识到自己对城市共同利益的认可与遵从也是城市进步的应有之意。

广大市民缺乏对所生活的社会与人群的相互认可，因而难以形成关注共同福祉的实质性市民认同。与他人共生是每个人难以避免的人生命运，我们生活在一个相互依赖的时代，"社会个体成员意识中的伦理观念，产生于这样的事实：所有这些个体彼此间的共同的社会依赖——他们各自对整个社会或对所有其余人的共同依赖——产生于他们对这一事实的理解、了解、自觉的认识"[⑤]。人们根本看不到即使素昧平生亦相互依赖的关系，因而陷入个人得失的计较之中，看不到更广大群体的福祉，也就不可能从共同利益出发去行动。

"各人自扫门前雪"是市井人家的生存法则，也是货币经济培育出的

①　报纸上经常有文章表达对人力车夫艰苦生活的同情，也有文章体恤马车夫的，谓马车夫"从娘胎里带来一座无线电，天天和香格里拉（汉口的饭店，每日放留声机吸引顾客）争着喊，可惜大意永远是'嘎'，蹬蹬蹭蹭就为了一碗饭"（夷笙：《生活》，《汉口工报》1948 年 10 月 3 日）。

②　《马车业与人力车夫发生业务冲突》，《武汉日报》1947 年 6 月 3 日。

③　武汉文史资料编辑部主编：《武汉文史资料》，1992 年第 2 辑，"汉口忆旧（续辑）"，第 37 页。

④　张徐：《还我宁静：本市住宅区域，不能走马车》，《正谊晚报》1947 年 6 月 23 日。

⑤　［美］乔治·H. 米德：《心灵、自我与社会》，赵月瑟译，上海译文出版社 1992 年版，第 279 页。

商业精神之花。这种理智与冷静在城市的发展初期，曾给都市及其中的人们带来生机与实惠，但毕竟违背了城市长远发展的理想。"城市应当是一个爱的器官，城市最好的经济模式是关心人、陶冶人"①，热爱自己的家园。市民认同感的匮乏与市民美德的缺失会成为都市社会昂首阔步向前发展的瓶颈。

（三）实质性市民认同的局部萌芽

令人欣慰的是，在民国中后期的汉市社会，一小部分人当中出现了实质性市民认同的萌芽。尽管这种关心他人、集体和整个民族的情感非常朴素，方式也很简单，却代表一种好的倾向。

1. 宝贵的同情之心：怜悯素昧平生者

既然当个人独处时很难对社会群体形成归属感，那么对陌生人的同情也就成为一种宝贵的对社会大众福祉的关怀之情和浅层次的市民认同了。邻居未谋面的孩子的死让樊风心生悲哀，并在内心"希望这个孩子再不要尝到这个世界上的明痛和苦闷了，不再由'热'尝到'冷'了，不要再染到世间的各种颜色！"② 这是一种发自内心的怜悯与同情。另外，同情窃犯而不是如常人一样去鄙视与恶骂的态度，也凝结着人们对社会长远发展与整体利益的考量，虽然这是以悲天悯人、质问社会的形式表现出来的：

> 时常听到一些小窃因为偷了别人的东西而被捕、坐牢的消息。这样的事情，不断的发生在社会的每个角落里。每当我听到这样的消息时，我总要深深地叹一口气，对于这些"窃犯"，我只有同情和怜悯，绝没有对他们的鄙视和恶骂，也绝不会像那些卫道的先生们说些"世风日下""人心不古"的雅言。
>
> 在这样一个动乱的社会里，到处充满了可怜的现象，人们尽了自己一切的能力，却仍旧不能摆脱经济的桎梏，为了饥寒的交迫，为了生存问题的不得解决，他们又不能活活的饿死，终于迫不得已，走那

---

① ［美］刘易斯·芒福德：《城市发展史》，倪文彦、宋俊岭译，中国建筑出版社 1989 年版，第 421 页。

② 樊风：《未谋面的孩子的死》，《大楚报》1941 年 7 月 6 日。

偷窃的，做了被社会所鄙视的"窃犯"。是他们自己愿意偷窃么？他们难道没有良心么？这不得不从社会来找原因。①

2. 懵懂的民族大义：抗战周年的无偿"献金"

1938年"七·七"抗战周年献金运动使我们看到了武汉下层民众懵懂的民族大义和崇高的市民认同。1938年7月，周恩来和郭沫若号召国人"有钱出钱，有力出力"、支持抗日的抗战周年献金运动得到武汉民众的热烈支持。献金活动原定在7日、8日、9日三日进行，后应民众要求延长了两日。武汉三镇万人空巷，郭沫若描绘当时"献金的人群，每天从早到晚川流不息"，涌向设在三镇的六处固定献金台和三处流动献金台，② 五天达50万人次，几乎把献金台挤塌。人们冒着倾盆大雨前往献金，③ 一些码头工人每天只吃一顿，把省下的饭钱捐献出来，并称"我们的生活没有着落，可是我们晓得，如果不把日本鬼子赶出中国去，咱们全中国的老百姓都没有好日子过"④。《新华日报》社论指出，"此次献金运动，仅就武汉来看，其踊跃热烈的情形，足以令人兴奋感动。许多老年因痛惜自己不能直接参加抗战而献出历年的辛苦积蓄，无数车夫、男女工人、小贩等，以他们血汗换来的金钱，热烈地献给了神圣的抗战事业，瞎子、哑巴、甚至乞丐，也都将艰难得到的一分一毛慷慨的献出。"⑤ 在日寇步步进逼，机关、工厂、学校已经内迁，时时有敌机轰炸，随时会城郭变色、国亡家破的逆境下，武汉民众慷慨献金、团结御侮，表现了一种牺牲自我、誓死捍卫乡邦的爱国情怀和民族大义。⑥

但是，民族大义这种崇高的市民认同只在一部分人中萌生，尚未达及每一个普通市民。尤其是那些"丰衣足食的人们的献金，远落在劳动同胞之后，而没有达到相应的程度"。相反，工人、小贩、士兵和从沦陷区跋涉来汉的难民最为踊跃。可见，市民对群体和共同利益的认同受到政府

---

① 侠魂：《窃犯》，《武汉日报》1936年3月1日。
② 参见袁继成《1938年武汉的"七·七"抗日献金运动》，《楚天主人》2005年第10期。
③ 《扫荡报》1938年7月9日。
④ 武汉市总工会工运史研究室主编：《武汉工人运动史》，辽宁人民出版社1987年版，第204—205页。
⑤ 《新华日报》1938年7月12日，参见武汉市档案馆、八路军武汉办事处旧址纪念馆、武汉图书馆合编《武汉抗战史料选编》，内部资料，1985年，第189页。
⑥ 参见袁继成《1938年武汉的"七·七"抗日献金运动》，《楚天主人》2005年第10期。

引导和自身状况的影响。当自己生活尚好之时，人们会得过且过；那种崇高的民族大义往往只有在个人无以为生或者国破家亡的危难关头才会瞬间迸发，有一种破罐子破摔的悲壮味道，而不是一种稳定恒常的情感。

也就是说，在平淡如水的日常生活中，汉市民众的市民认同是不曾发育成长的，而在特殊的历史场景中，它又以猛烈的、不成熟的状态在部分人中间表现出来。它不是一种基于对社会、对人生的理性的把握和长远的通盘认识，并不计眼前与个人利益，从大处着眼以期推动现代社会发展的市民人格的提升。①真正的市民认同还停留在少数人中初露端倪的阶段，其培育发展将是一个长期的过程，也是一个与政府引导水平和城市社会共同进步的过程。

三 并行不悖："东方芝加哥"的光辉与日常生活的庸常

反省历史，让我们看到过去武汉民众生活中的诸多平实景象甚至欠缺之处，但这并未妨碍武汉跻身中国唯一能冠以"大"之头衔的两大都市之列。②武汉"东方芝加哥"的光辉与人们日常生活的庸常并不矛盾。

得天独厚的交通枢纽地位与商品贸易的优势成就了百年前武汉"东方芝加哥"的辉煌，严酷的生存环境加上更广阔的中国人的生活背景，酿就了这座城里人们日常生活的庸常。在铸就"东方芝加哥"的金字塔时，少数富商巨贾占据了塔顶的光芒，广大下层民众如苦力、店员、工人、学徒、小贩、佣工之辈则默默无闻，但他们却是金字塔里最不起眼的一块块石头。"正是这些为数众多而又地位微贱的小市民编织着城市经纬中最丰富多彩的部分。"③ 一些百姓"基于失去过去美好田园生活的悲哀与恐惧，又没有对未来社会的乐观预测，因此注重现实的、短期的、直接的利益，而缺乏宏大的气魄；长远的目光与理性的人格"④，背负着平庸、

---

① 忻平：《从上海发现历史——现代化进程中的上海人及其社会生活（1927—1937）》，上海人民出版社1996年版，第243—244页。

② 在近代中国，城市名称前被冠以"大"的称谓的只有上海和武汉（或者汉口）。

③ 卢汉超：《霓虹灯外——20世纪初日常生活中的上海》，段炼等译，上海古籍出版社2004年版，第274页。

④ 忻平：《从上海发现历史——现代化进程中的上海人及其社会生活（1927—1937）》，上海人民出版社1996年版，第243—244页。

俗气、势利、小气的名声。然而，不管是"东方芝加哥"的耀眼光环，抑或人们日常生活的庸常，都是这座城市并行不悖的真实面相，它确确实实地存在过，甚至对今天仍然产生着悠远和细微的影响。所幸，过去武汉人所面临的严酷生存景象在今天已经得到了根本的改观，如果说以往的人们因生活所迫的实用主义和现实态度使其与高贵大气绝缘的话，今天的武汉人应该有着更加充分的底气，众志成城，追求个人和城市发展的更高境界。改良社会最有效的方式，就是提升自我。"如果每个武汉人都有此高度自觉，都能从心灵深处到行为举止努力美化自己，并且美化自己周围乃至整个武汉的"自然和人文"环境，则武汉必将能够成其大，成其强，成其文，成其美，成其为光彩夺目的可爱城市"①，武汉人也能成为魅力四射的可爱人群。

我们期待着这一天的早日来临。

---

① 章开沅：《精品意识与文化武汉》，《华中师范大学学报》（人文社会科学版）2004年第2期。

第七章　近代汉口大众文化娱乐空间的聚散与城市发展

　　城市作为人类的聚居中心，经济、政治乃其主要功能所在。然人类休闲的本能诉求决定了文化娱乐亦是城市的应有之义。关注城市大众文化娱乐空间的历史流变，不仅是对城市发展变迁的长时段审视，亦是对人类自身生存状态与生活质量的理性关照。

　　"城市是以人为主体，以空间利用为特点，以聚集经济效益和人类社会进步为目的的一个集约人口、集约经济、集约科学文化的空间地域系统。"① 鲍尔断言，"城市空间的发展不仅是一种生态过程，还是经济过程和文化过程"②，而且这一过程常呈现出一定的时间递进关系。帕克则把城市看作一个有机体，认为"城市过程如同一切生物为生存而适应或改变环境的生态过程"③。城市最初就是通过各种物质的高度积聚形成的，作为一个集散中心，人类的物质需求不断得到满足和丰富，从而产生更高层次的精神文化需求，更加注重文化积聚功能，大众文化娱乐空间随之产生并迅速兴盛。任何一座城市的发展首先是经济功能的确立和明确化，并以此为基础，使城市的其他功能，包括服务功能、教育功能和文化娱乐功能发展完善。④ 随着城市化的发展，城市空间不只向外部扩张，内部也不断更新，大众文化娱乐空间作为城市有机体的重要组成部分，也跟随城市的发展变迁而聚散更张。

　　近代汉口的大众文化娱乐空间就是如此，跟随城市的铺陈而展演，大致经历了由聚到散、散而再聚的演变历程。

---

① 李铁映：《城市问题是个战略问题》，《城市规划》1983 年第 1 期。
② 张鸿雁主编：《城市·空间·人际》，东南大学出版社 2003 年版，第 71 页。
③ 于海主编：《城市社会学文选》，复旦大学出版社 2005 年版，第 15 页。
④ 楼嘉军：《上海城市娱乐研究（1930—1939）》，文汇出版社 2008 年版，第 5 页。

一　第一次聚集：汉口城市发轫与大众文化娱乐的后湖时代

近代汉口大众文化娱乐空间的初兴是城市发轫和工商繁华的直接结果。从汉口滥觞到开埠以前，后湖一直是大众文化娱乐空间的聚集地。明清时期，汉口作为新兴商业市镇迅速兴起并达到鼎盛。商人的集中、物资的集散和贸易的频繁为人们在汉口的生活带来了更多活力，谋生机会的增多和经济观念的转变使得人们的休闲方式大大增加。后湖凭借其优美的自然风光、丰富的娱乐项目和紧邻市廛的地理优势，受到人们的青睐，成为汉口民众娱乐中心，此为汉口大众文化娱乐空间的第一次集聚。

（一）汉口发轫、工商繁华与后湖兴起

城区的形成促进了后湖的发展。汉口和后湖的形成都要追溯到明成化年间汉水[①]的改道。"成化初，忽于排沙口下、郭师口上直通一道，约长十里，汉口迳从此下，而路道遂淤"[②]，原先的汉阳一分为二形成南北两岸，汉水之南成为汉阳，北岸一侧就是今日的汉口。汉口因水而兴，迅速成为华中地区的水上中转码头，它凭借得天独厚的水路运输优势，商业价值不断彰显，开始吸引几乎遍及全国各省的商人前来牟利。汉口市区也沿汉水而下持续扩大，"其地形如扫帚，上直而下广"[③]，这一上直下广的扫帚形市区，在沿汉江的长堤街、汉正街一线。

与此同时，原先的襄河故道"淤积日高，襄水不能灌注，河遂湮塞矣"[④]，使得毗邻的后湖演化成水陆相间的郊野，布满农舍棚户、农田菜地、湖塘荒坡。明崇祯八年，为了防御水患，官府在汉口镇后面修了一道长堤。[⑤] 由于堤内人烟稠密，寸土寸金，人们陆续选择堤外地势较高之处，以土、石或筑墩，或围垸，与水争地，盖房造屋，寺庙庵观、会馆公

---

① 即汉江，又称襄河、小河。
② 杜宏英、许歆校注：《民国夏口县志校注》，武汉出版社 2010 年版，第 16 页。
③ 范锴：《汉口丛谈》，湖北人民出版社 1999 年版，第 74 页。
④ 杜宏英、许歆校注：《民国夏口县志校注》，武汉出版社 2010 年版，第 17 页。
⑤ 即今长堤街与东堤街。

所与茶楼酒肆，点缀于民居之间，一年比一年热闹。① 由是，在汉口从一片满滩芦花的泽国向商业巨镇的转变中，后湖亦步亦趋，从一个郊野荒坡发展为休闲胜地。

商业的繁荣刺激了后湖的兴盛。汉口形成后，因地处汉江汇入长江之处，水道纵横、交通便捷，成为"商船四集，货物纷华，风景繁庶"② 的华中重镇。汉口明末清初"与河南朱仙镇、江西景德镇、广东佛山镇并列，为天下四大镇之一"③。到康熙年间，其重要的经济地位和繁荣的商业活动更使它在"天下四聚"中占据了一席之地，"天下有四聚，北则京师，南则佛山，东则苏州，西则汉口。然东海之滨，苏州而外，更有芜湖、扬州、江宁、杭州以分其势。西则惟汉口耳！"④

汉口商业的繁荣带来了人口的聚集，物质生活的满足催生了更高的精神需求，促使娱乐空间的发展。后湖紧邻繁华商肆，其兴盛是汉口经济功能发挥的产物，也是适应汉口民众提高生活质量和丰富休闲娱乐生活内在需求的必然结果。至清代中期，后湖这片毗邻汉口市区的广袤土地，不仅成为农户的家园，也成为商家牟利之所，更成为市民休闲娱乐的好去处。

（二）后湖：明清汉口大众的"销金窟"与狂欢地

在汉口成为一个"万家灯火彻宵明"的商业都市之时，城市的发展和商业的繁荣改变了汉口的物质基础，给汉口的社会生活带来了无限生机。"无论社会上层还是下层，仕宦富贾还是普通百姓，身处这种浓厚的商业氛围中，其日常生活方式自然深受影响"⑤，人们更加追求悠闲的生活做派，娱乐业随之兴盛。最先带动后湖娱乐业发展的是商人群体，后湖被他们视为踏春、闲步、郊游、聚会的最佳选择。商人作为汉口最重要的一个社会群体，他们的行为方式成为传统基层社会中最具有代表性的非官方导向力量，在商人这一庞大群体的推动下，后湖成为汉口民众最钟情的

---

① 彭心锦：《后湖竹枝词》，载徐明庭辑校《武汉竹枝词》，湖北人民出版社1999年版，第3页。

② 陈锋：《明清时期汉口的发展历程》，载冯天瑜、陈锋主编《武汉现代化进程研究》，武汉大学出版社2002年版，第7页。

③ 王葆心：《续汉口丛谈 再续汉口丛谈》，湖北教育出版社2002年版，第5页。

④ 刘献廷：《广阳杂记》（卷4），中华书局1957年版，第193页。

⑤ 汤黎：《人口、空间与汉口的城市发展（1460—1930）》，中国社会科学出版社2010年版，第242页。

文化娱乐场所，风靡一时，风光无限。

1. 欣赏美景

后湖景色四季不同，情致各异。后湖民居间点缀着风格各异的寺庙庵观、会馆公所与茶楼酒肆，还有潇湘八景吸引着无数游人：晴野黄花、平原积雪、麦陇摇风、菊屏映月、疏柳晓烟、断霞归马、襄河帆影、茶社歌声，美不胜收。① 后湖的风景"以看新绿为第一"，人们在此欣赏"几抹远山轻染黛，千条新柳嫩含烟"的初春美景，流连忘返，"踏尽斜阳未肯归"②。平时也可在此体味"散步人来远市寰，一回心境立宽闲。眼光直到天穷处，夕照黄陂数点山"③ 的闲适。

2. 喝茶会友

后湖茶肆林立，大量行商孤旅、平民百姓抬脚走进后湖，在这儿赏景、品茗、宴饮、猜拳行令，暂时忘却生计烦累、路途之劳顿。④"夏汛初看几近添，平湖万顷镜中大"⑤ 说的是在后湖茶肆纳凉的乐趣。"一枕清凉消午梦，自烹活水试新茶"⑥ 道出文人墨客在此吟诗雅集、以茶入诗的风雅。后湖茶肆还可以听曲，"沿湖茶肆夹花庄，终岁笙歌拟教坊"⑦，"茶香烟雾袅灯光，为恋清歌不散场。四座无言丝肉脆，望湖泉外月如霜"⑧，歌伎在此清唱，音清而雅，余音绕梁。仕女也在此嬉游，"结伴闲步，倦即歇坐茶寮，呼烟唤茗，不以为嫌也"⑨，适情写意。后湖茶楼"以白家楼为最著名"⑩，范锴与友人"每于夕阳斜下，则相约白楼品茗，以遣客愁，故有句云：'几年同作江湖客，一半茶寮笑咏来'"⑪，一半时

---

①　涂文学、刘庆平主编：《图说武汉城市史》，武汉出版社 2010 年版，第 442 页。

②　范锴：《汉口丛谈》，湖北人民出版社 1999 年版，第 66 页。

③　叶调元：《汉口竹枝词》，载徐明庭辑校《武汉竹枝词》，湖北人民出版社 1999 年版，第 63 页。

④　张岩：《近代前夜汉口商人的文化生活（1800—1840）——以〈汉口丛谈〉为中心的考察》，载冯天瑜、陈锋主编《武汉现代化进程研究》，武汉大学出版社 2002 年版，第 41 页。

⑤　叶调元：《汉口竹枝词》，载徐明庭辑校《武汉竹枝词》，湖北人民出版社 1999 年版，第 67 页。

⑥　范锴：《汉口丛谈》，湖北人民出版社 1999 年版，第 363 页。

⑦　叶调元：《汉口竹枝词》，载徐明庭辑校《武汉竹枝词》，湖北人民出版社 1999 年版，第 64 页。

⑧　同上书，第 65 页。

⑨　范锴：《汉口丛谈》，湖北人民出版社 1999 年版，第 132 页。

⑩　同上书，第 51 页。

⑪　同上书，第 61 页。

间花在后湖白楼喝茶，虽略显夸张，却展现出时人对后湖茶寮的青睐。

　　3. 观看表演

　　后湖令汉口民众趋之若鹜，所谓"晴日游人擦背肩"①，这与其丰富的娱乐项目密不可分。后湖的娱乐活动可谓百戏杂陈，玩武术的、演杂技的、演木偶戏和清唱的，还有耍魔术、玩猴戏的，以及卖狗皮膏药的，都荟集于此，招徕生意。② 人们可以看戏，所谓"芦棚试演梁山调，纱幔轻遮木偶场"，还可边看边享用小吃，其间"更有下茶诸果品，提篮闲汉似穿梭"，让人乐不思蜀。后湖还有各种街头表演引人驻足，"走索车坛尽女娃，十人到有九人麻""猴子狗熊顽棍棒，雀儿老鼠打秋千""打拳人聚夕阳天"③。在二三月还可以观看放风筝，所谓"二三月内喜天晴，草色青青画不成。一碗粗茶嗑瓜子，布棚厂下看风筝"④，乐趣无穷。

　　人们在后湖可以欣赏自然风光，可以品茗交友，又有丝竹盈耳、美人顾盼，还有马戏杂技，雅俗共赏，的确心旷神怡。难怪时人感叹，后湖成为汉口民众的"销金窟"，多少光阴、多少金钱，都可消遣进去。

　　后湖成为汉口大众文化娱乐的第一次聚集地并非偶然。明清时期，汉口因水而兴，后湖紧邻汉口市廛中心，其文娱空间集聚是汉口工商业繁华与城市发展的衍生物。可以说良好的区位优势、自然风光、流畅的城市发展轨迹，加之汉市商人群体和普通百姓的精神娱乐需求共同催生了后湖这一狂欢之地。

二　由聚而散：汉口城市化展开与大众文化娱乐空间的离散时代

　　自被迫开埠至民国初年，汉口大众文娱空间呈现出无中心的离散发展状态。1861 年汉口开埠，西方元素不断植入，继而张之洞督鄂，主动探索新的发展路径。在内外因素交互作用下，汉口步入城市现代化进程的快

---

　　① 叶调元：《汉口竹枝词》，载徐明庭辑校《武汉竹枝词》，湖北人民出版社 1999 年版，第 63 页。

　　② 《后湖今何在》，载皮明庥、吴勇主编《汉口五百年》，湖北教育出版社 1999 年版，第 110 页。

　　③ 叶调元：《汉口竹枝词》，载徐明庭辑校《武汉竹枝词》，湖北人民出版社 1999 年版，第 66 页。

　　④ 同上书，第 63 页。

车道，城市化的加深是重要主题。"城市化作为一个动态的历史进程，总是在时间和空间的交集中进行的。这一空间并非由城墙所界定的地理空间，也不是为行政管理权力所覆盖的地理空间，而是与城市形成和演化密切相关的一个人文生态系统，一个在地理空间上覆盖城市内外的特定区域。"① 文化娱乐空间的分布随着城市化步伐发生改变。城市的集聚与扩散，以及城市居民的高异质性和高流动性使城市成为一定区域的不同层次、不同流派、不同地域文化的中心和综合体。② 随着城市化的展开，汉口城市空间不断拓展，居民异质性增强，大众文化空间的聚集失去根基，随之步入离散时代。

（一）汉口现代化进程的展开与大众文化娱乐空间的异动

1861 年开埠以后，汉口的商业中心由沿河③地带的汉正街、黄陂街向沿江④租界区发生位移，形成多个新的商业中心。人流随着商机走，文娱场所又扎根于人群密集处，由此，远离城市中心的后湖逐渐失去聚心力而丧失了文娱中心的地位。同时，西方的价值观念、生活方式也深深影响了当时汉口市民文化，人们娱乐休闲方式的选择更加多元，娱乐场所也随之多样化，功能划分更加明确。汉口文化娱乐进入全新的探索和转轨时期，呈离散分布状态。

1. 城市中心的位移改变了娱乐空间的分布

城市的空间形状在很大程度上取决于运输工具和交通条件。1861 年汉口开埠后，随着列强纷设租界，原本被商民视为水急浪高的长江滨江地带，因为海关设置、轮船开通，遂由人烟稀少的荒凉地带逐渐变成汉口的闹市区。⑤ 沿江租界蕴藏更大的商机，吸引了原来沿河的工商业者。"后来老城区也由沿河今汉正街、花楼街一带向六渡桥、歆生路、后城马路一带推进，形成多个商业中心。"汉口的城市空间布局和发展走向发生改变，城市布局沿汉水、长江岸线向外呈扇状发展，"从过去的沿河发展、

---

① 戴一峰：《城市史研究的两种视野：内向性与外向性》，《学术月刊》2009 年第 10 期。
② 张鸿雁主编：《城市·空间·人际》，东南大学出版社 2003 年版，第 13 页。
③ 指汉江。
④ 指长江。
⑤ 任放：《竹枝词所见清末民初汉口城市空间与功能的扩张》，载张建民主编《10 世纪以来长江中游区域环境、经济与社会变迁》，武汉大学出版社 2008 年版，第 407 页。

溯河而上伸向内陆的内贸型城市，转向沿江延伸、通江达海的外贸型城市"①。

因为租界有国际贸易，外商和外资大量涌入，呈现更多的商机，人群纷纷向新的城市经济贸易中心聚集，以谋取生存空间与发财机会，经营大宗商品的汉口八大行②也纷纷向租界靠拢，于是，为商民提供生活服务的休闲娱乐空间也跟随人流转移。此时，处于初级发展阶段的原文娱中心——后湖——逐渐远离闹市区和城市中心，虽然其也在不断地改造开发，并最终形成新市区，但其繁华程度远无法与新的商业中心媲美。而且在改造过程中，后湖曾经的美景也渐渐销声匿迹，其大众娱乐聚集地的位置最终衰落。

2. 外来文化的冲击催生了新的娱乐空间

汉口开埠以后加快了城市现代化的步伐。汉口作为近代崛起的一个新型城市，外国商品和传教士的进入，以及随之而来的西方文明模式，都不可避免地影响着城市社会生活，故汉口自然成为"内地中西文化交流十分发达和冲突十分尖锐的地方"③。开埠后的汉口在欧风美雨的冲击下迈向现代化转型的轨道，中西文化在此碰撞、冲突和交融。在城市的作用下，远方传入的各种社会力量和影响同本地的同类物相互交融。④ 汉口大众文化娱乐在西方文化的冲击下发生改变，呈现出多元化特点，中西杂糅，新旧并举。为了满足人们多样化的娱乐需求，新的娱乐空间相继涌现。

（二）大众文化娱乐空间呈无中心离散分布状态

自开埠以后到民国初年，新旧中西各种文化元素在汉口发生共融，各种异质化文化娱乐活动也各放光彩。各种文化娱乐空间分散在城市的不同地区，各自吸引不同人群，但没有一个集大成者，呈离散分布状态。

---

① 涂文学：《文化汉口》，武汉出版社 2006 年版，第 113 页。

② 根据叶调元在《汉口竹枝词》的解释，八大行指银钱、典当、铜铅、油蜡、绸缎布匹、杂货、药材、纸张八大商业行帮。参见涂文学《文化汉口》，武汉出版社 2006 年版，第 49 页。

③ 田子渝，黄文华：《湖北通史·民国卷》，华中师范大学出版社 1999 年版，第 122 页。

④ ［美］刘易斯·芒福德：《城市文化》，宋俊岭等译，中国建筑工业出版社 2009 年版，第 3 页。

1. 新式娱乐场所

来自遥远国度的光怪陆离的娱乐活动方式让人们颇感新奇，激发了市民娱乐的兴趣，吸引着求新逐异的人们。跑马场、俱乐部、影剧院等新的娱乐场所诞生，它们主要分布在租界和城郊，部分也在华界找到了立足地。

跑马场的惊险刺激吸引了众多民众前往。每逢赛马之日，成千上万的市民有的出于好奇，有的出于侥幸发财心理，纷纷前往观看，通常都是人声鼎沸，人头攒动，"分道扬镳各自由，此风原是创西欧""络绎香车去马场，春秋两赛竞华商"①。俱乐部不仅能娱乐休闲，还是社交的主要场地，许多富商巨贾把它作为市内的主要娱乐场所，"夥颐宫室却沉沉，日侣相将乐事寻。看报打波随意便，夜阑微醉好谈心"②，流连忘返，乐此不疲。作为近代科学技术和表演艺术结合物的电影，以奇趣妙境和独特魅力从租界传播到华界，吸引汉口人的视线，影剧院遂成为人们休闲娱乐的一个新选择。③

2. 传统娱乐场所

本土传统娱乐场所在这一时期依旧具有强大的生命力，茶园、会馆、街头等活动场所，仍然是汉口民众闲暇消遣的主要去处。

茶园顺应时代需求，把生意重点放到上演地方戏上，卖茶则退居其次，转变为节目更加丰富的剧场，可以称为"茶馆戏园"④。茶园最初主要在六渡桥附近的土垱，此处商贾云集，特别是黄陂人在此集聚，半夜三更常在此演出黄孝花鼓戏，所谓"俗人偏自爱风情，浪语油腔最喜听。土垱约看花鼓戏，开场总在两三更"⑤。1900 年前后，茶园开始在下游的沙口、水口等地盛行；1902 年，茶园在租界区打开了空间，各国租界开设了一批又一批唱花鼓戏的茶园。

---

① 罗汉：《汉口竹枝词》，载徐明庭辑校《武汉竹枝词》，湖北人民出版社 1999 年版，第 202—203 页。

② 同上书，第 217 页。

③ 王国华：《武汉旅游发展的近代化进程》，载冯天瑜、陈锋主编《武汉现代化进程研究》，武汉大学出版社 2002 年版，第 224 页。

④ 王笛：《茶馆——成都的公共生活和微观世界（1900—1950）》，社会科学文献出版社 2010 年版，第 129 页。

⑤ 叶调元：《汉口竹枝词》，载徐明庭辑校《武汉竹枝词》，湖北人民出版社 1999 年版，第 99 页。

　　汉口的会馆、公所亦为同乡、同业提供了休闲娱乐。会馆是异籍人士在客地设立的一种社会组织，[①] 各省、各县在汉的同乡会或各行业的同业公会多在武汉建有会馆，其中山陕会馆就有六七个戏台，"祀神、合乐、义举、公约"，为流寓人士提供了集会和娱乐的空间。[②] 风时伏腊，演剧酬神，同乡诉桑梓之情，同行联樽酒之欢，[③] 在此尽情享受，寻求放松。

　　自古以来，中国城市居民就热衷于街头娱乐。[④] 各式各样的娱乐场所往往设在小街陌巷，无论是繁忙的商业区还是拥挤的贫民区，流浪艺人的街头表演随处可见。在汉口的汉正街、六渡桥等人群密集的商民聚居区，街头这一娱乐场所广受欢迎，成为"江湖艺人、杂耍、卖假药、诈骗术士等的聚集地，也成为下层民众的娱乐中心"[⑤]。这类表演很合大众口味，随时都演，又不要票，只需在演出后给几个小钱，[⑥] 无论是居民还是外来者，都可驻足观看，是市民找乐子的好去处。

　　3. 临时性娱乐空间

　　不少临时性的市井娱乐空间继续存在，它们往往是在特殊时节搭建的。官府有时为了款待来宾或庆祝节日，会邀请戏班子前来表演，此类表演称为"差戏"，普通民众是享受不到的。民间的嫁娶之日，有钱人家会请戏班子到家里唱戏，敲锣打鼓，好不热闹。有的商店在开业之日，也会在门口搭戏台，请戏班子进行表演以招徕顾客。在特定的节日，如春节、元宵、端午、中秋等，在龙王庙、四官殿等庙宇附近的空地上也会有草台班子演出。[⑦] 这些临时性的娱乐空间虽然形式简陋，布置粗糙，却为普通民众提供了一个蹭戏的机会，可免费欣赏，给城市中下层民众带来欢乐和回忆。

　　汉口大众娱乐空间由聚而散是城市政治、经济、文化发展变迁的自然

---

　　① 王日根：《明清时代会馆的演进》，《历史研究》1994 年第 4 期。

　　② 王日根：《会馆是体现中国文化精神的社会组织》，《寻根》2007 年第 6 期。

　　③ 朱务本：《汉口的会馆、公所》，载皮明庥、吴勇主编《汉口五百年》，湖北教育出版社1999 年版，第 54 页。

　　④ 王笛：《街头文化——成都公共空间、下层民众与地方政治（1870—1930）》，李德英等译，中国人民大学出版社 2006 年版，第 41 页。

　　⑤ 同上书，第 53 页。

　　⑥ 卢汉超：《霓虹灯外——20 世纪初日常生活中的上海》，段炼等译，上海古籍出版社2004 年版，第 85 页。

　　⑦ 据被誉为"武汉活字典"的文史专家徐明庭先生口述，武汉市图书馆，2009 年 11 月 8日。

结果。汉口伴随开埠，将西方元素内化为自身发展的主要动力，推动了城市现代化建设，城市中心亦由沿河向沿江发生位移，"一般情况下，城市中心的迁徙对应着城市整体地域的变化，当城市向某个方向发展时，空间中心也随之位移，具有一定的联动性"[1]，原先坐拥地利的后湖逐渐丧失了大众文娱中心的地位。中西新旧因素交织共融，加之城市不同人群诉求各异，造就了汉口多元文化和异质性娱乐场所的兴盛。故而，自开埠及民国初年，汉口各种大众文娱空间虽齐头并进但无中心，而呈离散分布样态。

三　散而再聚：城市完善与大众文化娱乐的民众乐园时代

随着现代市制逐步确立、城市发展完善和 1919 年汉口民众乐园建成开放，汉口大众文化娱乐空间散而再聚，形成了现代化的中央文娱区。[2]中西城市现代化历程显示，当城市经济功能与空间拓展达到一定的程度，市民综合性的文娱休闲需求达到一定水平，一个现代化的一站式娱乐集大成者即呼之欲出。汉口民众乐园的出现也是近代汉口城市发展完善的一个标志。

（一）城市发展完善与现代化大众文化娱乐中心的出现

随着现代化进程的日渐成熟，汉口由一个内贸型商业中心发展为一个外贸型的国际商埠，其文化积淀、经济发展、市民休闲文娱需求以及注重精神含量的都市生活方式都逐渐成熟，这为汉口综合性文娱中心——汉口民众乐园的产生提供了契机，很快形成大众娱乐空间新的聚集地。

1. "天时"：现代化进程的日趋成熟

近代武汉的经济文化中心地位为汉口民众乐园的出现提供了良好的区位经济优势与文艺基础。同时，作为一个开放性的城市，汉口引诱大量外

---

① 刘剀：《晚清汉口城市发展与空间形态研究》，中国建筑工业出版社 2010 年版，第 190 页。

② 中央娱乐区是一个与中央商务区和中央商业区相对应的概念，主要是指城市居民进行娱乐活动比较集中的地方，是一个公共娱乐设施相对集中而紧凑的地区或地段。参见李德华《城市规划原理》，中国建筑工业出版社 1991 年版，第 146 页。

来人口在此集聚，汇聚了人脉条件，为汉口娱乐业的繁荣储备了庞大的消费群体。而且随着汉口租界区的日益繁荣，长江上的外贸商品吞吐频繁；加之张之洞督鄂成就初现，尤其是京汉铁路通车，使得汉口"完成了从汉江时代的船码头向国际性港口城市的历史性跨越"①，成为19、20世纪之交仅次于上海的第二大都会，并凭借其中国内地水陆中转码头和商品集散中心的交通与商贸地位成就了"东方芝加哥"的辉煌。至此，汉口渡过了面对开埠冲击的震荡期，城市现代化进程走上有序轨道，城市物化环境逐步优化，各种文化娱乐形式日臻完善，为汉口民众乐园的产生和进一步发展提供了保障。

2. "地利"：中心聚集的空间分布

汉口开埠后，租界区的繁荣程度很快超过了老城区。汉口华界的中心城区也从老城厢向租界区扩散和转移，六渡桥和江汉路的商业中心地位逐渐稳固，成为汉口最繁华地带。汉口民众乐园正处于这个地段上，是租界区和老城厢的交界地带，且位于汉口主干道后城马路②边，处于近代汉口中心商业区之核心位置。这里"生产资料集中、金融资本集约、服务产业发达、市民数量集聚和游客人数庞大"③，为民众乐园提供了充足的客源和完善的配套设施，有利于形成一个城市文化娱乐中心。

3. "人和"：市民娱乐的强烈需求

休闲是从文化环境和物质环境的外在压力中解脱出来的一种相对自由的生活，它使个体能以自己所喜爱的、本能地感到有价值的方式，在内心之爱的驱动下行为。④城市经济功能的充分发挥提升了城市居民的生活水平，人们更加注重人际交往与精神愉悦，对休闲生活的需求日益高涨。"商业的迅速发展，其明显结果就是导致民众的群体价值准则与行为方式与传统悖离。人们注意交往，注意信息，追求变动，慕异喜新。不单在生意场上仰慕新潮，在休闲娱乐和生活方式上也赶时髦，看戏、听书、品茶、观艺不再是官绅学士的专利，普通商民也习已为之。"⑤ 在工作辛劳

---

① 涂文学：《文化汉口》，武汉出版社2006年版，第105页。

② 今中山大道。

③ 楼嘉军：《上海城市娱乐区布局结构及特点研究》，《旅游科学》2007年第5期。

④ ［美］托马斯·古德尔，杰弗瑞·戈比：《人类思想史中的休闲》，成素梅等译，云南人民出版社2000年版，第11页。

⑤ 王国华：《武汉旅游发展的近代化历程》，载冯天瑜、陈锋主编《武汉现代化进程研究》，武汉大学出版社2002年版，第230页。

之余，人们自然有消闲之需以缓解身心疲惫，所谓"看他汲汲争名客，笑尔纷纷逐利人。以财以势以权力，无年无月无晨昏"①，休闲娱乐能帮助人们减释都市生活的倦怠感。武汉市民们的动态性、参与性与猎奇性的游乐活动需求呼唤一个娱乐中心的出现。

（二）"玩在新市场"：汉口民众乐园成为近代汉口文化娱乐中心

1919 年建成开放的汉口民众乐园以其一站式、集成式的娱乐模式和大众化的亲和娱乐理念在开业前就引起广泛关注，曾"邀请各界入场参观，是日到者二千余人，武汉各官厅均派代表莅席"②。而在正式开业后，民众乐园百戏竞呈，百业俱兴，凭借种类繁多的休闲项目和层出不穷的新花样持续吸引人们前往，对汉口乃至武汉市的文化娱乐形成了强大的凝聚力和向心力，最终完成文化娱乐空间的再次集聚。

1. 游乐文化形式的多元化

汉口民众乐园建立的初衷就是一个娱乐、商业功能兼备，能游、能看的综合性游乐场。它的游乐文化形式是多元的，"不仅融合了中西两种截然不同的文化，也体现了本土地域文化的多元性"③，"艺术越来越走出了少数人的樊笼而进入大众的日常生活"④。所谓"百戏纷陈新市场"⑤，汉口民众乐园的娱乐项目充分显示了当时市民的游乐喜好、外来时尚和地域色彩。

从开幕起，汉口民众乐园的娱乐项目就让人应接不暇。"有营业场、动物园、陈列所、剧场、书场、中西餐室、弹子房各种游戏场，各国奇巧机器、动物亭台、花木无所不备"⑥，每种游戏场的演出内容都极为丰富。其中，营业场商店林立，商品琳琅满目，有百货布匹、化妆用品、工艺美术、书画古玩，还有理发店、照相馆。动物园不仅搜罗全国各地的飞禽走兽，如广西金花大蟒、广东梅花雪豹等，更有来自国外的珍禽异兽，如印

---

① 孙南溪：《题汉口镇》，周健录，《武汉日报》1948 年 5 月 23 日。

② 《新市场参观续记》，《汉口新闻报》1919 年 5 月 28 日。

③ 周向频、胡月：《近代上海市游乐场的发展变迁及内因探析》，《城市规划学刊》2008 年第 3 期。

④ 姜华：《大众文化理论的后现代转向》，人民出版社 2006 年版，第 169 页。

⑤ 吴炳焱：《新汉口竹枝词十二首》，载徐明庭辑校《武汉竹枝词》，湖北人民出版社 1999 年版，第 295 页。

⑥ 《新市场开幕广告》，《汉口新闻报》1919 年 5 月 29 日。

度的象皮鸟、非洲金钱大豹等。① 在陈列室可以参观文物和动植物标本。剧场有三个，上演京剧、汉剧、话剧、楚剧，还播放电影和进行魔术表演。书场有两个，表演各种曲艺，种类繁多，有大鼓、快书、苏滩、双簧、荡调小曲等数十种之多。在之后的发展中，民众乐园又陆续修建了趣园、溜冰场、雍和厅、图书室、哈哈亭、大舞台等，并不断地更换节目，抛出新花样，在春节、端午节等特殊纪念日还进行大型游艺表演，燃放烟火。不愧时人评价，"民众乐园，是汉口最伟大的游艺乐园，同时也是个有悠久历史性的游艺场所，它的园内，所包括平、汉、楚、评、话剧、苏滩、清唱、电影、大鼓、武术、魔术、相声、口技、动物等，应有尽有，蔚为大观，使参观者，大有乐而忘返之慨"②。

2. 游乐文化趣味的多层次

汉口民众乐园是个平民消费场所。人们花费不多，购买一张门票，便可在其间从早玩到晚，所以游客包罗社会各个阶层。为满足不同人群多种文化需求和心理倾向，汉口民众乐园的演出节目层次丰富，雅俗共赏。

汉口民众乐园里的表演有阳春白雪的高雅艺术。京剧大家梅兰芳和程砚秋都曾在此登台亮相，享誉国际的邓肯舞蹈团也在此给汉市民众留下了美好的艺术享受，③ 各种经典话剧也时常在此上演，汉口民众乐园还举行过多场美术展览会。④ 这里更多的是下里巴人的游乐项目，更加世俗化和贴近人们的生活。本土剧楚剧和汉剧在此发扬光大，大鼓、苏滩、双簧、快书、杂技、国术等民间艺术也经久不衰。

作为近代汉口文化娱乐中心，民众乐园真正实现了"民众俱乐""与民同乐"⑤。"城市中的娱乐方式已经不归少数精英分子独享了，而是普及到了更大的人群范围"⑥，人们尽情在此狂欢，所谓"车如流水马如龙，

---

① 《民众乐园动物园竣工》，《罗宾汉报》1947 年 4 月 29 日。

② 《民众乐园明春新贡献》，《罗宾汉报》1948 年 2 月 1 日。

③ 《邓肯舞蹈团开始表演》，《汉口民国日报》1927 年 1 月 18 日。

④ 《美展会昨开幕》，《武汉日报》1935 年 6 月 6 日。

⑤ 《民众俱乐部昨日正式开幕盛况 各界共到三百余人》，《汉口中山日报》1926 年 6 月 6 日。

⑥ ［美］理查德·森尼特：《公共人的堕落》，载汪民安等主编《城市文化读本》，北京大学出版社 2008 年版，第 370 页。

楼阁层层在望中。新市场前人似蚁，红男绿女笑相逢"①。市民在这里感受平等，各个阶层的人们都可以在此寻找自身所看重的价值，追求愉悦与满足，人们对此处的钟情确定了汉口民众乐园的辐射力和文化娱乐中心地位。

天时、地利、人和不仅催熟近代汉口日趋完善的经贸、交通等城市功能，成就了汉口"东方芝加哥"的美誉，而且也衍生出了一个文化娱乐英雄——汉口民众乐园。它在半个多世纪的离散后，再次形成汉口大众文化娱乐空间的集聚。更有甚者，民众乐园超越了文娱中心的意义，而成为近代汉口城市标记与集体想象之所在。对当时的人们来说，民众乐园是武汉三镇人民娱乐的首选，逛民众乐园是感知汉口的最好方式，市井坊间耳熟能详的民谣——"紧走慢走，一天走不出汉口；左玩右玩，玩不够民众乐园""玩在新市场，吃进生基巷"——充分映射出汉口民众乐园是市民想象的共同体。民众乐园成为城市之魂的一部分，代表"城市所具有的文化传承、文化积淀和文化品位"②，展现汉口的独特个性魅力。

在城市发展变迁的潮汐里，近代汉口大众文化娱乐空间亦一波三折，历经了由聚而散、散而再聚的演变轨迹。

明末清初，汉口城镇发轫和商业繁华之初，主要沿汉水发展，后湖紧邻商业繁盛地带，凭其优美的风景和丰富的娱乐项目，吸引来往商人和本地居民前往游玩，此为汉口大众文化娱乐的第一次集聚。

开埠后，汉口进入城市现代化探索转型阶段，城市空间获得延展，商业发展更为繁华，在沿江形成多个商业中心，城市重心由沿河一带向沿江一带转移。同时，租界的开辟也带来了西方娱乐场所的诞生和涌入。人群跟随商机走，休闲文娱空间随着人群走，所以原本集中的文化娱乐空间呈四处分散之态，主要有会馆、茶园、街头和一些临时性及西式娱乐场所，它们各有局限性，未能形成向心力，此为汉口文化娱乐空间的离散时期。

经过探索和缓冲，城市成长逐渐稳定，市政建设更加完善，交通更加便捷，以汉口租界及相邻的华界地带为中心的商业区发展稳固，各种服务设施和信息也更加完备，中西文化相映成趣，人口集聚。于是，综合性文

---

① 蔡寄鸥：《咏汉口竹枝词》，载徐明庭辑校《武汉竹枝词》，湖北人民出版社1999年版，第298页。

② 马敏：《让城市文化史研究更富活力》，《史学月刊》2008年第5期。

化娱乐中心——汉口民众乐园应运而生，开辟了汉口市民娱乐的新天地，汉口民众乐园成为市民交游舞台和日常狂欢之地，汉口文化娱乐空间再次集聚。

城市政治、经济、交通的发展变迁成为大众文化娱乐空间展演的依据，大众文化娱乐空间的聚散是近代城市发展与空间拓展的重要主题与风向标。

第八章 汉口民众乐园(1919—1949)：大众娱乐中心与近代武汉市民生活

作为人类文明的容器和磁体，[①] 城市也是多种文化形态汇聚的场所。当城市发展到一定阶段，大众文化娱乐中心应运而生，城市居民在此进行消遣、娱乐、文化、交往、商业活动，使其成为市民日常狂欢之地。这形成了与过去完全不同的消费、娱乐观念，既具备实实在在的日常生活，又因拥有这些公共空间及其所提供的抽象观念，而能重构城市消费生活和娱乐空间，由此塑造新的市民形象及其生活景观。[②] 作为城市生活中最活跃的场所之一，大众文化娱乐中心构成了城市的文化氛围与气质，深刻影响着城市的日常生活，对一座城市的成长及其风格的形成意义深远。

作为近代中国城市大众文化娱乐中心的典型，汉口民众乐园的产生与汉口的城市发展相伴相生，"是一个不断选择，不断积累，不断丰富和不断完善的动态过程"[③]。20 世纪初，武汉的都市化进程急剧加快，交通发达，乃"九省通衢"之地，经济繁荣，为华中商品集散地，这为民众乐园的产生创造了良好物质环境；汉口经济中心地位的确立带来了高密度的人口汇集，这为民众乐园提供了充足的客源市场；同时，汉口的大众娱乐空间在面临开埠冲击后，顺利完成探索转型，各种娱乐形式日臻完善，需要一个娱乐中心将离散的娱乐空间重新集聚和整合；而在开辟租界后，受西方思想的影响，武汉市民生活更加注重精神含量，对休闲的需求日渐增

---

① ［美］刘易斯·芒福德：《城市发展史——起源、演变和前景》，宋俊岭等译，中国建筑出版社 1989 年版，第 74 页。

② 张炼红：《"海派京剧"与近代中国城市文化娱乐空间的建构》，《中国戏曲学院学报》2005 年第 3 期。

③ 楼嘉军：《上海城市娱乐研究（1930—1939）》，文汇出版社 2008 年版，第 184 页。

长，呼唤一个能够彻底放松的文化乐园。

在充分酝酿和筹备下，经过汉口稽查处处长刘有才的多方奔走，汉口民众乐园在1919年阴历五月初一正式开业。从开业伊始，民众乐园就一直占据着汉市民众娱乐榜单的首位。在其后的发展中，因城市战乱，它几经兴衰，数易其主，数易其名，有过辉煌，也有过低迷、萧条，甚至一度名存实亡。但只要城市的娱乐功能恢复，它就是最繁华的所在，汉口民众乐园成为当之无愧的汉市游乐文化象征与城市文化地标。随着在其中游乐体验的日益丰富，市民的日常生活景观呈现诸多新气象，生活空间得以拓展，视野日渐开阔。同时，它也悄然改变着人们的生活观念，形塑新的消费观与文化口味，塑造市民品格，俨然城市生活有机体的一部分。

一　低门槛：拓展市民日常生活空间

大众文化娱乐中心的出现满足了人们的休闲需求，扩展了人们的日常生活空间。

（一）汉口民众乐园是惬意的交游之所

在汉口民众乐园出现之前，普通民众能够享受到的娱乐活动相对贫乏和分散，主要是从茶馆和街头巷尾的江湖艺人那里获得。汉口民众乐园开创了一个新的文娱空间，不论阶层、不论年龄、不论性别，只要花几个铜板买上一张票，就可以在里面随意游玩一整天。它成功"创造了一个环境，人们可以在那里想待多久便待多久，不用担心自己的外表是否寒酸，或腰包是否充实，或行为是否怪异，从一定程度上讲，这里是真正的'自由世界'"①。乐芹就曾在一个晚上和两位朋友巡游整个新市场舒解寂寞，交流心声。②通过游玩，人们"紧绷的神经由此放松，压抑的人性因而复原，得到一种感情交流的满足，这种非功利性的消闲交往使人们的情感距离拉近，一切都得到了补偿"③。所以有了"新市场前人似蚁，红男

---

①　王笛：《茶馆——成都的公共生活和微观世界（1900—1950）》，社会科学文献出版社2010年版，第62页。

②　乐芹：《新市场巡礼》，《武汉日报》1935年6月3日。

③　忻平：《从上海发现历史——现代化进程中的上海人及其社会生活（1927—1937）》，上海大学出版社2009年版，第237页。

绿女笑相逢"① 的盛况。在闲暇时光，光顾民众乐园成了汉口人的一种生活方式，人们更愿意走出家门，或呼朋唤友一起去看戏，或独自去游园，进行各种活动，轻松而自在，在家与工作场所之外，生活空间大大拓宽。

(二) 汉口民众乐园拓展了女性的生活空间

汉口民众乐园为女性提供了休闲处所，使其突破家的局限，大大扩展了生活空间。长久以来，女性是禁止在公众场合出现的，她们的生活空间局限在家中，"工作和休闲是结合在一起的，很难将它们区分开"②。在她们人生的各个阶段，其生活目标就是家庭。对她们而言，家就是生活与活动的世界。民众乐园跨越根深蒂固的性别障碍与场所隔阂，使得女性也可自由进入。风靡汉上的竹枝词时常记录女性在民众乐园的身影。"妇女咸来新市场，衣衫艳丽斗时装"③，"猩红外套金丝结，洋漆凌波小革鞋。新市场前车马驻，冲寒踏雪盼郎来"④，"家家姊妹巧梳妆，笑指巍巍新市场。一块洋钱撕一票，西餐厅内话家常"⑤。她们精心打扮，穿着靓丽，谈笑风生，成为民众乐园一道亮丽的风景线。1935 年在河南信阳有一首流行的民歌《姑娘谣》，歌中唱道："汉口的姑娘生得傲，麻纱裤子穿一套。红缎子鞋，皮底搁；燕子头，反镜照，新市场买戏票，三层楼上靠一靠。"⑥ 充分显示了汉口女性前往民众乐园是一件习以为常的事情，给外来者造成极大视觉冲击，且时常成为周边城市女性的羡慕对象。

通过在汉口民众乐园的公共体验，女性逐渐有了更广阔的心理空间，逐渐走出了家这个狭小的圈子。以往"女性在日常生活空间中的位置不断在提醒其角色与地位"⑦，即以家为中心，做贤妻良母。她们不仅无缘享受宽裕的物质生活，甚至从孩提时代，步入少年，直到为人妻、为人母，都固定在狭小的家中，无缘外面的花花世界。她们为家操劳、隐忍、奉献，并以之为理所当然，迷失了自己。去民众乐园游玩是当时女性能参

---

① 徐明庭辑校：《武汉竹枝词》，湖北人民出版社 1999 年版，第 298 页。
② ［美］拉·亨德森等：《女性休闲——女性主义视角》，刘耳等译，云南人民出版社 2000 年版，第 120 页。
③ 徐明庭辑校：《武汉竹枝词》，湖北人民出版社 1999 年版，第 287 页。
④ 同上书，第 280 页。
⑤ 同上书，第 299 页。
⑥ 张淑君：《姑娘谣》，《武汉报》1942 年 5 月 20 日。
⑦ 陈蕴茜：《空间维度下的中国城市史研究》，《学术月刊》2009 年第 10 期。

与的为数不多的公众生活，她们对此情有独钟，常常流连忘返。在这里，她们见识到更广阔的世界，接触到更多人和事，享受生活的乐趣，在游玩过程中重塑自我。汉口妇女界同乐大会曾在民众乐园举行，帮助妇女发现和丰富生命意义。它还为女性提供了一个参与公众事务，走向社会的平台。北伐战争时期，妇女慰劳会多次在此聚集，为前方将士劝募。① 这在某种程度上彰显了女性的自我价值和社会价值，有利于唤醒她们的生命意识与社会归属感。

二　包罗万象：开阔市民生活视野

（一）丰富多样的文化体验

汉口是一个移民城市，五方杂处，对外地甚至异域文化产生强烈的吸引力，② 丰富了市民的文化视界。作为综合性的娱乐场所，汉口民众乐园展示了一个花花世界，提供了齐全的文化娱乐项目，让市民接触到更多现代物质文明，看到生活百态，从而大大开阔了生活视野。"它的园内，所包括平、汉、楚、评、话剧、苏滩、清唱、电影、大鼓、武术、魔术、相声、口技、动物等，应有尽有，蔚为大观，使参观者，大有乐而忘返之慨。"③ 吴调秦腔、川陕梆子、浙赣戏剧、奇珍异兽、西餐苏肴、欧风美雨、异国情调，人们都能在汉口民众乐园这个弹丸之地感受到、享受到。在对多种文化娱乐生活的体验中，人们的视野更开阔，思想更开化。城市居民的心理基础乃是由外部和内部迅捷而不间断的印象跌宕所引发的神经性强化与紧张。④ 人们在欣赏炫目多彩的表演时接受不同文化带来的震撼，兼容并包，不断消化和整合，获得心灵的共鸣，"并把这些熔铸在他们的基本人格之中"⑤，从而养成了强大的包容心，对于异己的文化和生活都能见怪不怪，欣然接受，"使外来事物和外来人员很容易踏上武汉本土并展露拳脚"⑥。

---

① 《妇女慰劳会筹捐向各界推销游艺券》，《汉口中山日报》1928年7月25日。
② 涂文学：《文化汉口》，武汉出版社2006年版，第419页。
③ 《民众乐园明春新贡献》，《罗宾汉报》1948年2月1日。
④ ［德］齐奥尔格·西美尔：《时尚的哲学》，费勇等译，文化艺术出版社2001年版，第186页。
⑤ ［美］英格尔斯：《人的现代化》，殷陆君等译，四川人民出版社1985年版，第6页。
⑥ 姚伟钧、胡俊修：《论武汉人文化品格》，《中南民族大学学报》2004年第2期。

汉口民众乐园是引领时尚之地，处处趋新，为人们提供国内甚至国际的流行元素。民众乐园请来比利时舞蹈团，因"比国美人跳舞实称奇特"，故"特为约来在新市场雍和厅前开演，以广汉埠人士之见闻"①；还聘请英美飞行家进行放飞热气球的表演，"全镇观者，街头巷尾及各户晒台上无不赞美矣"②；同时，"新市场每届节期必有一番新花样"③，春节和中秋节都会举办灯会，"编扎龙灯、彩船、花卉、鸟兽、山水、人物各色花灯"，"以助游人之观兴，而尚时俗之节令"④；还举办百鸟朝王会，"用彩绢扎成大凤一双，再以各色绫绢另扎百种雀鸟，其中并用活动管心燃以小烛，自然飞舞"，大气磅礴；还曾"向苏杭采运而来之异种菊花，有万盆之多，陈列场中，堆成菊花山、菊花龙、菊花洛阳桥、菊花灯种种，为汉上破天荒之菊花会"；民众乐园时常举行熙春大会，⑤ 引进浙江菱湖赛会，"其间抬阁大鼎、香亭灯、船马戏、花篮灯十番龙狮灯，诸游戏皆汉上从未发现过者"⑥，表演持续一星期，汉口民众大饱眼福。

（二）呈现世态炎凉，汇聚人间百态

民众乐园也是一个呈现世态炎凉、增加市民都市生活体验的窗口。汉口民众乐园开业后生意兴隆。但是随着军阀混战，政局混乱，社会风气日益败坏，它逐渐成为社会渣滓藏污纳垢之所，里面充斥着诸多阴暗面。当时就有顺口溜斥责汉口民众乐园里是"军警见人抓，小偷见人扒，茶房见人诈，野鸡见人拉"。还有诗词贬斥妓女充斥其间："新市场中邂逅逢，郎名妾姓不曾通。但说一声上旅馆，未遑他语脸飞红。"⑦

作为娱乐中心，汉口民众乐园俨然一个"小社会"，汇集人间百态。从一次中秋节的记录就可以看见民众乐园所呈现出的大千世界，"弹子房眉目传情"，红男绿女在此谈情说爱；"哈哈亭同声大笑"，丘八⑧在此横行霸道；"争座位流泪撒娇"，陌生人在此大吵大闹；"见情书掩面啜泣"，

---

① 《新市场营业之近况》，《国民新报》1919 年 7 月 18 日。
② 《新市场演放气球》，《汉口中西报》1919 年 9 月 22 日。
③ 《新市场纪闻》，《汉口新闻报》1920 年 9 月 19 日。
④ 《新市场放花灯》，《汉口新闻报》1920 年 3 月 1 日。
⑤ 即花灯会。
⑥ 《新市场预备赛会》，《汉口新闻报》1919 年 11 月 30 日。
⑦ 徐明庭辑校：《武汉竹枝词》，湖北人民出版社 1999 年版，第 351 页。
⑧ 指"兵"。

痴男怨女在此私通信件；"为椅子大骂茶房"①，政客仗势欺人，茶房趋炎附势。嬉笑怒骂、人情冷暖尽在其中。人的活动"一旦超出邻里情感和邻里单位，就会感知到复杂的城市生活的影响"②，在汉口民众乐园，人们通过体验其环境和文化，观察顾客的言谈和举止等，可快速了解社会的多面性，开阔视野。

三　价位平民化和选择多样化：形塑市民新型消费观念

汉口民众乐园票价低廉，娱乐选择多样，吸引人们前往消费，使得人们在不断的休闲体验中逐渐形成了新的消费观。

（一）多样的消费选择

汉口民众乐园为人们提供了丰富多彩的选择，刺激人们的消费欲望，促进了消费观念的转变。日常娱乐消费是人们进行社会生活的基本方式之一，但在传统中国社会，休闲往往与某个阶层联系在一起，文化娱乐始终未能成为全民共享的消费实体。汉口民众乐园的出现打破了原有的桎梏，充分满足人们普遍的消费愿望，"个人可以在某种程度上忽视传统社会强加给他的许多伦理性限制，甚至按照个人的兴趣爱好、习惯来选择文化娱乐消费"③。它"有营业场、动物园、陈列所、剧场、书场、中西餐室、弹子房各种游戏场，各国奇巧机器、动物亭台、花木无所不备"④，人们或走进剧场，欣赏各类戏剧，有阳春白雪的京剧、新剧，也有下里巴人的楚剧；或逛游乐场，漫步趣园；或登上高楼，俯瞰江景；或坐入影院，观看影片（见图 8-1）……各得其所，各娱其乐。在尽情观赏美景、享受美食、冶游闲逛、听曲看戏等一系列的消费行为中，人们从日常劳作中解放出来，"获得了一种从未体验过的心灵解放与快感，从中领悟到消费的

---

① 剎丙：《元宵节新市场之现象》，《大汉报》1924 年 2 月 22 日。
② ［美］R. E. 帕克：《城市社会学》，宋俊岭等译，华夏出版社 1987 年版，第 7 页。
③ 傅才武：《中国近代文化娱乐业的发展与公共领域的生成——以汉口为中心的研究》，《文艺研究》2007 年第 6 期。
④ 《新市场开幕广告》，《汉口新闻报》1919 年 5 月 29 日。

真正含义"①，逐渐形成新型的消费观。

图 8－1　汉口民众乐园（又名"新市场"或"血花世界"）前人头攒动

旧武汉流传着一句话：紧走慢走，一天走不出汉口；左玩右玩，玩不够民众乐园。这句话反映出汉口之大，并说明民众乐园作为这座城市人们观赏各种戏剧和看电影的主要娱乐场所，对广大市民有着很大吸引力。民众乐园里面有卖面食和各种小吃的，一般消费者就餐都在里面解决，而不必跑出来买吃的，否则要再买门票才能进入，这也是为什么人们在民众乐园一玩就是一整天的原因。图中显示，一着青衣的光头男子正将帽子拿在右手中，看大舞台上演由刘奎英、白玉凤主演的《西游记》的广告，一楼是美安牙科诊所和卖饮料的商铺，门前停着只有富贵者才能享用的汽车，这里也是人力车夫招揽生意的好地方（资料来源：武汉市图书馆藏）。

（二）自由的消费方式

汉口民众乐园的经营方式和娱乐模式打破了人们固有的消费观，激发了人们的消费欲望。汉口民众乐园不同于以往的娱乐场所，它采取的是一站式、集成式的经营，模仿上海大世界，"一是实行一票制，票价较低，面向大众；二是游客进场后可以玩一天，自由选择游乐项目；三是大娱乐套小娱乐，有大型的戏剧和影戏节目，有小型的曲艺节目，还有溜冰、跑

---

① 忻平：《从上海发现历史——现代化进程中的上海人及其社会生活（1927—1937）》，上海大学出版社 2009 年版，第 278 页。

马等参与性游乐项目；四是节目之间不留空档"①。游客花一次钱即可纵情一天，所谓"左玩右玩，玩不够民众乐园"。民众乐园还时常有优惠活动，低廉的价格，舒适的享受，让人们"积累已久的消费热情与欲望伴随着对美好生活的向往陡然迸发出来，必定冲决传统消费心理与消费方式的网罗"②。汉口民众乐园的各大活动通常都是场面火爆，经常应游客的需求而延长活动时间。③ 在夏日，因"游人众多，该场特延长时间，夜间任人游览至四点钟"④。在这样的不断调整中，人们的消费时空进一步扩大。

"文化娱乐消费是一种具有潜在的精神和情感属性的公共消费"⑤，人们在不断出入民众乐园中，逐渐意识到娱乐的合理性和必要性，新的文娱消费观念开始成型。汉口民众乐园消费选择多样，消费方式和内容充分自由，提供了一个供人们尽情进行文娱消费和日常狂欢的场所。它的宗旨就是"成为一切民众之安乐园"，以供"那般工作了一天的人们，欲想快一快心头，尤其那般神困心疲的人民，欲来清一清神思，活一活血液"⑥。人们在民众乐园追逐快乐，享受生活，纾解紧张工作带来的疲惫感，充分领会到娱乐之于生活的重要性，形成新的消费观，视娱乐为日常生活的要素，"让人们通过休闲使自己的生命更加丰富、更加多彩"⑦。

四　雅俗共赏：养成市民开放的文化口味

汉口民众乐园是一个文化乐园，雅俗共赏，中西杂糅，与时俱进。这不知不觉养成了汉市民众的文化口味，颇具开放性和时尚感。

---

① 田军亭：《上海大世界："娱乐集成体"的成功模式》，《中国文化报》2006 年 11 月 6 日。

② 忻平：《从上海发现历史——现代化进程中的上海人及其社会生活（1927—1937）》，上海大学出版社 2009 年版，第 277 页。

③ 《新市场延长赛会》，《汉口新闻报》1921 年 4 月 1 日。

④ 《新市场延长钟点》，《汉口新闻报》1919 年 7 月 10 日。

⑤ 陈鸣：《近代上海城市的文化娱乐消费》，《上海大学学报》（社会科学版）1991 年第 4 期。

⑥ 《中央人民俱乐部委员会宣言》，《汉口民国日报》1927 年 9 月 23 日。

⑦ ［美］杰弗瑞·戈比：《你生命中的休闲》，康筝译，云南人民出版社 2000 年版，第 1 页。

（一）呈现高雅，引领时尚

汉口民众乐园为汉市民众提供了接触阳春白雪的高雅艺术的渠道。高雅艺术一直都高高在上，是少数人的专有物，与大众隔离。汉口民众乐园让艺术面向大众生活，聘请艺术大师前来表演，为游客呈现一场场视听盛宴。它邀来享誉国际的林肯舞蹈团在此带来精彩演出，引得人们"踊跃异常，楼上楼下，座位悉满，站立者亦踵趾相接，几无隙地"[①]；还聘请"京剧四大名旦"中的梅兰芳和程砚秋前来献艺，掀起艺术狂潮，为汉市人民留下了美好的艺术享受。1935年，汉口市党部"为振兴民族艺术，改善市民精神生活"，在民众乐园主办了汉市美展大会，"全国各艺术学校及武汉小学皆有作品送来，此外现代中央名人书画及雕刻古物、总理事迹照片亦多运来陈列，总数一万件以上"[②]。这样的艺术盛会，进一步提高了汉市民众的的文化鉴赏水平。

（二）浅白通俗，适应大众

汉口民众乐园作为平民乐园，其表演项目更多的是下里巴人的通俗内容，上演的剧目大多"围绕着'食、色、财'等市民闲暇生活的娱乐文化和世俗生活而运行"[③]，尤其以汉剧和楚剧最受广大顾客欢迎，从而在一定程度上赋予汉口民众的文化口味以浅白、通俗、大众化的特征。汉剧[④]在民众乐园发扬光大。民众乐园开业不久，新建一高大舞台，"座位宽敞，光线合宜，舞台旋转能升高，布景完全，行头出色，敢谓汉上从未有此完美之大剧场"，花费如此心血的舞台将第一次亮相的机会交给了汉剧，"聘定汉剧泰斗老生余洪元、花旦小翠喜及诸名角撑吉开幕"[⑤]，由此可见汉剧在当时汉口戏剧界中的超然地位。

---

① 《邓肯舞蹈团开始表演》，《汉口民国日报》1927年1月18日。

② 《市美展会昨开幕》，《武汉日报》1935年6月6日。

③ 忻平：《从上海发现历史——现代化进程中的上海人及其社会生活（1927—1937）》，上海大学出版社2009年版，第360页。

④ 汉剧是湖北地区最具影响力的大剧种之一，早期又称"楚调""汉调""皮黄调""楚腔""楚曲"等。

⑤ 《新市场大舞台开幕》，《汉口新闻报》1919年11月7日。

　　楚剧也与民众乐园渊源颇深。它的原名是黄孝花鼓戏，[①] 以世风民情为主要说唱对象，但由于内容多演男欢女爱，被称为"淫戏"，屡遭禁演，之前主要于凌晨时分在华界土场演出，或只在租界公开上演，并未普及，因受人民群众喜爱才得以茁壮成长。1926 年湖北剧学总会筹备会将黄孝花鼓戏正式定名为楚剧。1927 年又由李之龙引进民众乐园公演，并进行改良和革新，获得提升，演出效果日益增强，影响逐渐扩大。[②] 但之后在蒋介石和汪精卫叛变革命后，楚剧又被驱赶至租界演出。1928 年还因"海淫海盗、伤风败俗"被武汉国民政府查禁剧目，查封剧园，之后在楚剧演员的努力下才逐渐恢复元气。楚剧因为贴近生活、嘲讽世态现状，广受市民喜爱，汉口市民对文化的喜好更偏向于这种通俗化的文化形式。

　　当戏剧走入平常百姓家，捧角开始成为市民的一大娱乐。[③] 捧角的一大重要媒介就是报刊，许多文人墨客在报刊上发表品评戏剧和演员的诗词，为欣赏的角色营造声势，扩大关注度。小启山曾一度成为《汉口新闻报》常客，有赞扬他"忽巾帼忽须眉"，既能"苍劲之中略带圆润的老旦口吻"，又能"雍容悲歌尽抑扬婉转之能事"，"诚多能也"[④] 的；又有夸赞其"舞腰掌落风前柳，鹦鹉歌喉调风管"[⑤] "舞袖回旋轻乳燕，歌喉婉转压锦驹"[⑥] 的，红极一时。《大汉报》的"楚社日刊"栏目也是捧角的重要阵地，鼓娘李玉屏是众人力捧的角色。她的名字频现报端，溢美之词无数，"一声弹指浑无语，除向东风拆此情"[⑦] "两袖流光今何在，弹笙歌舞敌罗敷"[⑧]。有褒必有贬，为秋就对李玉屏颇不以为然，谓"余仔细留神其唱工，揣摩其声调，听了半天，一字也没有听清楚，不禁大为太息，名不虚传其如此也"，大加批判，最后"改古人诗

---

　　① 黄孝花鼓戏是自清中叶至 1926 年之间流行于湖北黄陂、孝感一带的花鼓戏，原名为"西路子花鼓"，又名"灯戏"。

　　② 贺大群：《楚剧的起源与发展》，《武汉文史资料》2003 年第 6 期。

　　③ 徐剑雄、徐家林：《都市里的疯狂：近代上海京剧捧角现象》，《贵州社会科学》2007 年第 3 期。

　　④ 吴天：《评新市场小启山》，《汉口新闻报》1921 年 4 月 9 日。

　　⑤ 敬熙：《题小启山照》，《汉口新闻报》1921 年 4 月 10 日。

　　⑥ 素公：《和吴大题小启山照》，《汉口新闻报》1921 年 4 月 10 日。

　　⑦ 雪泥：《赠李玉屏姑娘集纳兰词》，《大汉报》1922 年 5 月 6 日。

　　⑧ 舜琴：《赠李玉屏质雪泥》，《大汉报》1922 年 5 月 7 日。

词两句，可以赠此歌女：依稀似曲来，天上别有知，音非世间知"①。如此唇枪舌剑，市民看得过瘾，纷纷前往，一睹真容，形成一种大众文化热潮。

五　娱乐功能社会化：塑造市民品格

（一）加深市民认同

一个城市的民众在一定的时空下总表现出某种共同的个性。② 大众文化娱乐中心"通过娱乐、消遣的方式，以非强制性的手段悄然地对人进行社会化，从而将占社会主导地位的人生观、道德观、价值观、审美观、生活观与行为观等日复一日、年复一年地输入人的头脑，使自我在不知不觉的无抗拒情境下，获得与社会一致的价值观与行为规范认同，自觉或不自觉地找到自己的人格楷模"③。在汉口民众乐园，人们通过体会与参与而逐渐加深了对城市的认同感与公共责任感。

同时，汉口民众乐园"为日益增长的市民政治表达、救灾济困等公共利益诉求、公共舆论的发展提供了从设施到公众聚集等多方面的起码条件"④，塑造了人们关注公共事务的品格。在开业之初，该园"所有陈列物品专以国货为重"⑤，后来还成功举行国货展，⑥ 在推倒复辟纪念日、国庆⑦也装饰一新，共同欢庆，"为推倒复辟之纪念日，新市场还悬国旗电灯，藉志庆祝，该场各商店均有赠品，如西餐券、中餐券等"⑧，以促进民众民族精神的觉醒。尤其在北伐战争时期，汉口民众乐园更是战争的大后方，上演了一幕幕振奋人心的社会动员场面。以 1927 年在民众乐园举行的沙基惨案和汉口惨案纪念为例，"一时开会，到会群众颇为踊跃，人

---

① 为秋：《新市场之第二书场影事杂志》，《大汉报》1924 年 4 月 7 日。
② ［美］R. E. 帕克等：《城市社会学》，宋俊岭等译，华夏出版社 1987 年版，第 271 页。
③ 刘豪兴、朱少华：《人的社会化》，上海人民出版社 1993 年版，第 258 页。
④ 傅才武：《中国近代文化娱乐业的发展与公共领域的生成——以汉口为中心的研究》，《文艺研究》2007 年第 6 期。
⑤ 《参观新市场发言》，《汉口新闻报》1919 年 5 月 27 日。
⑥ 《国货展览会今日举行开幕典礼》，《汉口中山日报》1929 年 2 月 20 日。
⑦ 民国国庆日为十月十日（武昌首义纪念日），又称"双十节"。
⑧ 《新市场新语》，《汉口新闻报》1919 年 7 月 10 日。

山人海，全场无一隙地"①，这样的例子不胜枚举，② 人们通过民众乐园这个平台，加深了革命认识，充满了革命自觉，积极参与各项支持战争的活动。

（二）培养市民公共责任感

民众乐园还是养成市民公共责任感的平台。各类组织假民众乐园召开各类会议，吸引民众关注公众事务。新闻记者联合会成立大会就在这里召开，"除会员一百余人外，各界来宾千余人，济济一堂"③，如此盛况自然引起人们的广泛关注，从而厘清社会舆论导向。捕蝇委员会也"因会中经费支拙，特发起游艺筹资，以为捕蝇费用"，为期三天，会场"满布彩灯及关于捕蝇防疫、引人注重卫生之种种标语"④，并现场实行捕蝇活动，从而使人们更加保护公共环境。在这些游艺活动中，人们可以进行信息传播与互馈，充分参与社会互动。

民众乐园还经常是各种募捐活动的舞台。青年会假此地募捐学款；⑤北方五省发生旱灾，汉口红十字会也选择"假新市场雍和厅义务演剧助赈"；市社会局"聘请名伶程砚秋在民乐园大舞台演剧筹资"，以作开办贫民大工厂之用；如此种种，使得人们更加关注公众事务和弱势群体，社会责任感增强。市政宣传周也曾在此开展，政府官员进行演讲，并"由各局处派职员一人，在询问处答覆市民询问"⑥，使市民也能参与城市建设，从而对构成社会的那些制度或机构的一种珍视或依归，增强对城市的认同感。

帕克认为，"大城市从来就是各种民族、各种文化相互混合、相互作用的大熔炉，新的种族、新的文化、新的风俗与新的社会形态就是从这些

---

① 《三镇同时举行热烈大会》，《汉口民国日报》1927 年 6 月 24 日。

② 《武阳夏各界纪念"三一八"》，《汉口民国日报》1927 年 3 月 19 日；《昨日汉口武昌同时举行纪念黄花岗诸烈士》，《汉口民国日报》1927 年 3 月 30 日；《党政军民联合庆祝省市两党部成立大会》，《汉口中山日报》1929 年 3 月 9 日。

③ 《新闻记者联合会成立，今日在血花世界开成立大会》，《汉口民国日报》1927 年 3 月 20 日。

④ 《捕蝇委员会举行游艺筹资，今日起假民乐园举行三日》，《汉口中山日报》1928 年 7 月 12 日。

⑤ 《青年会募捐学款》，《汉口中西报》1922 年 1 月 19 日。

⑥ 《市政宣传周 潘市长明晚在民乐园演讲》，《汉口中山日报》1929 年 3 月 22 日。

相互作用中产生出来的"[①]。大众文化娱乐中心是城市的延续和缩影，人们在此从事着日常娱乐活动，吸收各种文化和意识形态，从而形成新的生活方式、生活观念，并逐渐被环境同化，将大熔炉中娱乐表演所传达的信息吸收、反馈、调适和整合，发展出新的个性。在这个意义上，文化娱乐中心"不仅仅是城市发展的产物，它还是一种生产力量，参与城市的成长，是衡量城市精神世界的尺度。从另一个意义上讲，它形塑了城市空间和社会生活"[②]。

汉口民众乐园就是这样一个娱乐中心典型。它以其向心力吸引人们前往获得新的生活体验，各个阶层甚至妇女都能自由出入，在新的生活空间进行社会交往，开阔视野，扩大交际圈。它又以其辐射力影响人们的日常生活，将一个花花世界展示在人们眼前，让人们认识到娱乐的重要性和消费的真义，形成新的消费观。同时，人们在汉口民众乐园"广泛地通过团体的活动，不管这些团体的目标是经济方面的、政治方面的、宗教方面的、文化方面的，还是娱乐方面的，来表达和发展其人格"[③]，包容心逐渐增强，能够接受各种文化和价值观念，并增强社会责任感和城市认同感。汉口民众乐园产生于汉口开埠后不久，不仅集中了传统文化和生活方式，各种新花样、新观念也纷纷涌入，传统与现代在此发生激烈碰撞和对话。这一都市文娱空间被城市生产出来后，又在城市生活、社会文化与市民品格的发展中扮演着极其活跃的角色，实现了空间的再生产，促进了市民的现代化，重塑了市民生活。

---

① ［美］R. E. 帕克等：《城市社会学》，宋俊岭等译，华夏出版社1987年，第5页。

② 马树华：《民国时期青岛的文化空间与日常生活》，《东方论坛》2009年第4期。

③ ［法］伊夫·格拉夫梅耶尔：《城市社会学》，徐伟民译，天津人民出版社2005年版，第11页。

第九章 汉口民众乐园里的社会冲突

近代中国处于千年未有之变局。新旧更替，中西碰撞，权力更张之深广前所未有。处于社会变迁前沿的城市，既是现代转型的飞地，又是动荡时期社会冲突的聚集地。而备受市民青睐的城市大众文化娱乐空间更是既提供欢娱，又生产是非。汉口民众乐园以其一站式、集成式的娱乐模式和平民化路线，成为近代武汉大众文娱中心，但它同时又是城市病的蔓延地，社会冲突的爆发场，市民风范缺失的观察口。

一 汉口民众乐园里的城市病

近代中国城市现代化的浪潮遭遇到一些人为的阻力。"近代社会从传统向现代化转型时，一部分传统人本能地产生抗拒心理，用他们熟悉的非正常、非理性、非现代的传统方式和手段以谋生存。[①]"无论是小偷、抢劫犯、赌徒或者娼妓，都反映出这批现代社会圈外游离群体的反社会行为。这些游离群体用其消极的生存方式与反社会行为构成社会病态。汉口民众乐园作为大众娱乐空间亦受其浸淫。近代武汉，城市病蔓延到汉口民众乐园这一大众文娱空间，犯罪活动频发让其时常陷入恐慌之中。

(一) "三鸟"之害：鸦、雀、鸨

鸦（鸦片烟）、雀（麻雀牌，指赌博）、鸨（娼妓业主，指卖淫嫖娟）"三鸟"是旧中国影响巨大、危害严重的社会问题，也是旧汉口的一

---

① 忻平：《从上海发现历史——现代化进程中的上海人及其社会生活（1927—1937）》，上海大学出版社 2009 年版，第 454 页。

种严重的社会弊端，正直的人们对其深恶痛绝。①

1."鸦片烟"盛行

在坚船利炮的掩护下，鸦片逐渐成为西方列强对华进行经济侵略的利器，汉口也深受其害。清政府当局无力禁止鸦片，只有道光年间林则徐任湖广总督时，武汉地区的"鸦片烟"才有所衰减。在旧社会的浑浊染缸中，有的人为了吸一口烟，卖妻、卖子、卖房，最后倾家荡产，一贫如洗。

国民党统治时期，也曾颁布法令禁烟禁毒，在汉口民众乐园对面空坪内当众焚烧烟土②以示惩戒，但鸦片烟依然兴盛不衰。汉口民众乐园的修理工人因吸食鸦片而行偷窃之事。1929 年 2 月，"汉口民乐园，自国货展览会，假该园为会址后，内部大修葺，添装灯泡三万余盏，并在露天大场修建纪念亭一座，耳目一新，不过因修理期间，雇佣泥木工人，为数甚多。一木匠胡幼臣，年三十岁，嗜吸鸦片，以每日所作工资敷开支，竟异想天开，于昨晚在该院四楼，偷窃电灯泡多只，将所穿布袍撕破，棉絮挖出，将所偷灯泡堆塞满，随又将棉裤如法炮制，每一裤脚装灯泡四个，两共二十五个，被该园保安队赵班长巡查瞥见。查该园最近以来，先后失去灯泡三百余个，尚未破获，今日该贼被获，难免以前不是该贼所为。"③可见，非独富公阔太，平民百姓亦触烟颇深。

2."博戏"泛滥

赌博是一种极具危害性的社会行为，甚至成为市民生活娱乐不可缺少的"享乐"环节。堕入其中者，一场豪赌下来，赢钱的吃喝玩乐，挥金如土；输完的，垂头丧气，想尽各种办法，筹集赌本，以图再赌。俗话说"久赌必输"。于是倾家荡产者层出不穷；走投无路而沦为扒窃偷盗者亦有之。其流毒社会，为害至烈。④

近代汉口，赌博也是一种广为人知的社会弊病，它挑起了无数的争吵和打斗。⑤ 在汉口民众乐园内，随处可闻"呼幺喝六"之声，诱人入局，

---

① 严肃：《谈谈旧汉口的"三鸟"之害》，《武汉文史资料》1997 年第 4 期。

② 《江汉关焚毁烟土》，《国民新报》1921 年 9 月 8 日。

③ 《吸鸦片必堕落》，《汉口中山日报》1929 年 2 月 18 日。

④ 皮明庥、吴勇主编：《汉口五百年》，湖北教育出版社 1999 年版，第 256 页。

⑤ [美] 罗威廉：《汉口：一个中国城市的冲突和社区（1796—1895）》，鲁西奇、罗杜芳译，中国人民大学出版社 2008 年版，第 233 页。

类似赌博。① 被吸引的市民抱着侥幸赢钱的心理小试一把，无论男女，也无论社会阶层，从士兵、地痞流氓到当地富商，都会参与赌博，并沉溺其中。② 汉口民众乐园内，赌博风气的盛行也影响了游客游玩乐园的兴致。在"后城马路新市场内，每有茶房与游客因小赌钱，故而起冲突，不免有干扰游客之处"③。而跑马、掷环、抛镖等类似赌博玩艺，不独骗人金钱，而且有增长人侥幸妄求之心，危害甚大。④ 还有员工竟然因赌博而扒窃公款。⑤ 赌博令"士失其行，农失其时，工商失其艺"，人们痛恨至极。⑥

汉口民众乐园管理者有取缔新市场赌摊⑦之举，也有禁赌的法律禁令。同时，民众乐园请来警察局出动刑警大队前来镇压，迫使公共场所娱乐之风味毫无赌博性质，⑧ 1948 年就有惩办楚剧演员蔡环乐引诱青年妇女在家聚赌一案，⑨ 但"博戏"仍然在民众乐园中愈演愈烈，丝毫没有退减之势。

3. 色情诱惑

新中国成立前汉口有"不夜城"之说，当时统治者允许妓院开业，收取花捐，作为生财之道，美其名曰"无烟囱的工业"⑩。卖淫嫖娼亦在汉口民众乐园中泛滥。

在汉口民众乐园中，每多私娼野妓或类似女学生者，混迹其间，招蜂引蝶，以致一般青年浪子，竟以游戏所在，为其邪淫交易之处。⑪ 许多年

---

① 省政：《取缔新市场赌摊》，《汉口中西报》1935 年 1 月 16 日。
② ［美］罗威廉：《汉口：一个中国城市的冲突和社区（1796—1895）》，鲁西奇、罗杜芳译，中国人民大学出版社 2008 年版，第 233 页。
③ 《新市场之改良声》，《汉口新闻报》1919 年 9 月 26 日。
④ 寰宇：《取缔新市场类似赌博玩艺》，《汉口中西报》1935 年 1 月 12 日。
⑤ 《汉口市警察局——刘汉生扒窃公款解究》，1946 年，武汉市档案馆藏，资料号：40 - 13 - 1860。
⑥ 严肃：《谈谈旧汉口的"三鸟"之害》，《武汉文史资料》1997 年第 4 期。
⑦ 省政：《取缔新市场赌摊》，《汉口中西报》1935 年 1 月 16 日。
⑧ 《汉口市警察局——刘汉生扒窃公款解究》，1946 年，武汉市档案馆藏，资料号：40 - 13 - 433。
⑨ 《汉口市警察局——楚剧演员蔡环乐聚赌案》，1948 年，武汉市档案馆藏，资料号：40 - 13 - 4395
⑩ 皮明庥、吴勇主编：《汉口五百年》，湖北教育出版社 1999 年版，第 253 页。
⑪ 《如此戏场 俨若人肉市场》，《汉口中西报》1933 年 2 月 22 日。

轻女郎，打扮得花枝招展，站立在角落里，等候着来买她一夜销魂的顾客。① 而每自夜幕降临时，便是娼妓生意红火之时，随处可见妓女站在路岔口，以勾肩搭背、谗言媚笑之势拉客。"鸨儿夜立路三岔，小语挨身把客拉。舍得青钱一二百，一时看遍院中花"②是其真实写照。在汉口民众乐园台球室，一些女服务员甚至与打球的顾客暗中勾搭，私下进行皮肉交易。管理者也为防止女招待员在下班后可能搭客交易而出台相应条款严加管理，整饬风化。③

汉口民众乐园里颇受欢迎的楚剧亦多涉男欢女爱。时人感叹，其已成楚剧与美片天下，具有艺术美感之正规剧目无人欣赏。④ 楚剧作为地方城市古老剧种，谓其"也是花鼓戏之双名、风行武汉，颇盛一时，尤以表演淫荡迎合社会堕落心理为最"⑤。而汉口民众乐园商户利用人性弱点为实现盈利最大化，经常擅自穿插淫戏吸引大众眼球，其虽为招揽生意，实则有碍风化，若不严厉禁止，必致伤风败俗。汉口民众乐园管理机构采取相应禁闭行动，指责那些仅改了戏名的"淫戏"，"败坏风俗人心，莫此为甚"⑥。同时也制定相应政策，如规定"公共娱乐场所演映戏剧歌曲游艺影片不得有诲淫诲盗有伤风化者"⑦ 等。

皮肉生意与色情表演频现大众文娱空间，辱没了娱乐空间的高雅，但却是社会场景的真实再现。色情诱惑的畸形繁荣以不同形式展现于大众文娱空间面前，汉口民众乐园作为都市社会的一个缩影，也难免成为藏污纳垢之所。

（二）社会乱象：偷、抢、杀

工商繁华使得近代武汉享有"东方芝加哥"美名。但因外地人口不

---

① 《民众乐园好风流》，《汉口报》1946 年 12 月 30 日。
② 徐明庭辑校：《武汉竹枝词》，湖北人民出版社 1999 年版，第 99 页。
③ 《武汉市警察局——关于本市各处茶社申请营业（1946—1948）》，1948 年，武汉市档案馆藏，资料号：40 - 13 - 433。
④ 同上。
⑤ 《送银上京二百钱 民乐园演淫戏 剧委会罚两 伶停工三日》，《汉口中山日报》1928 年 12 月 7 日。
⑥ 《市政府严禁新市场表演申滩》，《武汉日报》1934 月 11 月 8 日。
⑦ 《武汉市警察局——汉口市公共娱乐场所取缔规则（1946—1948）》，1948 年，武汉市档案馆藏，资料号：140 - 10 - 2025。

断涌入，加之本埠失业人口众多，随之带来各种社会问题。汉口良莠混杂，随处可见各种盗匪汇聚从事暴力犯罪，偷、抢、杀的盛行让汉口声名狼藉。

汉口民众乐园内外盗抢频发。1919 年 7 月，"新市场自开幕以来，生意虽颇不恶，其中盗窃充斥，秩序全无，名为游戏场，实成容垢地。作一度之游者，莫不啧有烦言"①。"小偷每在人多之处故意蜂拥，以便摆取他人钱物。"② 1919 年 6 月，就有匪徒突闯入内抢一妇人金钗而逃一事发生。③ 1922 年 5 月，还有一中年妇人在行至马路口时，20 余之匪徒潜至该妇背后，将其头上所戴金挖耳抢去。④ 1948 年 5 月，一游客"行经中山大道民众乐园，因好奇心重，故站立门前观剧牌，忽发觉衣袋翻动，深感诧异，即回首一视，见一手向己袋中缩转，当即将之抓获，继摸袋中之法币一百七十万元，已告不翼而飞"⑤。

近代汉口"社会动乱导致了土匪的猖獗"⑥。经常有匪徒从汉口民众乐园内闯出强抢而逃，⑦ 恶劣者甚至劫财杀人。1932 年 11 月，"新市场各剧场正热烈之际，游人如蚁，忽观众于电影场发现一中年男子倒趴血泊中，该场当局闻讯，当即会同宪警前往查验，觉其人尚微有气息，惟左乳下三寸许刀伤寸余，血溢如注。当即送往天主堂医院施救，始稍苏醒，微能言语。据云王姓，名连陆，山东人，曾在某师某营机枪连充连付，前因作战受伤，留南京军医院诊治。于本月来汉，住平安旅社，常至新市场参观。昨是晚受伤时并失去黑皮包一只，内有大洋五百元，系因昏厥，言语不清，未悉其致杀之真相"⑧。类似抢劫杀人案，在汉口民众乐园时有发生。

汉口民众乐园城市病的蔓延是近代中国动荡失序的一个缩影。在军阀混战、政权更替的特殊时代背景下，"文化脱序、社会动荡、理想幻灭、

---

① 《新市场之进步》，《国民新报》1919 年 7 月 15 日。

② 《汉口——新市场开幕记》，《国民新报》1919 年 5 月 31 日。

③ 《新市场门首之抢劫》，《国民新报》1919 年 6 月 10 日。

④ 《马路口又出抢金饰案》，《国民新报》1922 年 5 月 12 日。

⑤ 《民众乐园前 穷贼显身手》，《武汉日报》1948 年 5 月 22 日。

⑥ 王笛：《茶馆——成都的公共生活和微观世界（1900—1950）》，社会科学文献出版社 2010 年版，第 323 页。

⑦ 《新市场门首之抢劫》，《国民新报》1919 年 6 月 10 日。

⑧ 《新市场离奇命案 某连付既杀身又损财》，《汉口中西报》1923 年 11 月 13 日。

现实残酷与生存艰难，导致下层市民因对自身命运无法把握与前途的渺茫莫测，而产生不满、忧虑、彷徨和无奈，并由此激发出一种本能的摆脱现状、报复社会的激愤心理与反社会行为"①。当其发现很难解决生计问题，难以在这个社会中生存，对所面临的不公平无能为力，遭饥饿、惶恐、战争威胁等，冲突便经常发生在人们不满和绝望之时。②

二　汉口民众乐园里的社会冲突

社会冲突是一种社会互动的激烈形式。任何社会只要存在着结构性的差异、对立元素，就无法彻底消除冲突的可能。③ 汉口作为近代中国内陆工商业最发达的城市，也处于传统与现代的交织中。繁荣的现代工商模式与传统的谋生方式在此共生、磨合，都市人群也依政治，经济，社会地位的差异而呈现出富贵、贫贱的社会认知。因而，社会不可避免地伴随紧张、失调和利益冲突现象。④ 汉口民众乐园里就鲜活地展示着人情冷暖与社会暴力。

（一）贫富悬殊加深平民的相对剥夺感

"相对剥夺"最早是由美国学者斯托弗提出，他认为相对剥夺感是一种很矛盾的心理状态。当人们将自己与某种标准或参照物作比较而发现自己处于劣势时，即会产生受剥夺的感觉，随后表现出愤怒、怨恨与不满。在旧社会逐渐解体、新社会萌生发展的过渡时期，社会分化为不同的阶层与群体，分裂成各个不同的利益集团，社会发展带来的利益与痛苦分别由这些不同阶层、群体与利益集团的人们所享用与分担。⑤

近代汉口，除了商界、绅界和军、警、法界的部分人可列入"资产者"行列之外，城市人口的大部分是中产以下者，特别是处于社会底层

---

①　忻平：《从上海发现历史——现代化进程中的上海人及其社会生活（1927—1937）》，上海大学出版社2009年版，第452页。

②　王笛：《茶馆——成都的公共生活和微观世界（1900—1950）》，社会科学文献出版社2010年版，第353页。

③　李振：《社会宽容论》，社会科学文献出版社2009年版，第233页。

④　贾春增：《外国社会学史（修订本）》，中国人民大学出版社2000年版，第264页。

⑤　忻平：《从上海发现历史——现代化进程中的上海人及其社会生活（1927—1937）》，上海大学出版社2009年版，第454页。

的工人、苦力、佣工和小商人等都是贫困线上挣扎的阶层。① 不同群体之间很容易产生差距，逐渐增强了社会底层民众的相对剥夺感。贫富悬殊给社会底层民众带来更多的是"无奈"与"叹息"。湖北贫民生活之困难，连基本的生活都无法维持。汉口民众乐园自开幕以来，因门票涨价过快，一般市民贫寒者多抱向隅。② 下层民众与"资产者"之间也存在明显的矛盾感，他们因迫于生计不得不"低声下气"为富贵者服务。汉口民众乐园的"小商人知顾客是政界人物，招待尤为殷情"③ 世态炎凉，展露无疑。

相对剥夺感会让人产生一定的相对丧失感，会影响个人或群体的态度和行为，有的甚至可造成偏激的后果。当社会成员的贫富悬殊过大时，会导致底层民众仇恨高收入群体的心理产生。处于意识状态的冲突感，会在一定社会条件下转换为实际的冲突行为。④ 1936 年 4 月汉口民众乐园中就有苏滩演员失业报复董事长一事发生。汉口市商会常务委员、新市场董事长王春华于农历 4 月 30 日晚由新市场归寓，突有流氓十余人，自三新街出数人趋至王所来之自备包车后，将车攀倒。一人将所带之大粪向王面部涂污，王当时极力挣扎，捉住一人，其另外两名女性将王为某友筹之赴沪飞机票三百六十五元抢去，王狂鸣警察。闻此辈均系新市场失业游艺人员，因王不肯收用，故愤而出此。⑤ 冲突起因乃是由于社会报酬的分配不均以及人们对不平均分配表现出的失望。⑥

（二）武人当道助长了军警的嚣张气焰

中国的早期现代化与军政强人的活动关系密切，以至人存事兴，人亡事衰，现代化进程不断发生大起大落甚至中断。⑦ 军事力量的变迁也让近代武汉城市长期成长于"失衡"社会，在"武力解决一切问题"的时代

---

① 张建民、周荣：《汉口：近代前夜的社会保障》，载冯天瑜、陈锋主编《武汉现代化进程研究》，武汉大学出版社 2002 年版，第 24 页。

② 《民众大胆进去 乐园已无挡手看戏仍请照价买票》，《汉口报》1946 年 7 月 6 日。

③ 《元宵节新市场之现象——为椅子大骂茶房》，《大汉报》1924 年 2 月 22 日。

④ 李培林等：《社会冲突与阶级意识》，社会科学文献出版社 2005 年版，第 105 页。

⑤ 《新市场董事长王春华前晚被流氓殴伤》，《武汉日报》1936 年 5 月 3 日。

⑥ 贾春增：《外国社会学史（修订本）》，中国人民大学出版社 2000 年版，第 265 页。

⑦ 冯天瑜：《导言：武汉早期现代化刍议》，载冯天瑜、陈锋主编《武汉现代化进程研究》，武汉大学出版社 2002 年版，第 3 页。

背景下，军警兵士跋扈横行的嚣张气焰让汉口民众乐园不断上演"好戏"。

武人当道，享有特权；兵士威风，横行霸道。汉口民众乐园按市政府规定，在固定时间段免费向武人开放，军警兵士也经常光顾此地，因其目中无人而无恶不作，暴力冲突也在所难免。1922 年 3 月，新市场突来游兵一群，计有二十余名，手持木棍，由三新街上马路，直往新市场，行至门首，逢人就打。[①] 兵士的横行霸道使无辜的市民频频受伤，暴力冲突所带来的"创伤"也使汉口民众乐园损失不小。1927 年 3 月，有中央军事政治学校的学生在其中殴伤工友；[②] 1928 年 3 月，又有兵士因冲突砸死游客。[③] 在汉口民众乐园中，军警兵士的作威作福让市民痛苦不堪，可又不敢声张，常常都是避而远之。"因看白戏之军人过多，市民因怕其闹事，虽有娱乐之心，亦多不敢前往。"[④] 为减少暴力冲突，1928 年 7 月，市政府收缩警士免费游民乐园。[⑤] 虽市政当局采取如此高压政策，但并没有消减兵士军警的嚣张气焰。

"丘八爷"（即"兵"）之欺压贫人，实在令人发指。丘八爷因占地争座而引发的暴力冲突也是"不在话下"。常有兵士数名，争占某游客先占之地点，该客不肯让步，致触兵士之怒，七手八脚，将该客痛打不休……竟有兵士凶恶已极，竟敢将该客推跌楼下，该客当场毙命。[⑥] 也有丘八爷多人因座位关系与观客冲突，即邀集无数军人，逢人便打，遇物则毁，一时场内秩序大乱。[⑦] 丘八爷"蛮横而不讲道理"引发的流血事件也是屡见不鲜，"丘八气死魏纪五"便是其中之一。因兵老爷不满唱戏时刻已到魏纪五尚未开唱而大怒，比时顿足大骂，非唱不行，并欲用武。魏纪五无奈衣食所在，不敢犯侮客之嫌，虽万分忿怒，亦只能隐忍，不料忍之大过，突然倒地晕昏，不到两小时，即行身故，丘八老爷之威，至能将人活活气死，其可畏也。[⑧] 武人当道使得汉口民众乐园里弥漫着紧张的

① 《丘八大闹新市场》，《汉口中西报》1922 年 3 月 30 日。
② 《军校反动分子留扣查办》，《汉口民国日报》1927 年 3 月 15 日。
③ 《坠楼砸死游客案讯结》，《汉口中山日报》1928 年 7 月 4 日。
④ 《民众乐园 每周接待军人两天》，《汉口报》1946 年 7 月 29 日。
⑤ 《取缔警士游民乐园》，《汉口中山日报》1928 年 7 月 14 日。
⑥ 《新市场殴毙游客》，《汉口中西报》1923 年 8 月 26 日。
⑦ 《新市场所闻》，《汉口新闻报》1923 年 2 月 22 日。
⑧ 《丘八气死魏纪五》，《汉口中西报》1922 年 11 月 6 日。

气氛。

三　近代城市大众文化娱乐空间：
"失范"的小社会

城市病的不断蔓延、社会冲突的激烈上演、市民美德的缺失昭示着，汉口民众乐园虽然是提供市民娱乐的文化舞台，但却一直处于失衡的社会状态。汉口民众乐园作为一个中国近代城市文娱空间，呈现出一个"失范"的小社会形态。具体来说，"社会失范指的是旧有的社会规范被否定或遭到严重破坏，逐渐失去对社会成员的约束力；新的社会规范尚未形成或被普遍接受，不具有对社会成员的有效约束力，使得社会成员处于混乱的、相互冲突的规范之中而缺乏明确一致的社会规范约束的这样一种社会状态，它常常会给社会成员带来不同程度的心理适应上的困难"①。

纵观民国年间的武汉社会，处于分合不定的局面，先是军阀混战，1927 年后出现短暂的安宁，1938 年沦陷后一片混乱，接着出现汪伪政权治下的暂时安静。1945 年抗战胜利后，国民党进行复员工作，旋即国共战争的阴霾又氤氲在武汉三镇上空。社会动荡不安与战争阴霾一直笼罩在武汉市民心中。

民国时期武汉社会所出现的失范主要表现为政治权威失范与道德失范。"民国时代的武汉城市建制在全国城市体系中最为更张多变"②，加之政权更迭频繁，使得政治权威无法形成持续有效的影响力，结果就出现了一定程度上的权威"真空状态"，市民无所适从。所谓"只有在青天白日下，才能恢复人们快乐的灵魂"③。当没有一个统一的连续的政治权威来构筑确定一套社会行为规则时，市民的社会行为就失去有效约束，而出现伦理道德的瘫痪与失范，导致人心混乱，出现各种丑恶的社会现象，加深人们对社会的失望和担忧。尤其是道德的失范带来人心的涣散与深深的忧虑。打开报纸一看，满眼都是贪污、谋杀、抢劫、强奸、盗窃、自杀、舞弊，令人应接不暇。

---

① 李强：《当代中国人的心理困扰——一个社会心理学者的观察和思考》，科学出版社 2004 年版，第 47 页。

② 涂文学：《文化汉口》，武汉出版社 2006 年版，第 260 页。

③ 《今年的新年》，《汉口民国日报》1927 年 1 月 5 日。

正是近代武汉社会的政治权威与伦理道德的双重失范波及深广，才使汉口民众乐园这一都市大众文娱空间既提供欢娱，又生产是非，成为社会冲突的多发之地。

第十章　大众文化娱乐中心与都市社会的互动图景

伴随鸦片战争的炮火轰鸣，近代中国紧闭的大门在西方武力强制下被迫开放。以第一批被开埠的通商口岸和周围地区为起点，中国传统城市社会开始迈上向现代化转型的轨道，社会生产方式和生活方式都发生着急剧变化。紧跟这些变化，一个个为满足城市人们文化、艺术、娱乐、购物、旅游等多元生活要求的综合性文化娱乐中心应运而生。它有别于偏重教育和文化设施的文化馆，更加注重娱乐性、商业性；也不同于仅有单一功能的影剧院，而是具有更大包容、更多选择、更集中开放的空间场所，它与城市形成动态的协调关系。①

汉口民众乐园就是近代中国城市现代化进程中的一个文化娱乐中心典型。自1919年建成开放，它以其中心区位优势和集成式、一站式娱乐模式，成为大众娱乐聚集地与武汉市的文化娱乐中心，乃至成为城市的标记。从1919年建成开放到1949年新中国成立，汉口民众乐园数度易主，数易其名，它的每一次变动都印证了武汉城市社会的变迁。它也在政治、经济、文化各方面扮演了重要角色，形塑着近代武汉的城市空间与市民生活，成为城市的一个重要标志，与城市社会一起构成一幅丰富多彩的互动图景。

一　都市社会是大众文化娱乐中心的背景和依据

（一）都市社会的发展为文化娱乐中心的产生培植了土壤

城市的文化积淀、经济发展、商业繁荣、人口汇聚、市民休闲文娱需

---

① 王国光、朱雪梅：《协调·突破——浅谈文化娱乐中心与城市的关系》，《时代建筑》1998年第4期。

求以及注重精神含量的都市生活方式催生了综合性文娱中心。

汉口民众乐园的出现具备良好的区位优势与文艺基础。近现代以来，由于"位于中国中心腹地、南北交汇的地理位置、江汉平原中心城市、楚文化的地域文化传统、租界所提供的特殊二元文化市场格局、西方文化和制度的示范性作用以及新型知识分子和艺术人才的凝聚，汉口成为近现代中国重要的经济文化中心"①。

汉口的发展繁荣为自己赢得"东方芝加哥"的美誉，并占据了华中交通商贸中心的位置。近代汉口工商业的繁荣，吸引大量外来人口在此集聚，这为汉口民众乐园的创办奠定了经济基础，汇聚了人脉条件。

人们在忙碌的城市工作之余对文娱活动的需求滋生了文化娱乐空间的成长。人类有"对创造性的活动，对各种信息、符号、想象和娱乐等社会综合产物的需求。这些方面构成人类的一项基本欲求，以娱乐、性爱、身体活动（例如体育活动）、创造活动、艺术和知识为其特征和重要组成部分，这些需求或多或少能弥补以工作为唯一生活内容的单调乏味"②。当人们生活、工作方面的需求已经得到满足时，他们迫切呼唤着一个文化娱乐中心的出现，并表现出极大的参与热情。这为汉口民众乐园提供了广阔的市场空间。

城市代表一种更富精神意义的生活方式，以满足人们精神需求为标的的文娱空间的出现是城市发展的应有之意。"城市与人类其他聚落形态的根本差异，并不在于人口、空间与经济规模，而因其始终是一种精神含量更高的生活方式的中心与象征。这既是城市总是吸引大量人口与各种资源，也是城市生活具有永恒魅力与诱惑的根源。"③

至此，"万事俱备，只欠东风"。1919 年阴历五月初一，汉口民众乐园正式开张营业，吸引了成千上万的人前去参观，一时间武汉万人空巷，三镇男女老少齐集。"趋趋跄跄，车水马龙，门庭若市，创汉口空绝之奇观，备吾人娱乐之妙境，武阳夏（武昌、汉阳、汉口）三镇士女，连袂

①　傅才武：《近代化进程中的汉口文化娱乐业（1861—1949）——以汉口为主体的中国娱乐业近代化》，博士学位论文，华中师范大学，2004 年，第 56 页。

②　［法］昂立·列斐伏尔：《城市化的权力》，载汪民安等主编《城市文化读本》，北京大学出版社 2008 年版，第 14 页。

③　刘士林：《城市兴衰的文化阐释》，《学术界》2010 年第 2 期。

而来，诚盛极也"①。延续着开业的辉煌，汉口民众乐园在其后漫长的经营中，一直都是名角荟萃，好戏连台，当之无愧地成为汉口文化娱乐业的象征，并且在政治、经济和文化上都占据着重要地位。

（二）都市社会的变迁为文化娱乐中心的发展规定了道路

作为时代产物的汉口民众乐园，并非孤立的建筑单体，其创立的完成并不意味着它以后的发展就能脱离城市肆意发展、自由发挥。既然它的产生已经深深地打上了时代的烙印，它的发展也注定与整个都市社会有着千丝万缕的联系，必须顺应整个社会的发展轨道。近代汉口民众乐园的功能转换和艺术品种的催生都受当时政治、经济、文化状况的影响，它是社会变迁的辐射地。

1. 动荡的环境左右着汉口民众乐园的兴衰

近代武汉政局动荡，时局变化多端，历经 1926—1928 年的北伐战争、1937—1938 年的武汉保卫战、1938—1945 年的沦陷时期。汉口民众乐园在这样的变动中也跟随城市脉搏的跳动，饱经风霜。

汉口民众乐园开业的辉煌仅仅持续了不到两个月，就遭遇了领导班子集体辞职的打击，口碑一落千丈。幸好 1926 年李之龙接管，当时政局相对稳定，他能够大展拳脚，将乌烟瘴气一扫而空，大加改革，创造了民众乐园历史上最为光辉的一页。但好景不长，随着国共合作的分裂，汉口民众乐园又一直处在不停的更迭中，特别是 1938 年武汉沦陷后，整个武汉处于"抗日救亡"的浪潮中，社会呈现出恐慌、沉闷、萧条的局面，城市中殖民主义的渗透、压迫使文娱中心功能萎缩，汉口民众乐园也名存实亡。直到抗战胜利，汉口民众乐园方又重现往日的欢娱和笑声，成为民众的乐园。

2. 统治者的意志主宰了汉口民众乐园的艺术演出品种

汉口民众乐园的部分演出剧目也随着统治者意志的转移而几经演变。尤其是楚剧在其中的几进几出，充分揭示了"大众文化与精英文化之间、地方文化的独特性与国家文化的同一模式之间的斗争。在国家权力及其文

---

① 严铁颜:《恭祝纪念庆贺节喜》,《武汉文化史料》1983 年版，第 132 页。

化霸权之下，大众娱乐不可避免地被改变了"。①

在北洋军阀统治武汉时期，楚剧被认为是淫邪之戏，在民众乐园禁演。这是由于北洋军阀以旧礼教治国使然，他们认为楚剧有太多市民生活、性别开放意识的内容，伤风败俗，难登大雅之堂。1926 年共产党人李之龙接管民众乐园，他认为"楚剧是平民的艺术！楚剧是民间的文学"！应当加以提倡和改革。他将楚剧引进汉口民众乐园，并亲自为其定名为"楚剧"，使楚剧得以合法化并站住脚跟，且凭借其潜力巨大的文化市场和文化辐射力发展成为地方大戏。1927 年"七·一五"汪精卫"分共"，改组武汉国民政府，再次做出取缔楚剧的决定。1928 年，国民政府戏剧审查委员会以"海盗海淫、伤风败俗"为由，查禁楚剧剧目 69 个。1929 年，又查封 5 家楚剧戏园，搜捕楚剧演员 72 名，楚剧再次陷入困境。②

3. 武人当道的时代特征形成了兵士横行的独特"风景线"

近代武汉城市政权的变更体现的是军事力量的变迁，在这个武力决定发言权的社会里，兵士跋扈横行成为汉口民众乐园的一道"风景线"。1927 年 3 月，中央军事政治学校"少数人在汉口血花世界殴伤工友"③。1928 年 3 月，"前中央人民俱乐部场务队士彭纯臣，与该部驻防兵士，因门券"④ 引发冲突砸死游客。1930 年 1 月，为维持汉口民众乐园的秩序，"呈请二路总指挥，派队维持"⑤。但尽管采取了如此高压政策，仍然没有消减兵士的嚣张气焰。1930 年 1 月，再次发生打伤游客的事件，经"查此次肇事者，十分之三系伤兵"⑥。1930 年 2 月，"有高特群者，佩公安局护章带领五人到民众俱乐部，五人中只有两张半票，经该部交际员陈洪时理问不服，高即肆行殴打"⑦。

以上种种，均说明此类事件是屡见不鲜、屡禁不止。这是时代背景使然，武人当道，城市中当兵的很威风，"丘八老爷"的观念深入人心，兵

---

① 王笛：《茶馆、戏园与通俗教育——晚清民国时期成都的娱乐与休闲政治》，《近代史研究》2009 年第 3 期。

② 《楚剧在租界》，《汉口租界志》，武汉出版社 2003 年版，第 334 页。

③ 《军校反动分子留扣查办》，《汉口民国日报》1927 年 3 月 15 日。

④ 《坠楼砸死游客案讯结》，《汉口中山日报》1928 年 7 月 4 日。

⑤ 《二路总部派员驻民众俱乐部维持秩序》，《汉口中山日报》1930 年 1 月 11 日。

⑥ 《民众俱乐部前晚伤兵滋扰详志》，《汉口中山日报》1930 年 1 月 16 日。

⑦ 《高特群大闹民众俱乐部续志》，《汉口中山日报》1930 年 3 月 24 日。

士忘乎所以，横行霸道，四处作威作福。汉口民众乐园作为极好的享乐场所，他们自然经常光顾，由于他们的目中无人，暴力冲突在所难免，成为在汉口民众乐园时常上演的"好戏"。

据罗威廉所观察，汉口是一个充满暴力之地。作为大众娱乐中心，汉口民众乐园也无法逃脱这种局面，它并非只流动和谐的音符，亦时常上演各种社会冲突乃至暴力事件。虽然其间的冲突多以个人间的暴力呈现，但并不能简单地视为偶发事件。相反，冲突爆发的背后常常暗含着不同人群因经济地位、阶级立场、政治威权、团体利益的差异而诱发的对抗观念。

4. 频繁的政权更迭决定了汉口民众乐园具有强烈的政治色彩

近代武汉城市政权变更频仍，这注定了汉口民众乐园不仅是艺术的大舞台，亦是政治的大舞台。尤其是北伐战争前后，汉口民众乐园距离文娱远，距离政治近。

国共合作北伐战争时期，汉口民众乐园是唤起民众反帝反军阀革命热情和支援北伐战争的阵地，是国共两党齐心创造和谐政治环境的广阔舞台，其间的各种政治活动旨在激发民众的革命热情与爱国热忱，发挥了较好的社会动员功效。在国民党一党"继续北伐"时期，国民党在汉口民众乐园进行了名目繁多的"三民主义"宣传和国民党一党专政思想的渗透，安排各种政治活动，培育民众对孙中山的景仰之情以及对三民主义的认同，并期冀民众把此种政治认同转移到与之一脉相承的国民党上来，以增进国民党独裁专政的合法性，构建国民党政治权威。北伐战争完成后的近半年中，国民党仍然没有放弃对汉口民众乐园的利用，为其开发了新的政治功能，使其成为向民众灌输国民党意识形态的中介和反共阵地，对民众实行政治控制。

近代城市的文化娱乐空间因为政局的变化多端，时常被各种政治力量用作重要的政治空间，被赋予浓厚的政治色彩，以进行意识形态渗透、政治控制和社会动员，使娱乐"空间带有明显的意识形态性和工具性"[①]。

---

① 韩伟：《国内都市文化研究潜存的三种模式及其理论建构》，《社会科学》2009 年第 6 期。

二　文化娱乐中心是城市想象与
集体记忆的重要凭借

爱默生指出：城市"是靠记忆而存在的"①。城市和人一样，也有记忆，因为它有完整的生命历史。综合性文化娱乐中心丰富了都市社会的城市集体记忆，提升了都市社会的声望，成为都市社会记忆的凭借与依据，乃至城市的又一个标记延续文脉。

（一）竹枝词承载对汉口民众乐园的丰富记忆

竹枝词由古代巴蜀间的民歌演变而来，唐代刘禹锡把民歌变成文人的诗体，自元、明开始，"内容则以咏风土为主，无论通都大邑或穷乡僻壤，举凡山川胜迹、人物风流、百业民情、岁时风俗皆可抒写，非仅诗境得以开拓，且保存丰富之社会史料"②，它根植于民间，源于生活，广受群众欢迎。

竹枝词作为一个容纳生活的容器，承载着人们对汉口民众乐园的想象与感知。近代文人骚客歌咏竹枝词对汉口民众乐园的青睐有加，充分体现出它对城市记忆的影响力。"青天无色月光微，新市场中火焰飞"③ 说的是元宵夜新市场大放烟火的盛景。每年春节、端午节以及"新市场"开业纪念日等都要燃放大型烟火，表演各种奇异的武术杂技，招徕成千上万的观众，观赏烟火成为民众节日的重要活动。"包车歇近市场前，买票争开压岁钱。"④ 可见新年游园也是重要的庆祝活动之一。"车如流水马如龙，楼阁层层在望中。新市场前人似蚁，红男绿女笑相逢"⑤ 则将汉口民众乐园的热闹展现在我们眼前。"如云士女往来忙，百戏纷陈新市场。千盏电灯天不夜，平台高处月如霜"⑥ 所描述的是汉口民众乐园是百戏杂陈、昼夜繁华的。多位文人不约而同地选择将汉口民众乐园的盛况用文字

---

① 单霁翔：《从"功能城市"走向"文化城市"》，天津大学出版社 2007 年版，第 46 页。
② 徐明庭辑校：《武汉竹枝词》，湖北人民出版社 1999 年版，第 199 页。
③ 同上书，第 327 页。
④ 同上书，第 283 页。
⑤ 同上书，第 296 页。
⑥ 同上书，第 295 页。

保存下来，成为永久的城市记忆。

（二）大众传媒展现对汉口民众乐园的高度社会关注

作为近代最具影响力的大众传媒，报纸杂志是真实再现城市状况的一本百科全书，也是承载民众记忆的一个重要工具。

汉口民众乐园的身影在近代武汉各大报纸上无所不在，《汉口新闻报》《汉口民国日报》《大汉报》《汉口中西报》《汉口中山日报》隔三差五甚至连篇累牍地报道汉口民众乐园的新气象和新故事。报刊记录的范围也涉及各种版面，有新闻版，记录重大会议的召开、各种游艺活动的表演等；有社会版，记录其中发生的好人好事、暴力冲突等；最贴近民众生活和最能引起民众共鸣的副刊上，或抨击或歌颂，"昨日笔者与友人老哈，闲耍于该场，仅费门票每位两角，确实平民化"，①"其所表演之节目，不脱封建时代之习气。鲜有革命时代之艺术存乎其间，加以妓女充斥，良莠不齐。非特不足以提高和改善人生观，实为藏污纳垢之所，不足取也"，②"每走到民乐园去的时候，心里总感到一种'茫茫然'的情绪"③。不管是赞赏还是批评，都是对汉口民众乐园的关注。

翻开民国武汉大小报刊，其间充斥着长期如一的对汉口民众乐园的报道和讨论。在开幕前，就有连篇累牍的跟踪报道，记录其建设进展和参观感想，"各界来宾携手出场门前车马俟驾而行，诚汉皋之一大游戏场首出风头也"④；开幕之际，各大报纸更是争相报道其开幕盛况，"入场者约计20000余人，售钱6000余串之多"⑤，"男男女女，拥挤非常，由早上八点至晚十二点钟始行清场"⑥；民众乐园每次变动的点滴也被一一记录，比如人员的调动变化、园内建筑的翻新修葺、节目的更新动态、举办的各种赛会和活动、重大节日的游艺表演，甚至其间发生的冲

---

① 小羊：《新市场游记》，《大楚报》1941年3月22日。

② 艾廷林：《汉口市之现在与将来》，《大风报》1930年4月21日。

③ 端人也：《飘飘然》，《汉口中山日报》1929年6月20日。

④ 《新市场参观记》，《汉口新闻报》1919年5月28日。

⑤ 《新市场开幕记》，《国民新报》1919年5月31日。

⑥ 《新市场开幕记》，《汉口新闻报》1919年5月31日。

突①、险情②也被一一记载。

人们参观汉口民众乐园的各种感想也不时见诸报端。有人在入园观景听戏后专门写诗抒发感受："罢酒来游新市场，楼台金碧更辉煌。群花齐放乾坤小，万象更新岁月长。写实优伶争跳舞，踏青士女门梳妆。可怜爱克司光镜，红粉骷髅泪两行。"③

如此高密度的社会关注说明，汉口民众乐园已成为汉市民众茶余饭后的必备谈资和日常生活不可或缺的一部分。

（三）"玩在民乐园"：民谣映射市民想象共同体的形成

近代武汉民谣"紧走慢走，一天走不出汉口；左玩右玩，玩不够民众乐园"充分显示在武汉的记忆里，对当时的人们来说，进民众乐园是感知汉口的必要方式。类似于北京"不到长城非好汉"和上海"不到大世界，枉来大上海"的说法，不到民众乐园游玩一番，就是没有真正到过汉口。汉口民众乐园是感知城市摩登乃至了解新世界的凭借，一应俱全的文娱品种呈现出大千世界的新奇浮华。"果然汉口最繁华，岂止南城百事奢。新筑市场轩敞甚，搜奇应已遍天涯。"④ 这样一个无所不包的文娱之所，自然是玩不够的。

"玩在新市场，吃进生基巷"的俗语集中体现了汉口民众乐园在人们集体记忆中的中心地位。汉口民众乐园是当时武汉三镇人民娱乐的首选，关于它的记忆，积淀在了武汉市民的骨髓里，奔腾在他们的血液中。时至今日，仍然保留着其中游玩的鲜活记忆。现年 90 岁的徐明庭先生是被誉为武汉"活字典"的地方文史专家，对于当年在汉口民众乐园欣赏杂技表演的场面记忆犹新，且沉淀为一生最难忘的忆念。市井坊间耳熟能详的民谣映射出汉口民众乐园成为市民想象的共同体。

（四）大众文化娱乐中心：城市集体记忆的一个凭借

人们关于城市的集体记忆不会凭空而生，总会落实在特定的空间、

---

① 《丘八大闹新市场》，《汉口中西报》1922 年 3 月 30 日；《新市场殴毙游客》，《汉口中西报》1923 年 8 月 26 日；《民众俱乐部前晚伤兵滋扰详志》，《汉口中山日报》1930 年 1 月 16 日。

② 《新市场之火警》，《国民新报》1921 年 5 月 28 日；《暴徒聚众行凶 捣毁民众乐园》，《罗宾汉报》1946 年 8 月 14 日。

③ 《春日游新市场》，《大汉报》1922 年 2 月 10 日。

④ 李建纲：《民众乐园》，未刊稿，第 38 页。

人、事中。汉口民众乐园丰富了一代人的都市生活记忆。徐明庭老先生在
回忆起童年时代在民众乐园观看杂技表演的经历时，仍充满感情和美好记
忆，对"万能脚"韩敬文的把戏表演记忆犹新，将整个表演过程娓娓道
来，并忆起当时一句耳熟能详的歇后语："韩敬文的把戏——巧板眼。"
由此充分可见民众乐园已深入到这一代人的记忆中。

　　大众文娱空间活生生再现一座城市发展演变的过程，为美好的都市声
望和城市记忆提供了一种可能的历史依据。"城市如同建筑，是一种空间的
结构，只是尺度更巨大，需要用更长的时间过程去感知。"① 作为近代汉口
的文化地标，汉口民众乐园是这栋建筑的重要组成部分，它为城市记忆打
上了深刻的烙印，极大地提升了城市知名度，乃至成为城市的另一种标记。

　　汉口民众乐园极大地丰富了近代武汉城市空间和社会文化内容。"城
市是一个自然和地理的单元；城市是人类一种聚集的方式；城市是一片经
济的领域；城市是文化的空间；城市是一部打开的书；城市是一代又一代
的光荣与梦想、期冀与抱负；城市是一种生活方式。"② 汉口民众乐园作
为武汉近代最大的综合性文化娱乐中心，它完善了武汉的城市结构空间；
它帮助武汉进行资源和各种经济、文化要素的聚集；它为武汉的经济繁荣
注入活力；它提升了武汉的文化品位；它为武汉这部书增光添彩，使之更
加光彩照人；它有助于缩短着梦想与现实的距离；它形塑了市民的一部分
生活方式。

　　汉口民众乐园在近代都市的风云际会里跌宕起伏。它的历史表明，近
代大众文娱空间与都市社会构成同步互动、互为表里的关系。前者是后者
变迁的风向标，后者是前者展演的内在背景。城市社会的成长为综合性文
娱中心的产生培植了土壤，并为其风云变幻提供了思想、政治、经济和舆
论背景。而综合性文娱空间的兴衰则表征着城市人口、消费水平、商业
化、城市化、现代化的程度，折射着都市生活的活力以及都市政治。更有
甚者，大众文化娱乐空间还成为城市声望和集体记忆的凭借，乃至成为城
市的又一个标记，为从经济之城向文化之城的升华提供了一种历史和现实
的依据。

---

① ［美］凯文·林奇：《城市意象》，方溢萍、何晓军译，华夏出版社 2001 年版，第 296 页。
② 杨东平：《城市季风》，上海三联书店 1998 年版，第 89 页。

附录一　受访谈老武汉人情况列表

序号	姓名	出生年	籍贯	是否出生于武汉	迁来武汉之年	职业	访谈时间
F－1	许厚源	1934	汉阳	是		学生	2006.04.18
F－2	金东菇	1923	汉口	是		菜农	2006.04.19
F－3	涂志清	1932	汉口	是		菜农	2006.04.19
F－4	舒珍珠	1931	汉口	是		被服厂工人	2006.04.19
F－5	洪育安	1917	宁波	否	1947	染厂会计	2006.04.20
F－6	刘庆和	1927	黄陂	否	1948	压路机司机	2006.04.20
F－7	肖毓芝	1921	汉阳	是		纱厂工人	2006.04.20
F－8	罗家章	1918	蔡甸	否	1931	武汉行营参谋	2006.04.20
F－9	沈成宝	1915	上海	否	1935	染厂工人	2006.04.21
F－10	余耀中	1918	新洲	是		武汉司令部中校	2006.04.22
F－11	姚维秀	1923	南京	否	1937	无业	2006.04.22
F－12	周希五	1927	新洲	合	1937	印刷工人	2006.04.23
F－13	俞光祖	1914	上海	否	1937	银行会计股长	2006.04.23
F－14	罗才秀	1927	黄陂	否	1946	学徒	2006.04.23
F－15	严春林	1933	汉川	否	1945	学徒	2006.04.23
F－16	康玉财	1926	汉口	是		油漆匠	2006.04.24
F－17	周迪光	1928	重庆	否	1946	学徒	2006.04.24
F－18	廖启文	1933	汉川	是		无业	2006.04.26
F－19	李素萍	1921	无锡	否	1945	无业	2006.04.27
F－20	汪建中	1925	嘉鱼	否	1946	中学体育教员	2006.04.28
F－21	熊宏斌	1933	汉阳	是		学生	2006.04.28
F－22	陈柄伢	1924	新洲	否	1934	板车夫	2006.04.29

续表

序号	姓名	出生年	籍贯	是否出生于武汉	迁来武汉之年	职业	访谈时间
F－23	尤志旺	1926	鄂城	否	1948	码头工人	2006.04.29
F－24	叶方刚	1927	鄂城	否	1947	码头工人	2006.04.29
F－25	兰水成	1926	新洲	否	1947	码头工人	2006.04.29
F－26	王长银	1928	黄陂	否	1948	码头工人	2006.04.29
F－27	周焕焕	1933	汉口	是		菜贩	2006.04.29
F－28	刘寄生	1925	恩施	是		煤球工人	2006.04.30
F－29	谭志安	1927	扬州	否	1938	理发师	2006.04.30
F－30	杨志国	1926	舟山	否	1948	店员	2006.05.1
F－31	邹昌期	1924	荆门	否	1943	学生	2006.05.1
F－32	刘官庭	1921	汉川	否	1946	人力车夫	2006.05.1
F－33	王燕玲	1935	苏州	否	1945	烟厂童工	2006.05.1
F－34	吴文清	1935	汉口	是		学生	2006.05.2
F－35	项国华	1930	绩溪	否	1938	纱厂工人	2006.05.2
F－36	王贵	1929	孝感	否	1930	小贩	2006.05.2
F－37	芦明超	1929	汉阳	是		码头工人	2006.05.3
F－38	王义廉	1925	鄂州	否	1947	小学教员	2006.05.4
F－39	李云霞	1923	江西	是		无业	2006.05.8
F－40	庄琦	1933	黄陂	是		无业	2006.05.10

注:

（1）经受访谈者同意，作者将其真实姓名列于此表中，但行文中不出现受访谈者真实姓名，仅以"F－1"等序号表示；

（2）受访谈者中 F－2、F－3、F－4、F－7、F－11、F－19、F－27、F－33、F－35、F－39 为女性，其余皆为男性；

（3）职业以受访谈者在 1949 年以前从事时间最长的职业为准；访谈皆在武汉完成。

附录二　访谈大纲

民国武汉下层民众日常生活研究（1927—1949）

尊敬的市民：

您好！为了搜集博士论文"民国武汉下层民众日常生活（1927—1949）"的口头史料，我们欲对在 1930 年前出生并生活在武汉，或者 1930 年前出生、1949 年以前迁入武汉生活的老人进行访谈，搜集您收藏的老照片，进行录音整理入书，让更多的人了解老武汉的生活历史。

希望得到您的支持和帮助。不甚感激！

答题指导：

（1）所有的问题都是关于您 1949 年以前在武汉的有关生活情况，而不是 1949 年以后或者其他地方的情况

（2）请在您认为适合自己的情况的括号里面打钩，大多数问题答案唯一

（3）画＿＿＿＿＿＿地方需要填写作答

（4）可以多选的题目已经标明

（一）您的基本情况

编号	姓名	性别	籍贯	出生时间，是否出生于武汉	迁来武汉之年	职业（在老武汉干的时间最长的工作）	采访时间

1. 您为什么迁居武汉

求学（　）；寻找就业机会（　）；躲避中日战争（　）；躲避内战（　）；躲避匪徒（　）；躲避自然灾害（　）；躲避家庭纠纷（　）；到城市寻找更好的生活（　）；其他，如家庭团聚＿＿＿＿＿＿＿＿

2. 到武汉前您的家乡是

乡村（　）；镇（　）；县城（　）；中等城市（　）；大城市（　）

3. 移民时的婚姻状况

已婚（　）；已订婚（　）；未婚（　）；离异（　）；丧偶（　）

4. 您的受教育程度

文盲（　）；半文盲（　）；小学1—4年级（　）；小学5—6年级（　）；初中（　）；高中（　）；大学（　）

5. 迁居武汉前的职业＿＿＿＿＿＿，指干的时间最长的职业

迁居武汉后的职业＿＿＿＿＿＿，指干的时间最长的职业

6. 迁移到武汉后居住的房屋类型

棚屋或平房（　）；老式里弄房子（　）；新式里弄房子（　）；西式公寓（　）；洋房（　）；其他＿＿＿＿＿＿

7. 回故乡的频率

从未回过（　）；回去过一二次（　）；常回去，但少于每年一次（　）；每年回去（　）；其他＿＿＿＿＿＿

8. 为什么回故乡

探望亲属（　）；参加婚礼、葬礼或者其他家族活动（　）；过年团聚（　）；其他＿＿＿＿＿＿

9. 主要在哪些地方购物

百货大楼（　）；上门服务小摊贩（　）；附近杂货店（　）；大商场（　）；洋行（　）

（二）关于汉口中山公园

10. 知道汉口中山公园吗

知道（　）；不知道（　）

11. 从什么途径知道中山公园的

报纸（　）；广播（　）；亲戚朋友（　）；邻居（　）；市民的基本常识（　）；其他＿＿＿＿＿＿

12. 除了汉口中山公园还知道其他的公园吗

知道（　　）；不知道（　　）

13. 当时是否很想去中山公园玩

很想（　　）；不大想（　　）；没感觉（　　）

14. 去中山公园的频率

从没去过（　　）；两三年去一次（　　）；一年一次（　　）；一年2—3次（　　）；每月一次（　　）；每周一次（　　）

15. 去中山公园做什么

路过时进去看新鲜（　　）；游玩（　　）；休憩（　　）；会朋友（　　）；谈事情（　　）；参加集会（　　）；其他_____

16. 您到中山公园有哪些消费（可以多选）

门票（　　）；停自行车费（　　）；喝茶（　　）；买零食（　　）；划船（　　）；游泳（　　）

17. 各项消费的价格

门票_____；停车_____；喝茶_____；划船_____；游泳_____

18. 经常听说公园里面有斗殴和杀人案件吗

不是（　　）；是的（　　）；偶尔（　　）

19. 是否看到公园里面有警察维持秩序

有（　　）；没有（　　）

（三）关于自己的身份认同

20. 觉得自己在武汉

还是乡下人（　　）；是外地人（　　）；是汉口人（　　）；是武汉人（　　）

21. 觉得自己跟武汉本地人的最大的差别是

口音（　　）；生活卫生习惯（　　）；穿着（　　）；所做工作（　　）；自信（　　）；发展机会（　　）；其他_____

22. 最初来武汉时，准备待多久

很快就回故乡（　　）；故乡、武汉轮流居住（　　）；在武汉生活或工作几年（　　）；一辈子待在武汉（　　）

23. 您当时感觉武汉本地人对外地人的态度

排外（　）；瞧不起（　）；无所谓（　）；宽容（　）；热心帮助（　）；尊敬（　）

24. 是否觉得自己属于武汉这座城市

是的（　）；不是（　）；有时是的，有时又不是（　）

25. 您是跟哪些人一起来武汉的

孤身一人（　）；父母（　）；子女（　）；配偶（　）；亲戚（　）；朋友（　）；老乡（　）

26. 您经常想念故乡和故乡的亲人吗

常常（　）；有时（　）；很少（　）

27. 在什么时候想念他们

过年的时候（　）；碰到困难的时候（　）；闲暇的时候（　）；听说家乡消息的时候（　）

（四）关于衣

28. 您和家人衣服的主要来源

购布料在家自制（　）；购布料请裁缝做（　）；买成衣（　）；从故乡带衣服（　）；买旧衣服（　）

29. 自己穿的衣服的主要颜色（可以多选）

红（　）；青（　）；灰（　）；白（　）；黑（　）；蓝（　）；花的（　）；其他＿＿＿＿

30. 主要款式（可以多选）

男士：西装（　）；中山装（　）；衣裤（　）；马褂（　）；绑腿（　）；长袍（　）；皮鞋（　）；布鞋（　）；草鞋（　）；赤脚（　）；瓜皮帽（　）

女士：旗袍（　）；衣裤（　）；裙子（　）；布鞋（　）；皮鞋（　）；短发（　）；盘发（　）；辫子（　）

31. 冬天太冷穿什么

皮衣（　）；棉袄棉裤（　）；卫生衣（　）；厚长袍（　）；单衣挨冻（　）；其他＿＿＿＿

（五）关于食

32. 早餐主要吃什么

不吃早餐（　）；油条（　）；大饼（　）；稀饭（　）；汤饭（　）；面窝（　）；若干面（　）；牛肉面（　）；三鲜面（　）；烧麦（　）

33. 早餐是在家做还是买

自家做（　）；买（　）；工厂供应（　）

34. 中晚餐在哪里买菜

随便捡些菜贩子不要的菜叶（　）；屋门口的小贩（　）；路边的菜摊（　）；菜市场（　）；工厂免费供应中晚餐（　）；在单位食堂买饭菜（　）

35. 一般吃什么菜

————————

36. 多长时间吃一次鱼或者肉

几乎不（　）；一年（　）；半年（　）；三个月（　）；一个月（　）；一星期（　）；两三天（　）；每天（　）

37. 是否吃夜宵

从不（　）；偶尔（　）；经常（　）；每天（　）

38. 夜宵吃什么＿＿＿＿＿＿＿＿＿＿＿＿

39. 一般小孩和女人爱吃常买的零食是什么＿＿＿＿＿＿＿＿＿＿

40. 宵夜是自家做还是向小贩买

做（　）；买（　）

41. 中餐和晚餐一般几个菜

1（　）；2（　）；3（　）；4（　）；5（　）；更多

42. 你们家一共几口人

1（　）；2（　）；3（　）；4（　）；5（　）；更多

43. 一个月当中会有几天吃不饱

没有（　）；1—3天（　）；3—7天（　）；7—15天（　）；15—30天（　）

44. 家里是否常常为吃饭问题担心

常常（　）；偶尔（　）；从不（　）

45. 多长时间买一次水果

每天（　）；两三天（　）；一周（　）；半个月（　）；一个月（　）；三个月（　）；半年（　）；从不（　）

（六）关于住

46. 您在武汉时如何解决住的问题

住在自己房子（　）；住在亲戚家里（　）；住在朋友家里（　）；租房（　）；旅舍（　）；住在单位的工房（　）

47. 如果租房子，租金占您收入的多大比例？＿＿＿＿＿＿＿＿＿

48. 如果租房，您是从谁那里租房住

房东本人（　）；二房东（　）；三房东（　）

49. 您家每人的住房面积为几平方米

10（　）；6—8（　）；3—5（　）；1—3（　）

50. 早上一般几点起床＿＿＿＿＿＿＿

51. 晚上一般几点睡觉＿＿＿＿＿＿＿

52. 冬天屋里太冷怎么办

人年轻不觉得冷（　）；生炉子（　）；挨冻（　）；紧关门窗（　）；其他＿＿＿＿＿＿＿

53. 夏天屋里太热怎么办

洒水在地上（　）；扇蒲扇（　）；吹电扇（　）；睡阳台（　）；屋外面睡（　）；其他＿＿＿＿＿

54. 住房里面是否有厕所

有单独的（　）；有公用的（　）；没有（　）

55. 您是否会常去住处附近的公共厕所

常去（　）；偶尔（　）；从来不去（　）

56. 家里需要倒马桶吗

是（　）；不是（　）

57. 谁来倒

丈夫（　）；妻子（　）；老人（　）；女佣（　）；孩子（　）

58. 您当时一般上哪里理发

自己或者家人剪（　）；上门的剃头担子（　）；理发店（　）

59. 居住的里弄叫什么名字＿＿＿＿＿＿＿＿＿＿＿＿＿＿＿＿＿

60. 邻居都有从事什么职业的（可以多选）

家佣（　）；工人（　）；伙计（　）；公司或组织职员（　）；政府官员（　）；医护人员（　）；老师（　）；金融（　）；记者（　）；律

师（　　）；家庭妇女（　　）；无业（　　）；流浪汉（　　）；其他_____

61. 邻居之间如何称呼（如小王，老张或者其他的）_____

62. 出于什么原因与邻居交往

很少来往（　　）；闲聊（　　）；借钱或物（　　）；打麻将或者扑克（　　）；同事关系（　　）；交情（　　）

63. 与邻居闲谈的内容

邻居的家长里短（　　）；工作（　　）；世道（　　）；天气（　　）；子女教育（　　）；物价（　　）

64. 您大概多长时间与邻居吵架一次

从不（　　）；很少（　　）；一年（　　）；半年（　　）；一个月（　　）；一周（　　）

65. 吵架的原因是（　　）

口角（　　）；小孩问题（　　）；经济纠纷（　　）；感情瓜葛（　　）；其他如_____

66. 争吵以什么方式结束

找警察（　　）；寻求亲朋帮忙打架而两败俱伤（　　）；永不来往（　　）；被人劝和（　　）；互相道歉和好（　　）

（七）关于行

67. 在什么情况下，会坐人力车

几乎不坐（　　）；很少坐（　　）；上班或办事时（　　）；购物时（　　）；走亲访友时（　　）；游玩时（　　）

68. 在什么情况下，会坐过江轮渡

上班或办事时（　　）；购物时（　　）；走亲访友时（　　）；游玩时（　　）

69. 您最常乘坐的交通工具是

公汽（　　）；自行车（　　）；独轮车（　　）；马车（　　）；黄包车（　　）；船（　　）；步行（　　）

（八）关于交朋友

70. 您在武汉有几个知心和亲近的朋友_____

71. 结成友谊关系的基础

共同利益（　）；共同兴趣（　）；同事（　）；邻居（　）；老乡（　）；其他_____

72. 您一般在什么情况下与朋友相聚

过年过节（　）；婚丧嫁娶（　）；生活遇到困难（　）；工作遇到困难时（　）；平时（　）；其他_____

（九）关于工作

73. 在武汉找到第一份工作的途径（分性别）

亲戚介绍（　）；朋友介绍（　）；被任命（　）；求职申请（　）；自主创业（　）；其他（　）

74. 是否包食宿

包食宿（　）；包食（　）；包宿（　）；都不包（　）

75. 午休时间有多长

没有午休（　）；半小时（　）；1小时（　）；1小时以上（　）

76. 每天工作多少小时_____

77. 每月工资多少_____

78. 每月节余多少_____

79. 是否常常有给上司送礼的情况

常常（　）；偶尔（　）；从不（　）

80. 一般送什么礼物给上司_____

81. 同事之间关系怎样

同事之间常有矛盾（　）；常常打斗（　）；同事欺生（　）；同事关系冷淡（　）；关系融洽（　）

82. 工作是否稳定

稳定（　）；比较稳定（　）；不稳定（　）

83. 亲朋好友之间办喜事一般送什么

不送（　）；东西（　）；钱以及具体数目（　）

84. 给上司或者亲朋送什么节礼_____

85. 送节礼一般在什么时候

春节（　）；元宵（　）；端午（　）；中秋（　）；其他_____

（十）关于休闲

86. 您当时业余时间主要（可以多选）

喝茶（　）；聊天（　）；看书报（　）；看戏（　）；逛公园（　）；逛街（　）；听广播（　）；睡觉（　）；看电影（　）；走亲访友（　）；打麻将扑克（　）

87. 当时最喜欢什么业余生活（可以多选）

喝茶（　）；聊天（　）；看书报（　）；看戏（　）；逛公园（　）；逛街（　）；听广播（　）；睡觉（　）；看电影（　）；走亲访友（　）；打麻将扑克（　）；其他＿＿＿＿＿＿＿＿

（十一）关于心理状况

88. 当时您最羡慕的职业是

政府或军警官员（　）；买办（　）；资本家（　）；店主（　）；小贩（　）；伙计（　）；工人（　）；医生（　）；老师（　）；车夫或者码头工（　）；乞丐（　）；其他＿＿＿＿＿＿＿＿

89. 您当时最想成为

政府或军警官员（　）；买办（　）；资本家（　）；店主（　）；小贩（　）；伙计（　）；工人（　）；医生（　）；老师（　）；车夫或者码头工（　）；乞丐（　）；其他＿＿＿＿＿＿＿＿

90. 您当时觉得自己活着

只有受苦的命（　）；努力奋斗就会过上好生活（　）；得过且过（　）

91. 您当时觉得自己的将来

没有奔头（　）；有奔头（　）；说不准（　）

92. 您认为当时的精神状态

体会幸福（　）；前途光明（　）；感到压力（　）；感觉太累（　）；经常焦虑（　）；不太开心（　）；感到寂寞（　）；想到自杀（　）；其他＿＿＿＿＿＿＿＿

93. 您当时对幸福的理解是（可以多选）

衣食无忧，生活安定（　）；有地位受人尊敬（　）；事业成功（　）；人际关系好（　）；自由自在（　）；有官职可以指挥人（　）；

有足够的钱可以随意消费和支配（　）

94. 您当时对自己的生活感到基本满意的方面包括（可以多选）

家庭生活（　）；工作状态（　）；收入水平（　）；教育程度（　）；健康状况（　）；人际关系（　）；社会地位（　）；父辈资源（　）；晋升机会（　）；休闲生活（　）

**（十二）您能回忆一下当时您所熟悉的地方、人物或者事情的情景吗？
比如**

公共浴室、厕所、杂货店、裁缝店、小饭馆、菜场、茶馆、零食摊贩、汉江边、长江边、中山大道、江汉路、汉口中山公园、二房东、理发、过江轮渡、家里吃肉的场景、其他

再次对您和您的家人表示深深的谢意！

参考文献

一　史志、档案、报刊类

徐焕斗：《汉口小志》，1915 年印刷本。

《汉口指南》，武汉书业公会 1920 年版。

周亚荣等编《武汉指南》，汉口新华日报社 1933 年版。

刘献廷：《广阳杂记》（卷 4），中华书局 1957 年版。

范锴：《汉口丛谈》，湖北人民出版社 1999 年版。

江浦、朱忱等：《汉口丛谈校释》，湖北人民出版社 1990 年版。

王葆心：《续汉口丛谈 再续汉口丛谈》，湖北教育出版社 2002 年版。

袁继成主编：《汉口租界志》，武汉出版社 2003 年版。

徐明庭辑校：《武汉竹枝词》，湖北人民出版社 1999 年版。

徐明庭：《民初汉口竹枝词今注》，中国档案出版社 2001 年版。

皮明庥、吴勇主编：《汉口五百年》，湖北教育出版社 1999 年版。

武汉市中山公园编：《中山公园沧桑——纪念武汉市中山公园 70 周年》，内部资料，1998 年。

李建纲：《民众乐园》，未刊稿，1988 年。

汉口市警察局档案（1946—1949），武汉市档案馆藏，资料号：40。

汉口市立民众教育馆档案（1935—1948），武汉市档案馆藏，资料号：80。

汉口中山公园档案（1946—1948），武汉市档案馆藏，资料号：85。

武昌市社会服务处档案（1946—1949），武汉市档案馆藏，资料号：91。

汉口社会服务处职业介绍所档案（1946—1949），武汉市档案馆藏，资料号：92。

武汉市警察局档案（1946—1948），武汉市档案馆藏，资料号：40、140。

汉口市警察局（1946—1948），武汉市档案馆藏，资料号：40。

汉口市政府（1949），武汉市档案馆藏，资料号：9。

汉口市/武汉市《市政公报》：武汉市档案馆藏，资料号：bB－1。

《罗宾汉报》（1946—1948）

《汉口民国日报》（1927—1928）

《武汉日报》（1932—1949）

《汉口中西报》（1919—1935）

《汉口中山日报》（1928—1930）

《大汉报》（1922、1924）

《武汉报》（1942）

《武汉时事白话报》（1932）

《汉口报》（1946—1948）

《汉口导报》（1947）

《汉口工报》（1948）

二　著作类

章开沅、罗福惠主编：《比较中的审视：中国早期现代化研究》，浙江人民出版社1993年版。

皮明麻主编：《近代武汉城市史》，中国社会科学出版社1993年版。

皮明麻主编：《武汉通史》，武汉出版社2006年版。

冯天瑜、陈锋主编：《武汉现代化进程研究》，武汉大学出版社2002年版。

严昌洪：《20世纪中国社会生活变迁史》，人民出版社2007年版。

严昌洪编著：《老武汉风俗杂谈》，中国档案出版社2003年版。

涂文学：《文化汉口》，武汉出版社2006年版。

涂文学主编：《武汉通史·中华民国卷（上、下）》，武汉出版社2006年版。

姚伟钧：《中国传统饮食礼俗研究》，华中师范大学出版社1999年版。

王玉德：《神秘主义与中国近代社会》，中国社会科学出版社2003年版。

忻平：《从上海发现历史——现代化进程中的上海人及其社会生活（1927—1937）》，上海人民出版社1996年版。

王笛：《茶馆——成都的公共生活和微观世界（1900—1950）》，社会科学文献出版社 2010 年版。

张建民主编：《10 世纪以来长江中游区域环境、经济与社会变迁》，武汉
　　大学出版社 2008 年版。

楼嘉军：《上海城市娱乐研究（1930—1939）》，文汇出版社 2008 年版。

刘剀：《晚清汉口城市发展与空间形态研究》，中国建筑工业出版社 2010
　　年版。

杨东平：《城市季风》，上海三联书店 1998 年版。

汤黎：《人口、空间与汉口的城市发展（1460—1930）》，中国社会科学出
　　版社 2010 年版。

朱建颂：《武汉方言研究》，武汉出版社 1992 年版。

朱建颂：《武汉俗语纵横谈》，中国档案出版社 2002 年版。

王国华：《从旅游到旅游业》，珠海出版社 2003 年版。

李宪生：《两次世纪之交的武汉对外开放》，中央文献出版社 2001 年版。

张鸿雁主编：《城市·空间·人际——中外城市社会发展比较研究》，东
　　南大学出版社 2003 年版。

傅才武：《近代化进程中的汉口文化娱乐业（1861—1949）——以汉口为
　　主体的中国娱乐业近代化道路的历史考察》，湖北教育出版社 2005
　　年版。

陆汉文：《现代性与生活世界的变迁——20 世纪二三十年代中国城市居民
　　日常生活的社会学研究》，社会科学文献出版社 2005 年版。

乐正：《近代上海人社会心态（1860—1910）》，上海人民出版社 1991 年版。

田子渝、黄华文：《湖北通史·民国卷》，华中师范大学出版社 1999 年版。

于海主编：《城市社会学文选》，复旦大学出版社 2005 年版。

张仲礼主编：《近代上海城市研究》，上海人民出版社 1990 年版。

李文海主编：《民国时期社会调查丛编·婚姻家庭卷》，福建教育出版社
　　2005 年版。

孙逊主编：《都市文化史：回顾与展望》，上海三联书店 2005 年版。

沙莲香等：《社会学家的沉思：中国社会文化心理》，中国社会出版社
　　1998 年版。

费孝通：《江村经济》，商务印书馆 2001 年版。

费孝通：《乡土中国 生育制度》，北京大学出版社 1998 年版。

翟学伟：《中国社会的日常权威：关系与权力的历史社会学研究》，社会

科学文献出版社 2004 年版。

翟学伟：《人情、面子与权力再生产》，北京大学出版社 2005 年版。

纪晓岚：《论城市本质》，中国社会科学出版社 2002 年版。

李明伟：《清末民初中国城市社会阶层研究（1897—1927）》，社会科学文
　献出版社 2005 年版。

唐力行主编：《家庭、社区、大众心态变迁》，黄山书社 1999 年版。

顾亦兵编著：《风雅武汉》，中国财政经济出版社 2005 年版。

钟敬文：《民俗文化学：梗概与兴起》，中华书局 1996 年版。

周晓虹：《现代社会心理学——多维视野中的社会行为研究》，上海人民
　出版社 2002 年版。

王晓东：《日常交往与非日常交往》，人民出版社 2005 年版。

郑杭生主编：《社会学概论新修》，中国人民大学出版社 1994 年版。

侯杨方：《中国人口史·第六卷（1910—1953）》，复旦大学出版社 2001
　年版。

苏红主编：《多重视野下的社会性别观》，上海大学出版社 2004 年版。

涂可国：《社会哲学》，山东人民出版社 2001 年版。

罗苏文：《女性与近代中国社会》，上海人民出版社 1996 年版。

邓伟志、徐榕：《家庭社会学》，中国社会科学出版社 2001 年版。

潘光旦：《寻求中国人位育之道》，国际文化出版公司 1997 年版。

李银河、郑宏霞：《一爷之孙——中国家庭关系的个案研究》，上海文化
　出版社 2001 年版。

阎云翔：《礼物的流动：一个中国村庄中的互惠原则与社会网络》，李放
　春译，上海人民出版社 2000 年版。

孟庆超：《中国警察近代化研究——以法文化为视角》，中国人民公安大
　学出版社 2006 年版。

宋林飞：《西方社会学理论》，南京大学出版社 2000 年版。

陈庆德：《经济人类学》，人民出版社 2001 年版。

任平：《时尚与冲突——城市文化结构与功能新论》，东南大学出版社
　2000 年版。

上海证大研究所编：《上海人》，学林出版社 2002 年版。

包亚明主编：《现代性与空间的生产》，上海教育出版社 2003 年版。

陈振明：《公共管理学》，中国人民大学出版社 2003 年版。

郑雪、严标宾等：《幸福心理学》，暨南大学出版社 2004 年版。

赵园：《北京：城与人》，上海人民出版社 1991 年版。

林语堂：《中国人》，郝志东、沈益洪译，学林出版社 1994 年版。

许纪霖：《回归公共空间》，江苏人民出版社 2006 年版。

杨国枢主编：《中国人的心理》，桂冠图书公司 1988 年版。

李维：《风险社会与主观幸福：主观幸福的社会心理学研究》，上海社会
科学院出版社 2005 年版。

康晓光：《中国贫困与反贫困理论》，广西人民出版社 1995 年版。

李强：《当代中国人的心理困扰——一个社会心理学者的观察和思考》，
科学出版社 2004 年版。

岳庆平：《中国民国习俗史》，人民出版社 1994 年版。

陈志华：《北富集》，中国建筑工业出版社 1993 年版。

徐新编著：《西方文化史》，北京大学出版社 2002 年版。

潘光、陈超南、余建华：《犹太文明》，中国社会科学出版社 1999 年版。

张爱玲：《张爱玲文集》第 4 卷，安徽文艺出版社 1992 年版。

卢汉超：《霓虹灯外——20 世纪初日常生活中的上海》，段炼等译，上海
古籍出版社 2004 年版。

王笛：《街头文化——成都公共空间、下层民众与地方政治（1870—
1930)》，李德英等译，中国人民大学出版社 2006 年版。

［法］伊夫·格拉夫梅耶尔：《城市社会学》，徐伟民译，天津人民出版社
2005 年版。

［法］埃米尔·杜尔凯姆：《自杀论》，钟旭辉译，浙江人民出版社 1988
年版。

［法］古斯塔夫·勒庞：《乌合之众——大众心理研究》，冯克利译，中央
编译出版社 2004 年版。

［美］罗威廉：《汉口：一个中国城市的商业和社会（1976—1889)》，江
溶、鲁西奇译，中国人民大学出版社 2005 年版。

［美］罗威廉：《汉口：一个中国城市的冲突和社区（1796—1895)》，鲁
西奇、罗杜芳译，中国人民大学出版社 2008 年版。

［美］刘易斯·芒福德：《城市发展史——起源、演变和前景》，宋俊岭等
译，中国建筑出版社 1989 年版。

［美］刘易斯·芒福德：《城市文化》，宋俊岭等译，中国建筑工业出版社

2009 年版。

［美］英格尔斯：《人的现代化》，殷陆君译，四川人民出版社 1985 年版。

［美］托马斯·古德尔、杰弗瑞·戈比：《人类思想史中的休闲》，成素梅
　　等译，云南人民出版社 2000 年版。

［日］水野幸吉：《汉口——中央支那事情》，刘鸿枢等译，上海昌明公司
　　1908 年版。

［日］百田宗志：《武汉风物诗》（日文版），武汉宣传联盟事务局 1945
　　年版。

［匈］阿格妮丝·赫勒：《日常生活》，衣俊卿译，重庆出版社 1990 年版。

William T. Rowe, *HANKOW*: *Conflict and Community in a Chinese City*,
　　1796—1895, Stanford: Stanford University Press, 1989.

Marvin Harris, *Orna Johnson. Cultural Anthropology*, Boston: Allyn & Bacon,
　　2000.

Anthony Giddens, *The Consequences of Modernity*, Stanford: Stanford University
　　Press, 1990.

三　报刊论文

章开沅：《参与的史学与史学的参与论纲》，《江汉论坛》2001 年第 1 期。

章开沅：《精品意识与文化武汉》，《华中师范大学学报》（人文社会科学
　　版）2004 年第 2 期。

章开沅：《现代化研究与中国近现代史研究——寻求历史与现实的契合》，
　　载《章开沅学术论著选》，华中师范大学出版社 2000 年版，第 31 页。

马敏、陆汉文：《建构民国时期（1912—1949）社会发展指标体系的几点
　　思考》，《华中师范大学学报》（人文社会科学版）2001 年第 1 期。

马敏：《21 世纪中国近现代史研究的若干趋势》，《史学月刊》2004 年第
　　6 期。

马敏：《让城市文化史研究更富活力》，《史学月刊》2008 年第 5 期。

严昌洪：《近代武汉社会风俗的嬗变》，《江汉论坛》1990 年第 5 期；

严昌洪：《近代武汉商事习惯的变迁》，《东方》1994 年第 6 期。

皮明庥：《武汉建市的历史考察》，《江汉大学学报》1994 年第 5 期。

皮明庥：《近代武汉城市人口发展轨迹》，《江汉论坛》1995 年第 4 期。

涂文学：《对立与共生：中国近代城市文化的二元结构》，《天津社会科学》1998 年第 1 期。

涂文学：《在被动与主动之间：武汉早期对外开放晚发早致的奥秘》，《江汉大学学报》2006 年第 3 期。

土笛：《大众文化研究与近代中国社会》，《历史研究》1999 年第 5 期。

王笛：《要加强对下层民众思想的研究》，《吉首大学学报》（社会科学版）2005 年第 1 期。

王笛：《二十世纪初的茶馆与中国城市社会生活——以成都为例》，《历史研究》2001 年第 5 期。

王笛：《近代中国大众文化研究叙事方法的思考》，《史学月刊》2006 年第 5 期。

李长莉：《上海社会生活史的典型意义》，《史林》2002 年第 4 期。

刘新成：《日常生活史：一个新的研究领域》，《光明日报》2006 年 2 月 14 日。

任放：《汉口模式与中国早期现代化》，《光明日报》2003 年 4 月 1 日。

熊月之：《乡村里的都市与都市里的乡村——论近代上海民众文化特点》，《史林》2006 年第 2 期。

殷增涛：《"武汉文化"与"文化武汉"》，《光明日报》2004 年 2 月 26 日。

魏文享：《中国大陆的武汉史（1927—1949）研究综述》，《江汉大学学报》2005 年第 3 期。

魏文享：《1940 年代汉口的同乡会》，《武汉春秋》2001 年第 4 期。

王玉德：《1931 年武汉水灾纪略》，《湖北文史资料》第 57 辑，1999 年。

胡俊修：《文化人类学视野下的男女平等》，《社会》2003 年第 5 期。

周怡：《文化社会学的转向：分层世界的另一种语境》，《社会学研究》2003 年第 4 期。

岳珑：《试论口述历史研究的功用与难点》，《西北大学学报》（哲学社会科学版）1998 年第 1 期。

陈三井：《口述历史的理论及史料价值》，《当代》第 125 期，1998 年 1 月。

章博：《论政府在灾荒救济中的作用——以武汉 1931 年水灾为个案的考察》，《江汉论坛》2006 年第 12 期。

刘建凤、于作敏：《中国近代女性人格范型的转换》，《烟台师范学院学报》（哲学社会科学版）2005 年第 4 期。

陈文联：《从依附走向自主——近代中国女性主体意识觉醒的历史轨迹》，《中南大学学报》（社会科学版）2005 年第 2 期。

刘德中、牛变秀：《中国的职业性别隔离与女性就业》，《妇女研究论丛》2000 年第 4 期。

王儒年：《从〈申报〉广告看现代上海社会的女性认同》，《开放时代》2003 年第 6 期。

褚晓琦：《近代上海菜场研究》，《史林》2005 年第 5 期。

王印焕：《试论民国时期学生自由恋爱的现实困境》，《史学月刊》2006 年第 11 期。

王印焕：《民国政府公教人员生活状况的演变》，《北京科技大学学报》（社会科学版）2005 年第 1 期。

董玉梅：《汉口里弄建筑的文化魅力》，《长江论坛》2004 年第 2 期。

陈蕴茜：《日常生活中殖民主义与民族主义的冲突——以中国近代公园为中心的考察》，《南京大学学报》（社会科学版）2005 年第 5 期。

陈蕴茜：《论清末民国旅游娱乐空间的变化——以公园为中心的考察》，《史林》2004 年第 5 期。

陈晶晶：《近代广州城市活动的公共场所——公园》，《中山大学学报论丛》（社会科学版）2000 年第 3 期。

李德英《公园里的社会冲突——以近代成都城市公园为例》，《史林》2003 年第 1 期。

张天洁、李泽：《从传统私家园林到近代城市公园——汉口中山公园（1928 年—1938 年）》，《华中建筑》2006 年第 10 期。

詹世友：《公共领域·公共利益·公共性》，《社会科学》2005 年第 7 期。

孙立平：《社会生活的的底线在频频失守》，《中国社会报》2006 年 1 月 16 日。

陆伟芳：《城市公共空间与大众健康——20 世纪英国城市公园发展的启示》，《扬州大学学报》（人文社会科学版）2003 年第 4 期。

王乐夫：《论公共管理的社会性内涵及其他》，《政治学研究》2001 年第 3 期。

刘圣中：《从私人性到公共性》，《东方论坛》2003 年第 1 期。

段妍：《沦陷时期东北民众社会心态剖析》，《吉林师范大学学报》（人文社会科学版）2006 年第 1 期。

翟学伟：《中国人际心理初探——"脸"与"面子"的研究》，《江海学刊》1991 年第 2 期。

宋抵：《民俗性迷信文化功能及其心理特征浅释》，《社会科学战线》1996 年第 6 期。

吴玉军：《现代社会与自我认同焦虑》，《天津社会科学》2005 年第 6 期。

陶良虎：《20 世纪 30 年代汉口对外贸易衰退原因辨析》，《江汉论坛》1999 年第 6 期。

易中天：《武汉人什么娘都敢骂》，《民间文化》2000 年第 9 期。

徐贤杰、林振德：《中国城市公共空间的文化性思考》，《山西建筑》2005 年第 1 期。

苏全有：《从自是到崇洋：近代国人社会文化心态的转型》，《河南师范大学学报》（哲学社会科学版）2003 年第 6 期。

张乐和：《"天下四聚"：前近代武汉发展的高峰》，《湖北社会科学》2004 年第 12 期。

龚德慧：《城市中的人文关怀——武汉市中山公园景观设计分析》，《艺术百家》2005 年第 2 期。

张岩：《近代前夜汉口商人的文化生活（1800—1840）——以〈汉口丛谈〉为中心的考察》，载冯天瑜、陈锋主编《武汉现代化进程研究》，武汉大学出版社 2002 年版。

严肃：《谈谈旧汉口的"三鸟"之害》，《武汉文史资料》1997 年第 4 期。

贺大群：《楚剧的起源与发展》，《武汉文史资料》2003 年第 6 期。

王笛：《大众文化与城市公共空间的重构——清末民初的成都城市改良》，载姜进主编《都市文化中的现代中国》，华东师范大学出版社 2007 年版。

王日根：《明清时代会馆的演进》，《历史研究》1994 年第 4 期。

贺大群：《楚剧的起源与发展》，《武汉文史资料》2003 年第 6 期。

陈蕴茜：《城市空间重构与现代知识体系的生产》，《学术月刊》2008 年第 12 期。

戴一峰：《城市史研究的两种视野：内向性与外向性》，《学术月刊》2009 年第 10 期。

刘士林：《城市兴衰的文化阐释》，《学术界》2010 年第 2 期。

吴燮臣：《妇女与娱乐》，《妇女杂志》1924 年第 10 卷第 1 期。

李铁映：《城市问题是个战略问题》，《城市规划》1983 年第 1 期。

王日根：《会馆是体现中国文化精神的社会组织》，《寻根》2007 年第 6 期。

楼嘉军：《上海城市娱乐区布局结构及特点研究》，《旅游科学》2007 年第 5 期。

周向频、胡月：《近代上海市游乐场的发展变迁及内因探析》，《城市规划学刊》2008 年第 3 期。

段兆雯、王兴中：《城市营业性文化娱乐场所的空间结构研究》，《世界地理研究》2006 年第 9 期。

董家迪：《娱乐之社会学的观察》，《史地社会论文摘要月刊》1935 年第 2 卷第 1 期。

吴宁：《列斐伏尔的城市空间社会学理论及其中国意义》，《社会》2008 年第 2 期。

王建伟：《北伐前后的另一面相：奉、皖等系的"反赤化"宣传》，《学术月刊》2009 年第 12 期。

季云飞：《宁汉合流后南京国民政府"继续北伐"的性质及其评价》，《安徽史学》1993 年第 3 期。

陈蕴茜：《日常生活中殖民主义与民族主义的冲突——以中国近代公园为中心的考察》，载王笛主编《时间·空间·书写》，浙江人民出版社2006 年版，第 286 页。

陈蕴茜：《时间、仪式维度中的"总理纪念周"》，《开放时代》2005 年第 4 期。

韩伟：《国内都市文化研究潜存的三种模式及其理论建构》，《社会科学》2009 年第 6 期。

王国光、朱雪梅：《协调·突破——浅谈文化娱乐中心与城市的关系》，《时代建筑》1998 年第 4 期。

王笛：《茶馆、戏园与通俗教育——晚清民国时期成都的娱乐与休闲政治》，《近代史研究》2009 年第 3 期。

扶小兰：《论近代中国城市文化娱乐生活方式之变迁》，《西安交通大学学报》（社会科学版）2007 年第 10 期。

陈蕴茜：《空间维度下的中国城市史研究》，《学术月刊》2009 年第 10 期。

张炼红：《"海派京剧"与近代中国城市文化娱乐空间的建构》，《中国戏
　曲学院学报》2005 年第 3 期。

傅才武：《中国近代文化娱乐业的发展与公共领域的生成——以汉口为中
　心的研究》，《文艺研究》2007 年第 6 期。

陈鸣：《近代上海城市的文化娱乐消费》，《上海大学学报》（社会科学
　版）1991 年第 4 期。

徐剑雄、徐家林：《都市里的疯狂：近代上海京剧捧角现象》，《贵州社会
　科学》2007 年第 3 期。

马树华：《民国时期青岛的文化空间与日常生活》，《东方论坛》2009 年
　第 4 期。

傅才武：《民国地方政府管理近代文化娱乐业的探索——以汉口为中心》，
　《华中师范大学学报》（人文社会科学版）2005 年第 3 期。

田军亭：《上海大世界："娱乐集成体"的成功模式》，《中国文化报》
　2006 年 11 月 6 日。

姚伟钧、胡俊修：《论武汉人文化品格》，《中南民族大学学报》2004 年
　第 2 期。

胡俊修、钟爱平：《近代综合性文娱中心与都市社会——以汉口民众乐园
　（1919—1949）为例》，《甘肃社会科学》2010 年第 5 期。

四　学位论文类

涂文学：《市政改革与中国早期现代化——以二十世纪二三十年代汉口为
　中心》，博士学位论文，华中师范大学，2006 年。

傅才武：《近代化进程中的汉口文化娱乐业（1861—1949）——以汉口为
　主体的中国娱乐业近代化道路的历史考察》，博士学位论文，华中师范
　大学，2004 年。

马树华：《"中心"与"边缘"：青岛的文化空间与城市生活（1898—
　1937)》，博士学位论文，华中师范大学，2011 年。

沈亮：《上海大世界：1917—1931》，博士学位论文，上海戏剧学院，
　2005 年。

陆汉文：《民国时期城市居民的生活与现代性（1928—1937）——基于社

　　会统计的计量研究》，博士学位论文，华中师范大学，2002 年。

许大平：《日常生活批判及其当代意义》，博士学位论文，复旦大学，
　　2003 年。

李欣：《二十世纪二三十年代中国电影对女性形象的叙述与展示》，博士
　　学位论文，复旦大学，2005 年。

汤蕾：《多重权力网络下的近代人力车夫——以汉口人力车夫为例
　　（1945—1949）》，硕士学位论文，华中师范大学，2006 年。

刘德政：《外来人口与汉口城市化（1850—1911）》，硕士学位论文，华中
　　师范大学，2006 年。

后　记

　　本书是在我的博士论文基础上修改而成的。今年离博士毕业已经过去九年，原本想静下心来，仔细打磨成书，却终因性情浮躁而未能做出精细修改，是为遗憾。

　　此书付梓之际，我要感谢我的硕士导师、博士导师、华中师范大学姚伟钧教授。从大四开始，我在姚老师门下一共七年。七年之间，姚老师给我的教诲与关爱早已超出师生之情。许多时候，他更像父亲和朋友一样陪伴我的成长。可以说，是姚老师给了我第二次生命。而且，在我工作的这九年中，姚老师也一直给我以专业上的提携和人生上的指导，总是在我迷茫的时候启发我，在我懈怠的时候鼓励我、敦促我。有师如此，乃人生之大幸。

　　我要感谢武汉大学冯天瑜教授。我有幸在冯先生门下学习数年，先生高洁的人格、厚重的学养、宽广的胸怀、温和的话语，常让我如沐春风，令我浮躁的心绪稍得宁静。先生畅谈民国文人造诣风骨的情景，让我无比神往。在先生的启发和指导下，我萌生了对民国文人研究的极大兴趣。

　　我要感谢华中师范大学王玉德教授、刘韶军教授的厚爱。我要感谢彭长征教授，是他招我为华中师范大学文化学系研究生，让我汲取文化学的养分。我要感谢严昌洪教授，作为主席，严老师在我的论文答辩中给予了十分热心而友善的指教。我要感谢章开沅教授、马敏教授、熊铁基教授、周国林教授、吴琦教授、刘固盛教授、黄正柏教授、李其荣教授，他们的讲演和授课时常给予我思想的启迪。我要感谢刘伟教授、胡秀云老师给我慈母般的关怀。我也十分感谢华中师范大学历史文化学院里诸多可爱的老师和领导：邹霞老师、傅才武老师、庞华君老师、朱英老师、胡年珍书记、寇富安书记、邢来顺老师、孙泽学老师、廖林子老师、喻枝英老师、胡永弘老师、彭南生老师、庄万友老师、贾国伟老师、王国华老师，他们给了我真诚的关心和美好的记忆。

我在写作博士论文的过程中，还得到许多师长的无私帮助。尤其让我感动的是，武汉地方史专家徐明庭先生不顾八旬高龄，花一个星期通读了我的初稿，耐心地逐一给我指出文中的错误，还多次跟我讲述他所经历的岁月与生活。年逾八旬的武汉方言大家朱建颂先生热情地与我畅谈武汉方言特色和市民文化。武汉市图书馆张颖馆长、于世海主任、王钢老师、杜宏英老师、梁芳老师、谢玉老师给我查找资料极大的帮助和方便，尤其是王钢老师还无私为我提供了论文所需的照片。湖北省图书馆陈智强老师、税敏老师、范志毅主任，武汉市档案馆宋晓丹老师、付宝琴老师、李萍老师、邢文华处长，武汉市博物馆刘庆平馆长、彭建老师为我查找资料提供了很大的方便。汉阳老年公寓、武汉社会福利院为我访谈老武汉人提供了很大的帮助。我要感谢那些与我倾心相谈的老武汉们，他们的热心和坦诚令人感动。

我要感谢湖北省社科院刘玉堂教授、江汉大学涂文学教授对我的谆谆教诲和关心提携；感谢江汉大学邓正兵教授、李卫东教授、方秋梅教授、王肇磊副教授的砥砺；感谢武汉大学张建民教授、湖北省社科院夏日新研究员的提点；感谢好友周卫华博士、艾险峰博士、刘朴兵博士、任晓飞博士、张志云博士、马树华博士、谢建军博士、赵广军博士、韦勇强博士、杨炽、杨彦明、陶丹、刘双以及老同学邹波、万信才、徐剑、刘佳华、方霞、曹野、李志坚、马小宁、王威、冯月安、李荣飞、王守诚的帮助；感谢家人的关心照顾。

本书部分章节已经在相关报刊发表，感谢甘肃省社科院王旭东研究员、湖北省社科院张卫东副研究员、武汉大学桂莉副编审、湖北省社科联高思新副研究员的辛勤付出；感谢汪志强老师、尹选波老师、户华为老师、柴英老师、占善钦老师、董淮平老师、邹国慰老师、舒建军老师、刘江老师、张敏老师、刘芳老师的精心指点；感谢钟爱平付出的辛劳。

我要感谢吴丽平老师编辑此书付出的辛劳智慧，感谢三峡大学研究生院和马克思主义学院领导同事的关怀，感谢三峡大学学科建设经费、湖北省社科基金的资助。

胡俊修
2016 年 1 月